权威·前沿·原创

皮书系列为
“十二五”国家重点图书出版规划项目

世界能源蓝皮书

BLUE BOOK OF WORLD ENERGY

世界能源发展报告（2015）

ANNUAL DEVELOPMENT REPORT ON WORLD ENERGY (2015)

中国社会科学院研究生院国际能源安全研究中心
国际清洁能源论坛（澳门）
主　编／黄晓勇
副主编／苏树辉　邢广程

社会科学文献出版社
SOCIAL SCIENCES ACADEMIC PRESS (CHINA)

图书在版编目（CIP）数据

世界能源发展报告．2015/黄晓勇主编．—北京：社会科学文献出版社，2015.6
（世界能源蓝皮书）
ISBN 978－7－5097－7541－7

Ⅰ．①世…　Ⅱ．①黄…　Ⅲ．①能源工业－研究报告－世界－2015　Ⅳ．①F416.2

中国版本图书馆 CIP 数据核字（2015）第 107630 号

世界能源蓝皮书
世界能源发展报告（2015）

主　　编／黄晓勇
副 主 编／苏树辉　邢广程

出 版 人／谢寿光
项目统筹／祝得彬　王晓卿
责任编辑／王晓卿　于占杰　何晋东

出　　版／社会科学文献出版社・全球与地区问题出版中心（010）59367004
地址：北京市北三环中路甲 29 号院华龙大厦　邮编：100029
网址：www.ssap.com.cn
发　　行／市场营销中心（010）59367081　59367090
读者服务中心（010）59367028
印　　装／北京季蜂印刷有限公司

规　　格／开 本：787mm × 1092mm　1/16
印 张：24.5　字 数：448 千字
版　　次／2015 年 6 月第 1 版　2015 年 6 月第 1 次印刷
书　　号／ISBN 978－7－5097－7541－7
定　　价／99.00 元

皮书序列号／B－2013－315

世界能源蓝皮书编委会

主要编撰者简介

黄晓勇　1956年11月出生，1982年毕业于中国人民大学世界经济专业，现任中国社会科学院研究生院院长，教授、博士生导师，兼任全国日本经济学会副会长、中国社会科学院研究生院国际能源安全研究中心主任等职。主要研究领域为世界经济、国际能源安全、民间组织等。主要编著有《中国节能管理的市场机制与政策体系研究》《石油的优势——俄罗斯的石油政治之路》、《民间组织研究报告》（蓝皮书）、《世界能源发展报告》（蓝皮书）、《中国的能源安全》等。

苏树辉　博士，国际清洁能源论坛（澳门）理事长，第九、第十、第十一、第十二届全国政协委员。1973年毕业于香港大学，获理学学士学位。2001年，获IMC/ Southern Cross University管理学博士学位。2005年，获香港大学颁授名誉大学院士衔。2012年，获澳门大学颁授荣誉社会科学博士学位。现任澳门中西创新学院校监、创新中学校董会主席、濠江中学副董事长、澳门大学工商管理学院顾问委员会委员、中山大学港澳珠江三角洲研究中心客座教授、仲恺农业工程学院校董及何鸿燊航天科技人才培训基金会理事兼秘书长。2009年获澳门特别行政区政府颁授文化功绩勋章，2014年获葡萄牙总统颁授司令级功绩勋章。

邢广程　1961年10月生，黑龙江省绥棱县泥尔河乡人。中国社会科学院中国边疆史地研究中心党委书记、副所长，中国社会科学院研究生院教授、博士生导师，中国上海合作组织研究中心执行主任。全国马克思主义理论研究和建设工程专家，入选全国宣传文化系统“四个一批”人才培养工程和国家“新世纪千百万人才”工程。主要著作有《苏联高层决策70年——从列宁到戈尔巴乔夫》、《中国和新独立的中亚国家关系》、《列宁对社会主义的探索》、《阿富汗战争的悲剧》、《强人弱势——米洛舍维奇的下台和入狱》、《2005年：应对挑战》、《2006年：俄罗斯东欧中亚国家发展报告》、《上海合作组织研究》、《俄罗斯东欧中亚国家发展报告（2008）》、《苏联高层决策研究》、《邢广程论文选》、《俄罗斯东欧中亚国家发展报告（2009）》、《上海合作组织发展报告》、《俄罗斯议会》（合著）、《普京和梅德韦杰夫：最高权力的组合》（合著）等。

摘　要

2014 年以来，国际能源形势发生了重大变化，其中石油市场经历了剧烈震荡，价格全年下跌近 50%。在美元强势、全球经济复苏缓慢，以及石油供给稳定的背景下，石油价格走势依然不容乐观。低油价不仅会引起全球能源结构的变化，还将影响世界经济和政治格局。

尽管地缘政治形势复杂多变，但主要油气生产国的供给仍较为稳定，尤其是美国的经济复苏贡献了能源供给的最大份额，加之其他国家尤其发展中国家的经济增速放缓，使得能源市场继续维系供过于求的局面。乌克兰危机的爆发导致亚欧能源安全局势的不稳定，中国既要继续寻求与俄罗斯的能源合作，也要通过“一带一路”战略推动新的能源市场的形成，以维护自身的能源安全。

本书是我们连续推出的第三本关于世界能源发展的蓝皮书，除总报告外，全书由政策篇、市场篇和热点篇三大部分组成。其中，政策篇按照石油、天然气、可再生能源、煤炭、核能和电力市场进行分类，对在每类能源发展方面具有特色的国家和地区的能源政策进行探究；市场篇对世界石油、天然气、煤炭、可再生能源和电力市场的供需及贸易情况进行描述；热点篇以 2014 年最有地缘政治影响的事件之一——乌克兰危机作为切入点，对后危机时代俄罗斯的能源战略选择及其对全球能源格局产生的影响进行研判。

关键词： 能源政策　石油价格　能源合作　一带一路　能源市场　地缘政治　乌克兰危机

前　言

在刚刚过去的一年里，世界能源领域可谓跌宕起伏、波诡云谲。乌克兰危机的影响远未结束，俄欧的能源对弈才刚刚开始；美国页岩油气开发又有新进展，但其所能承受的最低市场价格和研发前景仍存在争论；油价下跌给尚未成熟的可再生能源发展带来负面影响，但风电、光伏发电仍保持较为平稳的发展态势，核电在有安全保障的前提下也重新成为许多国家应对来自国际社会环境保护压力的重要战略选择；俄罗斯为应对美欧经济制裁积极调整自身能源战略，把东北亚地区尤其是中国作为新的战略支撑点。

2014 年下半年以来，国际能源市场一直是国际社会关注的焦点，尤其一路狂跌的石油价格更是引发了新一轮的有关能源发展战略以及石油、天然气等能源资源定价机制的大讨论。总体来看，国际能源市场呈现出供给充足而需求乏力的局面。从能源供给方面看，美国页岩油气正在逐步走向国际市场，沙特等欧佩克国家为维持既定市场份额做出拒绝减产决定的举措更助长了国际油价下跌趋势，进一步加剧了全球原油供给过剩；同时，各国积极发展新能源和可再生能源，尤其是在电力工业方面，可再生能源已经成为不可或缺的重要来源。从能源需求方面看，世界主要国家经济仍处于低迷状态。根据联合国经济和社会事务部最新发布的《2015 年世界经济形势与展望》，预计 2015 年和 2016 年世界经济将分别增长 3.1% 和 3.3%，经济的低速增长无疑会使得能源需求增速放缓。不过，从另一方面看，这也给新兴经济体国家乃至发达国家进一步加快自身能源战略调整，走向健康可持续发展提供了更大空间。

2014 年 6 月 13 日，习近平总书记在中央财经领导小组第六次会议上提出要推进以能源供给、能源需求、能源技术和能源体制为内容的能源革命，以保障能源安全。面对越发严重的大气污染问题，积极调整以煤炭等化石能源为主的能源消费结构必将成为中国能源革命的重中之重。2014 年末，国务院办公厅印发的《能源发展战略行动计划（2014～2020 年）》指出：到 2020 年，一次能源消费总量控制在 48 亿吨标准煤左右，煤炭消费总量控制在 42 亿吨左右。非化石能源占一次能源消费比重达到 15%，天然气比重达到 10% 以上，煤炭消费比重控制在

62%以内。当前，我国经济存在下行压力，“稳增长”面临挑战，如何在保持经济增长的前提下完成节能减排的目标成为一个难题。高耗能、高排放企业的调整势必会对经济增长带来影响；同时煤炭企业的改革举步维艰，天然气消费增长快速引起对外依存度不断增加，新能源产业发展政策依然不完善。这些都减缓了我国能源结构调整的步伐。

面对前所未有的机遇与挑战，我国应该在全面深化改革大潮中转变经济发展方式，扎实推进国内能源革命进程。第一，积极推进新能源和可再生能源发展进程，加快煤炭行业改革步伐，加大节能减排力度，通过能源结构改革促进环境改善；第二，以新型城镇化为契机，积极进行更大范围、更深层次的能源消费结构调整，并重点关注交通基础设施建设和产业布局结构优化；第三，加强能源开采和能源利用技术的开发研究，提高能源使用效率，发挥能源技术产业带动作用；第四，加快能源体制改革，尤其是能源定价机制改革，还原能源商品属性，形成有效竞争的市场机构和市场体系。从国际方面看，要抓住能源大国博弈和“一带一路”的历史机遇，全方位加强国际能源合作，在世界能源领域谋求更为有力的话语权，以保障自身能源安全和促成公平有序的国际能源市场。

2015年推出的《世界能源发展报告（2015）》继续以俯瞰全球的视野关注世界能源版图的变化，梳理石油、天然气等化石能源以及各种可再生能源的最新发展情况，并从各国政府的能源政策以及市场情况两方面入手分析和预测未来世界能源领域的发展方向，着重提出要加强陆上丝绸之路经济带能源基础设施建设，加快建设东部沿海能源经济带，促进区域能源市场一体化进程。

我们始终在路上，一直致力于在纷繁复杂的世界能源大局中为维护能源市场秩序和能源安全贡献我们的才智。衷心感谢陪我们一路走来的各位作者，以及用心聆听我们发声的各位读者。愿通过我们的共同努力不断打造能够紧跟世界能源大势、切实解决现实能源问题的精品之作！

中国社会科学院研究生院院长

国际能源安全研究中心主任

2015年5月26日于北京

目 录

ⅡB Ⅰ 总报告

B Ⅱ 政策篇

石油政策

天然气政策

可再生能源政策

B Ⅲ　市场篇

B Ⅳ　热点篇

皮书数据库阅读使用指南

总 报 告

General Report

B.1

世界能源发展及形势分析

黄晓勇　刘 强　王 炜　任朝旺*

摘　要： 本文首先回顾了2014年世界能源包括石油、天然气、煤炭、核能、水电、可再生能源的发展情况；然后对世界能源市场的发展趋势进行了重点分析，并探讨了低油价对世界能源市场和全球政治经济格局的影响；最后对中国能源发展建言，即应加快推动“一带一路”战略的实施步伐，并提出了具体建议。

关键词： 世界能源发展状况　能源市场　一带一路

2014年是国际能源形势剧烈变化的一年。国际能源市场上，在供给充裕和需求增长乏力的双重作用下，国际石油价格急剧下跌；乌克兰危机对欧盟的能源

* 黄晓勇，中国社会科学院研究生院院长、教授、博士生导师，中国社会科学院研究生院国际能源安全研究中心主任；刘强，中国社会科学院数量经济与技术经济研究所资源技术经济研究室主任，中国社会科学院全球能源安全智库论坛秘书长，副研究员，博士；王炜，中国社会科学院研究生院国际合作与交流处（原外事处）处长，副教授，博士；任朝旺，中国社会科学院研究生院研究生工作处，副教授，博士。

供给形成了新的风险；美欧制裁使俄罗斯油气投资与生产面临新的困难；中美签订了温室气体自愿减排协议，中俄签订了长期天然气贸易协议；中国能源与电力消费的增长缓慢，同时大范围雾霾天气继续发展。中国于 2014 年 11 月发布了《能源发展战略行动计划（2014～2020 年）》，提出对能源结构进行全面调整，并限制能源消费的进一步增长。

进入 2015 年，世界能源市场仍然面临着不确定性。在国际国内形势发生重大变化的背景下，加强对能源安全与能源革命的形势与政策研究，对于实现中国新常态下的经济与社会发展任务，具有重要的意义。本文对国际能源形势、能源需求、能源安全与政策等方面进行分析，提出形势判断与政策建议。

一 2014年世界能源发展情况

（一）世界经济增长进入调整期

2014 年以来，国际经济与能源形势都发生了重大变化。全球经济增速仍然较低，很多国家出现通货紧缩现象。发达经济体中，美国经济表现出较好的复苏态势；欧元区经济虽然增长率有所提高，但是年底爆发的希腊危机给欧元区经济前景蒙上了一些阴影；日本经济接近零增长。新兴市场经济体中，中国经济增速回落，进入了新常态；印度经济增速提升；不过巴西、南非以及拉美地区和南亚地区的经济增速都在下降（见表 1）。2014 年下半年，伴随美国再工业化带来的美元升值效应，多数国家的货币出现贬值，在一些经济体中出现了资本外流现象，引起对世界经济尤其是新兴市场国家和发展中国家经济体增长前景的担忧。其中，俄罗斯经济由于受油价下跌和西方制裁的双重打击，前景最为不利。

表 1 世界经济形势与世界银行的预测

单位：%

国家/地区	2012 年	2013 年	2014 年 e	2015 年 f	2016 年 f	2017 年 f
世界	2.4	2.5	2.6	3.0	3.3	3.2
美国	2.3	2.2	2.4	3.2	3.0	2.4
欧元区	-0.7	-0.4	0.8	1.1	1.6	1.6
日本	1.5	1.5	0.2	1.2	1.6	1.2
联合王国	0.7	1.7	2.6	2.9	2.6	2.2
俄罗斯	3.4	1.3	0.7	-2.9	0.1	1.1
发展中国家	4.8	4.9	4.4	4.8	5.3	5.4
东亚和太平洋地区	7.4	7.2	6.9	6.7	6.7	6.7
中国	7.7	7.7	7.4	7.1	7.0	6.9

续表

国家/地区	2012 年	2013 年	2014 年 e	2015 年 f	2016 年 f	2017 年 f
拉丁美洲和加勒比	2.6	2.5	0.8	1.7	2.9	3.3
巴西	1.0	2.5	0.1	1.0	2.5	2.7
中东和北非	1.4	0.5	1.2	2.5	3.0	3.5
南亚地区	5.0	4.9	5.5	6.1	6.6	6.8
印度	4.7	5.0	5.6	6.4	7.0	7.0
撒哈拉以南非洲	4.0	4.2	4.5	4.6	4.9	5.1
南非	2.5	1.9	1.4	2.2	2.5	2.7

注：2014 年数据为估计值，2015 ~ 2017 年为预测值。

资料来源：World Bank Group, *Global Economic Prospects*, January 2015。

2014 年世界能源消费量与生产量与 2013 年相比实际上相差并不大，但是供给需求关系却发生了较大的变化。具体表现就是：能源尤其是石油为主体的液体燃料供给能力显著超过了消费需求。

（二）国际石油市场

石油价格下跌是 2014 年国际石油市场的最大特点。2014 年第一个交易日（1 月 2 日），美国 Cushing 原油期货合约价格为 95.44 美元/桶，年中最高价格为 104.92 美元/桶（3 月 3 日），到 7 月 30 日仍为 100.27 美元/桶，之后一路走低，到最后一个交易日（12 月 31 日）跌为 53.27 美元/桶，全年跌幅达 44.2%（见图 1）。

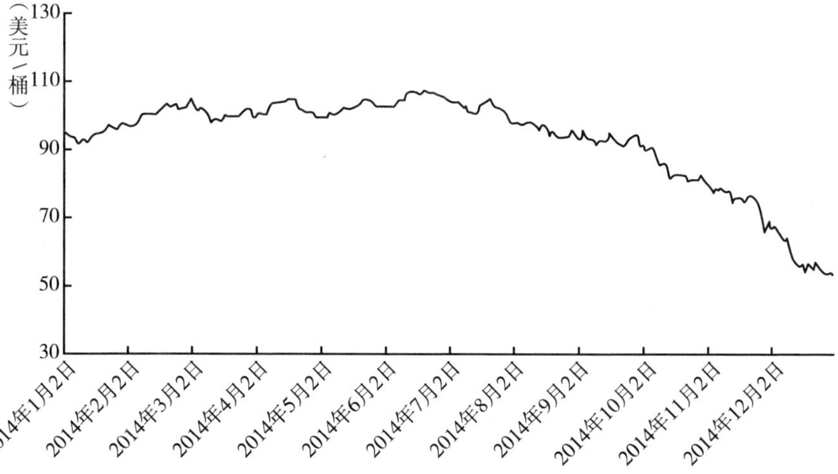

图 1　Cushing 原油期货合约（WTI）价格

资料来源：EIA，http://tonto.eia.gov/dnav/pet/hist/LeafHandler.ashx? n = PET&s = RCLC1&f = D。

2014年世界石油需求为91.15百万桶/天（OPEC，2015年2月），比2013年增长了0.95百万桶/天，增长率为1.06%。其中，最大的增量来自中国，增长了0.38百万桶/天，占全球增量的40%。另外，美国的石油需求增加了0.13百万桶/天，占增量的13.7%；而整个经合组织（OECD）国家的石油需求下降了0.28百万桶/天。所有发展中国家石油需求增加了0.79百万桶/天，占全部增量的83.2%（见表2）。

表2 世界石油需求情况

单位：百万桶/天

	2013年	2014年第一季度	2014年第二季度	2014年第三季度	2014年第四季度	2014年	增量	增长率（%）
世界	90.2	90.15	90	91.73	92.69	91.15	0.95	1.06
OECD全部	46.01	45.73	44.86	45.81	46.5	45.73	-0.28	-0.61
其中:北美地区	24.08	23.87	23.76	24.37	24.73	24.18	0.1	0.41
美国	19.27	19.16	19.02	19.52	19.9	19.4	0.13	0.7
欧洲	13.61	13.01	13.46	13.75	13.39	13.4	-0.2	-1.5
亚太地区	8.32	8.85	7.65	7.69	8.38	8.14	-0.18	-2.12
全部发展中国家	29	29.31	29.74	30.34	29.74	29.79	0.79	2.73
其中:亚洲	11.06	11.08	11.37	11.34	11.33	11.28	0.22	1.99
印度	3.7	3.85	3.8	3.63	3.84	3.78	0.08	2.18
拉美地区	6.5	6.42	6.69	6.98	6.74	6.71	0.21	3.29
中东	7.81	8.07	7.93	8.39	7.89	8.07	0.26	3.31
非洲	3.63	3.75	3.75	3.63	3.78	3.73	0.1	2.74
前苏联地区	4.49	4.39	4.24	4.63	4.91	4.54	0.05	1.14
其他欧洲地区	0.64	0.64	0.6	0.64	0.72	0.65	0.01	2.05
中国	10.07	10.08	10.56	10.31	10.83	10.45	0.38	3.77

资料来源：OPEC，*Monthly Oil Market Report*，February 2015。

2014年，世界石油供给从2013年的90.1百万桶/天提高到92.1百万桶/天，增长率为2.22%，明显高于需求的增长率（见表3）。供给超过需求0.95百万桶/天。石油供给的增量全部来自非OPEC国家，供给增量的85%来自北美地区，主要是美国（见图2）。

表 3　世界石油供给情况

	2011 年（百万桶/天）	2012 年（百万桶/天）	2013 年（百万桶/天）	2014 年第一季度（百万桶/天）	2014 年第二季度（百万桶/天）	2014 年第三季度（百万桶/天）	2014 年第四季度（百万桶/天）	2014 年（百万桶/天）	2014 年增加百分比（%）
总供给	87.6	89.6	90.1	91.2	91.5	92.4	93.3	92.1	2.22
非 OPEC 供给	52.4	52.9	54.2	55.6	55.9	56.2	57.1	56.2	3.69
OECD	20.2	21.1	22.2	23.4	23.8	24	24.6	23.9	7.66
OECD 美洲	15.5	16.7	18.1	19.1	19.8	20.1	20.4	19.8	9.39
OECD 欧洲	4.1	3.8	3.6	3.8	3.5	3.4	3.7	3.6	0.00
OECD 亚太	0.6	0.6	0.5	0.5	0.5	0.5	0.5	0.5	0.00
发展中国家	12.6	12.1	12.1	12.2	12.2	12.3	12.5	12.3	1.65
FSU	13.2	13.3	13.4	13.5	13.4	13.4	13.5	13.4	0.00
其他欧洲地区	0.1	0.1	0.1	0.1	0.1	0.1	0.1	0.1	0.00
中国	4.1	4.2	4.2	4.2	4.3	4.2	4.3	4.3	2.38
炼油所得	2.1	2.1	2.1	2.2	2.2	2.2	2.2	2.2	4.76
OPEC 天然气液和非常规石油	5.4	5.6	5.6	5.7	5.8	5.9	5.9	5.8	3.57
OPEC 原油生产	29.8	31.1	30.2	29.8	29.8	30.3	30.2	30	-0.66

资料来源：OPEC，*Monthly Oil Market Report*，February 2015。

近几年来，美国原油产量迅速增长。2014 年产量估计为平均 12.82 百万桶/天，超过俄罗斯（10.58 百万桶/天）、沙特阿拉伯的原油日产量（9.68 百万桶/天），成为世界第一大产油国。美国能源信息署的数据，2015 年第一周，美国原油产量达 919 万桶/日，为 1983 年有记录以来新高。美国原油和汽油库存总量达到 11.6 亿桶，创下 1990 年有记录以来最大值（见图 3）。美国原油产量增长依赖于非常规开发的页岩油。截至 2014 年底美国页岩油产量达到 450 万桶/天，约占国内总原油产量的 50%。

俄罗斯是世界第二大产油国，2014 年平均产量为 10.58 百万桶/天，比 2013 年下降了 6 万桶/天。产量减少主要是因为成熟油田产量下降和西方国家对俄罗斯石油工业的制裁（见图 4）。

2014 年，欧佩克石油生产基本保持稳定。这得益于 2014 年 11 月欧佩克会议

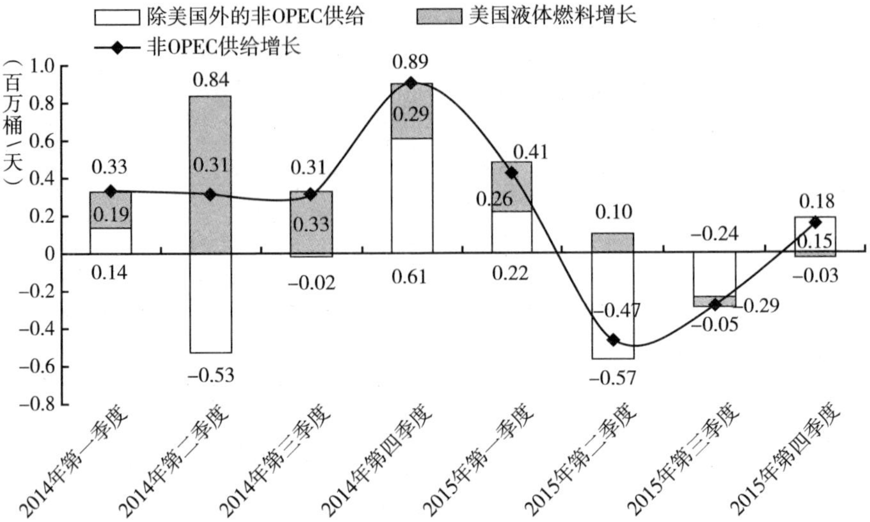

图 2　美国和非欧佩克国家液体燃料供给（季度变化）

资料来源：OPEC，*Monthly Oil Market Report*，February 2015。

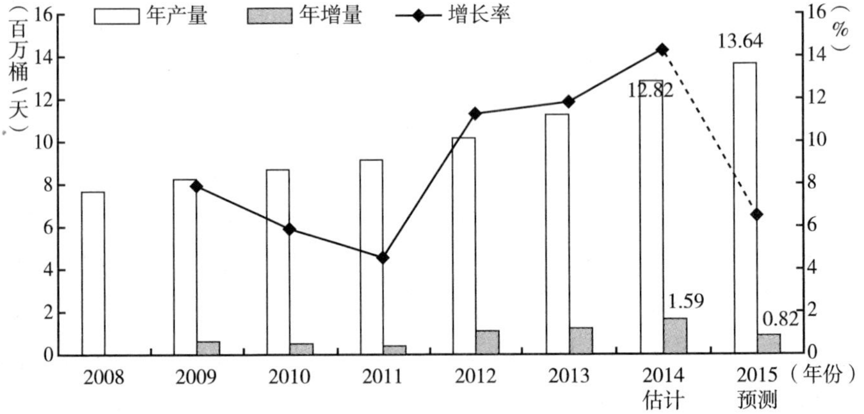

图 3　美国液体燃料生产

资料来源：OPEC，*Monthly Oil Market Report*，February 2015。

维持产量的决定。在欧佩克内部，伊拉克的石油生产和出口有了较大提高，已经再次成为欧佩克内部的第二大产油国；利比亚的石油生产相比 2013 年有明显的下降；伊朗的石油生产比上年有所增加（见表 4）。

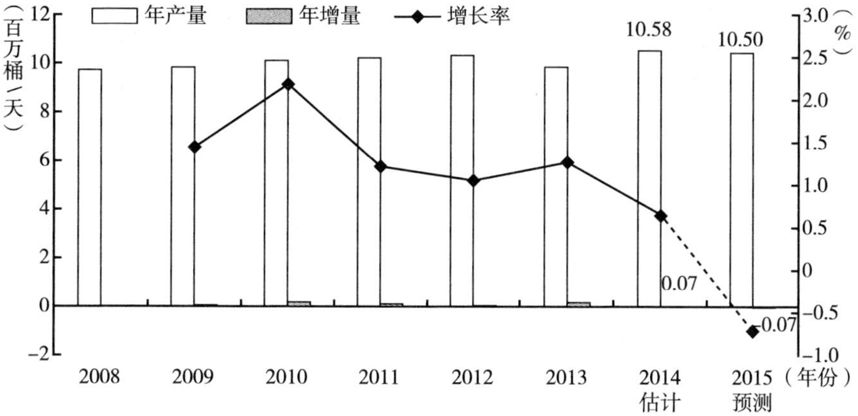

图 4　俄罗斯液体燃料生产和增长率

资料来源：OPEC，*Monthly Oil Market Report*，February 2015。

表 4　欧佩克石油生产

单位：千桶/天

	2013 年	2014 年	2014 年 第二季度	2014 年 第三季度	2014 年 第四季度	2014 年 11 月	2014 年 12 月
阿尔及利亚	1159	1151	1158	1167	1152	1158	1143
安哥拉	1738	1654	1646	1690	1678	1656	1655
厄瓜多尔	516	542	541	543	545	543	554
伊朗	2673	2766	2768	2759	2765	2765	2779
伊拉克	3037	3264	3266	3150	3422	3337	3632
科威特	2822	2774	2786	2794	2719	2699	2699
利比亚	928	473	222	614	678	673	475
尼日利亚	1912	1910	1895	1949	1898	1919	1896
卡塔尔	732	724	729	733	700	698	687
沙特阿拉伯	9586	9683	9675	9747	9608	9584	9590
阿联酋	2741	2760	2749	2791	2753	2741	2777
委内瑞拉	2356	2333	2337	2329	2324	2323	2320
欧佩克总体	30198	30032	29772	30266	30243	30097	30206

注：数据来自其他来源，分项加总可能与“欧佩克总体”不等。

资料来源：OPEC，*Monthly Oil Market Report*，February 2015。

（三）国际天然气市场

21 世纪以来，全球天然气市场呈现消费东移、生产西移的特点。亚太地区的消费量在 2008 年超过欧洲，2011 年超过前苏联地区，成为仅次于北美的第二大消费区。同时，拉美、中东、非洲的天然气消费也在不断增长，非经合组织国家天然气消费在 2008 年超过经合组织国家，目前上升到 52.3%。中国是近年来天然气消费增长最快的国家（见表 5）。统计数据显示，2013 年中国天然气表观消费量为 1670 亿立方米，同比增长 26.8%；2014 年中国天然气的表观消费量为 1870 亿立方米，同比增长 11.98%。①

表 5　天然气消费情况

	2008 年（10 亿立方米）	2009 年（10 亿立方米）	2010 年（10 亿立方米）	2011 年（10 亿立方米）	2012 年（10 亿立方米）	2013 年（10 亿立方米）	比 2012 年年增长（%）	占世界比例（%）
美国	659.1	648.7	682.1	693.1	723.0	737.2	2.4	22.2
北美地区	821.5	816.1	849.6	870.6	902.9	923.5	2.7	27.8
俄罗斯	416.0	389.7	414.2	424.6	416.3	413.5	-0.4	12.3
中东地区	347.4	356.5	385.8	402.8	412.9	428.3	4.0	12.8
非洲	101.3	100.1	107.9	114.8	123.0	123.3	0.6	3.7
中国	81.3	89.5	106.9	130.5	146.3	161.6	10.8	4.8
日本	93.7	87.4	94.5	105.5	116.9	116.9	0.2	3.5
亚太地区	480.3	497.9	562.2	593.5	627.1	639.2	2.2	19.0
世界总计	3027.7	2957.4	3180.8	3233.0	3310.8	3347.6	1.4	100
其中：OECD	1501.2	1459.9	1551.8	1539.9	1573.9	1596.5	1.8	47.8
非 OECD	1526.5	1497.5	1629.0	1693.0	1736.8	1751.1	1.1	52.2
欧盟	496.3	465.4	502.2	451.0	444.1	438.1	-1.1	13.1

资料来源：BP，*BP Statistical Review of World Energy 2014*。

在生产方面，页岩气革命使美国产量快速增长，成为第一大生产国。自 2005 年以来，美国天然气产量增长 35%，页岩气占比超过 40%。美国于 2009 年超过俄罗斯成为第一大生产国（见表 6）。产量的增长致使美国天然气供需缺口减少，价格下降。美国已经在讨论大规模出口天然气的可能性，一些原先设计的 LNG 进口终端有的已经转为出口终端。

① 《2014 年中国天然气表观消费量 1870 亿立方米》，能源网，http：//www.nengyw.com/trq/trqzx/201502/00004252.html。

表 6　天然气生产情况

	2008 年（10 亿立方米）	2009 年（10 亿立方米）	2010 年（10 亿立方米）	2011 年（10 亿立方米）	2012 年（10 亿立方米）	2013 年（10 亿立方米）	比 2012 年年增长（%）	占世界比例（%）
美国	570.8	584.0	603.6	648.5	681.2	687.6	1.3	20.6
挪威	100.1	104.4	107.3	101.3	114.7	108.7	-5.0	3.2
俄罗斯	601.8	527.7	588.9	607.0	592.3	604.8	2.4	17.9
卡塔尔	77.0	89.3	116.7	145.3	150.8	158.5	5.4	4.7
中国	80.3	85.3	94.8	102.7	107.2	117.1	9.5	3.5
印度	30.5	39.2	50.8	46.1	40.3	33.7	-16.3	1.0
印度尼西亚	69.7	71.9	82.0	75.9	71.1	70.4	-0.7	2.1
马来西亚	64.7	63.4	65.3	65.3	66.5	69.1	4.2	2.0
世界总计	3068.5	2981.0	3190.8	3287.7	3343.3	3369.9	1.1	100
其中：OECD	1131.0	1128.7	1151.9	1170.0	1199.3	1200.0	0.4	35.8
非 OECD	1937.5	1852.3	2038.9	2117.7	2144.0	2169.8	1.5	64.2
前苏联地区	781.0	674.8	740.7	774.8	764.3	776.5	1.9	23.0

资料来源：BP，*BP Statistical Review of World Energy 2014*。

全球天然气贸易增速快于消费。自 2000 年以来，天然气国际贸易年均增速 5.8%。其中，LNG 贸易增长 1.3 倍，增速快于管道气；LNG 贸易与管道气贸易之比由 25∶75 变为 31∶69（见表 7）。

表 7　2013 年天然气贸易

单位：10 亿立方米

	管道进口	LNG 进口	管道出口	LNG 出口
美国	78.9	2.7	44.4	0.1
加拿大	25.8	1.1	78.9	—
墨西哥	18.6	7.8		—
特立尼达和多巴哥	—	—	—	19.8
其他中美洲地区	18.6	19.6	18.6	5.7
法国	30.5	8.7	1.1	0.6
德国	95.8	—	15.1	—
意大利	51.6	5.5	0.2	—
荷兰	21.5	0.8	53.2	0.2
挪威	0	—	102.4	3.8
西班牙	15.3	14.9	0.9	2.6
土耳其	38.2	6.1	0.6	—

续表

	管道进口	LNG 进口	管道出口	LNG 出口
英国	41.9	9.3	8.9	—
欧洲其他地区	102.2	6.1	11.9	1.6
俄罗斯	27.8	—	211.3	14.2
乌克兰	26.9	—	—	—
其他前苏联地区	29.5	—	68.5	—
卡塔尔	—		19.9	105.6
中东其他地区	25.1	4.5	9.4	28.5
阿尔及利亚	—	—	28	14.9
非洲其他地区	6.4	—	8.6	31.6
中国	27.4	24.5	2.8	—
日本	—	119	—	—
印度尼西亚	—	—	8.9	22.4
韩国	—	54.2	—	—
亚太其他地区	28.5	40.4	16.9	73.5
世界总计	710.6	325.3	710.6	325.3

资料来源：BP，*BP Statistical Review of World Energy 2014*。

国际天然气价格仍然严重分化，国际石油价格大幅下跌后，东亚 LNG 价格因和油价挂钩有所下降，但是与美、欧的气价仍存在较大差异（见图 5）。2015 年 1 月，日本到岸印尼 LNG 价格平均为 15 美元/百万英热单位，欧洲的德国俄气边界价格为 9.50 美元/百万英热单位，而美国的 Henry Hub 价格仅为 2.97 美元/百万英热单位。

近两年来，全球天然气市场呈现一些重大变化。首先，2014 年中俄签署重要能源合作协议：中国和俄罗斯 5 月 21 日签署东线天然气合作项目备忘录、中俄东线供气购销合同两份重要合作文件。根据合同，从 2018 年起，俄罗斯开始通过中俄天然气管道东线向中国供气，输气量逐年增长，最终达到每年 380 亿立方米，累计合同期 30 年。主供气源地为俄罗斯东西伯利亚的伊尔库茨克州科维克金气田和萨哈共和国恰扬金气田。由俄气公司（俄罗斯天然气工业股份公司）负责气田开发、天然气处理厂和俄罗斯境内管道的建设，中国石油公司负责中国境内输气管道和储气库等配套设施建设。

其次，全球 LNG 液化产能迅猛增长。2013 年，新增 520 万吨安哥拉 LNG 项目以及 450 万吨阿尔及利亚斯基克达（Skikda）项目；2014 年，新增 690 万吨巴布亚新几内亚项目；全球总液化能力超过 3 亿吨。2015 年，预计将有 7 个项目、

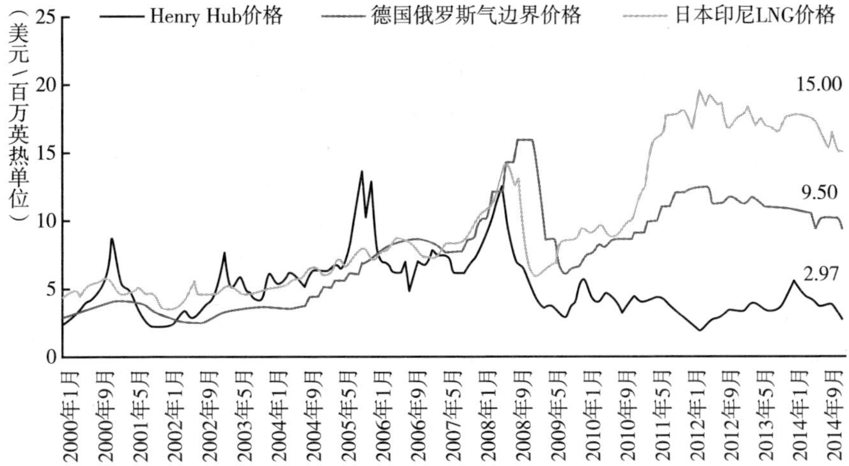

图5　国际天然气价格

资料来源：IMF，Extra Data 数据。

总计 4000 万吨产能投产，主要来自澳大利亚。美国萨宾帕斯项目也有可能在 2015 年底投产。

（四）国际煤炭市场

中国是国际煤炭市场的主要生产者和消费国，总消费量占全球的 50% 以上。2013 年，中国的煤炭消费增长 4%。而在过去十年，煤炭消费平均增长率为 8.3%。2014 年，中国煤炭消费负增长 2.9%。这主要是由于工业尤其是高耗能工业增长放缓造成的。中国在 2012 年成为世界最大的煤炭净进口国，但是 2014 年中国煤炭进口下降了 10.5%。

伴随需求下降，国际煤炭价格也迅速回落。2015 年 1 月，澳大利亚电煤纽卡斯尔立案价格（12000 - btu/pound，less than 1% sulfur，14% ash，FOB Newcastle/Port Kembla）为 66.54 美元/吨，同比下降 24%（2014 年 1 月为 87.44 美元/吨）（见图 6）。

根据世界煤炭协会的统计数据，2013 年煤炭占一次能源消费的 30.1%，燃煤发电占总发电量的 40%。另外，世界钢铁生产的 70% 使用煤炭。2013 年，全球煤炭产量为 78.23 亿吨（估计值），比 2012 年增长了 0.4%。

2013 年，世界动力煤贸易量为 10.28 亿吨，比上年增长 5%；焦煤贸易量 3.01 亿吨，比上年增长 2.38%；硬煤贸易量 480 万吨，比上年下降了 31.4%。

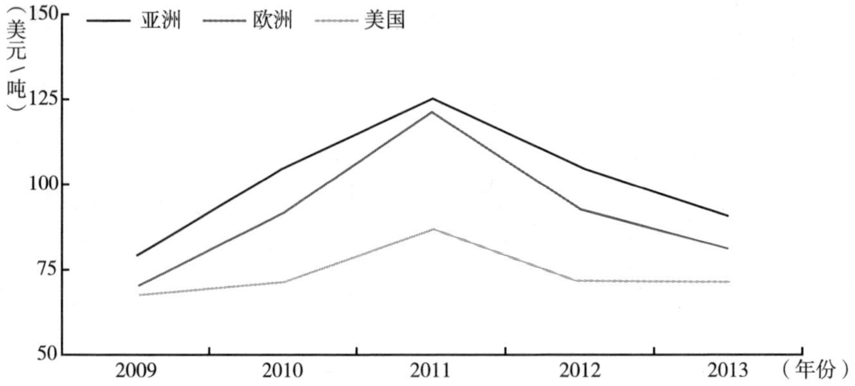

图 6　国际煤炭价格走势

资料来源：BP，*BP Statistical Review of World Energy 2014*。

出口国中，印度尼西亚是第一大出口国，出口量达 4.26 亿吨；澳大利亚出口量为 3.36 亿吨，位居第二；俄罗斯出口量为 1.41 亿吨，位居第三。最大进口国中，中国名列第一，进口总量达 3.27 亿吨；日本第二，进口量为 1.96 亿吨；印度进口 1.8 亿吨，名列第三（见表 8）。

表 8　2013 年世界煤炭贸易情况

单位：百万吨

序号	出　口	总量	动力煤	焦煤
1	印度尼西亚	426	423	3
2	澳大利亚	336	182	154
3	俄罗斯	141	118	22
4	美国	107	47	60
5	哥伦比亚	74	73	1
6	南非	72	72	0
7	加拿大	37	4	33
序号	进　口	总量	动力煤	焦煤
1	中国	327	250	77
2	日本	196	142	54
3	印度	180	142	38
4	韩国	126	95	31
5	中国台湾	68	61	7
6	德国	51	43	8
7	英国	50	44	6

资料来源：World Coal Association，*Coal Facts 2014*，September 2014。

（五）国际核电市场

近十年来，核电占全球总发电量的比例连续下降，到 2013 年占比不到 11%，达到 1982 年以来的最低值。其原因并不是近些年快速发展风能、太阳能和生物质能发电的影响，而是化石燃料发电尤其是煤炭仍然是全球首选的燃料。

2013 年，全球核发电总量为 2359 太瓦时，比 2001 ~2010 年的十年平均发电量减少 220 太瓦时。主要原因在于：日本在福岛事故之后永久和临时关闭核电机组导致核电量减少 266 太瓦时，德国减少 41 太瓦时，美国减少 17 太瓦时。但是中国增加的核电发电（34 太瓦时），与其他国家核电发电量减少有所抵消。①

图 7 中左图是全世界 30 个国家中运行的 435 座核动力堆的地域分布。由图 7 可见，核动力堆主要分布在发达国家。而在建电厂的情况（右图）正好相反。全球在建的 72 台机组中，有 38 台机组在亚洲非 OECD 国家。自 2000 年以来，全世界新开工建设的 92 座反应堆，其中有 55 座位于亚洲非 OECD 国家，并且在已并网的 53 座新反应堆中占 30 座。

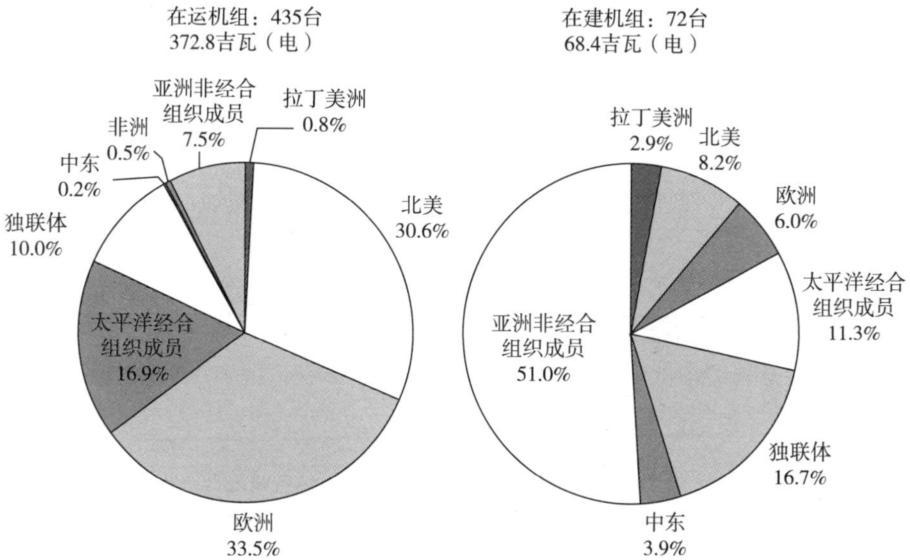

图 7　截至 2014 年 7 月全球在运（左）和在建（右）核动力堆状况

资料来源：国际原子能机构：《2014 年国际核电状况与前景》。

① 国际原子能机构：《2014 年国际核电状况与前景》。

（六）可再生能源发展状况

最近十年来，可再生能源的发展非常迅猛。2013 年，可再生能源在全球一次能源中的比重为 2.2%；如果加上生物燃料，该比重总计为 2.7%。2013 年，可再生能源在全球发电中的比重从五年前的 2.7% 增至 5.3%。可再生能源是 2013 年非化石燃料增长的最大动力，可再生能源发电量增长 16.3%。虽然这是 2009 年以来的最低增长率，但年度增量（170 太瓦时）达到历史最高水平。可再生能源对一次能源增长的贡献超过天然气（BP，2014）。

尽管可再生能源（包括风能、太阳能和地热能，不包括水电）在总发电量中已超过核电，但由于其在技术上的间歇性，这些可再生能源电力占实际发电量的份额还不到核电发电量的 1/3（见表 9、表 10）。

表 9　2004～2013 年全球主要可再生能源指标

	单位	2004 年	2010 年	2011 年	2012 年	2013 年
可再生能源投资	亿美元	395	2270	2790	2440	2494
可再生能源装机（不包括水电）	吉瓦	85	315	395	480	560
可再生能源装机（包括水电）	吉瓦	800	1250	1355	1470	1560
水电装机	吉瓦	715	935	960	990	1000
生物质发电量	太瓦时	227	313	335	350	405
太阳能光伏装机	吉瓦	2.6	40	71	100	139
集热太阳能发电	吉瓦	0.4	1.1	1.6	2.5	3.4
风电装机	吉瓦	48	198	238	283	318
太阳能热水安装量	吉瓦	98	195	223	255	326
生物乙醇产量	亿升	285	850	842	831	872
生物质柴油产量	亿升	24	185	224	225	263

注：2004 年数据为估计年初数据，其他年份为年末数据。

资料来源：21 世纪可再生能源政策网（REN 21）：《2013 全球可再生能源现状报告》；REN 21，*Renewables 2014 Global Status Report*。

表 10　2013 年全球可再生能源电力装机情况

单位：吉瓦

	世界	欧盟28国	金砖四国	中国	美国	德国	西班牙	意大利	印度
生物质发电	88	35	24	6.2	15.8	8.1	1	4	4.4
地热	12	1	0.1	~0	3.4	~0	0	0.9	0
水电	1000	124	437	260	78	5.6	17.1	18.3	44
潮汐	0.5	0.2	~0	~0	~0	0	~0	0	0

续表

	世界	欧盟28国	金砖四国	中国	美国	德国	西班牙	意大利	印度
光伏	139	80	21	19.9	12.1	36	5.6	17.6	2.2
集热发电	3.4	2.3	0.1	-0	0.9	-0	2.3	-0	0.1
风电	318	117	115	91	61	34	23	8.6	20
总计（包括水电）	1560	360	599	378	172	84	49	49	71
总计（不包括水电）	560	235	162	118	93	78	32	31	27
人均装机（不包括水电）	80	470	50	90	300	960	690	510	20

资料来源：21世纪可再生能源政策网（REN 21）：《2013全球可再生能源现状报告》；REN 21, *Renewables 2014 Global Status Report*。

二　国际能源形势分析

2014年，全球能源市场发生了重大的转折性变化，作为能源市场风向标的国际原油价格在7月份之后快速下跌。对这一现象的解释多种多样，但是本质上只有两种观点：供需基本面变化与阴谋论。实际上，油价下跌是由多种因素共同推动的。

（一）供给能力增加是近年来国际能源市场的主要特征

从市场供求关系看，国际油价确实具备了进入下行通道的条件。美国页岩气革命以来，国际能源供给尤其是油气供给趋于宽松，供给能力的增长快于消费的增长（见图8）。2014年，世界石油供给为1115.24百万桶/天，高出消费（1105.59百万桶/天）。由于世界经济尚未走出危机，对能源和石油的需求增长缓慢。2014年的石油需求仅增长0.98%，而扣除中国石油消费的增长之后，世界石油消费增长仅为0.65%。

世界石油供给方面，自2012年以来一直稳步增长，除美国页岩气和加拿大油砂等非常规油气资源加入供给能力之外，欧佩克（OPEC）的产能也在增加。从2008年到现在，美国油气当量产量增加400万桶/日，加拿大的油砂产量增加100万桶/日。非常规油气生产的增加抵消了2011～2013年利比亚、伊朗等地的

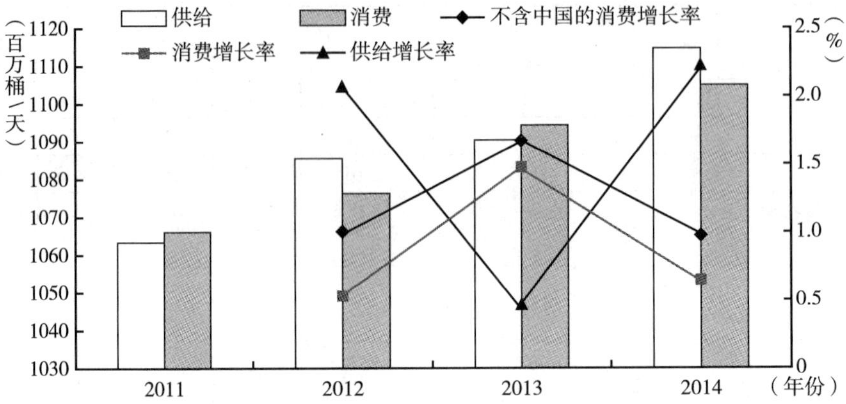

图 8　世界石油与其他液体燃料的供给与消费

资料来源：U. S. Energy Information Administration，"Short-Term Energy Outlook，" February 2015。

产量下降。利比亚虽然陷于内乱，但是 2014 年其产量明显增加，增量达 100 万桶/日。2014 年 10 月召开的欧佩克会议认为，2015 年原油产量会增加 220 万桶/日，但是需求只会增长 100 万桶/日。①

非常规油气、主要是北美地区的页岩气和油砂生产，是影响全球石油供应的一个重要边际因素，它具有明显的信号意义。此前曾经普遍估计美国页岩气产业的油价盈亏平衡点在 60 ~ 80 美元/桶当量之间。但是目前来看，美国有很多页岩气生产井的盈亏平衡点在 60 美元/桶当量之下，甚至有些生产井低至 30 美元/桶当量。由于这些项目一旦建成并经过前几年的加速折旧，后期只要维持生产即可实现盈利。而维持生产的成本明显低于项目前期计算的盈亏平衡点。同样的情况也出现在加拿大的油砂生产方面，因为已建成产能基本都会继续生产。因此，由非常规油气带来的供给增加，虽然在总的供给能力中份额有限，但是它对 OPEC 决策有重大的影响，阻止 OPEC 做出限产保价的决策，并更多地以维持低油价来确保市场份额。

全球能源市场供给能力的增加主要来自美国，这与美国再工业化战略有密切的关系。美国页岩气产量已经从 2007 年每天约 40 亿立方英尺②增长到 2012 年每

① 〔美〕丹尼尔·耶金：《油气行业需要应对市场再平衡中的挑战》，《国际石油经济》2015 年第 1 期。

② 1 英尺 = 0. 3048 米。

天约260亿立方英尺。美国天然气总产量从1995～2002年每月2.0万亿立方英尺的稳定水平，增长到2012年的每月2.5万亿立方英尺。2005～2011年美国原油产量都维持在500万～550万桶/日之间，而2011年中开始美国的原油产量开始逐步提升，从550万桶/日的产量一直增加至2014年底的930万桶/日。

2003年开始美国钻探业进入高速发展期；到2008年夏天钻探设备总数达到2000台，是2003年的两倍多。其中，石油钻机大约400台，天然气钻机1600台；2014年有1400台左右石油钻机，350台天然气钻机。2009年美国钻井数开始从低点回升，2012年中到2014年3月钻井数量维持稳定，之后开始上升，2014年10月10日石油钻井数增加至1609个，创历史峰值。考虑到2014年10月钻井数量才刚刚见顶，2015年页岩油产量仍会增长，有可能达到500万桶/天的规模，达到甚至超过常规石油的产量。

从图9可以看出，美国的非常规液体燃料发展迅速，各种非常规液体燃料，包括页岩油、常规和非常规天然气液、生物燃料等，已经超过了常规石油的产量。由于这些设施一旦建成，后续的可变成本很低，从而催生较低的石油价格。目前的低油价对未来的投资产生影响，但基本不会影响现今的产能。在当今需求不振的大环境下，现有产能已经足可以满足需求，新油井减少并不会对当前油价产生很大的压力。未来只有出现需求强劲增长的情况，油价才会有快速上涨的动力。

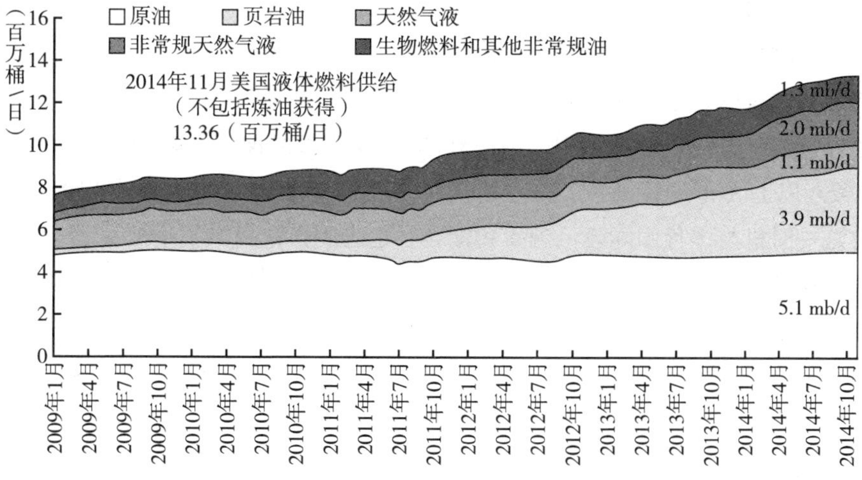

图9　美国的常规与非常规液体燃料供给情况（截至2014年10月）

资料来源：OPEC, *Monthly Oil Market Report*, February 2015。

（二）需求不振导致国际油价失去上涨动力

在需求一方，2015 年的世界经济增长前景目前并不乐观。除美国经济总体较好外，中国、日本、欧洲和新兴市场国家的经济形势都出现了问题。国际货币基金组织 1 月 20 日发布的《世界经济展望最新预测》中，2015 ~ 2016 年全球增长率预计将为 3.5% 和 3.7%，相比 2014 年 10 月《世界经济展望》的预测下调了 0.3 个百分点，反映出对经济增长预期的不足。因此，世界能源需求增长前景十分有限。① 联合国预测 2015 年全球经济增长 3.1%，2016 年增长 3.3%。② 世界银行预测 2015 年全球经济增长率为 3.0%，2016 年为 3.3%。③

在这种背景下，美国能源信息署（EIA）认为：由于供给能力持续增加和需求疲弱的双重因素，2015 年全球石油库存水平在上半年会继续保持高位，抑制了由于钻井数量减少带来的价格上涨压力。相应的价格预测是，2015 年布伦特油价全年平均为 58 美元/桶。上半年油价稳定在当前水平，下半年会逐步上升，第四季度会达到 67 美元/桶。WTI 油价 2015 年预测平均为 55 美元/桶，2016 年为 71 美元/桶。WTI 与布伦特之间的差距，2015 年预计为 3 美元/桶，2016 年为 4 美元/桶。④

除供求关系的改善外，目前美国经济形势明显好于其他经济体，导致美元汇率升值。以美元计价的国际石油价格在美元升值背景下出现下跌，也是非常正常的。随着美元的进一步升值，石油价格保持在低价位是可以预见的。

尽管供求关系是导致本次石油价格下跌的主要因素，但是也不能忽略地缘政治因素对油价的影响。美国页岩气革命自 2012 年开始就逐渐显现出巨大威力，世界经济也一直处于低谷之中，但是在 2014 年 7 月之前，石油价格一直保持在 100 美元以上（布伦特油价）。到了 2014 年 7 月，石油价格突然出现断崖式跌落，这一时机与多种国际政治因素相契合，也为阴谋论提供了论据。

在这种大背景下，石油价格在未来几年将保持在较低价位几乎是可以确定无

---

① IMF:《世界经济展望最新预测》, https: //www. imf. org/external/chinese/pubs/ft/weo/2015/update/01/pdf/0115c. pdf。

② UN, *World Economic Situation and Prospects 2015*, http: //www. un. org/en/development/desa/policy/wesp/wesp_ archive/2015wesp_ full_ en. pdf.

③ World Bank Group, *Global Economic Prospects*, January 2015, http: //www. worldbank. org/content/dam/Worldbank/GEP/GEP2015a/pdfs/GEP15a_ web_ full. pdf.

④ U. S. Energy Information Administration, "Short – Term Energy Outlook," February 2015.

疑的。从历史经验看，石油价格本身就是一个振幅很大的波动过程，低油价时期持续几年也非常正常。如1986年开始的油价雪崩，一直到1990年的海湾战争才结束；而1998年开始的低油价，一直持续到2002年。

三 国际能源市场与政治经济形势将发生重大变化

（一）低油价将影响全球能源生产与消费结构

首先，低油价将推动全球能源结构的变化。在高油价时期，各种替代能源的发展受到了高度重视。美国重点发展非常规油气资源，包括页岩油、页岩气、生物乙醇。同时也开始讨论是否开发北极油气资源、深海油气资源，是否向外出口石油和天然气。美国的这些政策与措施直接增加了全球边际能源供给，对国际油价下降贡献甚大。当国际油价下跌60%以后，陆上的常规和非常规油气新钻井投资受到抑制；阿拉斯加和深海油气资源开发处于进退两难的境地，其结果很可能是原有投资会继续以挽救沉没成本，而新的投资会延后进行。

由于国际天然气贸易采取与石油价格挂钩的计价方式，石油价格保持低位必然影响到天然气贸易。2014年乌克兰危机以来，欧盟和俄罗斯之间的能源关系日益复杂，俄罗斯试图扭转天然气贸易中的重欧轻亚现象，因此与中国达成天然气贸易长期协议。但是随着国际油价快速下跌，中俄天然气管道项目时间表可能会后移。此外，国际液化天然气贸易价格也开始下降，并且由于前期投资较多，形成了一定程度的供过于求局面。因此在需求不振的背景下，天然气价格也极有可能在未来几年保持目前的低位水平。

对其他致力于发展风电、光伏等可再生能源的国家和地区，由于石油价格下跌、经济增长乏力，带动其他传统能源如煤炭、天然气的价格下降，可再生能源的成本差距被进一步拉大。如果没有其他措施，如环境规制、碳排放交易的保护等，可再生能源的发展动力将会大受压迫。从目前看，世界各国的可再生能源项目有的已经建成，有的接近完成，因此现有项目不会受到冲击。但是，电网企业势必会更偏爱传统能源电力，如煤电。这种情况下只有配额制才能保护可再生能源电力的消纳。

尽管石油、煤炭、天然气的价格走低，但是目前看来，日本、中国、印度和其他国家的核电计划尚未受到影响。这说明，各国尤其是能源进口国对于减少对化石能源的依赖已经取得了共识。这里面既有能源安全方面的考虑，也有温室气体减排方面的考虑。也正是由于这一原因，OPEC 主要成员国在接受较低油价以维持市场份额这一选择上基本上达成一致，否则任由高油价维持下去，其市场份额势必更为减少。

（二）低油价对世界经济和政治格局将产生深远影响

国家油价如果长期保持低位，势必影响全球利益分配。按照经济地租的概念，高成本油田会逐步退出供给方，把市场份额让给低成本的油田。从生产国的角度也是同样道理，那些生产成本较高的国家势必要削减高成本油田的石油产量，增加低成本油田的产量。因此，在短期内很有可能出现一个奇怪的现象，即油价下跌，石油供给反而增加。这会进一步加重油价的下跌压力，因为那些依赖石油收入的高成本生产国会致力于增加产量。但是从长期角度看，由于新投资的减少和高成本油井的退出，供给能力会下降。

在这一机制下，中东、北非国家的市场份额可能有所增加，部分弥补由于石油价格下跌带来的损失。而俄罗斯、委内瑞拉、伊朗的长期市场份额有可能下降。中国这样的石油净进口国的石油产量也会降低增速甚至降低产量。巴西、阿根廷这些以深海油气为主的国家则会减少新的投资。美国已经开始研究是否要撤销石油出口的禁令。布鲁金斯的研究报告显示，撤销出口禁令将对美国能源工业和美国经济产生利好影响。美国政府 2014 年中就曾小幅放宽原油出口禁令，允许为数不多的几家公司将凝析油经过加工后出口。

石油价格走低对于俄罗斯经济将产生重大影响。自 2014 年 7 月以来，俄罗斯能源出口收入剧减，财政形势恶化，并引起汇率贬值、资本外流。为维持俄罗斯的长期经济稳定，恢复增长，俄罗斯将加大与亚太国家尤其是中国的经济联系，目前已经向中国企业发出参与投资西伯利亚和远东的邀请。

由于国际石油价格以美元定价，油价与美元汇率有十分密切的关系。国际油价下跌势必伴随着美元升值。目前，美元对世界主要货币的升值已经非常明显，并且引导国际资本向美国本土流动。这一走势使得美国之外的其他经济体出现银根趋紧、通货紧缩，资本流动性减少。同时，各大宗商品和不动产的价格失去上涨动力。目前，中国、欧洲、日本都出现了这一情况。因此，油价的变化将对全球宏观经济产生深远影响。

从石油价格的周期看，下一轮油价上涨可能需要等待世界经济新的增长周期的来临。届时，油气勘探投资减少的效应与世界经济增长带来的需求增加的效应相叠加，会形成新一轮的油价快速上涨。而油价谷底的时间长度，则取决于世界何时能够摆脱经济低迷状态。

四 建议我国加快实施“一带一路”战略，推动亚太能源市场一体化进程

当前国际能源市场形势为实施“一带一路”战略、加快亚太能源市场一体化进程提供了非常有利的时机。由于国际油价处于低位，世界主要能源生产国都希望开拓中国这样一个巨大的市场，搭乘中国经济快车，实现自身经济稳定与发展。而较低的国际能源价格，也有利于我国利用国际能源资源，实现能源清洁化与降低能源成本两大目标。

“一带一路”战略与我国两大能源进口通道基本重合，即陆上从俄罗斯、中亚进入中国，海上从中东、非洲通过印度洋、马六甲海峡、南海进入中国这两条传统的国际贸易路线。实施“一带一路”有利于改善我国能源结构、实现能源清洁化，加快产业结构升级和消化过剩产能，实现更大程度的对外开放。“一带一路”的实施，不仅有利于中国经济的升级和发展，也有利于相关国家和亚太地区的能源市场一体化进程，有利于亚太区域经济的进一步融合。

（一）加强陆上丝绸之路经济带能源基础设施建设与相关产业发展

陆上丝绸之路经济带同时也是能源资源富集地区，包括俄罗斯、中亚五国，阿塞拜疆，也包括巴基斯坦、伊朗、中东、西亚地区。这一地区能源资源丰富，人口众多，经济发展潜力巨大。

伴随着中国经济的快速持续发展，对能源资源的需求迅速增长，应抓住“一带一路”战略机遇和国际能源价格较低的有利时机，加快能源输送通道的基础设施建设步伐，推动中国与俄罗斯、中亚西亚地区经济、能源、社会融合发展，为世界开辟出一个新的经济增长极。

为实现这一目标，应快速完善这一区域内的基础设施网络。首先是能源通道的畅通，包括建设俄罗斯西线天然气入境管线、跨越里海的阿塞拜疆－土库曼斯坦油气管线和阿塞拜疆向西通往地中海的油气管线，从而实现里海两岸能源基础网络的互联，打通向东和向西两个方向的能源输送通道。此外，中亚地区的电力网络也可以逐步实现互联，通过大电网来改善能源安全条件。在这一过程中，应

推动中国能源企业参与能源资源开发与管道工程建设，以市场化为导向，推动中国与这些国家之间的经济融合。

（二）建设中国东部沿海能源经济带，推动区域融合发展

中国《能源发展战略行动计划（2014～2020年）》提出，到2020年基本形成比较完善的能源安全保障体系。国内一次能源生产总量达到42亿吨标准煤，能源自给能力保持在85%左右；一次能源消费总量控制在48亿吨标准煤左右，煤炭消费总量控制在42亿吨左右；非化石能源占一次能源消费比重达到15%，天然气比重达到10%以上，煤炭消费比重控制在62%以内。

为实现这一目标，无疑需要大量的清洁能源，而其中大部分需要通过进口实现，尤其是天然气。中俄和中国与中亚天然气贸易通过管道进行，虽然取得了重大突破，但是远远不能满足中国市场未来巨大的需求，还需要海上LNG的大量进口。此外，国内煤炭资源条件变差，含硫、灰分过高，不如进口煤炭优质，中国已经成为世界最大的煤炭进口国。随着治理雾霾和环保标准日益严格，未来中国进口天然气和煤炭总量仍将增长。

能源进口尤其是LNG进口需要配套建设专用港口终端等设施，还需要建设从港口终端到周边消费市场的主干网和城市管网，以及从沿海港口到内地的管网工程。只有这样，才能实现中国能源结构的清洁化，推动能源产业和其他相关产业的清洁化和产业升级。能源的清洁化是中国未来经济发展的重要方向之一，是实现新常态下经济可持续发展的必要基础。因此，加快建设东部沿海能源基础设施具有重要的意义，有利于促进东部发达地区与中西部地区的产业融合和协调发展，有利于推动中国与亚太国家的经济一体化进程。

（三）推动中国与东南亚区域能源共同市场建设

东南亚地区与中国华南与西南地区紧密相连。这一地区人口众多，油气资源丰富。但是，其中单个地区的能源体系都比较薄弱。中国的华南地区工业基础好但能源资源较为贫乏，中国西南地区、湄公河流域和缅甸水能资源丰富但是基础设施条件较差，马来西亚、印度尼西亚、文莱虽然油气资源丰富但是没有良好的配套工业体系。因此，如果能以中国华南地区为龙头，辅以上述东南亚地区丰富的能源资源，将会大大推动区域经济的发展。随着中国与东盟关系的日渐改善，

未来应抓住机遇推动这一区域能源市场的建立和发展。

目前，东南亚地区已经成为中国石油、天然气和煤炭的进口来源地之一。中国与东南亚地区在天然气终端建设、陆上能源通道、电力网络建设方面有广阔的合作空间。在“一带一路”战略下，中国与东南亚地区的能源合作可以基础设施建设与深度金融、产业合作并重，建设覆盖东亚地区的能源期货交易市场，推动区域能源共同市场的形成。

政　策　篇

Policies Review

· 石油政策 ·

B.2

中国的石油政策：能源革命目标下的政府与国家石油企业

陈卫东　朱 凯*

摘　要：本文首先归纳了中国制定石油战略和政策所基于的四点基本认识，并指出：在当前国内外石油行业的新形势和中国经济新常态的大背景下，许多一直以来被认为是中国特色的体制优势在概念认识和实践中受到了巨大的冲击，中国政府必须对前述的四点基本认识进行深刻的反省，对石油政策乃至能源战略、外交策略、国家安全观做出积极、及时的调整。在此基础上，本文对2014年中国在能源战略、政府监管、石油金融、石油税改、石油央企混改五个石油政策领域的新变化

* 陈卫东，中国海洋石油总公司首席能源研究员，教授级工程师，研究方向：能源经济、油气行业发展战略、石油公司改革；朱凯，中国海洋石油总公司经济技术研究院能源经济研究员，经济学博士（法国里尔科技大学），高级经济师，研究方向：企业理论、公司战略、能源经济。

进行回顾和点评。

关键词： 能源革命 政府监管 原油期货 石油税改 国家石油公司

从20世纪60年代起，石油替代煤炭成为全球第一大能源燃料。一个世纪里中东南美的石油生产国对石油资源的国有化、二战中对石油供给决定战役胜负的记忆、70年代两次石油危机的教训，都加深了国家政策制定者对石油作为重要战略资源和政治资源的认识。而曾经被经济学界和工业界普遍接受的石油峰值论以及石油替代能源的稀缺论，更加确立了石油作为工业血液在能源体系中的核心地位，以至于美国战略设计大师基辛格也说："谁控制了石油，谁就控制了世界。"中国政府也深受这种意识的影响，在1949年以来的60多年里，建成了中央领导、部委主管、国有石油公司为市场主体的、产业链完整的石油工业体系，为国民经济和社会发展做出了巨大贡献。至今，中国石油战略和政策的制定仍主要基于以下四点认识：第一，中国富煤少油缺气的自然资源禀赋；第二，石油是支撑国民经济快速增长的重要的战略资源；第三，自给自足的供给安全观念；第四，借举国之力搞石油会战的成功业绩。

随着国际贸易的发展和冷战的结束，全球化进程加速。自然资源、人力资源、金融资本的全球大流动使石油成为全球最大宗的贸易商品，使人们摆脱了对石油峰值论提出的石油供给危机的恐慌。中国等发展中国家取代OECD成为世界上最大的石油消费集团。随着市场化改革的不断深入以及2001年末加入WTO，中国已经深度融入了全球化进程中。截至2014年，中国从曾经的石油净出口国转变成全球最大的原油进口国、石油投资第一大国、第二大原油消费国、第四大原油生产国，一次原油加工能力位居全球第二，在国际石油市场上成为举足轻重的买方力量。中国的石油行业在受到来自全球的影响的同时，也在深刻地影响着全球。

从2013年开始的中石油反腐风暴和2014年周、蒋等高官的落马，以及2014年下半年国际石油价格的大幅下挫，进入新常态、面临三期叠加的中国经济要求国内提高能源效率、调整经济结构、落实节能减排措施，导致中国石油需求增速放缓。同时，全球能源行业进入大转型时期，以化石能源为主的能源格局正在面临来自气候变化、环境污染以及替代能源发展的挑战。石油在一次能源消费中的比重下降，一方面是因为国内石油产量不存在大幅增长的预期，而且政策决定者确信石油对外依存度高企会降低能源安全；另一方面是由于电的利用得到普及，各种一次能源可以通过转化为电能来比较各自的能效、排污水平和经济成本，替代能源凭借技术进步增强了对石油的竞争力和替代能力。石油在能源中的主导地位开始动摇，以石油为核心的全球地缘政治经济格局也将发生深刻、全面甚至是彻底的改变。

这些变化都使一直以来被认为是中国特色的诸多体制优势在概念认识和实践中受到了巨大的冲击，“可持续性”得到了越来越多的重视，石油资源、石油资本的利用效率亟待提升，石油行业（尤其是上游）向民营企业开放、改革国有石油公司体制的呼声日高，迫使中国的石油工业进入转型期。政府需要对前述的四点基本认识进行反省，对石油政策乃至能源战略、外交策略、国家安全观做出积极、及时的调整。

2014 年被称为中国全面深化改革的元年，石油政策的变革也亮点颇多，重点体现在以下五个方面：战略——发展的方向、政府监管——发展的保障、金融——发展的动力、税收——利益再分配、企业——市场竞争的主体。

一　中国的能源战略

（一）“四个革命、一个合作”

2014 年中国能源行业中的头等大事，就是习近平主席提出“四个革命、一个合作”的国家能源战略。战略明确提出，要推动能源体制革命，还原能源商品属性，构建有效竞争的市场结构和市场体系。

使用“革命”而非其他领域的“改革”，说明中国领导人充分认识到全球能源供需格局新变化、国际能源发展新趋势对中国能源行业的冲击，以及中国能源行业面临的需求压力巨大、供给制约较多、生产和消费对生态环境损害严重、技术水平总体落后等挑战。革命与合作的提出有助于对国家石油战略和政策制定的四个基本认识进行调整。然而，革命与合作还只是新概念，实质性的内容亟须补充，预计将在今后一系列的能源政策中，尤其是在即将开始的《国家“十三五”能源规划》中得以体现。

（二）能源发展战略行动计划

国务院办公厅2014 年6 月7 日同意、11 月19 日正式发布《能源发展战略行动计划（2014～2020年）》（以下简称《计划》），是全局谋划今后一段时期中国能源发展的总体方略和行动纲领，也为“四个革命、一个合作”给出了权威解读。《计划》提出重点实施“节约优先、立足国内、绿色低碳、创新驱动”四大举措，到2020年，基本形成统一、开放、竞争、有序的现代能源市场体系，并明确提出“一降三升”的能源结构调整路径。但是，什么样的竞争是有序的，或者说什么秩序是合理的，有待赋予实际的、明确的内涵。

《计划》延续了既定的改革原则，例如：建立统一开放、竞争有序的现代能源市场体系，推进石油领域价格改革，完善政府对基础性、战略性、前沿性科学研究和共性技术研究及重大装备的支持机制，深化国际能源双边多边合作，支持企业“走出去”。这些内容急需具体实施的路线图和时间表。同时也应看到，这些改革原则涉及面太广，仅以能源计划的方式难以全面协调。

由于替代能源关键技术的突破在短期内尚无法预见，石油的开发利用还具有经济性，保障石油供给依然是当前能源工作中的重要任务。《计划》也因此明确提出增强能源自主保障能力，坚持陆上和海上并重，提高国内石油产量。同时，受到美国页岩革命成功的鼓舞和启发，《计划》也将非常规油气及深海油气勘探开发列入重点创新领域。《计划》还提出完善石油储备体系以加强对诸如石油供给中断等突发事件和暂时性因素的防范和抵御能力。

（三）“一带一路”

在2014年12月召开的2015年中央经济工作会议上，国家将“丝绸之路经济带”和“21世纪海上丝绸之路”列为2015年区域发展的首要战略。构建“一带一路”对中国加快融入全球化，促进在经贸合作、地缘政治和文化交流等方面有重要的推动作用，而且对于促进中国对外油气贸易更是具有重大的战略意义。

阿拉伯地区长期以来是中国最大的石油供应源。在中国2013年的石油进口机构中，中东、非洲、俄罗斯及中亚分别占据了将42.8%、17.4%和16.7%。[①]根据对中国2020年和2030年石油消费量以及原油产量的预测（见表1和表2），未来年进口量将在4亿～5亿吨。届时，中国需要加大力度从中东、非洲、俄罗斯及中亚进口石油资源。

① BP，*BP Statistical Review of World Energy 2014.*

表 1　相关机构对中国石油消费的预测结果

机构(预测时间)	年份	石油消费量(亿吨)
IEA(2012 年)	2020	6.35
	2030	7.35
BP(2012 年)	2020	5.9
	2030	7.5
中国工程院(2011 年)	2020	5.77 ~ 5.87
	2030	6.55 ~ 6.6
国家能源局(2011 年)	2020	6.2
	2030	7.4

注：各家机构预测时采取了不同的单位。为了方便对比，在此统一转化，转化系数为：1 吨石油 = 1.4286 吨标准煤；1 立方米天然气 = 1.33 千克标准煤；1 吨石油 = 7.33 桶石油。

资料来源：IEA，*World Energy Outlook 2011*；BP，*Energy Outlook 2030*；中国工程院：《中国能源中长期发展战略研究》；国家能源局：《2030 年国家能源战略研究报告之我国经济社会发展趋势与能源需求重大问题》。

表 2　相关机构对中国原油产量的预测结果

机构(预测时间)	年份	石油产量(亿吨)
IEA(2012 年)	2020	2.14
	2030	1.64
中国工程院(2011 年)	2020	2.1 ~ 2.3
	2030	2.0

资料来源：IEA，*World Energy Outlook 2011*；中国工程院：《中国能源中长期发展战略研究》。

中国已经初步形成了东北、西北、西南陆上和海上四大油气通道，目前仍主要依靠海上通道：一是中东航线：波斯湾—霍尔木兹海峡—马六甲海峡—台湾海峡—中国；二是非洲航线：北非—直布罗陀海峡—地中海—马六甲海峡—台湾海峡—中国；三是东南亚航线：马六甲海峡—台湾海峡—中国。其中，进口原油量的 80% 要经过马六甲海峡。“21 世纪海上丝绸之路”基本上与上述三条海上通道重合。打通海上丝绸之路有助于中国加强对运输通道的控制力，保障贸易安全。

构建“陆上丝绸之路经济带”，使昔日东西方交流的“商贸大动脉”成为贯通亚欧大陆的“能源大动脉”，必然促进中国与俄罗斯和吉尔吉斯斯坦、哈萨克斯坦、土库曼斯坦、塔吉克斯坦等中亚国家的油气开采和管输合作，有助于减轻对海上通道的高度依赖，降低海上通道发生重大突发事件对中国能源安全造成的威胁。

但是，“一带一路”本身的安全性如何保障需要重视。目前，建设“一带一路”的主要动力来自中国，需要得到各参与国的认同和配合，这就需要共赢的思路，还要有安全底线和保障措施。如何在和平发展的主题下确保丝绸之路经济带的成果？美国的外交政策非常明确——不惜武力保卫海外交通线。在投入巨大人力、财力、物力推动“一带一路”建设前，中国必须明确应该、可以采取什么策略和措施来维护自己的正当权利，而且必须得到各参与国的认同。

二 政府监管

（一）油气管网设施的监管

中国的油气管网设施建设、运营主要集中于少数大型央企，主干油气管网处于高度垄断经营状态，相关市场主体对于油气管网设施公平开放的需求日益凸显。2014 年 2 月 13 日，国家能源局正式印发的《油气管网设施公平开放监管办法（试行）》提出：油气管网设施开放的范围为油气管道干线和支线（含省内承担运输功能的油气管网），以及与管道配套的相关设施；在有剩余能力的情况下，油气管网设施运营企业应向第三方市场主体平等开放管网设施。

（二）投资项目的简政放权

2014 年 10 月 31 日，国务院发布《政府核准的投资项目目录（2014 年）》，主要内容可以概括为六个字：取消、下放、监管。该目录共取消、下放 38 项核准权限，其中取消核准改为备案 15 项，下放地方政府核准 23 项。连同 2013 年已经取消、下放和转移的 49 项核准权限，共减少 76%。[①] 此轮简政放权之后，中央不再直接审批小项目。根据国家发改委官员的解释，审批权下放是有条件的，条件就是一系列的政策约束，包括发展规划、产业政策、总量控制目标、准入标准、技术政策、用地政策、环保政策、信贷政策等。有些项目只能放到省一级，是考虑在现阶段充分发挥省级政府及其有关部门在政策把握以及技术力量方面的优势。不

① 苏南：《国务院大手笔简政放权能源领域》，《中国能源报》2014 年 11 月 18 日。

过按照国务院的规定，省级政府可以对这些项目进一步分解，因此还有一些下放到了各级地方政府（即基层政府）。但是从政策实施的角度来看，仍然存在一些问题。例如，备案制度下会发生“不予备案”的情况，还可能被无限期拖延。实际上也许还不如审批制，至少按照行政审批的规则，审批流程是有时间限制的。另外，地方政府有了审批权之后，在经济、政治利益的驱动下，可能会偏袒地方企业，用“打擦边球”的方式为一些不合格的项目放行，加剧落后产能过剩。

政府监管的改革，不能只是一放了之。防止职能错位的同时不能造成政府管理职能的缺位，应该有放有收。在不断深化改革的过程中，应该继续探索经济管理的内涵和方法。

三　石油金融市场

（一）成品油现货交易

中国成品油价格主要参照国际原油价格计算。近年来随着国际油价的不断攀升，国内成品油价格也不断上涨。特别是2013年3月26日国家发改委将成品油调价周期缩短至10个工作日后，国内成品油经营企业对缓解油价波动风险的需求越发迫切。

北京石油交易所成品油现货交易在经过一年的试运行后，于2014年2月14日正式上线。理论上，对于成品油经营企业而言，通过在该平台实时买货卖货，可以进一步拓宽业务渠道；对于消费者而言，在该平台上交易，不仅可以随时随地在全国任意加油站点提油，还可以实现按升锁定用油成本的保值增值功能，消费者将不用再承受因油价上涨所带来的成本增加的困扰。

成品油现货交易平台建立后，民营加油站将成为其主体，将使消费者获得更多的选择。但是，中国石油和中国石化掌握着国内80%～90%的油源供应渠道。如果这“两桶油”不积极参与成品油现货平台建设，该平台长时间内可能仅能在较小范围内运行，低普及率会导致平台上形成的交易价格难以影响“两桶油”的定价，从而无法实现成品油的市场化定价。

（二）原油期货

原油期货是全球最大宗的商品期货品种，每次国际油价的大涨大跌都会直接影响全球经济走势。目前，世界原油期货基准价是WTI和Brent，亚洲地区至今仍未形成一个独立的、权威的基准价。

中国证监会于2014年12月12日正式批准上海期货交易所开展原油期货交易，原油期货上市工作步入实质性推进阶段。中国推出原油期货的初衷之一，就是建立能客观反映亚太地区石油市场供需关系的基准价市场，提高国际原油定价的话语权。而且，上海可以通过原油期货市场建设国际化交易结算平台，全面引入境内外交易者和经纪机构，加速中国石油市场与国际接轨，建立全球原油贸易中心。①

不过，在上海成立原油期货中心，是否真能提高中国在原油市场的话语权？如果能，中国资本在其他已有的原油期货中心运作难道就不能提高话语权？而且，在上海成立原油期货中心，还有很多困难需要克服。首先，国内外期货交易制度、习惯差别较大，需要中国的金融体制做出相当大的改革。其次，中国的原油生产、进口和炼化领域受制度约束严重，开放度不高，原油现货市场相对垄断。中国的商品期货市场尚未对相关机构全面开放，机构投资者参与商品期货受限，现货企业普遍很少参与期货，部分国企被限制参与期货交易，只能经营套期保值业务。国有、民营、外国资本如何行使期货市场参与主体的全部权利，还有待政府在原油行业监管、期货市场监管和外汇管理等多方面打破现有的政策局限。否则，没有多元化的参与主体，原油期货市场很难做大。

四　石油税改

（一）油气资源税改

资源税改涉及重大利益关系的调整，是国家与垄断企业、中央与地方、不同的企业之间等多方利益博弈的过程。随着市场化改革的推进，资源由市场而不是由政府定价之后，税收就成为政府调节经济利益分配的主要手段，资源税改已经成为影响资源开发乃至经济发展的重要因素。自2006年起，中国正式启动资源税改革，旨在最大效率地使用国内自然资源和公正地分配国内自然资源的收益，至今已取得了一定成效。

2014年10月11日，国家财政部和国家税务总局发出通知，自2014年12月1日起，原油、天然气矿产资源补偿费费率降为零，同时资源税适用税率由5%

① 阮晓琴：《原油期货：探路中国期货国际化》，中国经济新闻网，2014年12月16日。

提高至6%；对油田范围内运输稠油过程中用于加热的原油、天然气免征资源税，对稠油、高凝油和高含硫天然气资源税减征40%，对三次采油资源税减征30%，对低丰度油气田资源税暂减征20%，对深水油气田资源税减征30%；在全国范围统一将原油、天然气矿产资源补偿费费率降为零，停止征收原油、天然气价格调节基金，取消不合法、不合理收费基金项目。对确需保留的收费项目，要经省级人民政府批准后执行，并纳入涉企收费目录清单，向社会公布。除法律、行政法规和国务院规定外，任何地方、部门和单位均不得设立新的涉及原油、天然气的收费基金项目。①

此政策出台前，资源税全部上交中央后再进行返还和转移性支付，而且国家在征收资源税的同时，各地区也在收取煤炭资源税以外的补偿费。此政策出台的目的是进一步建立统一、透明的税收机制，避免乱收费问题。同时，对于投资者而言，税收情况一目了然，更有利于经营决策。

（二）成品油消费税改

自2014年6月以来，国际油价从超过100美元/桶（主要参考WTI和Brent油价）下滑至60美元/桶以下，几遭腰斩。2014年中国的成品油价也相应地以“十一连跌”收官。但是在2014年11月29日、12月12日和2015年1月13日三个调价窗口，汽、柴油消费税单位税额分别由1.12元和0.94元提高至1.52元和1.20元。财政部税政司负责人表示，适当提高成品油消费税：一是可以合理引导消费需求，促进石油资源的节约利用和减排；二是有利于促进新能源产业发展，促进能源生产方式变革；三是通过“有增有减”的消费税政策调整，更好地引导生产和消费，以及调节收入分配。② 提高成品油消费税的新增收入将纳入一般公共预算统筹安排，主要用于支持经济转型，重点用于两方面：一是增加治理环境污染、应对气候变化的财政资金，提高人民健康水平，改善人民生活环境；二是用于促进节约能源、鼓励新能源汽车发展。中央财政将安排专项资金，保障政府支持新能源汽车发展所需资金。③

这三次调高消费税，引发了部分消费者的不满。第一，原油价格暴跌引发的

---

① 郁舒：《原油天然气资源税改方案出台》，《石油商报》2014年10月16日。

② 李丽辉、吴秋余：《为何调整成品油消费税》，《人民日报》2014年11月29日，人民网，http：/politics. People. com. cn/n/2014/1129/c1001 -26116167. html。

③ 韩洁、何雨欣、安蓓：《五问成品油消费税上调》，网易财经，2014年11月28日，http：//money. 163. com/14/1128/21/AC5TN4A400253BOH. html。

成品油价格下跌被税收的提高冲抵了不少。税率调整后，成品油中的税负占比提升到44%～45%。消费者调侃，加的不是油而是税（主要经济体中，美国最低，税负占比在15%左右；英国、德国分别在59%、56%左右；韩国比例在52%～53%；日本为41%左右。中国目前在全世界范围内属于中等水平）。① 第二，原油价格下降时税率提高并不意味着原油价格上升时税率会下调，消费者只能被动接受加税。第三，调整成品油消费税未经人大批准，税率调整的合法性被民众质疑。实际上，现行《消费税暂行条例》规定，“消费税税目、税率的调整，由国务院决定”。因此，由国务院研究决定提高成品油消费税税率，财政部、国家税务总局根据国务院的决定颁布政策操作文件，符合现有的程序。

（三）石油特别收益金

经国务院批准，财政部决定从2015年1月1日起，将石油特别收益金起征点从55美元/桶提高至65美元/桶，继续实行五级超额累进从价定率计征。目前，国际油价处于50美元/桶以下水平，对于石油行业的上游开采及出口企业业务是很大的打击，国内部分老油田开发、生产成本高企，“特别收益”已不存在。此次提高石油特别收益金的起征点之后，石油企业的税负将减轻。

五　石油央企混改

2014年2月19日晚，中石化股份有限公司发布公告，重组油品销售业务板块，同时引入社会和民营资本参股，实现混合所有制经营，社会和民营资本持股比例将根据市场情况厘定。6月31日，公告了具体方案。9月14日，宣布25家境内外投资者将认购其全资子公司销售公司29.99%的股权，引资规模超千亿元。

此次中国石化在总公司层面率先启动混合所有制改革，设计、运作向私人资本开放销售板块，成立混合股权的二级子公司，市场上赞许之声不断。但是，国内的地方炼化企业和民营加油机在近几年已有了较快的发展，油品销售领域的垄断特征与油气上游领域相比并不显著。以销售板块作为突破口，并不像某些评论所说起点高、力度大，反而更像是避难就易的一次试探性突破。

国资委只是央企名义上的国有出资代表，实际出资人代表是财政部。目前，

---

① 赵嘉妮：《消费税再上调幅度已超50%　冲抵油价下调幅度》，《新京报》2015年1月13日。

国资委和财政部对于国企改革的方向仍有重大分歧，导致混改处于方向不定、方案先试的境地。自2月公告之后，中国石化在下游油品销售板块的重组引资问题上多是以“销售业务重组”来指代，“混合所有制”五个字很少提及；6月的公告中，全文未提“混合”二字。① 显然，混改思维的不确定也让中国石化感受到了压力和不知所措。

中国石油也在积极谋划混改。2014年5月12日，中国石油天然气股份有限公司决定，以西气东输管道分公司管理的与西气东输一线、二线相关的资产及负债，以及管道建设项目经理部核算的与西气东输二线相关的资产及负债出资设立东部管道公司；通过产权交易所公开转让所持东部管道公司100%的股权。这意味着中国石油所有中游管道业务均被纳入混合所有制改革范畴。此次股权转让除了有利于优化公司资产配置和融资结构，实现产权结构多元化的目的，② 还能激发各类资本进入油气生产领域，“管网分离”也可能借此破局，中游管线管输费有望重新定价。

中国石油管道公司与中国石化销售板块的混改有相似之处：都是集团总公司决策，由上市公司发布公告，以资产为混改对象，以成立独立的混合所有制公司为目标。但是，既然是公开上市公司，那就已经是混合所有制的公司了，为何还要上市公司拿出资产进行混改？如果这些资产尚未上市，还由集团总公司独资所有，那为何由上市公司发布混改公告？就国企混改而言，目前在理论上还缺乏定论。

国企在混改中处境尴尬：亏损了是国资流失，盈利了是与民争利。国有企业的领导者一方面要通过市场搞经济，使国有资产保值增值；另一方面又要承担政治任务，要有政治觉悟，无法作为真正的经济主体在市场上竞争。即使引入了民营资本，也无法协调这两方面的矛盾。私有化倒是可以简单地解决问题，但是不符合中央对国企的定位和要求。从民资的角度来看，仅仅是参股的话，依然没有话语权。即便拿到了49%的股份，依然要服从控股股东的指令。因此，如何保护小股东利益、国有股是否一定要对公司控股，都是国企改革必须回答的问题。

借助全面深化改革的春风，油气领域体制改革已经启动。分析人士几乎一致地认为，目前中国能源体制改革的核心在于价格体系改革，同时需要破除（国

① 席淑静：《中石化为何不提混合所有制了?》，新浪财经能源，2014年7月1日，http：//finance.sina.com. cn/zl/energy/20140901/094919571724.shtml。

② 安蓓、朱诸：《推进“混合所有制”，中石油启动“卖管道”》，《新华每日电讯》2014年5月14日。

有经济的）垄断，充分调动多元化参与主体的积极性，推动市场化。但是，笔者始终认为，更为重要的是对本文开头部分所提四个基本认识进行深刻的反思和革命性的创新。国际贸易作为“增长的发动机”，其魅力在石油这个商品上得以充分展现：商品、资本和人才的流动使石油的开发、运输变得更容易，可获取性的增强降低了石油作为战略物资被管控的必要性，也促进了非常规油气和替代能源的发展。自然资源禀赋的劣势逐渐被科技发展弥补，曾经的“资源为王”论者感受到了“富饶的贫困”带来的压力。自给自足早已不是保障供给安全的唯一途径，甚至不是有效途径（例如从经济成本进行考量）。由市场组织的社会化大生产与依靠国家石油公司孰优孰劣，在国际市场竞争中可以得到最直接的回答。中国谋划在经济发展新常态下的石油战略之际，不应满足于“术”的革新，更应在“道”上谋求更大的突破。这才是能源革命的实质。

B.3

拉美的石油政策：投资环境与合作风险

孙洪波*

摘　要：因国际原油价格急剧下跌并保持低位，拉美国家的能源改革进程、大型投资计划将被搁置或推迟。尽管资源国的石油政策相对稳定，但因经济增长放缓，国内政治、社会矛盾增多，拉美的油气投资环境复杂多变，风险因素增多。中国企业需要立足于拉美资源国自身的国内市场和拉美地区市场的需求，中拉合作的着力点应集中在产业链内合作、能源相关基础设施、能源科技合作等领域，但同时应谨防政治因素带来的合作风险。

关键词：原油价格　石油政策　投资环境　能源安全　合作风险

2014年下半年以来，国际原油价格大幅下跌并保持低位，给拉美资源国的经济增长、财政收入及国际收支平衡带来了重大冲击。拉美主要产油国经历了上一轮政策调整后，政策可持续性正面临考验。墨西哥的能源改革、阿根廷非常规油气开发计划、巴西深海盐下层油田开发都面临着极其不利的国际市场环境，特别是委内瑞拉面临的挑战可能更加严峻。当前拉美多个资源国经济下行压力增大，国内政治矛盾尖锐，且社会问题也较为严重，导致能源合作环境复杂，政策性风险因素增多。

一　拉美资源国的石油政策变化

2001～2007年，随着石油价格上涨，拉美资源国的政策出现了分化：一组国家是委内瑞拉、阿根廷、厄瓜多尔和墨西哥；另一组是巴西、哥伦比亚和秘

---

* 孙洪波，博士，中国社会科学院拉美问题研究所副研究员。

鲁。第一组国家未能对市场做出积极反应，油气投资和产量变化不大，甚至出现下降；而第二组国家顺应了市场变化，提高了油气投资和产量。①

在此期间，委内瑞拉、玻利维亚、厄瓜多尔三国左派政府出台一系列的油气政策调整法令，强调或继续保持国家对油气资源的控制权：扩大国家石油公司的控股权、提高能源税费或扩大政府分成比例，但仍保持对外资开放。

相比之下，巴西、哥伦比亚和秘鲁减少对石油产业的干预，加强私人资本、私人公司与国家石油公司的竞争，并确立石油产业监管框架。巴西和哥伦比亚两国成立了独立的石油产业监管机构，并保持石油产业对外开放，而且国家石油公司的股权结构也引入了私人投资。

2008 年国际金融危机爆发后，拉美资源国继续石油政策调整。巴西盐下层油田开发立法、厄瓜多尔合同模式变更一度成为 2010 年拉美油气热点问题。2012 年，阿根廷对雷普索尔 - YPF 公司的强制收购，并于 2014 年完成了补偿谈判。

当前国际原油价格大幅下跌直接影响到拉美主要产油国的石油投资计划，特别是开发成本较高的非常规油气冲击较大。拉美原油含硫量较高，考虑到全球减排、环境保护压力以及国际石油价格变化趋势，拉美的重油、深海油田开发优势不再明显。未来一段时间，拉美石油产业可能进入新一轮产业调整期，包括墨西哥、阿根廷、委内瑞拉、巴西等。

（一）巴西石油政策保持稳定，但受油价下跌、腐败案件影响，深海油田开发受到冲击

2009～2012 年，巴西就深海盐下层油田确立了基本法律框架。2013 年 10 月，巴西第一次采用“产量分成”合同模式，对深海盐下层油田招标。2014 年巴西国家石油公司腐败案被曝光，迫于贪腐丑闻引发的政治和舆论压力，2015 年 2 月，巴西石油公司高管集体宣布辞职。因油价下跌以及巴西石油公司遭遇的腐败危机，巴西能源部宣布延期石油区块开采权招标。

（二）阿根廷出台新的能源法，吸引外资，鼓励非常规油气开发

2014 年 10 月，阿根廷通过了新的《碳氢化合物法》，加强了中央政府对油气资源的开采、管理权限。具体而言，该法案主要内容包括：

---

① Lenin Balza, Ramón Espinasa, *Oil Sector Performance and Institutions: The Case of Latin America*, Technical Note No. IDB - TN - 724 (Inter-American Development Bank, January 2015), pp. 40 - 41.

（1）降低外国公司的最低投资额要求；（2）石油公司应向石油生产州支付12%的矿区使用费，若开发合同延期，向石油生产州支付的矿区最高限是18%；（3）统一对石油公司的监管框架，并限制地方政府在油气资源开发、管理方面的权力；（4）地方政府的国有公司只能根据投资比例，参与油气开发阶段的经营活动；（5）常规油气开发合同期限25年，非常规油气开发合同期限35年，海上油气开发合同期限30年。此外，地方政府可根据石油公司的投资情况延长合同期限。

尽管阿根廷通过了新的《碳氢化合物法》，但国内反对、抵制该法的声音依然强大，这将为未来政策的不确定性埋下隐患，特别是关于油气开发收益在中央和地方政府之间的分配方面存在严重分歧。反对者认为法案使石油生产企业受益，但损害了地方利益。阿根廷抑制投资的诸多政策瓶颈仍未解除，如外汇管制、盈利汇出限制、能源价格管制等。

（三）因受油价下跌影响，墨西哥的能源改革实施计划面临着不利的市场环境

墨西哥能源改革的目标是要打破墨西哥国家石油公司的垄断，引入市场竞争，充分利用跨国公司的资本和技术发展本国油气产业。2014年8月，墨西哥新的能源改革法令生效，并宣布了“零轮招标”的结果，启动了第一轮招标。根据不同领域分为五个阶段，全部过程将于2015年9月结束。2015年3月，墨西哥启动了第一轮石油区块招标活动的第二阶段工作。为了吸引外资，墨西哥将对苛刻的合同条款进行调整。但考虑到国际油价变化，投资者倾向于有产量保证或投资额不大的项目，而不是风险较高的非传统能源及深水区油气资源项目。

（四）委内瑞拉石油政策框架稳定，但存在系统性调整压力

委内瑞拉油气政策保持稳定，但迫于石油稳产、增产压力以及财政收入对石油出口收入的依赖，可能会倒逼政府对油气税费、合作条件微调。特别是委内瑞拉宏观经济失衡以及国内严重的政治、社会动乱造成投资环境的风险因素增加。

就委内瑞拉国家石油公司而言，主要存在以下问题：其一，高级管理人员的任命不是基于专业技术水平，而是基于政治联盟的需要；其二，大量的资源投向与石油无关的政府活动；其三，政府挥霍了大量的石油收入，而对石油产业投资严重不足。过去十年，委内瑞拉石油产业经历了制度性变革，政府通过产量、金

融等手段加强了对国家石油公司的控制。①

尽管原油价格下跌，拉美多数资源国仍需实现稳产、增产。非传统油气成为拉美能源产业重要发展方向，但考虑到投资成本、相关基础设施配套以及投资风险因素，拉美的非常规油气投资前景甚不明朗。2012～2014 年，雪佛龙、道达尔等公司与阿根廷签署了多个非常规油气开发框架协议，墨西哥能源改革也是吸引了雷普索尔、埃克森、雪佛龙等公司的投资兴趣。但是由于油价持续下滑，页岩油气颓势蔓延，跨国石油公司纷纷考虑搁置在哥伦比亚、墨西哥、阿根廷等国的非常规油气开发投资计划。

二　拉美的石油投资环境分析

国际原油价格下跌不仅对拉美资源国的经济造成影响，而且还会延伸到政治、社会等多个层面。拉美投资环境的复杂性与资源国的经济增长周期、政治周期高度关联。尽管拉美的民主制度稳固、政局稳定，但因经济增长放缓，多个国家的政策可持续性面临挑战，社会矛盾多发，政治分歧、对立更加显性化，能源投资环境的风险因素增加。

（一）政局基本稳定，但局部政治风险不容忽视

就拉美整个地区来看，政局相对稳定，不存在重大动荡因素。然而，由于一些左派国家的政治对立、两极化，局部的政治风险因素依然存在。墨西哥、秘鲁、智利等国政治稳定性较好，但委内瑞拉、阿根廷、巴西等左派政府因宏观经济失衡，民众游行示威活动不断，政府在政治上面临不少挑战。

2012 年以来，哥伦比亚积极推动国内和平谈判，但还尚未结束。2014 年，马杜罗政府与反对派的政治对话进展不大，国内的政治紧张局势难以缓解，加之委内瑞拉的经济困境，使得该国的政治风险压力增大。因国家石油公司的腐败案，巴西多次爆发大规模的游行示威活动，罗塞夫政府面临前所未有的政治压力。2015 年 10 月，阿根廷将举行总统大选，尽管该国通过了新的能源法，但国内政治对立亦是尖锐，是影响投资环境的重大因素。总体而言，未来一段时间，拉美投资环境中的政治因素更加复杂，不确定性增多。

---

① Lenin Balza, Ramón Espinasa, *Oil Sector Performance and Institutions: The Case of Latin America*, Technical Note No. IDB－TN－724 (Inter-American Development Bank, January 2015), pp. 40－41.

（二）因经济下行压力增大，资源国将在保护主义与开放、放松管制之间做出新的平衡

2012 年以来，拉美经济增长多年连续放缓，通货膨胀压力增大，特别受美国退出量化宽松政策的影响，多个资源国货币贬值严重。资源国政府一方面面临着国内产业部门要求加强保护的压力，另一方面又需要吸引外资参与本国的石油产业发展，因此，受经济下滑、原油价格下跌等因素影响，资源国将会在保护和开发之间做出新的政策平衡。

因经济增长放缓，资源国的投资能力有限，会进一步扩大吸引外资的力度。然而，资源国对石油政策的调整，还取决于国际原油价格中长期的变化趋势，拉美国家在短期内尚不会对石油政策做出大的调整。譬如，巴西、阿根廷、墨西哥等国对石油开发的国产化率的要求短期内不会改变。

（三）虽不存在重大地缘政治风险，但美国依然是该地区格局变化的主导性力量

尽管拉美国家之间存在陆地、海域边界纠纷，而且时常发生外交纠纷，但并未导致军事对抗、冲突。拉美的石油政策涉及半球的地缘政治，关系到美国的能源安全、商业利益。当前美国在拉美面临的问题是，必须对拉美上一轮经济增长期遗留下的政治、经济、社会、外交等领域中的问题有所准备，特别是要应对拉美局势出现新变化后所带来的挑战，其中重点在于推动美古关系正常化谈判、哥伦比亚国内和平谈判等。

2014 年 6 月，美国宣布了《促进加勒比能源安全倡议》，在能源融资、能源市场管制、多元化等方面，美国将向加勒比国家提供援助①，并且称，该倡议的目标是确保加勒比国家的能源安全。2015 年 1 月，美国与加勒比国家召开首脑峰会，共同推动实施《促进加勒比能源安全倡议》。美国强调，该倡议旨在协助加勒比国家克服对进口能源的依赖，解决长期以来加勒比地区能源成本较高的问题。多年来，多个加勒比国家参加了委内瑞拉主导的“加勒比石油计划”，但由于委内瑞拉的经济困境，该计划面临严峻的挑战。截至 2013 年底，加勒比石油

---

① The White House, Office of the Vice President, *Promoting Energy Security in the Caribbean*, June 19, 2014, http://www.whitehouse.gov/the-press-office/2014/06/19/fact-sheet-promoting-energy-security-caribbean.

计划成员国对委内瑞拉积累债务超过了200亿美元。因国际原油价格下跌，委内瑞拉对加勒比国家的石油补贴将难以持续。

2014年12月，美古关系改善释放了积极信号，两国开始启动双边关系正常化谈判，其中涉及美国与古巴、墨西哥在墨西哥湾的海洋边界谈判，这关乎墨西哥湾的非常规油气开发。如果美国与古巴关系“解冻”，墨、美、古三国或将签署海上跨境石油协议。

（四）社会风险因素的常态化成为投资环境中难以回避的难题

拉美的公共安全问题长期以来根深蒂固，再加上经济增长下滑，贫困人口出现反弹，改善社会治安状况的难度增加。委内瑞拉、阿根廷、墨西哥、巴西等国的公共安全形势依然严峻。

就环境治理而言，由于涉及多方利益相关者，因此加剧了投资环境的复杂性。拉美的环境治理面临的主要问题包括：矿业发展的生态极限、依赖资源增长模式的可持续性、资源开发导致的社会紧张和冲突、资源收益分配的民主化等。

特别是包括当地社区和印第安人在内的、因石油资源开发而受到影响的群体，他们对环境的维权活动除了付诸法律诉讼外，还包括示威抗议、占领油气田、封锁道路、扣押人员等。厄瓜多尔、秘鲁和玻利维亚等国的印第安人近年来反对、抵制外国油气投资的呼声不断。印第安人的“维权政治”是南美资源开发和收益分配政治的外围延伸，背后的国际非政府组织的推动力量不可小觑。

三　中拉石油合作前景

多年来，中拉能源合作的基础日益巩固，合作规模不断扩大。在当前国际原油价格保持低位、拉美经济出现困境以及中国经济增长放缓的形势下，中拉石油合作面临着新的环境，需要探讨新的合作思路、机制和重点领域。2014年7月，中国工银金融租赁有限公司与巴西就超深水钻井平台租赁合同达成协议。中国石油公司与古巴签署了原油增产分成合作框架协议和钻机钻井服务项目合作协议。中墨两国成立的能源合作基金主要用于墨西哥能源基础设施项目、勘探及开采石油、天然气等领域，而且该基金吸纳了民营资本的参与。2015年1月，中石化公司与阿根廷达成多项油气合作谅解备忘录，就开展提高老油田采收率和增产技术以及装备制造等领域进行合作。

特别考虑到国内产能过剩、拉美的石油产业发展需求等因素，中国的石油公司能继续发挥在油气勘探开发、工程技术服务、工程建设和物资装备等方面的优势，并结合中国金融机构的融资支持，可不断深化与拉美的石油产业合作。

（一）中拉深化石油合作的政治意愿强烈

经过多年的合作积累，中国已成为拉美对外能源合作多元化的战略伙伴，彼此的能源利益交融面不断扩大。拉美资源国都希望进一步巩固、深化中拉能源合作，无论是对华原油出口，还是吸引中国的资金、技术等，都怀有发展长期合作关系的战略需求。为应对石油价格大幅下跌，拉美资源国对深化与中国的能源合作的政治意愿更加强烈，期望中国能够成为其稳定、长期、可靠的战略性合作伙伴。

（二）中拉双方的能源利益具有高度的互补性

从能源安全角度看，中拉之间彼此具有高度的互补性，而非竞争性。拉美资源国迫切需要确保石油出口安全，而中国仍将会保持石油进口多元化的能源安全战略。尽管中东、中亚、俄罗斯等地成为中国能源进口的重要来源地，但考虑到地缘政治风险因素以及石油进口来源地过于集中的风险，拉美在确保中国实现能源进口多元化战略目标上的地位不可动摇。而且，拉美也是中国对国际能源市场施加影响、确保能源进口来源地的灵活性而不可缺失的重要地区。从拉美的情况来看，资源国普遍看重对华能源出口市场，视中国为其出口安全的重要伙伴，且赋予了对华能源合作的政治、外交含义。

总体而言，拉美与中国能源合作的利益诉求主要包括三个方面：（1）能源安全维护的两重性，即石油出口安全需求与本国能源供应安全需求并存。（2）以能源合作为突破口，稳定、扩大对华能源出口，并吸引中国投资，从而有助于稳定其宏观经济。无论是拉美的能源出口国，还是能源进口国，能源供应、能源贸易都是影响其财政收入、国际收支、通货膨胀的重要因素，通过扩大对华能源合作，有助于其改善宏观经济基本面。（3）降低能源成本，提高产业和经济综合竞争力。拉美国家的能源成本普遍较高，制约了产业竞争力的提高。中拉深化能源合作有助于拉美国家打破经济发展的能源瓶颈，确保经济可持续发展。

（三）深化能源产业内合作，并拓展合作领域

考虑到国际油价下降、中短期内世界经济低速增长以及中国的能源需求，中拉能源合作的着力点应集中在产业链内合作、能源相关基础设施、能源科技合作等领域。

未来一段时间，一方面，中国石油企业需要立足于拉美资源国自身的国内市场和拉美地区市场需求，与拉美国家的能源产业发展实现对接，从看重资源转向关注资源国的产业发展，着眼于提升资源国的能源产业竞争力和产业效率；另一方面，中国石油企业可以结合中国国内经济结构调整、产业升级需要，加大能源产业向拉美“走出去”的力度，重点突破从集中资源开发产业环节拓展到能源科技、装备制造业等领域的合作，特别是以产业合作为依托、金融合作为推力，实现中拉能源产业的利益融合。

中拉能源合作以资源为基础、以石油领域为主导，这是不争的事实。同时也应看到，中拉能源合作也已扩展到了能源基础设施等领域。毋庸置疑，中拉能源合作可超越资源层面，有着更加广泛的合作领域。譬如，在中拉论坛合作机制下，中拉之间还可考虑建立能源政策对话机制、经验交流机制。

（四）营造良好的合作舆论环境

不少国际媒体对中拉能源合作传递了错觉印象，譬如中国在拉美，仅为石油等资源而来，结果将会使拉美未来面临资源枯竭的难题，而且合作收益的分配不平等；中国的高碳发展，忽视了环境、社会责任，会造成拉美发展的不可持续。因此，对合作风险的防范，中方不能仅局限于与企业层面上的具体项目信息沟通，而是需要延伸到与资源国的不同政治群体、政策制定者、社会层面建立并维护良好的公共关系。在拉美资源国内以及国际上关于中拉石油合作的负面舆论不可轻视，需要中国从政府、企业以及媒体等层面做出积极回应，努力营造良好的中拉合作舆论环境。

总体而言，尽管拉美地区整体合作环境较好，中拉石油合作也有着广阔前景，但是考虑到国际油价变化的不确定性，而且拉美资源国国内的政治分歧增多、经济下行压力增大、社会问题严峻，合作的风险性因素不能忽视。为合理地规避和防范投资风险，迫切需要中国企业坚持市场原则看待拉美的市场环境，特别需要谨防政治因素对合作风险的放大。

B.4 非洲地区油气政策：能源产业国际合作与本土化

张春宇*

摘　要：自“阿拉伯之春”爆发以来，非洲多个产油国经历了剧烈的政局变化。利比亚、阿尔及利亚、苏丹等北部非洲国家的油气产业在动荡中遭受重创；“东非油气大发现”使莫桑比克、坦桑尼亚、乌干达等东部非洲国家成为世界油气领域新的焦点；西部非洲国家的油气产业前景依旧看好；历史上油气资源匮乏的南部非洲国家近年来也有了可观的天然气发现。不同的现实处境导致各国的石油政策开始出现明显的地区性特征。本文介绍了非洲主要产油国的油气政策调整，并分析其表现出来的显著特征。中非油气合作对于保障我国的能源安全至关重要，非洲产油国油气政策的变化给未来双方的合作提出了挑战，我国政府和企业应认真研究非洲地区油气政策的变化过程、内涵和未来趋势，做出相应的应对。

关键词：非洲油气政策　本土化

非洲地区油气资源丰富，在世界能源版图上占有重要的位置。2013 年，非洲地区已探明石油储量占世界总量的 7.7%，产量占世界总产量的 10.1%；已探明天然气储量占世界总量的 7.6%，产量占世界总产量的 6.0%。受经济发展阶段、产业结构等诸多因素的制约，非洲油气消费量较小，多用来出口。2013 年，非洲原油出口量占世界总量的 11.8%，管道气和液化气出口量分别占世界总量

* 张春宇，博士，中国社会科学院世界经济与政治研究所助理研究员，研究领域为能源经济、海洋经济。

的 5.2% 和 14.3%。①

非洲主要产油国的经济发展均严重依赖油气产业，油气出口收入长期占各国对外贸易收入、财政收入的 60% 以上；产业结构畸形，非石油产业发展严重滞后，油气产业发展普遍缺乏资金和技术。因此，长期以来非洲产油国的油气政策普遍偏宽松，十分重视吸引国际资本参与本国油气产业发展。

近年来，尤其自“阿拉伯之春”爆发以来，非洲各主要油气产区均经历了不凡的变化，这造成各国的油气产业发展面临不同的现实处境，也导致各产油国的油气政策开始出现明显的地区性特征。其中，东部非洲油气大发现，南部非洲油气勘探取得可喜成果，西部非洲油气产业前景依然看好，这三个地区的产油国的油气政策调整方向总体趋紧；而北部非洲产油国基于恢复自“阿拉伯之春”以来的困境，恢复油气领域的昔日荣光，石油政策调整方向总体趋于宽松。

一 “东非油气大发现”以来的东部非洲产油国的油气政策调整

“东非油气大发现”是近年来世界油气领域的热点。进入 21 世纪以来，乌干达、莫桑比克、坦桑尼亚、肯尼亚等国都有突破性油气发现；2013 年以来，该地区热度不减，仍持续有新的油气发现。在坦桑尼亚，截至 2013 年 6 月，已探明天然气储量 44 万亿立方英尺；在肯尼亚，2014 年 3 月，加拿大 Taipan 资源公司在曼德拉盆地的石油区块 Block 2B 发现石油，初步探明储量 2.51 亿桶；6 月，英国燃气公司（BG Group）在拉穆近海的 L10A 区块发现石油；在乌干达，截至 2014 年 9 月，阿尔伯特湖区已探明石油储量增至 65 亿桶，可开采 14 亿桶。东非油气大发现正在改变着东非地区油气资源贫乏的历史，吸引了大量外国油气公司和相关行业的投资，带动了大量基础设施建设和相关产业发展，给该地区的经济发展带来了希望。不断发现的油气资源和大量进入的国际资本给东部非洲国家以更强的底气，各国纷纷调整油气政策，争取实现本国在“油气大发现”中更大的收益。

（一）肯尼亚油气政策的调整

由于历史上油气资源贫乏，肯尼亚一直对油气产业发展持宽松政策。2008

① 参见 *BP Statistical Review of World Energy 2014*。

年，肯尼亚对《石油和天然气法草案》进行了修改，修改后的法案明确提出，肯尼亚政府将在本国的石油和天然气勘探行动中发挥更积极的协调和服务职能，通过改善政府的服务来吸引外国投资者进入；在天然气开采领域，肯尼亚将实施更为合理的条款，主要包括提高天然气领域投资的成本回收率，进一步调低天然气领域的利润分配等措施。①

21 世纪油气大发现之后，肯尼亚更加重视油气产业在国民经济中的作用，希望借助油气产业实现国民经济的腾飞。2013 年 9 月，肯尼亚发布中期发展规划（2013~2017 年），提出将主要以石油和矿产资源开发刺激经济增长，将制定相关法律政策规范矿业开采，修建油气资源开发必需的基础设施，将肯尼亚打造成非洲的石油中心、贸易中心。肯尼亚支持国家石油公司在石油下游领域扩张，计划将全国加油站数目从 111 个扩张至 165 个，力争在被国际石油巨头垄断的肯尼亚油品零售市场中谋得一席之地。

在大力推进油气产业发展的同时，肯尼亚陆续修改油气和税收政策，意图持续提高本国在油气大发现中的收益。2015 年 1 月 1 日，肯尼亚开始对矿产和石油业征收资本利得税，外国投资者被征收处置该行业固定资产所得收益的 37.5%，本国投资者税率为 30%；该税率远高于其他资产的资本利得税。②

（二）乌干达油气政策的调整

历史上，乌干达贫油少气，石油及石油产品均需进口，严重制约着社会经济的发展。乌干达政府出台多项措施鼓励国际资本参与本国油气勘探和开发。21 世纪油气勘探开发不断取得成果后，乌干达的油气政策也开始收紧，以争取本国更大的油气收益。在石油销售问题上，乌干达政府反对国际石油公司持有的所产石油主要用于出口的做法，认为所采石油应在当地提炼，优先满足本地市场需求。在石油收益分配上，2013 年 3 月，乌干达在《石油法》中加入了“当地成分要求条款”，要求外国投资者将公司股份的 48% 转让给乌干达本国公司。在税收方面，2014 年，乌干达政府取消了石油、矿业等领域用于吸引外国投资的多项免税措施，要求油气公司股权交易必须缴纳所得税。为减少成品油进口，乌干达计划大力发展炼油产业。2013 年 2 月，

① 刘伟：《肯尼亚制订新的石油和天然气法草案》，《国土资源情报》2008 年第 10 期。

② 《肯尼亚将对采掘业征收新资本利得税》，中国商务部驻肯尼亚大使馆经商参赞处网站，2015 年 1 月 6 日。

乌干达议会通过了《石油的精炼、转化、输送及中游存储法案》，为发展炼油业奠定了基础。

（三）莫桑比克油气政策的调整

莫桑比克的油气发现给该国带来了大量外国投资。据莫桑比克规划与发展部数据，2010~2014 年，莫桑比克共吸引外国直接投资 160 多亿美元，大部分投往油气勘探开发领域。① 这给了莫桑比克提高油气领域外资进入门槛的底气。该国开始有意识地收紧油气政策，加强本国对油气资源的控制。2014 年 8 月，莫桑比克议会通过了《石油和天然气法修订案》，对旧版法案的多处内容做出重点修改，其中主要的变化有：第一，任何在莫桑比克投资于石油天然气产业的外国投资者必须与莫桑比克石油公司合作运营；第二，外国投资者与莫桑比克国家石油公司合作在莫桑比克境内开采的石油和天然气，至少 1/4 用于本国市场消费；第三，莫桑比克政府要采取积极措施推动石油和天然气在该国工业领域的应用，以推动本国工业化进程，同时鼓励国内企业参与石油和天然气领域的投资；第四，外国投资者必须积极实施本土化经营，要按照莫桑比克政府的要求雇用本地员工，并给予培训，外资石油公司要在该国证交所挂牌；第五，提高外国投资者给予石油和天然气资源所在地居民的各类赔偿标准；第六，外国投资者必须承担石油和天然气生产销售过程对环境等方面的破坏而产生的损失等。② 新法案大大地收紧了莫桑比克政府对油气资源的管控能力，提高了外资投资莫桑比克油气产业的成本。

（四）坦桑尼亚油气政策的调整

自本国较大规模的油气发现后，坦桑尼亚国内各界均呼吁政府制定更强有力的天然气政策，通过新政策来保证油气资源给本国带来更大的收益，促进国民经济和社会全面发展。近年来，坦桑尼亚政府调整油气政策也基本沿着这一方向开展。2012 年底，坦桑尼亚政府宣布重新审核与国际石油公司签署的 20 多个合同，确保合同条款有利于坦桑尼亚国民。2013 年 10 月，政府出台了国家天然气政策，明确规定，天然气资源属于坦桑尼亚全体人民，进一步明确了政府在制定天然气开发利用政策时需要把人民的利益和国家的发展放在首位。同时，明确了

① 《莫桑比克过去五年吸纳外商直接投资达 160 亿美元》，中国商务部驻莫桑比克大使馆经商参赞处，2015 年 1 月 7 日。

② 《莫桑比克议会批准石油和天然气法修订案》，中国商务部驻莫桑比克大使馆经商参赞处网站，2014 年 8 月 28 日。

国家石油天然气公司在购买、收集、运输和销售陆上和海上天然气产品的排他权利，该国至少应占该公司股份的51%，从而保证政府在天然气资源开发的各个环节的控股地位。[①] 11月，坦桑尼亚石油开发公司（TPDC）在2008年旧版油气分成协议基础上，宣布了新版油气分成协议。新协议规定，外国油气公司在与坦桑尼亚政府签署油气开发协议时，需支付250万美元的费用，量产后再支付盈利分成；向外国投资者征收矿权使用费，其中陆上和浅海区块的使用费率为12.5%，深海区块则为7.5%；外国投资者在坦桑尼亚国内生产的油气，必须有一部分优先国内市场消费，具体比例由该公司与坦桑尼亚政府协商确定；外国石油公司在生产经营活动中，要遵循优先本地采购的原则，并每年对本地员工进行培训。[②]

2014年4月，基奎特总统表示政府考虑设立“主权基金”，制定相应法律用以规范未来天然气资源收入的分配。坦桑尼亚政府同开发企业签署的天然气开发合同规定，政府占有的股份不低于65%。未来，政府将进一步细化规则，以便掌握天然气出口数量，确保政府的相关收入。为确保政府在油气领域的控制能力，坦桑尼亚能源部还计划成立一个国家石油公司及下属公司，另成立一个单独的上游管理部门，接管原来坦桑尼亚石油开发公司的大部分职责。政府将在国家石油公司中至少持股51%。[③] 2014年，坦桑尼亚出台了新的增值税法，新税法将取消油气行业的多项税收豁免，进一步增加政府在油气领域的收益。

二 油气产业前景依旧看好的西非地区产油国的油气政策调整

西非地区油气资源丰富，是非洲传统的油气产区。进入21世纪以来，西非几内亚地区作为世界油气勘探的焦点之一，陆续有重大油气发现。其中，2007年6月英国塔洛石油公司（Tullow Oil）在加纳海域Jubilee的石油大发现震惊世界。近两年，该地区仍不断有新的油气发现。2013年3月，美国收获自然资源公司（Harvest Natural Resources）在加蓬海上Tortue探区Gamba和Dentale获得石油发

① 《坦桑尼亚拟制定“主权基金”法规范油气收入分配》，中国商务部驻坦桑尼亚大使馆经商参赞处网站，2014年4月4日。

② 《坦政府发布最新油气开发协议》，中国商务部驻坦桑尼亚大使馆经商参赞处网站，2013年11月13日。

③ 刘远：《坦桑尼亚油气招标条件苛刻》，《石油商报》2014年5月29日。

现。5月，诺贝尔公司在赤道几内亚海域I－7区的Carla South区获得石油发现。2014年10月，壳牌石油在加蓬Gamba海岸线外145公里处发现深水天然气田。

西非地区不断增加的油气发现，进一步激发了西非国家继续大力发展油气产业的愿望和国际资本投资西非地区油气产业的热情，西非地区将在未来一段时间内继续成为世界油气勘探热点。西非地区产油国与国际油气公司合作时间相对较长，积累了丰富的经验。因此，在未来一段时间勘探开发前景继续看好的情况下，西非产油国审时度势地调整油气政策，力求在引进外资的同时最大限度地提高本国的油气收益，同时强调调整石油利益分配政策，惠及国民。近两年，各国也更加重视环境保护问题，尤其关注油气产业带来的环境污染问题，制定相关政策予以解决。

（一）加纳油气政策的调整

近年来，加纳的油气政策以“保证本国利益，促进公平分配”为主要目标。2007年成立了制定石油收入分配政策委员会，帮助政府研究制定石油收入分配政策，避免产油区民众利益被边缘化。2009年，加纳能源部起草了关于当地成分政策文件，要求确保加纳的石油、天然气工业发展中至少有80%的本地成分；政府承诺将保证加纳人通过就业及参与管理等途径，全面参与石油和天然气产业。2011年初，加纳议会通过了《石油收入与管理法》，将石油收入分为财政预算、遗产基金和稳定基金。政府可使用石油收益的70%作为贷款担保对外举债，剩下的30%仅限于用在稳定基金和传统基金。该法案强调，要确保将石油收益用于提高非石油产业的生产力。2013年6月，加纳批准了《石油活动框架下的石油活动本土化和本土参与政策》，规定在授予石油许可证协议时，加纳公司有优先权，外国公司则必须与加纳公司合作，且在业务开展时要承诺使用当地服务和产品。近年来，加纳开始重视解决油气产业发展所导致的环境问题。目前，加纳环境部已经开始着手制定新环境法，与油气产业相关的环境问题将是其中的重要内容。

（二）加蓬油气政策的调整

近年来，加蓬日益重视油气产业的本土化，采取多项措施予以推进。首先，成立国家石油公司，强化对油气产业的参与程度。2013年1月，加蓬石油公司开始石油销售业务，5月，该国历史上首次独立生产石油。其次，鼓励本国中小企业参与油气产业。2014年6月，加蓬石油、能源和水力资源部计划通过政策倾斜、银行扶持等手段，鼓励本国企业参与石油分工领域，在短时间内将加蓬中小企业在本国石油分包领域的市场占有率从20%提高到40%，并在十年内提高到70%。再次，加强政府对石油产业的管控力度。2014年1月，加蓬石油、能源和水力资源部称，根据加蓬石油公司提供的数据，加蓬采油成本仅为在加蓬作业的国际石油公司提供数据的一半；加蓬石油、能源和水力资源部将对国际石油公司开展严格审计，以改进管理制度，加强管控力度，保证国家利益。① 2014年7月，加蓬议会通过新的石油法，规定加蓬政府在油气项目中的参股比例从10%提高到20%；项目的所有行政职位和石油服务行业中90%的岗位要由加蓬公民承担。该石油法预计将于2015年公布，加蓬政府有可能取消不遵守合同义务的公司的许可证。事实上，2012年，加蓬政府就以"无视法律，违反合同"的理由收回了阿达克斯在加蓬的Obangue油田的开采权，并在2013年1月交给了加蓬国家石油公司；2013年，加蓬政府着手审计三家国际石油公司，意图收回其在加蓬的油田资产。

（三）利比里亚油气政策的调整

近年来，利比里亚油气政策调整的基本目的在于，确保石油资源的勘探和开发服务于本国经济发展和人民生活水平的提高。基于此，一方面，利比里亚加强政府对石油产业的管控。2013年9月，利比里亚议会通过了新的《利比里亚国家石油公司法案》，该法案的一个重大举措是决定将国家石油公司（NOCAL）拆分为监管机构、石油部及新国家石油公司等三个机构，三个机构相互独立。监管机构的功能是监控行业发展，石油部负责制定油气政策，国家石油公司负责油气资产的管理。通过这一举措，国家对油气工业的管控力进一步加强，政企进一步分开，国油的政府职能被剥离。② 另一方面，在与国际石油公司谈判中，利比里亚积极争取更有利的条件。2013年3月，利比里亚国家石油公司与加拿大海外石油公司（COPL）和美国埃克森美孚公司（Exxon Mobil）达成了关于利比里亚近海石油第13号区块的转让方案，争取到了更优的条件，其中包括：该协议获批后，利比里亚政府将获得5000万美元的签字费、转让费和税费；利比里亚公民将获得该区块5%的股份以实现公民参股权；国家石油公司将获得该区块10%的股份，并可额外从该区块石油收益中获得5%～10%的特许经营权收入；两家

① 《加蓬计划提高本国企业在石油分工领域的市场占有率》，中国商务部驻加蓬大使馆经商参赞处网站，2014年5月26日。

② 中国石油集团经济技术研究院：《2013年国内外油气行业发展报告》，第十四章"国家石油公司经营状况与战略东西"，2014年1月。

公司承诺在勘探期每年为利比里亚提供40万美元的培训、社会福利和教育基金，进入实质性商业开发期后每年则提供140万美元。①

（四）尼日利亚油气政策的调整

近年来，尼日利亚油气政策调整的重要举措是推出新的石油工业法案（Petroleum Industry Bill，PIB）。新PIB的目的是创造公开、公平的油气行业竞争环境；增加国家油气收入；促进本地化发展，使尼日利亚本地公司、个人能够全方位参与服务石油产业；促进健康、安全和环保。新法案的核心是经营权与监管权的分离。要对过去的政府石油收入体系进行最大限度的颠覆性变革。

此次改革有多重目标，其中最核心的目标有四个：第一，调整政府获取石油收入的手段和方法，既要简化方式，又要提高效率；第二，尼日利亚政府要采取多样化的方式与外国石油公司共同分享油价走高带来的额外收益；第三，尼日利亚政府将采取积极的措施，推进深水资源区和油气潜力大但开发程度低的资源区的开发，以获取更高的油气收益；第四，鼓励国内外资本投资于边际油田和天然气领域，希望通过推进上述领域的发展创造更多的就业机会，并带动上下游产业发展。新石油工业法案在矿区使用费方面规定，陆上区块的矿区使用费为日产量的22%；海上区块根据水深不同而有所区别，100米以内水深的海上区块矿区使用费为日产量的20%，100米以上的为18.5%。在税收方面，新石油工业法案以所得税和碳氢化合物税取代原有的石油利润税，其中，所得税的税率为30%，陆上、浅海的碳氢化合物税税率为50%，深海碳氢化合物税税率为30%。② 新法案规定企业所得税税率提高到净利润的30%。新法案大幅提高的税收和特许授权费的做法引起了广泛的争议，在尼日利亚的国际石油公司的利益受到巨大冲击，因而强烈抵制该法案。该法案从意图推出到现在已经过去四年多时间，这种久拖不决的状况让国际资本疑虑重重，纷纷选择观望的态度，严重影响了尼日利亚近年来的油气产业发展。2014年，为争取国际石油公司的支持，尼日利亚政府对PIB进行了进一步的修改。其中，与社区相关的争议条款将不再详细规定，改由石油部长视情制定规章；社区享有的利润分成将根据净利润来定，比例维持在10%。目前，新法案仍处在各方激烈博弈过程中，2015年大选结束之前很难推出。

---

① 《利比里亚国家石油公司公布近海石油第13号区块转让方案》，中国商务部驻利比里亚大使馆经商参赞处，2013年3月10日。

② 徐平、高健：《尼日利亚新石油工业法案的经济影响研究》，《当代石油化工》2011年第8期。

除推出 PIB 法案外，尼日利亚还通过其他手段加强对石油资源的控制。2013 年 12 月，该国启动了新一轮 31 个边际油田招标。石油部表示，此次招标主要是吸引本地投资者参与。2015 年，尼日利亚政府宣布，可能收回 10 年前招标但仍未产油的边际油田区块，共 15 个。此外，为鼓励本土天然气公司发展，2014 年 12 月，尼石油资源局撤销了此前做出的、对公司天然气空燃行为的处罚决定。此举将显著降低本土公司的成本，有益于鼓励国内资本投资天然气领域。

（五）西部非洲其他产油国油气政策的调整

乍得日益重视油气产业所导致的环保问题，希望以更严厉的环保政策来约束国际石油公司，同时也以环保问题为由，争取在油气领域获取更大的利益。其中典型案例是，2014 年，乍得以中石油违反该国石油业的环保法规为由，向巴黎仲裁庭提交了索赔 12 亿美元的诉讼，通过多轮博弈，最终获取了理想的成果。2014 年 10 月，由于中石油已承诺对受污染区域进行修复，乍得政府与中石油签署了一项 4 亿美元的和解协议，并放弃追索要求中石油支付的 12 亿美元罚款。乍得获得中石油已投产油田 10% 的股份，并且将 7 月底吊销的五个区块许可证予以发还；乍得将拥有中石油待勘探开发油田 25% 的权益，乍得由此成为中石油区块的股东。[①]

毛里塔尼亚也在逐步加强本国油气开采领域中的环境保护。2012 年 4 月，该国政府宣布实施名为“生物多样性 - 天然气 - 石油”的行动计划，旨在通过政府、公民和企业的合作，在发展油气行业的同时保持海洋生物多样性，促使更好地利用现有资金来保护生物多样性和对环境保护的长期管理。

赤道几内亚通过调整石油政策来加强对国际油气公司的管控。2013 年 10 月，该国能矿部颁布了《石油天然气采掘业行业规定》，就本国和外国企业在赤几从事石油天然气采掘业相关的业务做出了严格规定，加强监管与透明度。

三　致力于恢复生产的北部非洲产油国油气政策的调整

北部非洲地区是非洲的传统油气产区。苏丹分裂和“阿拉伯之春”爆发之后，北非地区陷入了长期的政局动荡，这给当地的油气产业造成了巨大的影响。利比亚、埃及、苏丹油气产业遭受重创，内战爆发之前，利比亚的石油产量高达

---

① 《乍得与中石油签署和解协议》，中国商务部驻乍得大使馆经商参赞处，2014 年 11 月 3 日。

169 万桶/日；内战爆发后，外资纷纷撤离，多个油田减产或停产，石油产量大幅下降，产量最低时仅为 20 万桶/日。阿尔及利亚和突尼斯也受到了不可忽视的影响。随着北部非洲地区局势的缓和，经济重建成为北非国家的重要任务，其中作为支柱产业的油气产业恢复生产成为重中之重。为吸引更多的国内外资本投入油气产业，北非各产油国的油气政策总体上较为宽松。

（一）利比亚油气政策的调整

利比亚内战结束后，即开始了经济重建工作，恢复石油生产更是经济重建的优先项，并且将吸引国际资本投入作为石油产业重建的重要手段。利比亚新政府于 2013 年通过了新的《利比亚国家石油法案》，该法案的一项重大措施是将原利比亚国家石油公司拆分为石油部、新国家石油公司和监管机构，上述三个机构既相互独立，又相互监督和制约。利比亚为外资提供更具吸引力的财税激励措施，以促进国际石油公司在该国偏远和危险地区开展油气勘探和开发活动。

利比亚实行的产品分成协议规定，外国投资者投资该国油气项目，项目的前期勘探费用全部由外国投资方承担；油气项目进入实际开发后，外国投资者必须与利比亚国家石油公司共同出资组成合资公司，负责项目的开发和运营。相比过去，利比亚的产品分成协议规定逐渐趋于严格和保守，但相比国际上广泛运用的服务合同，仍然对投资方更具吸引力。①

利比亚页岩气储量丰富。为未来在世界非常规油气产业中占有一席之地，利比亚政府十分重视页岩气的开发。利比亚国家石油公司规定，外国公司与利比亚公司合资进行页岩气开发可占 40% 的股份，这远高于石油领域占股 10% ~15% 的规定。

（二）阿尔及利亚油气政策的调整

为增强对外资的吸引力，加速本国油气产业的恢复和发展，2012 年 9 月，阿尔及利亚政府出台了石油修改草案，实施新的财税优惠政策，鼓励非常规油气勘探和生产，鼓励海上资源勘探；取消暴利税，仅征收一定额度的额外收益征税。2014 年，阿尔及利亚出台外资鼓励政策，规定外国投资者进行技术转让或产品国产化率超过 40%，将享受相关税收减免。此外，阿尔及利亚已实行五年之久的、外国在阿尔及利亚投资必须遵守阿方控股 51% 的政策，也有望在近两年得到修改。国际油气公司对此表示欢迎。

① 王海滨等：《利比亚石油业发展状况与政治影响因素》，《国际石油经济》2014 年第 12 期。

阿尔及利亚页岩气储量居世界前列。为吸引外资进入页岩气领域，阿尔及利亚推出了税收优惠政策。2012 年，阿尔及利亚签署了多边页岩气开发合作项目协议，合作方主要包括塔里斯曼能源（Talisman Energy）、壳牌和埃尼石油公司，该合作协议规定减免页岩气开发环节中的税收。[①]

（三）埃及油气政策的调整

为加快本国油气产业的恢复，埃及实施了多项积极的政策措施。首先，为恢复国际石油公司的投资信心，埃及积极偿还拖欠外国石油公司的债务。埃及政府拖欠外国石油公司债务总额达60 亿美元，主要债权方为英国 BP 公司、意大利埃尼公司和马来西亚国家石油公司（Petronas）。2013 年，埃及已偿还 15 亿美元。其次，提高天然气采购价。埃及政府从国际油气公司采购天然气价格多年不变，但是由于天然气的勘探、开发成本不断上升，国际石油公司在埃及开展天然气业务的动力下降。2014 年 6 月，埃及天然气控股公司在与德国莱茵集团（RWE）的石油协议中，调高了 Disouq 项目所生产的天然气价格。埃及政府在新的定价机制中，将会考虑勘探成本、投资规模与生产地因素，并且确定新的采购价格将适用于其他新开发的天然气项目。这向国际油气公司释放了非常积极的信号[②]，受到国际资本的欢迎。

在积极恢复油气产业生产的同时，埃及政府也强调适度提高本国在油气产业中的收益。2013 年 5 月，埃及石油部宣布未来埃及与外国公司签署的油气勘探合同将采用新的许可证制度。这种新的管理系统将使埃及在油气产量增加的情况下，提高所占产量份额的比例。

（四）其他北部非洲产油国油气政策的调整

南苏丹独立后，一直采取多项措施吸引国际资本进入本国油气产业。2012 年 1 月，南苏丹石油、矿产和工业部与外国石油公司签署了石油合作过渡性协议，基本继承了原来与苏丹签署的合作协议条款。[③] 2013 年 8 月，南苏丹议会批准了石油法案，目的是提高分配透明度，并且制定优惠政策，积极吸引外国投

---

① 白晶：《阿尔及利亚优化页岩气投资环境　推出税收优惠政策》，《中国能源报》2012 年 12 月 5 日。

② 《埃及调高天然气采购价格　对外资释放积极信号》，中国商务部驻埃及大使馆经商参赞处，2014 年 6 月 20 日。

③ 杨振发：《中国与南苏丹石油合作的机遇与挑战》，《西亚非洲》2012 年第 3 期。

资。此外，南苏丹十分重视环境保护问题，于2010年开始起草环境保护法框架性法令。法令明确规定，在南苏丹境内开展的所有石油开发相关活动以及发展计划，都必须严格考量环境因素。

四　南部非洲国家油气政策的调整

进入21世纪以来，传统观点认为，油气资源缺乏的南部非洲地区，也不断有新的天然气资源被发现。南非、纳米比亚、博茨瓦纳等国都发现了可供商业开发的天然气资源，而传统产油大国安哥拉也陆续发现近海油田。

（一）南非油气政策的调整

在新发现的天然气资源的刺激下，南非在油气领域动作频频。2013年3月，南非内阁通过了《原油和精炼油产品战略储备政策修改草案》和《战略储备实施计划草案》，意图提高南非石油储备水平，保障能源安全和经济安全。同年6月，南非国家石油天然气公司（Petro SA）与萨索尔公司（Sasol）签署技术合作协议，共同开发南非西部奥兰治盆地的近海区域。同年9月，南非石油天然气公司计划购入在南非加油站数量最多的英振石油公司（Engen）部分股份，扩大在下游市场的影响。2014年10月，南非总统公布海上油气勘探计划，计划2030年之前将在海上完成钻井30个。2015年1月，南非国家港务局计划投资97亿兰特用于石油与天然气基础设施建设。

南非一方面加大本国在油气领域的投入力度，另一方面逐步收紧油气政策。2014年3月，南非矿产资源委员会采纳建议，决定对2002年《矿产和石油资源开发法案》进行修改。修订后的法案要求，本国政府在所有新的能源项目中必须免费持有20%股权；并且规定，政府有权按双方同意的价格购买不确定的附加股权或部分油气产量。

（二）安哥拉油气政策的调整

非洲产油大国安哥拉近年来也逐步收紧石油政策。一方面增加油气领域的税收，要求在安哥拉从事石油、天然气的企业缴纳石油所得税、石油产品税、石油交易税、矿区地面费、安哥拉职工培训费；另一方面采取措施，推动本国企业更多地参与油气开发。2012年1月，安哥拉颁布《石油业汇率制度法》。该法律规定，在安哥拉开展的，有关石油、天然气领域的勘探、研究、评估、生产等经营活动所产生的相关费用，都必须以本国货币宽扎结算。这既为安哥拉金融领域干预和掌控石油业发展构建了基本条件，同时也为安哥拉本土企业进入石油领域提供了较大的便利。此外，安哥拉政府还通过公开招标，推动安哥拉的企业进入本国的石油上游领域。

非洲是我国重要的油气合作区域。近年来，非洲产油国根据各自的现实处境制定了不同的油气发展战略，这对我国与非洲的油气合作也提出了相应的挑战。对此，中国政府和油气企业应该做到：一方面从实际出发，动态应对，了解和深入理解非洲不同产油国的政策演变进程、内涵和目的，以便于选择更为恰当的合作战略，在满足非洲产油国本身需要和要求的同时，保证中国的相关利益；另一方面应从长远出发，继续调整中非油气合作中已不适应当今国际环境的思路和做法，在中非合作中继续推进和谐与可持续发展。中国应该在中非能源合作中，更加注重非洲本地能力建设，注重基础设施建设和一体化开发，从以双边合作为主的模式，走向双边合作与多边合作共举的模式。这些长期有效的措施是促进中国企业能够适应非洲各国不同的短期政策调整的根本。

B.5

美国的石油政策：石油出口与环境保护

何兴强*

摘　要：2014年以来奥巴马政府努力在增加美国国内石油供应和最大限度保护环境、推动减排目标之间保持平衡。一方面，美国自20世纪80年代以来首次开放大西洋沿岸大陆架石油开采，同时开放阿拉斯加北极圈内部分区块，保障国内石油供给；另一方面，美国宣布将把北极圈国家野生生物保护区的大部分地区划为荒野，不再进行开发，并坚持“绿化”美国的石化行业，颁布新法规，以降低碳排放。同时，美国国内石油产量大增使得美国禁止原油出口的禁令正在受到冲击，随着商务部开始批准超轻质原油出口，美国原油出口开始提上议事日程；美国联邦政府仍然保持着很高的石化行业补贴，一时难以取消。

关键词：奥巴马政府　石油政策　超轻质原油出口　天然气政策

美国的能源目标自1973年石油禁运以来一直指向三个方面，即确保能源供应安全，确保能源成本能够支撑美国经济发展目标，并在能源生产和消费过程中保护环境。[①] 换句话说，美国能源政策的基本目标是保障能源供应的可获得性、可靠性、安全性和可负担性，以保障美国经济发展和经济安全。其中，以石油和天然气为主的化石燃料一直以来作为支撑美国经济社会发展的关键能源，是美国历届政府的重点关注目标。美国政府通过三个方面的措施，推动实现上述目标：一是提高能源使用效率，降低消费；二是增加以石油和天然气为主的国内常规能源供应；三是发展新能源，特别是可再生能源。

---

* 何兴强，博士，中国社会科学院美国研究所副研究员。

① Brent D. Yacobucci, “Energy Policy: 114th Congress Issues,” *CRS Report*, January 5, 2015.

自2005年美国“页岩气革命”开始以来，以页岩气和页岩油（致密油）为主的非常规油气开发正深刻地改变着美国的能源面貌。美国石油和天然气产量大大增加，成为世界第一的天然气和石油生产大国。这导致了美国国内能源供应增加，石油天然气进口持续下降，能源独立取得进展。与之相适应，美国政府的石油和天然气政策也相应进行了调整。显然，能源政策作为一个整体，很难将石油、天然气政策的调整与其他能源政策和措施分开。

奥巴马政府执政以来，在能源政策方面秉承民主党人的传统，给予环境保护、气候变化以及清洁能源极大的重视，对美国以石油和天然气为主的化石燃料政策产生了很大的影响。奥巴马政府执政以来的能源政策可归纳为安全、绿色和经济，强调能源独立，重视可再生资源发展以及绿色能源对经济的支持。在此背景之下，2014年以来的美国石油和天然气政策呈现出一些新的变化。

一　在增加国内石油供应和保护环境、实现减排目标之间保持平衡

纵观2014年，国际石油价格上半年延续了近几年来的高价状态，自6月以来，石油价格开始大幅度下降：从6月最后一周的100美元/桶，一直降到12月底的60美元/桶以下。美国国内汽油价格也相应从约3.8美元/加仑下降到2.4美元/加仑。油价大跌给美国消费者带来好处，但也降低了石油生产商和国外石油供应商的利润，对美国经济的影响需要进一步评估。美国政府政策的调整也对美国油气及相关行业带来了影响。

美国的石油的勘探、开发、提炼和销售都是在自由化的市场机制下运作，参与其中的主体都是私营公司。石油资源归联邦政府所有，私人公司需要通过参加政府公开招标租售程序获得石油资源的勘探、开发权。作为联邦政府，美国能源部和环境保护署是能源政策的主要制定者。美国政府对石油领域的作为主要体现在三个方面，即制定政策、确立管理和竞争规则，以及维护资源的可持续开发，从而为石油产业提供经济、技术和制度框架，使私营部门能够有效地满足美国对能源生产、安全、市场公平竞争，以及保持清洁和安全的环境的需要。[①]

总体来看，奥巴马政府2014年石油政策释放的信号比较混乱，既有鼓励开

① 廖英敏：《美国联邦政府的石油政策》，《中国金融》2004年第23期。

发的政策，又有限制措施。其中体现出来的最大特点在于：努力在增加美国国内石油供应和最大限度保护环境、实现减排目标之间保持平衡。

（一）奥巴马政府采取措施确保美国国内石油供应，以便继续其促进能源独立的目标

作为联邦政府，首要的职责是批准放开石油开发区块，让石油公司进行开发，以增加石油供应。奥巴马政府加快了批准美国陆上石油开采许可的处理时间，现在所需要的审批时间为八年来最短，① 但 2014 年批准的陆上石油开采区块相比过去几年变化并不大②。奥巴马政府在这方面最大的变化在于放开了近海大陆架石油开采的许可。2010 年奥巴马政府就曾试图放开自 20 世纪 80 年代以来一直被禁止开发的大西洋沿岸近海大陆架油田，但同年发生了极为严重的墨西哥湾漏油事件，使得这一计划被迅速撤回。经过长期酝酿后，2015 年 1 月底，奥巴马政府宣布将放开美国大西洋沿岸从弗吉尼亚州到佐治亚州的近海大陆架，以及除了个别“太特殊而无法开采”的区块之外的阿拉斯加沿岸北极圈内的石油开采。这个新计划是美国国会通过的联邦水域石油发展范围的五年计划（2012～2017 年）中的内容。该计划称，将在 2017 年至 2022 年间推出 14 个潜在区块的租赁合同供石油公司开采，这将使美国近海大陆架内 80% 的潜在技术可采资源被放开。③ 该新计划引起了环保组织的极大关注。

（二）奥巴马政府制定一系列政策，力图在保障石油供应的同时保护环境

在公布大西洋沿岸大陆架及阿拉斯加北极圈内石油开采新计划之前两天，奥巴马政府宣布将把美国北极圈国家野生生物保护区的大部分地区划定为荒野，不再计划对该地区进行开发。这明显是奥巴马在环境保护和石油开发之间的一个协调性做法。同时，阿拉斯加北坡所谓“太特殊而无法开采”的区域是石油资源

① The White House, “The All-of-the-Above Energy Strategic as a Path to Sustainable Economic Growth,” May 2014.

② Bureau of Land Management, U. S. Department of the Interior, “Summary of Onshore Oil & Gas Statistics,” available at: http://www.blm.gov/wo/st/en/prog/energy/oil_and_gas/statistics.html.

③ Joby Warrick, “Obama Administration Opens up Southern Atlantic Coast to Offshore Drilling-but Restricts It in Alaska,” *The Washington Post*, January 27, 2015.

丰富的区块，奥巴马政府向环保组织做出妥协，将该区块排除在开发范围之外。此外，奥巴马政府在2014年再次阻止了加拿大石油公司的“基石XL”输油管项目。该项目计划将把加拿大生产的油砂通过管线运送到美国南部墨西哥湾区的炼油厂。阻止的最主要理由就是：该项目将加拿大的“脏油”输送到美国，不仅增加美国的碳排放，而且该管线的修建将对沿途环境造成破坏。奥巴马借此向环保界表明了其对降低碳排放和环境保护的积极态度。

（三）奥巴马政府继续坚持“绿化”美国的石化行业，在任期结束前再次在气候变化方面做出努力，其中包括颁布新的石油和天然气法规以降低碳排放等新政策

新政策延续了奥巴马政府执政以来将发展以绿色能源为核心来拉动美国经济的可持续增长、促进新能源技术革命的一贯政策。这些政策措施将对美国石油行业产生深远影响。

在油气生产方面，奥巴马政府出台了一系列重要的新安全标准，采取了多种措施，保障美国国内油气资源勘探开发时的安全，同时也提高了生产的安全性，最大限度地避免因为石油生产和运输过程中的泄漏而导致污染。尤其是在海洋油气开发方面，奥巴马政府进行了最积极、最全面的监管改革，包括：对钻井设计与测试设立认证协议，建立严格的设备控制和操作标准；对海洋能源开发监管机构进行改革，将国家海洋资源管理开发机构的职责分成安全执行、环境标准、税收三个管理功能，确保监管的效率和真实性；完善海底钻探安全、油井堵漏和泄漏等问题的应对措施；规划设计油气开发的最佳区域，为海上油气勘探开发建立了一个五年（2012～2017年）计划；促进经营效率最大化，降低排放。①

在降低排放方面，美国政府联合其他国际机构，以降低甲烷排放作为首要目标。美国环境保护局和欧盟委员会、亚洲开发银行和美洲开发银行等一同启动了全球减少甲烷排放的协议，并提供降低甲烷排放量的项目资金和技术支持。在过去六年中，虽然页岩油气革命带动美国油气产量大增，但美国政府几乎没有颁布任何法规对美国的油气开采出现的新情况进行规范。2015年1月，奥巴马政府颁布了一系列石油和天然气法规，在保障石油产量增长的同时，降低排放。新法规包括：首次推出有关甲烷排放的联邦标准、更严格的水力压裂

---

① 陈英超、冯连勇、William X. Wei、王宏伟：《美国奥巴马政府新能源战略及其特点》，《中国能源》2013年第35卷第9期。

规定、有关在北极圈进行钻探的要求、油罐车运输新规，以及更为严格的海上钻井技术等。这些新举措对此进行了更正，对油气开采过程中的环境保护进行较为详细的规定，有助于促进美国向清洁能源和电力转型，并增加就业、保证能源安全。作为对2013年奥巴马政府制定的气候框架的延续政策，新法规中最受关注的当数新甲烷排放法规，将严控油气钻探过程中的甲烷排放。此外，美国内政部也计划在2015年4月推出新规，对油气公司在勘探过程中的排放气体数量设定标准；美国运输部则在2015年3月颁布一项最终法规，对铁路运输油做出严格规定，包括将在两年内逐步淘汰老旧油罐车。

二　酝酿原油出口

2014年以来原油出口开始提上议事日程，这是奥巴马政府石油政策方面的第二个特点。在页岩气革命的推动下，美国原油出口禁令正在受到冲击。到2013年底，美国本国石油总产量已超过沙特阿拉伯，石油生产量近20年来首次超过进口量，成为世界第一大石油生产国。通过油气行业的创新，美国石油和天然气产量大增，使得美国政府的能源独立目标得以推进。在原油产量持续增长的背景下，奥巴马政府正在考虑逐步放开40多年来未精炼美国原油出口的长期禁令，允许能源企业海外出口。2013年12月，美国能源部部长莫尼兹（Ernest Moniz）在纽约的一次会议上表示，由于国内石油产量大增，当今的能源状况已经与20世纪70年代不一样，需要重新评估原油出口禁令。此后几个月，赞成和反对的双方都在国会进行了游说活动。2014年3月，美国商务部负责原油出口监管的工业和安全局曾经秘密授权先锋自然资源公司（Pioneer Natural Resources Co.）和企业产品伙伴公司（Enterprise Products Partners）在现行法律范围内，将一种超轻质原油经过蒸馏处理后出口。该事件在当年6月公开，两公司准备出口日本的超轻质原油于7月在得克萨斯州开始装货。同月，美国商务部宣布无限期暂停批准超轻质原油的出口申请。随着2014年下半年以来的油价大跌，国外原油进口商和国内石油公司进一步加强了游说。2014年12月30日，美国商务部宣布恢复审批超轻质原油的出口申请，并首次正式发布《允许出口原油的定义和指南》，其中对原油蒸馏的程度要求做出了规定。① 这意味着，在经过40多年的

① 以上关于美国超经质原油出口的内容，可参见 Timothy Gardner and Steve Orlofsky, "Timeline - Push to Relax U. S. Oil Export Ban Ends 2014 with Breakthrough," *Reuters*, December 31, 2014。

禁令后，美国原油出口正式启动。

此次批准出口的原油属于1973年石油禁运后出台的、禁止美国原油出口法律中所规定的一种，即一种未经处理的凝析油，也叫超轻质原油，它以油气形式存在于油矿中，离开油井后冷凝为液体。美国商务部工业和安全局有权根据随技术进步出现的新石油产品来重新定义美国“原油”的概念，不需要国会或总统的同意，而且无论共和党还是民主党执政时期都是如此。因此，美国商务部可以批准美国的超轻质原油合法出口。根据最近花旗集团的一份研究报告，如果商务部工业和安全局批准了所有申请，超轻质原油的出口量可达日均20万~100万桶。①

虽然美国的原油出口目前还只向前迈出了小小的一步，但对于全球石油市场的影响将是巨大的，这意味着世界第一石油生产大国将其国内原油向国际市场打开了大门。当然，如果全面恢复美国原油出口，则需要美国国会废止原先的禁止原油出口的法律并重新立法。在目前的美国国内政治形势下，实现这个目标还需要几年的时间，还必须取决于美国国内石油生产状况和国际石油市场的变化情况。

三　调整石化行业补贴政策

奥巴马政府2014年以来石油政策的第三个特点是，美国联邦政府仍然保持着很高的石化行业补贴。奥巴马总统在每年提交国会的年度预算案中，都要求取消给予石化行业的40亿美元左右的税收优惠，但这种努力每次都被国会驳回。根据位于华盛顿的压力集团“石油变革国际组织”（Oil Change International）的估算，自奥巴马执政以来的2009年至2013年，美国联邦政府对石化行业的补贴增长了45%，总额从127亿美元增长到185亿美元。② 石油变革国际组织对美国联邦政府石化燃料补贴的定义比较宽泛，包括来自政府以及政府资助的私人机构的资金，补贴形式包括直接资金转移、贷款担保转移、税收优惠（包括非传统燃料如页岩油、煤层气等生产税收抵免）、政府从离岸油气田开采租赁所得的税收减免、优惠贷款、价格控制，以及作为收入的商品和服务等。如果按照美国政府预算办公室的数字来计算，由联邦政府给予石化行业的补贴最近几年（包括

① Timothy Gardner and Jonathan Leff, “U. S. Opening of Oil Export Tap Widens Battle for Global Market,” *Reuters*, December 31, 2014.

② Oil Change International, “Cashing in on All of the Above: U. S. Fossil Fuel Production Subsidies under Obama,” July, 2014.

2013 年到 2014 年）达 51 亿美元/年，[①] 2015 财年预算案中的该项数字为 47 亿美元。[②] 这个数字包括联邦政府对化石燃料的勘探、钻探生产和投资成本的补贴，也是目前美国根据 2009 年 G20 匹兹堡峰会上达成的决议中给出的美国化石燃料补贴的数字。目前，G20 各国就取消低效化石能源的谈判还没有取得任何实质性进展。2014 年 11 月，美国与中国达成《中美气候变化联合声明》，宣布同意在 G20 下就低效化石能源补贴进行联合同行审议。这可能会对 G20 各国的行动产生推动作用。

① Elizabeth Bast, Shakuntala Makhijani, Sam Pickard and Shelagh Whitley, "The Fossil Fuel Bailout: G20 Subsidies for Oil, Gas and Coal Exploration," November, 2014.

② The U. S. Department of Treasure, "United States? Progress Report on Fossil Fuel Subsidies," Treasury. gov, available at: http://www.treasury.gov/open/Documents/USA%20FFSR%20progress%20report%20to%20G20%202014%20Final.pdf.

B.6

俄罗斯的石油政策：东亚能源合作

陈宪良*

摘　要：石油被誉为“黑金”，是现代工业发展不可或缺的化石能源，也是俄罗斯经济发展的重要支柱。近年来，俄罗斯不但利用石油美元增强了国家经济实力，提高了人民生活水平，而且石油的稀缺性也强化了俄罗斯的外交，增强了其国际地位。俄罗斯领导人十分重视能源在经济发展和国际地位中的作用。因此，俄罗斯不断根据形势的变化，适时地调整国家的石油政策。俄罗斯石油政策的变化不但影响着本国的经济，也对世界有着一定的影响，尤其是对中国这样的石油对外依存度极高的国家影响更为明显。中国应根据俄罗斯能源政策的变化，不断调整我国的能源策略，规避因俄罗斯能源政策调整给我国经济造成损失或危害我国的能源安全。

关键词：俄罗斯石油政策　中国能源合作

石油被誉为“黑金”，也有人称之为“工业生产的血液”，意在说明其在经济发展中的重要作用。可以说，石油不但是现代工业发展不可或缺的化石能源，甚至是一些国家经济发展的重要支柱，俄罗斯便是其中之一。石油在其经济发展中占据着重要位置。苏联解体后，俄罗斯经济之所以能从崩溃边缘走向复苏，普京能够始终在国内拥有很高的支持率，以及俄罗斯围绕能源展开的强悍外交，均与世界油价的一路走高息息相关。维持多年的高油价挽救了俄罗斯经济，提升了俄罗斯民众的生活水平，也显示了俄罗斯国家的实力。至今，石油产业依然是俄

* 陈宪良，博士，教授，硕士生导师，现任哈尔滨师范大学政法学院政治系主任，黑龙江省俄罗斯东欧中亚学会理事、黑龙江政治学会理事。

罗斯经济发展的支柱性产业。据统计，每年石油与天然气的出口额大约占俄罗斯当年 GDP 总额的 20%。[①] 2/3 的财政收入源于油气企业的税款。[②] 可以说，石油产业的兴衰不仅直接影响着俄罗斯的经济发展走向，影响着俄罗斯国内的稳定，甚至影响着俄罗斯的国际地位。因此，俄罗斯政府对石油产业十分重视。

一　俄罗斯的石油蕴藏及石油工业的发展状况

俄罗斯作为世界上的石油大国，首先体现在石油蕴藏量上，其次表现在其国内石油工业的发展水平上，包括石油的勘探、开采、运输、加工、炼化以及相关石油产品的生产与销售等方面。俄罗斯做出的每一项关乎石油方面的决策，都是以此为前提条件的。

（一）俄罗斯的石油蕴藏情况

俄罗斯幅员广阔，资源丰富，不仅是世界上唯一能在主要资源方面实现自给自足的大国，而且也是一个能源蕴藏、生产和出口大国。在三大化石能源中，俄罗斯 2014 年的探明可采石油储量为 180 亿吨，[③] 位居世界第六位。[④] 天然气可探明储量为 49 万亿立方米，位居世界第一位。煤炭探明储量 1570 亿吨，占世界总储量的 19%，位居世界第二。[⑤]

尽管俄罗斯的石油储量就其总量而言较大，但其石油资源的分布十分不均衡，主要蕴藏在其东部及北部地区。目前，俄罗斯剩余可供开采的石油主要集中在西西伯利亚、伏尔加 - 乌拉尔、东西伯利亚、远东、季曼 - 伯朝拉、高加索等大陆地区。陆上石油资源占俄罗斯石油总储量的 87.4%。[⑥] 其中，仅西西伯利亚与伏尔加 - 乌拉尔地区的石油储量就占俄罗斯陆地石油总储量的 75%。西伯利

---

① 李天籽、毛彦：《俄罗斯能否走出“资源型经济”?》，《社会观察》2015 年第 2 期。

② 戚爱华、曹斌等：《俄罗斯原油生产和出口现状及未来趋势》，《国际石油经济》2015 年第 2 期。

③ Минприроды: На госбалансе в России состоят разведанные запасы нефти в объеме 18 млрд т, газа – более 49 трлн куб. М, http://quote.rbc.ru/news/fond/2014/05/15/34158015.html.

④ Решения, принятые на заседании Правительства 10 июля 2014 года, http://government.ru/news/13782/.

⑤ 《俄罗斯煤炭储量及地区分布》，http://mtw001.com/channels/663-152/152477.htm。

⑥ 戚爱华、曹斌等：《俄罗斯原油生产和出口现状及未来趋势》，《国际石油经济》2015 年第 2 期。

亚产油区覆盖243万平方公里，截至2012年1月1日，该采油区已发现油田760多个，其中有9个特大型油田和50多个大型油田。目前该采油区石油产量占全俄罗斯石油年总产量的65%。伏尔加－乌拉尔地区是俄罗斯第二大产油区。油区面积约70平方公里，油区内有1300多个油田，但大型油田相比西西伯利亚地区较少，当前年产油量占全俄石油产量的23%。季曼－伯朝拉油区占地面积约35万平方公里。该产油区发现油田220多个，其中大型油田也不多，且油质不高，含硫量高。该地区年石油产量约占全俄石油产量的6.5%。东西伯利亚－远东油区占地面积约350平方公里。该产油区发现油田40多个，大型油田所占比重较高。目前该地区产油量约占全俄的2.57%。[①] 除以上几个大的采油区外，俄罗斯还有远东油区（陆地）、北高加索油区、波罗的海油区、俄罗斯海域采油区。但这些地区探明能源储量较少。

苏联解体后的很长一段时间，俄罗斯的石油资源勘探工作滞后，导致其石油企业前景一度很不乐观。2005年以后，随着国际油价的不断上涨，俄罗斯石油企业的经济状况明显好转，其探明石油储量的积极性也迅速增强。俄罗斯石油新的探明储量开始出现较快增长，一些新的油田陆续被发现，但新发现的油田数量并不算多。2005~2010年共发现了300多个油田，其中大型油田5个、中型油田15个、小型油田284个。[②]

根据能源部的计划，在2020年前俄罗斯预计新探明石油储量60亿吨。俄罗斯自然资源部部长指出，2009~2013年，俄地质部门在能源寻找与勘探方面完成了保障国家油气资源储备的任务：五年间共发现250多个油田，俄罗斯的石油、凝析油新探明的储量均高于开采量，尤其是发现了一些新的产油区。[③] 近几年，俄罗斯还发现了几个储量较大油田。2014年8月，俄罗斯石油公司总裁谢欣宣布，俄罗斯石油公司与埃克森美孚公司在南喀拉海 Pobeda 发现资源量为40亿桶油当量的新油区，是2014年最大新增油气资源。[④] 而当年全球新增油气资源仅149亿桶。

---

① 王素花、郑骏章、高书琴：《俄罗斯石油资源现状及开发潜力》，《国际石油经济》2014年第3期。

② 王素花、郑骏章、高书琴：《俄罗斯石油资源现状及开发潜力》，《国际石油经济》2014年第3期。

③ Доклад Министра природных ресурсов и экологии РФ С. Е. Донского о результатах воспроизводства запасов полезных ископаемых в России на ? Правительственном часе? в Совете Федерации РФ, http://www.mnr.gov.ru./mnr/minister/statement/detail.php? ID = 134453&sphrase_ id = 566711.

④ 卢雪梅：《2014年油气发现的大赢家》，《中国石化报》2015年3月6日，第5版。

（二）俄罗斯的石油工业

俄罗斯国内石油企业有几十家，位于前四位的石油生产企业是：俄罗斯石油公司、卢克石油公司、苏尔古特石油天然气股份公司和俄罗斯天然气工业石油公司。这四大企业的产油量占俄罗斯产油总量的77.9%。①

俄罗斯石油公司是俄罗斯最大的石油生产企业，2014年在世界500强企业中排名第46位。该公司是开放式股份企业，公司持有企业69.5%的股份。英国石油公司持有19.75%的股份，是该企业的第二大股东。公司主要经营项目有油气勘探、石油、天然气和凝析气的开采、加工、销售等业务。俄罗斯石油公司勘探和开采范围主要分布在西西伯利亚、俄罗斯的南部和中部、季曼－伯朝拉、东西伯利亚、远东、俄罗斯大陆架，包括北极地区，几乎涵盖了俄罗斯全境的产油区。此外，俄罗斯石油公司在白俄罗斯、乌克兰、哈萨克斯坦、土库曼斯坦、中国等十几个国家和地区进行石油勘探、开采和加工业务。在境内，俄罗斯石油公司有9个大型炼油厂和4个小型炼油厂。在境外有7个炼油厂，其中德国有4个，意大利、白俄罗斯和乌克兰各1个。石油产品销售网点覆盖了俄罗斯56个地区。截至2013年12月31日，俄罗斯石油公司探明可采储量达330.14亿桶，其中凝析油251.91亿桶、天然气13290亿立方米。俄罗斯石油公司是世界上最大的石油生产企业，公司开采的石油占全俄罗斯采油总量的40%以上。公司有80%的石油产量来自成熟矿区。2013年，俄罗斯石油公司石油开采呈现出增长态势，伏尔加－乌拉尔地区的萨马拉石油天然气公司石油产量增长了2.9%。一些新的产油区石油产量也快速增加，东西伯利亚的万科尔产油区和上涅恰斯克采油区的产量分别增长了17.8%和7%，秋明州南部的乌瓦特斯产区增长了18.4%。

在俄罗斯，卢克石油公司是融油气勘探、开采、加工、经营为一体的石油天然气公司之一。仅就其石油和天然气探明储量的规模而言，该公司算是最大私营石油企业，石油探明可采储量占世界总储量的2.1%；开采量是世界第二大私营油企，占世界2.1%，占全俄罗斯的16.6%；石油加工占全俄罗斯的16.5%。该公司成立于1991年，私有化后，公司开始了扩张道路，尤其是进入21世纪，该公司迅速扩张，收购了海外大量资产。卢克石油公司的石油储量一半以上集中在

① 戚爱华、曹斌等：《俄罗斯原油生产和出口现状及未来趋势》，《国际石油经济》2015年第2期。

西西伯利亚地区。截至2013年底，卢克石油公司已探明油气储量174亿桶。该公司90.7%的已探明的油气储量和90.2%的产量在俄罗斯境内。在境外，卢克公司在七个国家从事着油气开采、加工活动。企业的采炼活动主要集中在俄罗斯的西北部、伏尔加河、乌拉尔和南部。其中西西伯利亚公司的主要产油区，占公司探明储量的44%和产量的48%。2013年，卢克公司石油可探明储量同比增加了10%。同年，卢克石油公司增资的78%用于油气的勘探和开采，22%用于石油加工、销售等环节。该公司计划在2021年将油气勘探和开采方面的投资增至总投资的80%，在海外油气采量将由2013年占公司总采量的9.8%增至15%～20%。2013年卢克石油公司石油和凝析油总采量为6.84亿桶，其中俄罗斯境内采油6.64亿桶，境外采油0.20亿桶。

苏尔古特石油天然气股份公司作为一家石油和天然气生产企业，是俄罗斯最大的石油企业之一，该公司石油产量占全俄罗斯总产量的12%，天然气占全俄罗斯产量的20%。2013年，该公司采油6150万吨，天然气开采量为121亿立方米。其有9个子公司，其中采油企业6个，钻井公司3个。苏尔古特石油天然气股份公司除了经营有关油气领域的事务外，还通过成立子公司涉足金融、保险、建筑、农业等领域，是俄罗斯各石油企业中涉足项目较多的石油公司。

俄罗斯天然气工业公司是一家全球性能源公司，主要从事油气勘探、开采、运输、加工和销售等业务。该公司拥有世界上最丰富的天然气储量，其主要业务多与天然气有关。天然气储量占世界储量的17%，占俄罗斯的72%。公司的天然气产量占世界的13%和俄罗斯的73%。目前，公司正在积极寻求亚马尔半岛、北极大陆架、东西伯利亚和远东地区等大型项目的发展及在国外进行油气勘探和生产等项目。该公司是俄罗斯唯一液化天然气生产及出口商，是俄罗斯第五大石油生产企业。截至2013年末，该公司已探明石油和凝析油储量32亿吨。2013年开采凝析油1470万吨、石油3380万吨，占俄罗斯石油产量的9.3%；加工石油和凝析油6610万吨。俄罗斯天然气工业公司石油开采主要集中在亚马尔·涅涅茨地区、汉特－曼西自治州、伊尔库茨克、鄂木斯克、奥伦堡和托木斯克等地区。该公司计划到2020年将石油产量增至1亿吨。

此外，还有一些小型公司，主要有：鞑靼石油公司，其2012年采油3286.9万吨，占俄罗斯总采量的9%左右；斯拉夫油田的石油产量占俄罗斯总采量的3.2%；还有巴什石油公司和卢斯石油公司等。

二　俄罗斯的石油产销现状及石油产业面临的问题

油气产业作为俄罗斯经济的支柱性产业，始终受到政府的高度重视。进入21世纪以来，俄罗斯政府采取多种措施对本国的能源产业进行整合，使得国家对油气资源有了绝对的掌控力度，不但增强了政府对经济的调控力度，而且增强了国家的实力，为俄罗斯打“能源牌”提供了物质条件。

（一）俄罗斯的石油产销现状

近年来，随着俄罗斯石油企业经济实力的不断增强及石油勘探和开采技术水平的提升，俄石油产量呈稳步上升的态势，始终居于世界前列。从2009年起，俄罗斯的石油产量连续多年创造了后苏联时代的纪录。2009年，俄罗斯的石油和凝析油产量为4.9亿吨，同比增长1.2%，跃居世界石油产量之首；2010年，俄罗斯的石油和凝析油产量增至5.05亿吨，同比增长3.1%，依然保持着冠军位置；2011年，俄罗斯的石油和凝析油产量为5.11万吨，同比增长1.2%，石油产量连续三年位居世界榜首。由于俄罗斯石油生产增幅不大，2012年后，俄罗斯石油产量的冠军头衔被沙特阿拉伯摘得。该年度，俄罗斯的石油和凝析油产量为5.18亿吨，同比增长1.37%，屈居第二。2013年，俄罗斯原油产量为5.23亿吨，同比增长1%，约占世界总产量的13%，依然仅次于沙特阿拉伯，位居世界第二。2014年，俄罗斯的原油产量尽管增至5.27亿吨，但又被美国因页岩油的快速增产而超过，退居第三位。

2009年以来，从俄罗斯石油和凝析油生产的总体情况来看，尽管俄罗斯的石油产量在逐年增加，但是其增产的幅度较小。除2010年增速较快外，其余每年增速均不超过1.5%。这远远低于俄罗斯2001～2004年石油产量年均9.1%的增速，意味着俄罗斯石油开采已经达到了一个极限。

尽管2014年国际油价大幅降低，但俄罗斯的石油企业为了确保世界石油市场的份额，依然开足马力进行生产，使得当年产量达到后苏联时代的历史最高点。如果国际油价在今后较长时间处于低位，将对俄罗斯石油企业的勘探、开采投资造成重大影响。届时，俄罗斯的石油产量将难以保持增长势头。此外，从俄罗斯近年来石油企业产油量来看，俄罗斯的大型国企采油量增速并不明显，而一些小型的私营油企增速却比较快。由于石油出口在俄罗斯经济中发挥着重要作用，今后俄罗斯依然会竭力保持石油开采的总量。目前，俄副总理德沃尔科维奇表示，如国际油价在50～60美元/桶区间，俄也将保持2014年的石油开采量。①

俄罗斯不但是一个石油生产大国，还是出口大国。近些年，其石油出口量比较稳定，始终位居世界前三位。2009～2013年，俄罗斯的石油和凝析油出口量分别为2.46亿吨、2.47亿吨、2.446亿吨、2.40亿吨和2.35亿吨。从出口额来说，2013年原油出口创汇1725亿美元，占当年GDP的16.7%。尽管受到了美国等西方国家的制裁及国际油价大跌的影响，2014年俄罗斯石油产量依然创后苏联时期的历史最高，日产石油1058万桶。② 当年俄罗斯原油出口2.23亿吨，同比减少5.7%；出口创汇1538.8亿美元，下降11.4%。③ 低油价对俄罗斯石油行业的影响已日益显现。

从俄罗斯近年来石油出口情况来看，俄罗斯石油出口总量尽管较大，但从2010年起呈下降趋势。今后，随着俄罗斯自身耗能的增加，其石油出口量将会进一步减少。

（二）俄罗斯石油产业面临的问题

尽管俄罗斯的石油探明可采储量从总量来看较大，但因每年俄罗斯的开采量始终位居世界前列，且近年来，俄罗斯探明的新油田也不是很多，给其今后石油开采的可持续性带来了隐形风险。2014年7月10日，在政府工作会议上，俄罗斯联邦自然资源与环境部部长谢·耶·托尼茨基就指出，尽管在过去的八年间俄罗斯新探明的石油量超过其开采量。但不容乐观的是，在探明新增的石油中，有80%是在原来老油田采区发现的，并非新发现的油田。④ 这对俄罗斯今后能否保持或增加石油产量会造成一定影响。

当然，近年来俄罗斯在石油寻找与勘探方面加大了力度，也取得了一定的成效。2014年12月30日，俄罗斯联邦自然资源与环境部部长托尼茨基宣布，2014

① 《俄将保持现有石油开采量》，http：//xinwen. eluosi. cn/eco/201501/98575. html。

② Суточная добыча нефти в России достигла постсоветского рекорда, http：//tengrinews. kz/russia/sutochnaya – dobyicha – nefti – rossii – dostigla – postsovetskogo – 267765/.

③ 林雪丹：《俄罗斯2013年石油产量小幅增加　出口量减少2%》，http：//money. 163. com/14/0108/10/9I2DV4SG00253B0H. html；《俄罗斯石油和天然气出口收入显著下降》，http：//xinwen. eluosi. cn/wukelan/201502/99129. html。

④ С. Донской：Доклад Министра природных ресурсов и экологии Сергея Донского о состоянии и перспективах развития минерально – сырьевой базы России , http：//government. ru/news/13675/.

年俄罗斯地质学家共发现了33个油气田。他说：“我们在西西伯利亚发现了一些新的油气田，使我国的石油储藏量增加了5.5亿吨，天然气增加了9010亿立方米，凝析油增加了1亿吨，这是一个巨大的胜利。”① 今后，随着技术水平的提高，俄罗斯的石油勘探情况还会有一定进展，尤其是北极地区，将会成为俄罗斯能源勘探的亮点。2014年8月9日，俄罗斯石油公司与埃克森美孚公司联合在北极地区的喀拉海发现了一个大型油田。俄罗斯石油公司总裁谢欣乐观表示，该地区石油储量超过了墨西哥湾和阿拉斯加州的近海供给能力，可与“石油王国”沙特阿拉伯相媲美。② 可以说，北极将来很可能成为俄罗斯重要的石油采区。但是因该地区环境恶劣，仅就当前的开采技术水平、能力及资金实力而言，俄罗斯很难独自承担起开采任务。尤其是，在西方国家对俄罗斯的经济制裁不断加码的情况下，没有与外界的配合，俄罗斯不可能在短时间内对北极地区进行大规模石油开发。

俄罗斯的石油蕴藏分布极不均衡。目前，西西伯利亚地区依然是俄罗斯最重要的石油产区。但该地区多数老油田生产能力平均每年下降6%，甚至更多。由于许多采油区油源濒临枯竭，其开采的技术要求与开采成本均大幅提升。这一方面使企业很难实现大幅增产；另一方面无形增加了企业的成本，降低了采油企业的国际竞争力。该地区的萨莫特洛尔油田就比较突出：该油田开钻时，石油如喷泉般涌出，而如今石油开采却要借助压力技术。当初石油年开采量为1.5亿吨，如今仅有1700万吨。③ 俄罗斯石油工业需大量投资，以阻止老油田产量下降的趋势，同时还要保证新油田产量的稳步上升。④ 而当前石油价格始终处于低位，导致石油企业盈利能力大幅下滑，严重影响其投资。如果油价长期处于低位，俄罗斯的石油企业将难以维持当前的采油量。

在全球石油需求因经济低迷而被动下滑的背景下，美国页岩油气、加拿大的油砂和巴西深海石油等非传统能源供应的增长，导致西半球国家的能源几乎实现自给自足。美国曾是能源进口大国，随着时间的推移，其将很快实现自给自足。

---

① Геологи открыли в России 33 месторождения нефти и газа, http://mir24.tv/news/economy/11864686.

② 《埃克森美孚绕开制裁令与俄罗斯开发北冰洋石油》，http://finance.sina.com.cn/world/20140811/162619975340.shtml。

③ 张琪：《俄罗斯石油产量冠军或被沙特美国超越》，《中国能源报》2012年8月20日，第12版。

④ 焦旭：《俄罗斯石油产量再创历史新高》，http://news.xinhuanet.com/politics/2013-11/21/c_125738949.htm。

在世界能源进口市场中，美国的身影不但会日益淡出，而且很有可能在能源出口市场增添美国这个强大的竞争者。这对能源出口大国的俄罗斯而言将会是一个严峻的考验。俄罗斯的什托克曼天然气项目原本是面向北美市场的，如今不得不做出新的选择。[①]

2014 年 3 月，普京接受克里米亚入俄，导致乌克兰危机升级。美欧以此为由对俄罗斯展开经济制裁。在制裁实施一年之后，西方又宣布延长对俄制裁期限。西方国家的制裁及全球经济的低迷，使得国际油价大幅下降。而俄罗斯作为能源出口大国，显然能源价格的下降将会加剧其经济的困境。尽管俄罗斯能源成本在 30 美元/桶左右，但基于俄大部分财政依靠能源出口税收，因此当油价持续在 40 ~60 美元/桶的低位时，无疑对俄罗斯石油企业将是沉重打击。[②]

俄罗斯石油的采收率较低，目前采收率仅有 38%，与国际上 42% 的平均采收率相去甚远。这导致俄罗斯石油企业在与其他采油企业竞争中处于不利地位。在石油领域存在的另一个问题是，尽管近些年俄罗斯在石油勘探方面取得了一定的成绩，但是有很大一部分是很难开采的。当前，俄罗斯油气田开采率较低，只有可探明储量的 82% 被投入开发。而且即使在已经开发的地区也有许多矿床未被开采。[③] 总之，今后俄罗斯的石油企业还面临着许多困难。

三 俄罗斯的石油政策

进入 21 世纪以来，俄罗斯多次对其能源政策进行调整，其中仅以政策文件方式进行系统的规划就有三次。

2000 年，俄罗斯政府开始酝酿制定新的能源战略，经过几年的论证，在俄罗斯能源部带领下，起草了《2020 年前的能源战略》（以下简称《战略》）。该战略的主要内容于 2000 年末获得政府的批准。2003 年 8 月 28 日，俄联邦政府正式颁布了该战略。这是进入 21 世纪以来，俄罗斯政府制定的第一份系统的官方能源战略文件。《战略》确立了国家能源战略理念，提出了能源战略的任务。对

---

① 《俄罗斯石油产量再创历史新高》，http://news.xinhuanet.com/politics/2013－11/21/c_125738949.htm。

② 宋一平：《俄罗斯能源经济遭遇制裁“新常态”》，http://news.emca.cn/n/20150331104751.html。

③ Заседание Комиссии по вопросам стратегии развития ТЭК и экологической безопасности, http://special.kremlin.ru/news/17511.

国家能源安全、能源使用效率、预算效率和生态安全等战略目标进行了论述。[①]《战略》同时对今后能源发展做出规划，提出为了加快能源行业的发展，俄罗斯将在今后20年内对能源领域投资7000亿美元。[②] 该《战略》的制定为俄罗斯能源国有化的实施提供了理论依据。《战略》对石油综合体领域提出的目标是：满足国内外对石油及石油产品的稳定、持续和具有一定经济效率的需求，确保俄罗斯在世界上的政治利益；合理利用已探明的石油储量，确保为采油业扩大再生产提供资源基础；在各个环节节约能源；优先在俄罗斯东部、北极大陆架及远东地区海域建立一批新的采油中心等。可以说，《战略》对俄罗斯石油勘探、开采等方面做出了较为具体的规划。

2006年，俄罗斯政府指示其能源战略研究所着手制定至2030年前的国家能源发展战略。2009年5月，俄罗斯能源部组织专家起草了《2030年前的能源战略》（以下简称《2030年战略》）。2009年11月13日，俄罗斯联邦政府正式批准了该能源战略。该战略对俄罗斯经济与能源的相互作用及社会经济发展的主要趋势进行了预测，对俄罗斯的能源资源的未来需求、国家的能源政策的基本原则及其主要内容进行了阐释，并对俄罗斯能源综合体的发展状况进行了较为详尽的分析，为今后的能源发展战略做出了具体规划。《2030年战略》对俄罗斯当时的能源战略实施的情况、目标及存在的现实问题进行了分析；对2030年前俄罗斯社会经济发展的基本趋势和今后发展进行了预测；对俄罗斯的能源政策、热能综合体的发展潜力与前景、能源战略的制度实施及预期成果给予详尽阐释。在谈到能源方面的区域政策时，《2030年战略》指出，为了满足国内各区域的能源需求，克服能源分布不均的现实情况，国家计划增修能源运输管网。在谈到能源领域的外交政策时指出，俄罗斯能源外交战略的目标是有效地利用俄罗斯的能源潜力，充分融入世界能源市场，巩固其在能源领域的地位，为国民经济发展获得最大收益。

2013年7月18日和10月31日，俄罗斯能源部组织了石油、天然气、电力、煤炭等各方面相关专家讨论起草了《2035年前的能源战略》。其中包括俄罗斯科学院能源研究所、俄罗斯政府分析中心、俄罗斯科学院天然气课题研究所、科尔日热诺夫斯基国家动力科学研究所等十几个研究所参加了能源战略的制定。在关

---

① 陈小沁：《俄罗斯能源政策及相关热点问题评析》，《俄罗斯东欧中亚研究》2014年第3期。

② Марина Ромадова: Новая энергетическая стратегия России, http: //news. bbc. co. uk/hi/russian/news/newsid_ 1037000/1037526. stm.

于《2035年前的能源战略草案》的政府汇报会上，俄联邦自然资源与环境部部长在说明制定新的能源战略的必要性时指出：“现行的能源战略是2009年通过的《2030年的能源战略》，要提醒大家的是，我们必须要充分考虑到世界能源市场的变化及来自内部的挑战。近年来，世界的能源市场发生了较大变化，无论是亚太能源市场，还是页岩油、页岩气的开发，或是液化天然气生产的发展及使用这种资源的用户增长。面对这种变化，我们必须及时调整能源发展战略。”2014年1月23日，俄罗斯政府在其官方网站公布了《2035年前的能源战略》。该战略对上一个能源战略进行了分析、总结，并结合形势对其效果予以评估；阐述了俄罗斯对外能源政策的战略目标和今后能源工业的发展方向。

《2035年前的能源战略》对石油领域的现状予以分析。认为在亚太地区对油气资源的需求量大幅增长。《2035年前的能源战略》指出，中国、印度等新兴经济体对石油和天然气的需求保持着增长势头，日本也因福岛核电站事故加大了油气资源的进口。但俄罗斯对亚太地区并未给予足够重视，对亚太地区油气市场开发不足，石油在该地区的出口仅占其出口总量的1/5。同时，《2035年前的能源战略》在石油开采方面设定了开采的目标：希望保持住5.25亿吨的原油开采量。指出，为了保存住现有的石油开采量，最主要的是要提高难采石油储量的开采份额和加强对大陆架石油的开发。到2035年将使这两方面的石油开采份额增至总采量的25%。也就是说，将使难采石油的开采量增至8000万吨，大陆架地区的石油开采量达到5000万吨。《2035年前的能源战略》强调，为确保目标的实现，国家将采取一切必要的手段，其中包括创新开采方法、采用新技术等。通过这些手段，将俄罗斯的石油采收率提高到40%。此外，《2035年前的能源战略》提出，在2035年前，俄罗斯计划将石油的深加工从当前的72%提高到91%，把石油出口量从每年2.2亿吨增至2.7亿吨，使汽油、柴油和煤油等主要的石油产品能够完全确保俄罗斯的经济发展需求。同时也要采取措施，提高俄罗斯出口市场份额。①

《2035年前的能源战略》与《2030年前的能源战略》相比，两者间设定的背景指标发生了变化。《2035年前的能源战略》将国家GDP增速从4.7%下调至3.8%，将国家能源消耗增速从2%降至1.2%；对国际能源需求增长率的预测从1.5%降至1.2%。在战略目标、任务和战略方向等方面，《2035年前的能源战略》较《2030年前的能源战略》更为细化，增加了发展国内能源基础设施的内容，提

① Брифинг Александра Новака по завершении совещания о проекте Энергетической стратегии России на период до 2035 года, http://government.ru/dep_news/17272/.

出了创新能源行业发展模式的要求，提出将采取措施确保国家能源的可持续发展。

在国家能源政策方面，尽管《2035 年前的能源战略》延续了上一个能源战略的主要内容，但也有一些新的变化：在税收政策方面，将征收自然资源开采税转为增收额外所得税，或油气资源开采的超额利润税；在国内石油和成品油价格的制定方面，提出根据国内市场的交易价格创建石油和成品油的国内价格体系；在俄罗斯对外能源政策方面，提出在确保欧洲传统市场份额的同时，大力拓展亚太地区的石油市场份额；对于在能源出口占据优势地位的原油和成品油出口的份额进行了调整，提出到 2035 年将原油和成品油的出口份额降至 30%；将燃料油的出口量从当前的 5700 万吨降至 2000 万吨，汽油从 4000 万吨增至 5800 万吨。① 2014 年 3 月，俄罗斯宣布将增加投资开发东西伯利亚油气田，其目的便是扩大对亚洲国家的油气出口，其中位于东西伯利亚北部的万科尔油气田的开发，则主要是针对中国市场。②

如果说，俄罗斯为了实现创新型经济发展战略，国家尽量避免或减少经济对能源的依赖，而不再像先前那样大力鼓励和支持传统的石油开采，那么在页岩油开采方面，国家却是积极推进，为此不惜颁布和实行了系列优惠政策。2013 年 9 月，俄罗斯政府出台了一项鼓励开采页岩油的优惠政策，取消了 15 年的矿产开采税。③ 由于同西方国家关系紧张及全球经济乏力，俄罗斯能源出口量价齐跌；加之西方国家因乌克兰问题对俄实施制裁，导致俄罗斯经济大幅下滑。为了摆脱经济低迷现状，俄罗斯不断调整对石油开采和出口的税率，以刺激石油产业的发展。俄罗斯总统普京及总理梅德韦杰夫均表示支持石油领域新的税收政策，分阶段降低石油出口关税，同时相应地提高开采税。随之，俄罗斯多次下调石油出口税。2014 年 12 月 1 日，俄罗斯再次下调石油产品出口税：石油出口税下降了 12.4%，降至每吨 277.5 美元；汽油、柴油的出口税每吨分别下调 35.3 美元和 25.5 美元。进入 2015 年，俄罗斯又连续三个月下调了石油出口税，且降幅很大，截至 2015 年 3 月，俄罗斯的石油出口税降至每吨 105.8 美元。从 2014 年 11 月至 2015 年 3 月不到半年的时间里，俄罗斯的石油税收从每吨 316.4 美元降至 105.8 美元，降幅高达 67%。从俄罗斯对石油税的减免力度不难看出，在西方国家加大对俄金融与能源产业的制裁及国际能源市场不甚景气的情况下，俄政府希

---

① 刘乾：《俄罗斯能源战略与对外能源政策的调整解析》，《国际石油经济》2014 年第 4 期。

② 桑百川、刘洋、郑伟：《美欧对俄制裁下的中俄经贸关系展望》，《国际贸易》2015 年第 1 期。

③ BP подписала договор с “Роснефтью” и не боится санкций，http：//www.bbc.co.uk/russian/business/2014/05/140526_ bp_ rosneft_ new_ agreement.

望通过税收调整刺激石油生产企业加大石油的生产与出口，进而使俄罗斯尽快渡过经济难关。俄罗斯相关官员认为，该政策执行后，有助于激活国内市场活力。新的税收制度可能会让俄罗斯到2020年继续保持现有的石油生产水平。① 此外，还有一个原因是，俄罗斯希望借此机会使本国的经济摆脱对能源的过度依赖，减少国际油价对俄罗斯财政的影响。②

四　加强中俄石油领域合作的路径及建议

作为能源消费和进口大国，2014年中国石油表观消费量为5.18亿吨，原油生产2.1亿吨，全年石油净进口约为3.08亿吨，同比增长5.7%，石油对外依存度升至59.5%，较上一年增长1.1个百分点。③ 一个是石油消费和进口大国，一个是石油生产和出口大国，中俄两国拥有着天然的合作优势。近年来，两国在能源合作，尤其是石油贸易领域取得了显著的成绩：2009年2月，中俄双方企业签署了有关石油贸易、管道修建等多份协议，中国国家开发银行为俄罗斯石油管道运输公司和俄罗斯石油公司分别贷款100亿美元和150亿美元。作为交换，俄罗斯石油公司将在之后的20年间通过管道每年向中国出口1500万吨石油。同年4月，久拖多年的中俄石油管线终于开工建设。中俄石油合作迈上新的台阶，两国在能源领域的合作进入了快车道。随着俄罗斯能源出口市场多元化战略的推进，俄罗斯在能源领域的政策不断向亚太地区，尤其是向中国倾斜，使得两国能源领域合作不断深化。2013年6月，中国石油天然气集团公司公布了俄罗斯向中国增供原油长期合同的细节。根据合同，俄罗斯在2018年将通过中俄输油管道增供原油，使其由当前的1500万吨/年增至3000万吨/年。增供合同期为25年，且可延长5年。通过中哈原油管道于2014年1月1日开始增供原油700万吨/年，合同期5年，可延长5年。俄方还承诺在两国天津炼油厂投产运营后，每年向其供应910万吨原油。④ 随后，中俄两国在俄罗斯一向不愿中国染指的石

① 焦旭：《俄罗斯石油产量再创历史新高》，http：//news.xinhuanet.com/politics/2013－11/21/c_125738949.htm。

② 张继业：《俄罗斯连续3个月下调石油出口税，此次降6%》，http：//zgswb.net/guoji/guojiss/201503/t20150317_56650.htm。

③ 冉永平：《我国石油对外依存度近60%》，《人民日报》2015年1月29日，第2版。

④ 中石油：《未来进口俄罗斯原油量将达每年4610万吨》，中国政府门户网站：http：//www.gov.cn/jrzg/2013－06/25/content_2433270.htm。

油开采领域取得了进展。2014 年 6 月，俄罗斯天然气生产商诺瓦泰克公司宣布，中石油集团已与其签署协议，获得诺瓦泰克公司主导的俄罗斯北极项目——亚马尔液化天然气项目的 20% 权益。[①] 2014 年 9 月，俄罗斯石油公司向中石油提议，邀请其入股俄油旗下最大的油田之一万科尔（Vankor）。11 月，中石油与俄罗斯石油公司在北京签署框架协议，中石油获得该公司万科尔油田 10% 股权。[②] 这意味着，中俄双方在石油领域的合作得到深化。

中俄两国在石油领域合作的加强，从双方石油的贸易量也可看出：2011 年 1 月 1 日，中俄石油管线正式投入运营。当年，中国从俄罗斯进口石油量大幅增加，达 2000 万吨。2012 年，俄罗斯向中国出口石油 2433 万吨，较上一年增长 4.2%，占其出口总量的 7.92%。[③] 2013 年，中国从俄罗斯进口原油 2435 亿吨，占俄罗斯出口总量的 10.3%，成为俄罗斯第三大石油出口对象国。2014 年，中国从俄罗斯进口石油大幅增加，达 3310 万吨，比 2013 年增长 36%。

可以说，两国当前面临的形势及彼此能源战略的需要，促进了双方在能源领域的合作。中俄经贸合作的增强也在一定程度上推动两国政治关系的发展。随着两国政治关系的进一步加强，尤其是两国进入全面战略协作伙伴关系阶段后，双方在能源领域的合作将会得到深化。但回顾两国在能源领域的合作史，可以说双方能源合作并非一帆风顺，时常出现反复。因此，今后两国在石油领域进行合作时，中方无论从战略角度，还是从策略角度都应充分考量：既要重视俄罗斯对中国维护能源安全的重要性，同时也要避免俄罗斯拥“油”自重，给我方造成被动，使国家利益受到损害。为了避免类似情况发生，中方应从以下几点出发：

其一，进一步推进中国石油进口多元化。无论从何种角度而言，能源进口多元化都是中国维护国家能源安全最为有效的手段之一。进入 21 世纪，随着石油对外依存度的快速增加，中国政府也加快了海外寻油的步伐。尤其是在谈了近十年的中俄“安大线”输油管道“流产”后，中国政府更加意识到石油进口多元化的重要性。在石油进口多元化的策略方面，中国政府和企业采取了石油来源地多元化和石油进口通道多元化两种方式。近年来，中国在能源多元化方面取得了一定成效。在石油进口来源地多元化方面，中国由原来主要从中东地区国家进口

---

① 《俄罗斯发现大油田　该区有望成世界原油产区之一》，http://www.cu-market.com.cn/hgjj/2014-9-28/13551981.html。

② 龙彬：《扩大全球生意版图　中石油入股俄罗斯万科尔油田》，http://henan.china.com.cn/finance/2014/1117/117027.shtml。

③ 郝宇彪、田春生：《中俄能源合作：进展、动因及影响》，《东北亚论坛》2004 年第 5 期。

原油，逐步扩展至从中东、非洲、拉美、俄罗斯、中亚等多国进口。这在客观上推动了石油出口国家间的竞争，使中国处于相对有利的地位。近年来，中俄能源合作之所以较为顺利，与中国不断同中东、非洲和中亚国家的能源合作取得成功不无关系。目前，从中国原油进口的通道来看，主要有四大通道：途经马六甲海峡的海上通道、中俄输油管线及铁路运输通道、中哈输油管线及铁路运输通道、中缅石油管线运输通道。以往，马六甲海上运输通道承担了中国近80%的石油运输，因马六甲海峡十分狭窄，很容易被一些大国控制，对中国而言很不安全。通过皎漂港经缅甸进入中国的输油管道规避了中国的“马六甲困局”，但因中缅原油管道设计能力仅为2200万吨/年。这对年进口量3亿多吨的中国而言还是很小的，因此该输油通道不能完全替代马六甲通道。不过中缅油气管道为中国开辟了一条新的能源运输通道，分散和化解了能源运输的风险。同时，也为中国在中俄能源谈判的问题上增添了筹码。

其二，利用有利的国际形势，推动俄罗斯加强与中国在能源领域的合作。从以往经验来看，每在俄罗斯与西方关系密切或石油价格高企的时候，中俄两国在能源领域的合作多进展不顺；而在俄罗斯与西方国家尤其是欧洲国家关系出现紧张或能源市场不景气的时候，中俄能源合作多会取得突破性进展。2014年9月，俄罗斯石油公司总裁谢欣主动邀请中国入股其北方最大的石油公司万科尔油气田项目。同年11月，中俄两国石油公司签署协议，中国企业成功购得10%的万科尔石油公司的股份。对中国而言，这也许是个意外，因为中国石油企业曾多次希望入股俄罗斯石油的上游领域，但终因俄罗斯浓重的国家保护主义意识，始终未能如愿。而此时俄罗斯之所以能够主动要求中国石油企业入股俄罗斯石油的上游领域，主要是因为西方国家对俄罗斯能源和金融领域进行制裁，增加了俄方的融资困难。邀请资金实力雄厚的中国入股，也是其摆脱经济危机和消解西方制裁的一种方式。当前，因乌克兰危机俄罗斯与西方关系较为紧张，世界经济形势也不乐观，加之俄罗斯正在实行能源出口市场多元化战略，这对中国十分有利，中国石油企业可以借此机会进一步加强与俄罗斯在石油领域的合作。

其三，加强中俄政治互信，以友好的政治关系促进两国石油领域的合作。中俄能源领域的合作，是一种双赢行为。但因俄罗斯国内始终存在着对两国能源合作的质疑声，使得双方能源合作不能完全放开。这种质疑声，除了那种狭隘的“原料”产地观，还有双方互信程度不高的原因。可以说，中俄关系目前处于历史最好时期，两国已经进入全面战略协作伙伴阶段。良好的政治关系有助于推动两国的经济合作。中方可以适时地向俄方表达对双方能源合作的重视，以增强两国的能源合作。

其四，加大对与俄罗斯能源合作的重视力度，但绝对应避免对俄罗斯能源的过分依赖。从地缘政治角度来看，俄罗斯是中国石油进口的最佳选择。一方面俄罗斯是石油出口大国，能够保障中国有充足的油源；另一方面中俄两国有着4300多公里的陆地边界线，且两国已经建成了一条不经过第三国的石油运输管线，能够确保将俄罗斯的石油直接送达中国。从这条输油管线的路径来看，该管线经过俄罗斯东西伯利亚进入中国东北，所经之处地区环境较好、地区形势稳定，是中国进口原油最为安全的通道。当然，俄罗斯也看到了自身优势，因此在与中方合作时，总希望谋求额外利益。对此，中方应予以注意，重视与俄罗斯的能源合作，但不能过于倚重，尽量将主动权掌握在己方。

此外，中国还应大力推动本国能源结构多元化，以减少化石能源的使用。这样我们也不会因为大量进口石油，而使石油出口国就地提价。同时，我们还要采取新的勘探及采油技术手段，加大中国境内的能源开采力度，适时地进行页岩油和页岩气的开采，减少中国的石油对外依赖度，进而规避或分散风险。

· 天然气政策 ·

B.7 美国的天然气政策：液化天然气出口

何兴强*

摘　要：天然气政策方面，奥巴马将天然气定义为“向清洁能源的未来过渡中发挥中心作用”的能源，采取系列措施支持天然气发展：首次对美国现有电厂实施碳减排计划，颁布碳排放标准，鼓励新建天然气发电厂，限制煤电厂发展，并采取了许多税收以及财政政策，推动运输行业更多使用天然气动力车辆；首次颁布的联邦新甲烷排放规定成为奥巴马总统执政以来针对油气生产过程中甲烷排放的最重要政策；奥巴马政府继续推动液化天然气出口，但同时也在审批过程中加强了环保评估，美国液化天然气出口在即。

关键词：美国　天然气政策　液化天然气出口

页岩气革命促成美国天然气和页岩油产量持续增长，使美国几十年来第一次接近了能源独立。美国天然气生产的快速发展，是既能增加能源供应、推动经济发展，又能降低碳排放、促进环境保护的“纽带能源”和推动美国低碳经济的“关键能源”。奥巴马总统在2014年国情咨文中正式提出，以继续增加天然气供应发展低碳经济并推动美国减排目标实现的战略。2014年5月奥巴马政府发布《总体能源发展战略：一条可持续经济增长之路》①，对以上战略的三个组成部分做了进一步阐述，其中提到：天然气是未来通往清洁能源过程中的、关键性

---

* 何兴强，博士，中国社会科学院美国研究所副研究员。

① The White House, “The All-of-the-Above Energy Strategic as a Path to Sustainable Economic Growth,” May 2014.

“过渡能源”，美国政府将保障天然气以一种负责任的方式开发。战略的其他两个部分分别是：减少碳排放总量；通过研究、开发、部署、提高效率支持可再生能源、核能以及其他零排放能源的发展。

2005年到2013年，美国减排量的将近一半都源自煤电向天然气、风能以及太阳能发电的转变，这对美国摘掉“第一碳排放大国”的帽子起到了关键性的作用。其主要原因在于：页岩气革命使美国天然气价格迅速下降，推动了煤电向天然气发电的转变。奥巴马政府深知这一点，因此在2014年采取了各项措施，力图为天然气发电提供更多的政策支持。

一　鼓励天然气行业发展

奥巴马政府推动2014年国情咨文中关于鼓励天然气使用所承诺的各项措施得以实施。奥巴马承诺将减少联邦政府的官僚程序，帮助各州建造以天然气为燃料的工厂和服务于交通运输业的天然气充气站。美国企业界投资对此也有相当热情，已经有高达1000亿美元的投资将投向使用天然气为燃料的工厂。奥巴马总统还要求国会通过相关立法，修建更多的天然气站，以使美国的车辆可以更多地使用天然气作为动力，同时也创造更多的就业机会。① 之前，由于天然气和天然气动力汽车尚未被奥巴马政府按照清洁燃料标准纳入财税扶持范围，与传统化石能源和可再生能源相比，天然气的市场竞争力依然较弱。② 奥巴马政府于2014年努力推出更多的相关刺激政策，以鼓励扩大天然气在电力行业和交通运输领域的使用，进一步提高天然气在美国能源消费结构中的比例，为美国实现减排目标做出贡献。

奥巴马总统部分兑现了他的诺言。2014年6月，在总统的指示下，美国环保署发布了《清洁电力计划》，对美国现有发电厂的碳排放标准进行了新的规定。这是美国第一次对现有电厂实施碳减排计划，其主要目标指向美国最大的碳排放源——发电行业，因为该行业占到美国碳排放的1/3。其中包括四个方面：提高煤电厂效率、用天然气联合循环发电取代煤联合循环发电、扩大零排放发电（可再生能源发电和核电）以及提高需求侧的能源使用效率，③ 以减少煤电和增

---

① The White House, “Office of the Press Secretary: President Barack Obama's State of the Union Address,” January 28, 2014.

② 曹嘉涵：《美国液化天然气出口：国内博弈及其战略影响》，《国际关系研究》2014年第4期。

③ James E. McCarthy, Claudia Copeland, “EPA Regulations: Too Much, Too Little, or On Track?” *CRS Report*, July 8, 2014.

加天然气、可再生能源与核电。美国媒体将此视为奥巴马总统为实现气候变化目标而做出的一次关键性努力，并为2015年巴黎气候大会达成减排协议做好准备。此计划将在2015年正式完成，各州被要求到2016年6月30日之前提交执行计划；并计划到2030年使美国电厂的碳排放量比2005年降低30%，天然气发电量在全美发电量中占比从2013年的27.6%增加到32%，煤电占比从39.3%下降到31%。[①] 奥巴马曾于2013年6月就新建发电厂的碳排放做出了规定并在9月再次公布，2014年1月的《联邦年鉴》再次发布该规定。该规定公布了天然气发电厂的碳排放标准，即在不单独增加减排措施基础上可以取得的碳排放量，而新建的煤电厂则要求使用碳捕获储存（CCS）技术捕获40%的未受控制的碳排放。[②] 由于碳捕获技术尚未投入实际应用，因此，该规定实际上从技术上禁止了煤电厂的新建，至少到2020年之前都是如此。

运输行业的碳排放仅次于发电行业，是美国温室气体排放的第二大来源。奥巴马政府通过税收及财政政策，来推动运输行业更多使用天然气、生物燃料等可再生能源为动力的车辆。其中，天然气动力车辆（NGVs）可以比柴油车辆排放的微颗粒物（PM）降低一半，同时也大幅度降低一氧化碳排放和氮氧化物。自20世纪90年代以来，美国联邦政府方面至少实施了五个项目来推动天然气动力车辆的发展[③]。其中第三个“交通拥堵和空气质量改善项目”开始于1991年，该项目在2014财年又获得了24亿美元的财政拨款，继续在多个州资助可替代能源燃料项目。2014年8月，该项目资助了俄勒冈州建造压缩天然气（CNG）燃料站[④]。第四个项目是美国能源部“高级研究机构项目之能源”（ARPA-E）项目下研发更便宜的压缩天然气油箱和压缩机的子项目，旨在降低天然气动力汽车价格。2014年，该子项目获资助3000万美元用于13个研究计划。另外，能源部在2015财年又申请建立一个子项目，向九个州拨款3400万美元，用于研究气体液化作为交通燃料的技术，以使美国国内便宜的天然气能够被转换为汽车燃料。

随着美国天然气产量的迅速增长，美国国会也酝酿了多项法案，其中包括税

---

① Energy Information Administration (EIA), *Monthly Energy Review*, May 2014, Table 7.2a, 2014; Timothy Cama, “New EPA Rules May Give Natural Gas a Boost,” thehill.com, June 11, 2014.

② “EPA Regulations: Too Much, Too Little, or On Track?” *CRS Report*, July 8, 2014.

③ Bill Canis, Robert Pirog, Brent D. Yacobucci, “Natural Gas for Cars and Trucks: Options and Challenges,” *CRS Report*, November 19, 2014.

④ Northwest Gas Association, “CMAQ Funding Means More CNG Stations for Oregon,” August 27, 2014, http://www.nwga.org/cmaq-funding-means-more-cng-stations-for-oregon.

收、管理措施、研发等方面，以推动天然气动力车辆进一步发展。在第113届国会中（2013年1月至2015年1月），一项关于推动天然气为车辆燃料的法案最受瞩目，其内容包括给予可替代能源车辆和燃料税收优惠、修改关于联邦“公司平均燃料经济性”（CAFE）标准中对天然气动力车辆的规定，以及使用资金和贷款支持建设可替代能源车辆的充气站、增加天然气动力卡车在州际公路上的载重量、增加联邦机构车辆中的天然气动力车辆比例等。虽然该法案并没有通过，但其他内容中有鼓励天然气动力汽车使用条款的相关法案被通过并于2014年由奥巴马总统签署成为法律。

到2014年底为止，国会中有待通过的、含鼓励天然气动力车辆发展条款的法案有13个之多。这些法案中关于天然气动力车辆的相关规定，与上述在2014年已经通过的三个法案中关于天然气动力车辆的条款类似。这些法案的条款都非常细致，而且单个的法案的影响并不大，但奥巴马政府的态度十分明确，即通过行政部门的管制措施以及国会的一系列法案，鼓励天然气以及其他可替代燃料动力车辆的发展，虽然过程比较缓慢，但是最终也能取得成效。

二　承诺减少相关环境污染

根据《总体能源发展战略：一条可持续经济增长之路》中的承诺，奥巴马将以一种负责任的态度发展天然气。比起煤和石油，天然气虽然是更为清洁的能源，但天然气开采过程中产生的甲烷排放却对气候变化产生较大威胁。此外，水压裂法开采页岩气的技术可能会对土地和地下水造成污染。作为《气候行动计划》的一部分，奥巴马政府在这方面采取了减少甲烷排放和根据现有的数据对甲烷排放上限做出规定的举措，双管齐下，以减少“上游”甲烷排放。同时，作为《四年能源评估》的一部分，同时减少“下游”环节的甲烷排放。[①] 联邦政府制定管理规定，在州和地方层次天然气开发过程中对水源和土地进行保护。天然气开发以及对甲烷排放的限制之所以得到奥巴马政府的极大重视，在于它提供了一种取得多赢局面的可能性：如果能够在大力发展天然气的同时有效减少甲烷排放，那么，碳排放较低的天然气就能创造化石燃料发展和气候变化目标的双赢。

① The White House, “The All-of-the-Above Energy Strategic as a Path to Sustainable Economic Growth,” May, 2014.

奥巴马政府环保署于2015年1月15日发布“减少油气生产区域甲烷排放和臭氧污染物”的战略，以确保安全、持续和负责任的美国油气生产，兑现解决气候变化问题的承诺。这是奥巴马总统执政以来针对天然气和石油生产过程中甲烷排放最重要的政策。该战略采取强制规定和自愿减排两方面的措施，计划主要通过捕获页岩气生产过程中逃逸的天然气、减少甲烷排放以及空气中的有毒物质等手段，从每年新建的1.1万多个水压裂技术页岩气井中减少95%的挥发性有机化合物污染。①

三 推动出口

奥巴马政府在2014年继续推动美国液化天然气的出口，但同时也在审批过程中加强了环保方面的监管，使得批准程序更为复杂。页岩气革命取得重大进展以前，美国一直从海外进口大量液态天然气，但从2012年开始美国进口液化天然气量呈下降趋势，而今，美国各方已经在讨论液化天然气的出口。2012年4月，美国联邦能源管理委员会（FERC）正式批准了切尼尔（Cheniere）能源公司的液化天然气（LNG）出口项目申请，成为美国40多年来批准的首个天然气出口项目。

美国液化天然气出口被提上议事日程以来，引发了国内很大的争议。主要动力来源于价格上的巨大优势。天然气产量的大大增加，使得本来就不高的北美天然气价格一路走低，与亚洲市场相差10倍的价格为美国液化天然气的出口创造了巨大的潜在利润空间。美国国内天然气厂商由于国内天然气价格下降带来的利润下降，一直在努力推动美国政府批准液化天然气出口。而反对的声音来自两个方面：一是国内的化工行业、天然气发电厂商、公用事业公司等天然气消费者，它们受益于低价天然气，液化天然气出口势必推高美国国内天然气价格，增加成本并压缩其利润。例如，陶氏化学和美国铝业公司等认为，液化天然气的出口将数十亿美元的投资和百万个工作岗位置于危险当中，并会导致国内天然气、电力、家庭供暖的价格升高，会间接削弱美国企业的竞争力。二是环保团体，他们认为天然气出口将推动更多的国内天然气生产，而目前防止甲烷排放以及防止水压裂法对土地和水源的污染问题的监管措施及其执行仍然存在很大问题。

---

① The United States Environmental Protection Agency (EPA), "Oil and Natural Gas Air Pollution Standards," Epa. gov, available at: http://www.epa.gov/airquality/oilandgas/.

美国政府比较倾向于批准液化天然气的出口。一方面，液化天然气出口相关行业，如出口终端等设施建设将能增加就业机会，推动经济增长。根据美国石油学会（API）的数字，液化天然气出口将给天然气生产大州，如得克萨斯州、宾夕法尼亚州以及俄亥俄州等州带来310亿美元的收入和15.5万份就业机会。① 另一方面，它将使美国处于一个更为有利的地缘政治地位，加强其与主要盟国的关系，助推美国能源大国地位的形成。美国智库专家以及部分欧盟高官从地缘政治的角度，支持美国液化天然气出口欧洲，以减轻欧洲国家对俄罗斯天然气出口的依赖。从经济、贸易、地缘政治等方面进行综合考虑，目前在美国国会里，两党一致支持液化天然气出口。其中，民主党2016年总统候选人的有力竞争者、前国务卿希拉里也公开表态支持。② 以西埃拉俱乐部为首的环保团体以及国内天然气消费者方面反对天然气出口的声音则落了下风。

根据美国的《天然气法》，出口天然气到与美国没有签署自由贸易协定的国家需要能源部批准。截至2014年9月，美国能源部已经批准了九个出口液化天然气的出口申请，同时仍然有多达24个申请正在等待批准。其中，2014年3月批准的第七个项目，即位于俄勒冈州的库斯湾的乔丹角（Jordan Cove）液化天然气出口项目，成为位于美国西海岸的首个液化天然气出口项目，即第一个美国液化天然气主要针对亚洲市场的出口项目。该项目经历了两年时间最终获得批准，将在20年的合同有效期内投资75亿美元，日出口量可达8亿立方英尺。③ 2014年5月，能源部修改了审批程序，增加了根据《国家环境政策法》（NEPA）制定的环境评估程序，使得本来已经无比烦琐的审批更加复杂。此举赢得了环保团体的赞扬。然而，2014年9月10日，能源部很快又批准了两个申请，这两个申请都通过了新增加的环境评估程序。这似乎给美国国内关于液化天然气出口的辩论定了个基调：奥巴马政府已经完全倒向支持液化天然气出口的一方，只有在液化天然气审批过程中的审慎态度可以体现出其对环保问题的一丝关注。

截至2014年9月，总共九个批准的美国液化天然气出口项目的设计出口能力已达日均92.7亿立方英尺，接近液化天然气出口大国卡塔尔日均100.3亿立

① Michael Casey, "Natural Gas Exports Set to Take Off as Energy Department Approves Two New Projects," Fortune. com, September 10, 2014.

② Darren Goode, "Hillary Clinton Talks Climate Change, Gas and Exports to Friendly Energy Crowd," Politico. com, September 4, 2014.

③ Jennifer A. Dlouhy, "Obama Administration Grants Approval for More US Natural Gas Exports," FeulFix. com, March 24, 2014.

方英尺的出口能力。① 当然，申请项目的获批只是第一步，要真正实现出口，还需要漫长的融资和出口终端的建设。2014 年 9 月获批的乔丹角项目，真正出口液化天然气可能得到 2021 年。最早（2012 年）批准的第一个液化天然气出口项目，即切尼尔能源公司目前还在出口终端建设阶段，预计到 2015 年底完成。因此可以推定，美国的液化天然气的出口可能会在 2015 年底或者 2016 年正式开始。②

总体来看，奥巴马政府 2014 年以来在石油和天然气政策方面体现出其意在推动保障美国能源供应和促进环境和气候变化目标之间的平衡。一方面，奥巴马政府采取措施促进国内石油供应增加，鼓励天然气生产和液化天然气出口，并且对气候变化目标、环境保护措施给予足够重视，特别是对发电厂的碳排放新规定，对油气生产商的甲烷排放的新措施，还有对液化天然气出口审慎而缓慢的审批过程，都体现了这一点。但另一方面，这种平衡实际上很难把握，因此环保团体和气候变化支持者认为，奥巴马的石油和天然气政策是一种误导和欺骗。奥巴马的所谓总体能源发展战略被批评为很虚伪，一方面要减排，另一方面又鼓励开采更多化石燃料，这种平衡政策经常是两头不讨好，因此时常遭到油气生产商和环保组织的双重批评。

奥巴马的石油和天然气政策将在其任期的最后两年得以持续，2014 年下半年开始的油价大跌并没有严重伤害到美国油气厂商，美国的石油和天然气的产量仍然在增加。在未来几年内，美国液化天然气将实现出口，原油出口的限制也正在被突破。同时，由于环保和气候变化方面的考虑，美国将继续重视以鼓励使用可再生能源为主的、所谓“零排放能源”发展方针。美国将继续向能源大国目标迈进，对国际能源市场和对全球气候变化的影响力也将进一步增加。

① Jennifer A. Dlouhy, “Obama Administration Grants Approval for More US Natural Gas Exports,” FeulFix. com, March 24, 2014.

② Zain Shauk, “U. S. Natural Gas Export Will Fire up in 2015,” Bloomberg. com, November 6, 2014.

B.8

俄罗斯的天然气政策：延续性与新趋势*

徐洪峰**

摘　要：俄罗斯是世界上最重要的天然气储藏、生产和出口国家之一。天然气政策是俄罗斯总体能源政策的重要组成部分。在之前几十年的发展过程中，俄罗斯的天然气政策既有自身的延续性，同时，在新的国内国际形势和背景下，又表现出一些新特点和新趋势。2014 年在乌克兰危机背景下，美欧对俄的能源制裁以及国际油气价格大幅下跌预期会对俄罗斯的天然气产业发展和出口带来多方面的影响，而俄罗斯面对新的困难和情况预期会采取几方面应对措施，并在未来数年对本国的天然气政策进行一定程度的调整。

关键词：俄罗斯天然气政策　能源制裁　油气价格

俄罗斯是世界上最重要的天然气储藏、生产和出口国家之一。作为世界第一大天然气出口国，俄罗斯天然气产业的发展对全球天然气市场发挥着举足轻重的影响。本文在分析俄罗斯天然气产业最新生产、消费以及出口情况的基础上，全面阐述了独立以来，俄罗斯天然气政策的特点和延续性，并分析了在新的国内国际背景下，俄罗斯天然气政策的新特点和新趋势。此外，针对 2014 年乌克兰危机背景下的美欧对俄能源制裁，以及国际油气价格大幅下跌两大事件，详细阐述

* 本文为中国社会科学院创新课题“多极化背景下的中俄关系（2012～2018）”阶段研究成果。

** 徐洪峰，中国社会科学院俄欧亚所副研究员。

了俄罗斯天然气产业可能受到的影响、俄罗斯的可能应对举措，以及未来数年内俄罗斯天然气政策可能发生的变化和调整。

一 2013年俄罗斯天然气生产、消费以及出口概况

俄罗斯是世界天然气储藏大国。根据BP最新统计数据，截至2013年，俄罗斯已探明天然气储量1103.6万亿立方英尺，约占世界天然气探明总储量的16.8%，其天然气探明储量仅次于伊朗，居世界第二位（见图1）。

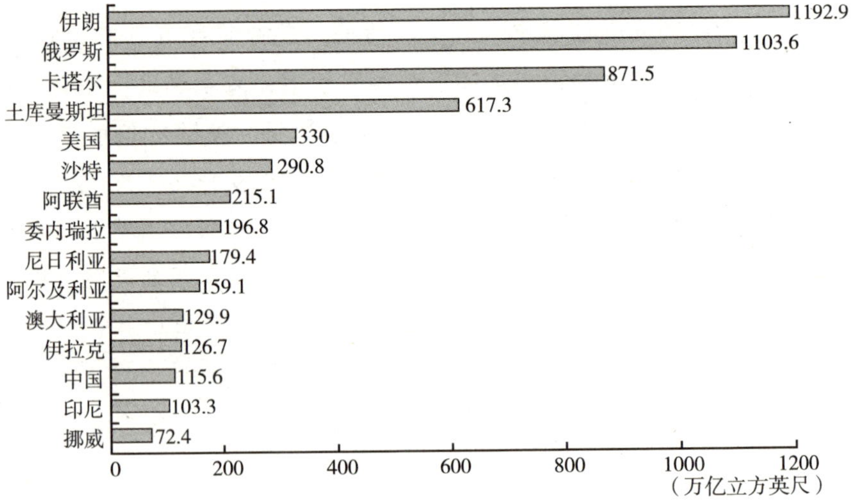

图1 世界天然气探明储量前15位国家（2013年）

资料来源：BP，*BP Statistical Review of World Energy 2014*，June 2014，p. 20，http：//www. bp. com/en/global/corporate/about - bp/energy - economics/statistical - review - of - world - energy. html。

与储量情况相对应，俄罗斯同样也是世界最重要的天然气生产和消费国家。2013年，俄罗斯成为世界第二大天然气产出国，年产天然气高达6048亿立方米，占当年世界天然气总产量的17.9%。天然气消费方面，2013年，俄罗斯以4135亿立方米的消费量成为世界第二大天然气消费国，其天然气消费量占到当年度世界天然气消费总量的12.3%（见图2）。

天然气进出口方面，2013年，俄罗斯出口天然气2255亿立方米，天然气出

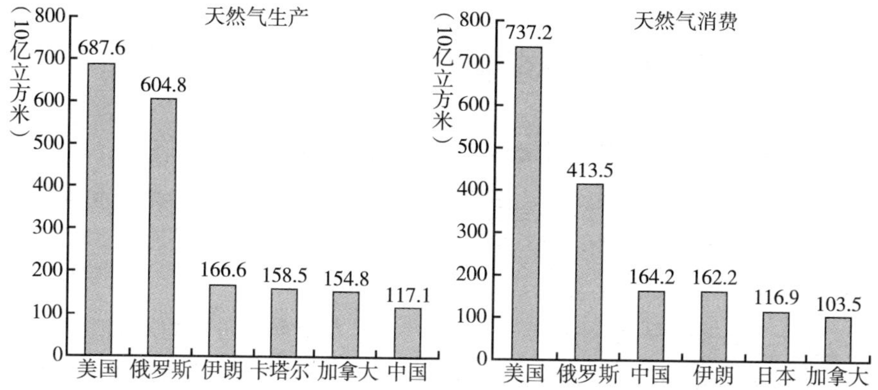

图2　世界前六大天然气生产国和消费国（2013年）

资料来源：BP，*BP Statistical Review of World Energy 2014*，June 2014，pp. 22－23，http：//www. bp. com/en/global/corporate/about－bp/energy－economics/statistical－review－of－world－energy. html。

口量高居世界第一，[①] 比世界第二大天然气出口国卡塔尔多出口天然气1000亿立方米（见图3）。[②]

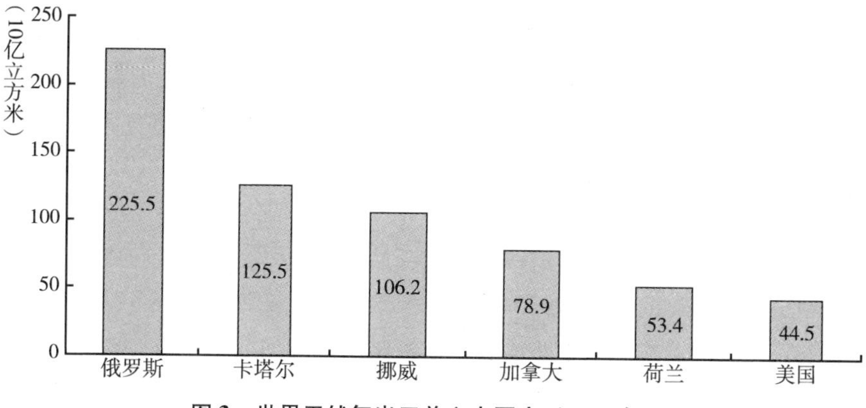

图3　世界天然气出口前六大国家（2013年）*

注：＊ 此处数据为管道气和液化气进口、出口数量之和。

资料来源：BP，*BP Statistical Review of World Energy 2014*，June 2014，p. 29，http：//www. bp. com/en/global/corporate/about－bp/energy－economics/statistical－review－of－world－energy. html。

① *BP Statistical Review of World Energy 2014*，June 2014，p. 29，http：//www. bp. com/en/global/corporate/about－bp/energy－economics/statistical－review－of－world－energy. html.

② 2013年，卡塔尔以年出口1255亿立方米天然气，位列世界出口天然气第二位。*BP Statistical Review of World Energy 2014*，June 2014，p. 29，http：//www. bp. com/en/global/corporate/about－bp/energy－economics/statistical－review－of－world－energy. html.

二 俄罗斯天然气政策的延续性与新趋势

天然气政策是俄罗斯总体能源政策的重要组成部分。俄罗斯的能源政策主要由国家能源部制定实施；此外，经济发展部负责能源部门改革和能源关税的制定。除了这两个主要机构外，自然资源部①、财政部②，以及联邦能源委员会③、对外贸易和关税保护措施委员会④等机构也参与其中。

天然气工业是俄罗斯国民经济的支柱产业。在之前几十年的发展过程中，既有自身发展战略及政策的延续性；同时，在新的国内国际形势和背景下，又表现出一些新特点和新趋势。

2000 年普京总统执政后，随着俄罗斯政局趋稳、经济开始复苏，制定适应国内外变化需要的能源战略成为当务之急。2000 年 10 月，俄罗斯联邦燃料能源部根据新的《国家长期经济和社会发展计划》，研究编写了《2020 年前的俄罗斯能源战略和电力工业结构改革》报告，并获得政府批准。随着国际形势和国际能源市场的变化，俄罗斯对本国能源行业发展的战略定位也随之发生调整，在近十年相继通过了《2020 年前的能源战略》和《2030 年前的能源战略》，同时针对天然气行业具体情况，根据能源发展战略总体要求，俄罗斯先后制定通过了两份天然气发展规划，包括《在东西伯利亚和远东地区建设天然气开采、运输、供应统一系统及向中国和亚太地区其他国家出口天然气的规划》（以下简称《东部天然气规划》）和《2030 年前天然气行业发展总体纲要》，这几份关键性文件构成了完整的俄罗斯天然气政策，俄罗斯天然气政策体系不断走向成熟。

从制定通过的时间看，《2020 年前的能源战略》于 2003 年 8 月 28 日获得俄联邦政府正式批准。按照该战略构想，俄罗斯东部的油气主产地将发展成为新的大型能源供应基地。基于上述考虑，2007 年 6 月 15 日，俄政府直属燃料能源委员会批准《东部天然气规划》，9 月 3 日俄罗斯工业能源部第 340 号部令通过，并于 9 月 7 日正式公布。这是俄罗斯东部地区天然气行业发展的一份基础性文件。

2009 年，由于国际金融危机影响，国际市场能源价格持续下跌，俄罗斯经

---

① 自然资源部负责发放油气田许可执照、对违反环境法规的行为进行罚款等。

② 财政部主要负责制定能源部门的税收政策。

③ 联邦能源委员会主要负责确定石油运输关税、管理天然气批发价格等。

④ 对外贸易和关税保护措施委员会主要负责确定原油的出口关税。

济受到消极影响。面对挑战，俄罗斯开始着手对本国能源政策进行调整。2009年8月27日俄联邦政府会议讨论通过《2030年前的能源战略》，2009年11月13日正式批准。《2030年前的能源战略》对《2020年前的能源战略》中的一系列主要指数进行了修订，但能源行业发展的基本原则——能源安全、经济效益、能源生态安全及提高经济的能源效益等保持未变，确保政策延续性。《2030年前的能源战略》提出了分三个阶段发展的目标：第一阶段是2013～2015年，主要任务是克服危机；第二阶段是2015～2022年，在克服经济危机后，主要任务是提高能源利用效率；第三阶段是2022～2030年，重点转向非常规能源，包括核能和可再生能源。但是，《2030年前的能源战略》规定的是整个能源行业，包括石油、天然气、电力、核能、可再生能源等的发展战略，更多展示的是能源行业的长期发展前景。为进一步细化天然气行业的发展规划，明确天然气工业的战略发展方向，2011年6月，俄罗斯能源部出台了《2030年前天然气行业发展纲要》。该《纲要》中对俄罗斯天然气工业的现状、存在问题和未来发展方向进行了详尽描述，内容涉及天然气国内外市场需求与供应预测、资源、运输、加工、工业改扩建及新建工程量、相关行业设备材料需求，以及生态、科技进步、地区气化、投资需求、风险分析与发展措施等内容。

上述四份政策性文件系统全面地阐述了俄罗斯天然气行业中长期发展目标、原则、任务和基本方针，从国内和国外两个层面阐明了行业发展的基本方向，在提出指导原则的同时也明确了配套措施，具有很强的现实指导意义。

在对内政策方面，《2020年前的能源战略》《2030年前的能源战略》等文件设立了以下战略目标：

一是满足俄罗斯国民经济发展对天然气的需求。据预测，2030年前，俄罗斯燃料能源资源生产增长为26%～36%，国内需求的增长为39%～58%。2030年前，俄联邦人均能源需求与2005年相比，至少要增加40%，电力需求增加85%。2009年通过的《2030年前的能源战略》提出在2030年俄天然气产量达到8800亿～9400亿立方米，而2008年产量仅为6640亿立方米，增幅高达33%～42%。这是十分大胆和主观的预测。由于欧洲经济放缓导致对能源需求下降，俄罗斯2014年的天然气产量为6403亿立方米。在满足国内天然气需求的同时，俄罗斯也设立了降低天然气在一次能源消费中的比重的目标。苏联解体后，天然气在俄罗斯一次能源消费结构中的比重逐年增长：1990年为42%，2010年达54%。《2030年的前能源战略》提出，2030年前天然气在俄罗斯一次能源消费结构中的比重将降为45%～47%。

二是要促进国内天然气市场健康发展。俄罗斯天然气工业发达，基础设施完善，但同时也存在国内天然气价格偏低、管道垄断制约天然气输送、石油伴生气利用率低等制约行业发展的问题。长期以来，俄罗斯国内天然气价格偏低。2008年，俄罗斯国内工业用气价格为1694卢布/千立方米，约合53美元/千立方米，民用气价约为1280卢布/千立方米，约合40美元/千立方米；而当年俄罗斯向欧洲出口的天然气价则高达353美元/千立方米。① 俄罗斯天然气工业股份公司约50%的天然气供应国内市场，但其国内天然气销售收入仅占公司总销售收入的20%左右。过低的天然气价格会造成浪费，不利于能源消费结构的优化，并且给天然气开采企业带来亏损。低廉的天然气价格导致俄罗斯主要天然气生产商国内销售收益低甚至亏损，使企业无法筹措足够的资金进行气田的勘探与开发；同时低气价致使俄罗斯国内能源需求不平衡，不利于提高能源使用效率。为解决此类问题，俄罗斯颁布实施的能源战略确定了逐步提高天然气价格、支持独立天然气生产商的发展、支持所有市场参与者平等使用天然气干线管道系统等基本原则。

三是提高国内天然气使用普及率（即地区气化水平）。俄罗斯是天然气消费大国，但由于地区经济发展不平衡、地区基础设施缺乏等原因，造成东西伯利亚和远东等地区天然气使用普及率非常低。俄罗斯的目标是将全国平均气化率水平提高到86%，即发达国家的平均水平。目前俄联邦主体气化率水平可分为三个层次：80%以上、45%～80%、低于6%。北高加索、伏尔加河沿岸、莫斯科、彼得堡等地区的气化率水平达到80%以上。与此形成鲜明对比的是，东西伯利亚和远东的马格丹州、犹太自治区、滨海边疆区、楚科奇民族自治区等联邦主体的气化率为零，完全未使用天然气。为此，俄罗斯政府要求俄罗斯天然气工业股份公司加快全国的气化工作。在此背景下，俄罗斯天然气工业股份公司从2005年起开始增加资金投入，加大了对偏远地区的气化工作，新修建了多条干线管道。如根据《东部天然气发展规划》，俄罗斯天然气工业股份公司要逐步在远东地区建设新的管道运输网络，萨哈林－哈巴罗夫斯克－符拉迪沃斯托克是其中重要的一条管道。该管道于2009年8月正式开工修建，于2012年亚太经合组织会议召开前夕竣工。管道一期建成后，每年向俄罗斯滨海边疆区输送60亿立方米萨哈林岛生产的天然气，有力地促进了这一地区天然气使用普及率。

通过对《2020年前的能源战略》《2030年前的能源战略》等规划文件的分析，可以看出俄罗斯天然气发展的对外政策包含以下几个方面内容：

① 岳小文、吴浩筠：《俄罗斯国内天然气价格改革及其影响》，《国际石油经济》2009年第12期。

一是通过出口多元化保障出口安全。作为世界天然气储藏大国，天然气生产和出口是俄罗斯经济发展的重要支柱。2013 年，油气收入占到俄罗斯联邦预算收入的52%，油气出口收入占到国家出口总额的70%以上。① 其中，79%的原油、76%左右的天然气出口到了德国、荷兰、波兰、土耳其、意大利、法国、英国等欧洲国家。② 但是，欧盟在2010 年推出《2020 能源战略》，提出到2020 年使可再生能源的份额提高20%、能效提高20%的目标，并且提出要增加从新兴市场和发展中国家的油气进口，通过开发新的进口渠道，确保油气供应安全。③ 此外，美国也出台了《未来能源安全蓝图》，提出“能源独立”的目标，加大本土能源开发，减少海外油气进口。④ 同时，美国、加拿大等北美国家以及巴西、哥伦比亚等美洲国家页岩气、页岩油等非常规能源资源的开发也进一步影响了俄罗斯现实和潜在的油气出口。在此背景下，俄罗斯提出通过能源出口多元化保障能源出口的战略，除了传统的欧洲市场外，大力拓展亚洲及新兴国家的油气市场。根据俄罗斯《2030 年前的能源战略》，计划在东西伯利亚、远东、极地周围以及北冰洋大陆架地区建立新的油气综合体，尽管欧洲仍将是俄罗斯油气出口的主要方向，但俄罗斯整个油气出口的增长将主要取决于东部方向的发展。⑤

为了保证出口需求，《2030 年前的能源战略》预计2030 年前，俄罗斯的天然气年出口量将达到3490 亿~3680 亿立方米。根据《东部天然气发展规划》，预计到2020 年，俄罗斯每年通过管道可以向中国和韩国出口天然气干气250 亿~500 亿立方米，每年向亚太地区出口液化天然气210 亿立方米；到2030 年该地区的天然气年出口量可达到1300 亿立方米。

二是保障能源输出安全。俄罗斯全部天然气干气均需依靠管道输出，⑥ 由于天然气管道运输容易受到国际地缘政治因素的影响，使得俄罗斯的天然气输出往

① PFC Energy，转引自 U. S. EIA，“Country Analysis Briefs：Russia，” March 12，2014，http：//www. eia. gov/countries/analysisbriefs/Russia/russia. pdf。

② 还有少部分天然气出口到奥地利、芬兰、希腊。U. S. EIA，“Country Analysis Briefs：Russia，” March 12，2014，http：//www. eia. gov/countries/analysisbriefs/Russia/russia. pdf.

③ European Commission，“Energy 2020：A Strategy for Competitive，Sustainable and Secure Energy，” November 10，2010.

④ The White House，“Blueprint for a Secure Energy Future，” March 30，2011，http：//www. whitehouse. gov/sites/default/files/blueprint_ secure_ energy_ future. pdf.

⑤ Энергетическая стратегия россии на период до 2030 года，http：//www. government. gov. ru.

⑥ U. S. EIA，“Country Analysis Briefs：Russia，” March 12，2014，http：//www. eia. gov/countries/analysisbriefs/Russia/russia. pdf.

往受制于过境运输国，无法完全自主。在此背景下，俄罗斯《2020 年前的能源战略》指出："由于俄罗斯地缘政治的特点，能源过境运输具有重要意义。为了加强能源和经济安全，除了原有的西向出口外，必须在北、东、南三个方向拓展能源出口渠道，增加这些方向在俄罗斯能源出口地缘结构中的比重。"① 新建完全由俄罗斯本国控制的油气外输管线，通过油气输出管线的多元化保障本国油气输出安全，成为俄罗斯天然气政策的重要目标之一。如俄提出新建面向欧洲经波罗的海直接通往德国的"北溪"（Nord Stream）管道，于 2009 年得到沿线各国批准，并于 2010 年 4 月正式开始修建。2012 年第一管线建成后的供应量达到每年 275 亿立方米，2013 年第二管线建成后供应量达到每年 550 亿立方米。

三是利用天然气资源优势增强本国在全球能源市场上的实力，扩大市场份额。作为全球天然气出口第一大国家，在国际天然气市场上，俄罗斯发挥着举足轻重的作用。普京提出："依靠《2030 年前的能源战略》的实施，俄罗斯应该完全保证今后自身对能源资源的需要，并且强化自身在全球市场的地位。"《2030 年前的能源战略》的主要目标之一，即是最有效地利用自身的能源资源潜力，强化俄罗斯在世界能源市场中的地位，为国家经济得到最大实惠。②

除了自身战略和政策的延续性外，过去两三年间，不管俄罗斯本国国内经济发展，抑或国际天然气市场均出现了一些新背景和新变化，俄罗斯的天然气政策也随之表现出一些新的趋势和特点：

一是对新的天然气产区提供税收优惠促进开发。目前，俄罗斯主力产气气田主要集中在西西伯利亚地区，未来亚马尔地区、北极大陆架、东西伯利亚、远东地区将成为接替产区。但是这些地区自然条件恶劣，地质条件复杂，基础设施缺乏，普查和勘探的周期长、风险大，同时东西伯利亚、远东地区的天然气还富含许多有益组分需要加工分离，总体生产的成本远高于目前现有的产气区，需要大量的投资开发新的气田、建设新的管道和新的天然气加工厂及化工厂。俄罗斯的天然气生产商提出，需要国家层面的政策支持，主要是税收方面的政策支持，以保证公司有更多的富余资金投向新的产气区或提高享有资金、先进技术和经验的跨国石油公司进入的兴趣。在这种情况下，俄罗斯政府目前已经对新的天然气产区提供了矿产资源开采税方面的优惠措施。近期启动实施的亚马尔液化天然气项目已经获得政府的税收优惠政策，该项目下的南塔姆别伊气田和北塔姆别伊气田

① Энергетическая стратегия России на период до 2020 года, http: //www. government. gov. ru.

② Энергетическая стратегия россии на период до 2030 года, http: //www. government. gov. ru.

用于生产液化天然气的天然气无须缴纳矿产资源开采税，出口凝析气和液化天然气免交关税，进口设备免交进口关税。

二是发展高附加值的液化天然气业务，提高天然气出口效益。液化天然气与管道天然气不同，可以根据需求的变化灵活开拓新的市场，同时经济效益优于管道气。俄联邦政府《2030年前的能源战略》规定，俄罗斯液化天然气的出口量在2030年将要占到本国天然气出口总量的14%～15%，鼓励扩大液化天然气出口，提高俄罗斯在世界液化天然气市场的份额。目前俄罗斯建成的液化天然气项目仅有萨哈林－2项目，两条生产线产量合计为每年960万吨；在建的有亚马尔液化天然气项目，规划产能每年1650万吨；此外，还计划在2017年后逐年投产三条生产线；已启动建设、原计划于2017年投产的什托克曼液化天然气项目，由于页岩气发展导致欧洲从其他渠道进口液化天然气的增加，该项目已经暂时中止；另外，俄联邦政府《东部天然气规划》提出，在符拉迪沃斯托克建设液化天然气项目，计划规模在1500万～1600万吨之间，但目前尚未启动建设。

三是建立电子交易平台，允许少量的天然气自由贸易。在保持国内天然气价格持续上涨的同时，俄罗斯政府正逐步放开对天然气价格的控制。2006年9月，俄联邦政府颁布决议，允许俄罗斯天然气工业股份公司和独立天然气生产商进行试点，采用电子交易平台的形式自由销售少量天然气，这部分天然气的价格不受价格机制的控制。在2006年11月至2008年12月的两年间，共有132.5亿立方米天然气通过电子交易平台交易，销售商有包括俄罗斯天然气工业股份公司在内的14家企业，购买商达到59家，完成交易3120笔，交易平均价格比国家调控的天然气价格高出37%～38%。[①] 由于俄罗斯政府未能及时出台管理天然气电子交易的法规，并且俄罗斯国内对是否需要建立电子交易平台、平台的建立和运营主体、每年的交易数量、交易量的分配等诸多问题存在争议，俄罗斯政府在2009年至2014年期间暂停了此项业务的开展。但是，近年来，俄罗斯政府能源主管部门、反垄断部门、俄罗斯天然气工业股份公司、独立天然气生产商、商品交易所等机构都一直在积极商讨天然气电子交易的管理和运行办法，但目前尚未最终达成一致。有观点认为可以利用俄罗斯现有的商品交易所，如圣彼得堡的国际商品交易所进行天然气电子交易，包括天然气现货和期货交易。尽管如此，从长远看，俄罗斯在国内推行天然气电子交易平台进行部分天然气自由交易的工作不会放弃。

---

① http：//www. mrg. ru/docs/speech/11. 04. 19_ Petrov1. pdf.

三　未来俄罗斯天然气发展及政策走向的预期

2014年，俄罗斯天然气行业发展面临两大新挑战：一是2013年11月乌克兰危机爆发，美欧等西方国家对俄罗斯进行能源制裁；二是全球油气供需结构发生重大变化，国际油气价格大幅度下降。

2014年3月17日，原属乌克兰的克里米亚宣布成为主权国家并申请加入俄罗斯，俄罗斯立即启动宪法程序予以接纳。为了遏制俄罗斯在乌克兰危机中的进一步行动，美国和欧盟等西方国家宣布对俄罗斯实施经济制裁。自2014年3月17日至今，美国和欧盟共对俄罗斯实施了七轮经济制裁。[①] 其中，针对俄罗斯能源行业的制裁主要有三个方面：一是对俄罗斯能源企业的高官个人实施海外资产冻结和签证禁令；二是对俄罗斯油气企业以及为其提供融资服务的相关金融机构实施融资限制；三是对与俄罗斯深海、北极大陆架、页岩油勘探开发相关的先进油气技术和设备实施出口禁令。

除了美欧等西方国家的能源制裁，2014年俄罗斯天然气行业发展面临的另一大挑战是国际天然气价格大幅下跌。首先，出于多重因素影响，2014年国际石油价格暴跌，1月2日布伦特原油107.78美元/桶，12月26日59.45美元/桶，全年油价下跌约44.8%。[②] 由于欧洲和亚洲的天然气价格与石油价格之间存在联动机制，随着石油价格暴跌，国际天然气价格的大幅下行趋势也随之显现。其次，国际天然气本身的供需结构失衡，供给大于需求。一方面，美国页岩气产量大幅度增加导致国际天然气供给总量增加；而另一方面，中国、印度、巴西等新兴经济体经济增速放缓、欧洲经济复苏乏力，导致国际天然气需求增速降低。国际天然气供给基本面的失衡，再加上世界范围内主要天然气消费国为了应对气候变化而普遍采取增加可再生能源比重、提高能效等政策措施，多重因素叠加，使得国际天然气价格同样出现较大幅度下跌，2014年12月，美国天然气价格自2012年来首次跌破3美元/百万英热单位。

美国和欧盟的能源制裁以及全球油气价格下跌对俄罗斯天然气行业的未来

---

① 美欧对俄七轮经济制裁分别在2014年3月17日、3月20日、4月28日、7月16日、7月29日、9月12日、12月19日宣布实施。除了3月17日的第一轮制裁外，其余六轮制裁均涉及俄罗斯能源行业。在12月19日的第七轮制裁中，加拿大对俄罗斯石油和天然气行业实施了制裁措施。

② 中国商务部：《2014年原油价格走势分析及2015年油价展望》，2015年2月9日。

发展预期会产生几个方面的影响：一是俄罗斯天然气企业的融资难度加大。二是俄罗斯自美欧先进天然气勘探开发技术和设备的进口受阻。三是削弱俄罗斯天然气的长期产出能力。首先，如果俄罗斯天然气企业因为融资困难减少投资，则可能会影响到产量。其次，因为相关先进技术缺乏、设备进口受阻，俄罗斯深水、北极大陆架、页岩气、难开采气田的开发增量会低于预期。四是俄罗斯与美欧天然气企业的重大合作项目受阻。五是俄罗斯财政收入和出口收入减少。未来数年，由于美欧能源制裁带来的天然气产量减少，再加上国际天然气价格下跌，双重因素叠加，使俄罗斯的天然气收入大幅度减少，从而影响其财政收入和出口收入。

面对美欧能源制裁以及全球油气价格下跌带来的诸多负面影响，预期俄罗斯会采取应对措施，在未来几年对本国的天然气政策进行部分调整：

一是加快天然气行业税收改革的进度。俄罗斯自 2013 年即开始讨论本国油气行业的税收改革，目前各方已初步达成共识，俄罗斯能源部和财政部也已上报俄联邦政府审批通过，2014 年 11 月 14 日俄国家杜马审批通过《关于石油领域税收行动方案法》。在美欧能源制裁背景下，俄罗斯政府有可能会加快本国油气行业税收改革进度，通过税收减免和税收优惠等措施提高油气企业的积极性，促进企业增加投资，抵消制裁对俄罗斯油气生产可能造成的负面影响。

二是为本国天然气企业提供更多的资金支持。首先，俄罗斯政府会鼓励国内的金融机构为本国天然气企业提供更大力度的信贷支持。此外，随着制裁的持续，俄政府有可能会动用国民福利基金和储备基金为本国天然气企业提供资金支持。目前，俄罗斯第一大独立天然气生产商诺瓦泰克公司已向政府提出动用 1000 亿卢布（约 26 亿美元）国民福利基金购买其公司债券的申请。俄罗斯副总理德沃尔科维奇表示，如果企业提出申请，将按照基金使用程序进行审议，俄政府将支持本国油气公司实施重大项目保持油气产量稳定，以保证税收稳定、增加国家预算收入。截至 2014 年 12 月 1 日，俄罗斯国民福利基金和储备基金的数额分别为 799.7 亿美元和 889.4 亿美元，① 俄罗斯政府有可能动用两个基金帮助本国天然气企业渡过特定时期的融资困难。

三是加大向东合作力度。在美欧制裁、欧洲对俄天然气需求降低背景下，俄罗斯有可能进一步加大向东合作力度。目前，位于亚太地区的中国、日本、韩国、印度是世界天然气进口的主力军，日、韩、中分别位列全球第一、第五、第

① http://minfin.ru/ru/nationalwealthfund/index.php.

六大天然气进口国（2013年）（见图4）。此外，根据国际能源署预测，到2020年早期，亚太将取代欧洲，成为世界最大的天然气净进口地区；并且到2035年，亚太地区的天然气净进口预期将增加近两倍，其净进口量将占到全球天然气净进口量的50%左右。[①] 在全球天然气需求重心向亚太地区转移的背景下，俄罗斯将会向东大力开拓亚太天然气市场，以弥补西向对欧洲市场出口的减少。

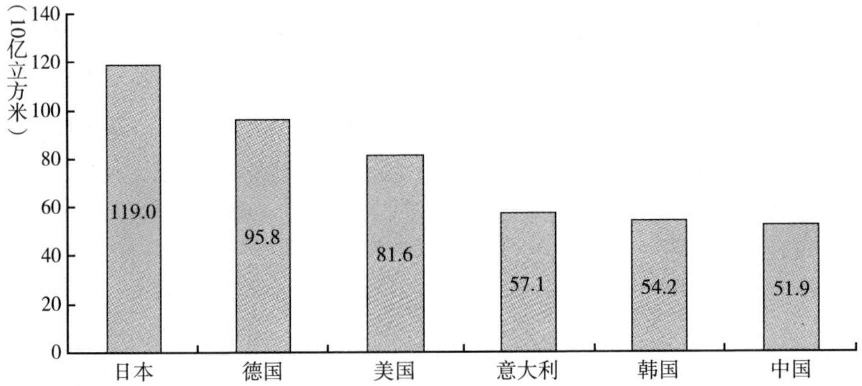

图4　世界天然气进口前六大国家（2013年）

资料来源：BP，*BP Statistical Review of World Energy 2014*，June 2014，p. 29，http：//www. bp. com/en/global/corporate/about – bp/energy – economics/statistical – review – of – world – energy. html。

四是逐步增加液化天然气的生产和出口比重。根据国际能源署预测，2013年至2020年期间，全球液化天然气供给预期将以年均7.8%的速度增长，而亚太地区的液化天然气需求量将占到世界液化天然气总量的70%以上。因此，在未来20年内，随着全球天然气需求和进口重心从欧洲向亚太地区转移，液化天然气将取代经由管道输送的天然气干气，成为世界天然气贸易的主要形式。[②] 作为世界第一大天然气出口国家，随着本国天然气出口总量中向亚太地区出口比重的增加，俄罗斯预期也会调整本国的天然气生产和出口结构，逐步减少管道天然

① *BP Energy Outlook 2035*，February 2015，p. 55，http：//www. bp. com/content/dam/bp/pdf/Energy – economics/statistical – review – 2014/BP – statistical – review – of – world – energy – 2014 – full – report. pdf.

② *BP Energy Outlook 2035*，February 2015，p. 59，http：//www. bp. com/content/dam/bp/pdf/Energy – economics/statistical – review – 2014/BP – statistical – review – of – world – energy – 2014 – full – report. pdf.

气数量，增加液化天然气的生产和出口比重。

五是加强本国天然气行业先进勘探、生产设备和技术的进口替代。在西西伯利亚－伏尔加河流域传统油气产区储量渐趋下降的情况下，深水、北极大陆架、页岩气以及西伯利亚远东难开采气田将成为未来俄罗斯天然气勘探开发的重点。但是，俄罗斯油气行业在技术和设备方面的对外依存度较高，其80%～100%的油气开发软件、70%的涡轮机和锅炉、50%～60%的压缩机、20%的管材、80%的大陆架开发技术均依赖进口，[①] 仅仅依靠本国设备和技术难以完成北极大陆架和难开采油气田的勘探开发，美国和欧盟等西方国家对俄罗斯能源行业先进技术和设备的出口禁令预期将给俄罗斯深水、北极大陆架、页岩油气等难开采油气田项目的勘探开发带来一定困难。在此背景下，俄罗斯有可能考虑加大本国技术研发的力度，逐步对本国天然气勘探开发领域的先进技术和设备实施一定程度的进口替代。

① http：//www. oilru. com/news/431722.

B.9

卡塔尔的天然气政策：外交与亚洲新兴市场

钟飞腾*

摘　要：卡塔尔的天然气储藏、生产和出口名列世界前茅，天然气出口也成为卡塔尔经济强劲增长的最主要动力。卡塔尔天然气政策是20世纪80年代以来的产物，在此之前卡塔尔只关注石油政策，天然气生产主要用于国内发电和道路交通的需要。随着地区政治局势变迁，卡塔尔引入外资开发北方气田，并实施出口战略。此后，天然气出口沿着两条轨迹前行，但开发地区市场并不成功，将天然气政策用作外交政策的安排也存在失误，而开拓国际市场则非常出色。LNG市场基本上是一个全球市场，卡塔尔的天然气政策也成了全球化的一个政策，深受商业规则和市场波动的影响。卡塔尔借助世界天然气出口国论坛机制、可持续发展理念以及在亚洲新兴市场的开拓，成为LNG领域最重要的出口国。未来随着油价低位运行，美国、澳大利亚等天然气供给方增加出口，以及亚洲新兴市场经济增长率下跌，卡塔尔可能需要重新评估目前的政策框架。

关键词：天然气政策　外交政策　世界天然气出口国论坛　亚洲新兴市场　北方气田

一　世界级油气资源大国

无论从国土面积还是从人口数量来看，卡塔尔都是袖珍国家。卡塔尔国土面积只有1.14万多平方公里，是欧佩克（OPEC）成员中国土面积最小的，大约相

---

* 钟飞腾，中国社会科学院亚太与全球战略研究院副研究员。

当于两个文莱那么大，常住人口（截至到2015年1月底）不过222万，在全世界排名第140位以后。但是，这么一个相当于我国海南省土地面积1/3、人口1/4的中东国家，在世界能源市场的地位却非常重要。

卡塔尔储藏、生产和销售了巨额的油气资源。2013年，卡塔尔已探明天然气储量达到24.7万亿立方米，占全球的13.3%，仅次于伊朗和俄罗斯（见表1）。同时，卡塔尔2013年生产天然气1585亿立方米，占全球4.7%，仅次于美国（20.6%）、俄罗斯（17.9%）和伊朗（4.9%）（见图1）。自2006年起，卡塔尔在液化天然气（LNG）领域排名世界第一。同时，卡塔尔也是石油行业的重要生产国，储量居世界第12位，2013年每天生产原油199.5万桶，原油出口额在欧佩克12个成员国中排第8位。① 卡塔尔GDP的50%、政府收入的70%和出口收入的85%都来自于油气行业。②

表1　卡塔尔在世界天然气储量中的地位

国　家	储量(万亿立方米)	占世界比(%)
伊　朗	33.8	18.2
俄罗斯	31.3	16.8
卡塔尔	24.7	13.3
土库曼斯坦	17.5	9.4
美　国	9.3	5
沙　特	8.2	4.4
阿联酋	6.1	3.3
委内瑞拉	5.6	3
尼日利亚	5.1	2.7
阿尔及利亚	4.5	2.4
澳大利亚	3.7	2
中　国	3.3	1.8
印度尼西亚	2.9	1.6

① Organization of the Petroleum Exporting Countries, *OPEC Annual Statistical Bulletin 2014*, Vienna, Austria: BH OPEC, 2014, p. 17.

② Economiywatch, "Qatar Economy," 29 June 2010, http: BH//www.economywatch.com/world_economy/qatar.

续表

国　　家	储量(万亿立方米)	占世界比(%)
挪　　威	2	1.1
加 拿 大	2	1.1
埃　　及	1.8	1
科 威 特	1.8	1
前 17 国	163.6	88.1
全 世 界	185.7	100

资料来源：BP。

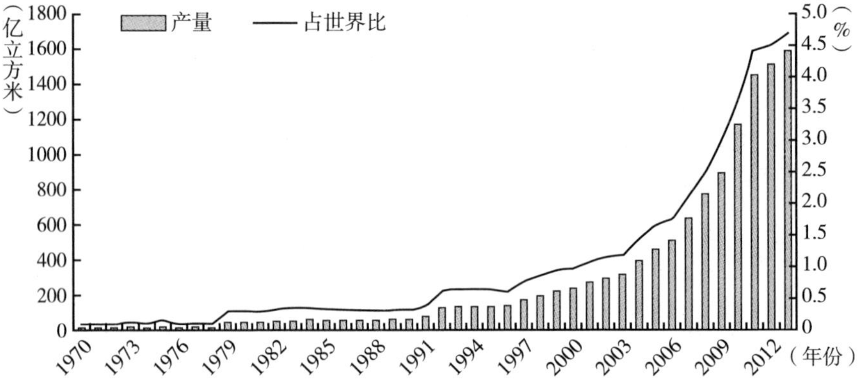

图1　卡塔尔天然气生产及其世界占比

资料来源：BP。

靠着油价上升，2006～2011年，卡塔尔连续取得了两位数的经济增长业绩，成为全球高增长率国家。近两年，GDP增长率下跌到6%左右之后，油气行业占收入比仍然有60%左右。与资源丰富国家容易导致“荷兰病”不同，卡塔尔的油气资源使其成为全球人均GDP最高的国家之一。按照国际货币基金组织（IMF）的数据，2013年和2014年，卡塔尔的人均GDP分别为98986美元和94743美元，仅次于经合组织国家（OECD）卢森堡和挪威。[①] 在联合国公布的人类发展指数（Human Development Index）中，卡塔尔2013年得分0.851，比2012年略有提高，世界排名第31位，阿拉伯世界排名第一，属于极高发展程度

① 基于《世界经济展望》2014年10月版的数据，http：BH//www.imf.org/external/pubs/ft/weo/2014/02/weodata/index.aspx。

的国家。① 卡塔尔于1971年独立，在中东地区众多油气资源丰富的国家中并无任何特殊的优势。相反，中东地区自20世纪70年代以来，一直处于国际政治斗争的最前沿。经过30多年的发展，取得的成绩即便是东亚新兴经济体也不得不侧目。

一个小国通过驾驭资源产业，在全球经济中抢占有利位置，成功实现国家的富裕和社会发展。卡塔尔的成功得益于精英集团的经营以及全球开放市场提供的机会，但世界经济史表明并非每个国家都能利用好这两种机会。卡塔尔的天然气对推动卡塔尔经济在全球的崛起发挥积极影响，不仅是经济收益，也包括软实力的增强，卡塔尔是世界天然气出口国论坛（Gas Exporting Countries Forum，GECF）的重要成员和论坛总部所在地。② 近年来，天然气价格的“亚洲溢价”越发明显，卡塔尔政策向东偏移的速度在加快，积极跟进全球经济的新增长极和天然气消费增长最快的地区。在乌克兰危机爆发后，俄罗斯与欧洲关系紧张，欧洲寻求新的天然气供应来源，卡塔尔成为其候选地。如何判断卡塔尔的天然气政策走向，对于认识和把握世界天然气市场有着积极的意义。

二 天然气出口格局

由于国内消费少，出口成为天然气的主要方式。天然气是卡塔尔最重要的出口项目，特别是液化天然气（LNG）出口在世界上独具特色。2013年，全球有24个国家的天然气生产占全球比重超过1%，24国所生产的天然气占全球总量的86.7%。产量占比超过2%的重要国家有12个，3%以上很重要的国家有8个，4%以上非常重要的国家只有5个。卡塔尔名列第四，在天然气生产领域的地位属于非常重要的国家。美国和俄罗斯两家的生产量占全球的44.5%，前24国中的后22国合起来还不如美俄多。美国出口不多，俄罗斯主要是管道天然气出口，2013年达到2113亿立方米，而LNG出口只有142亿立方米。在所有储藏规模大、生产量高的国家中，卡塔尔的消费额度极低（占全球0.8%）。如图2

---

① The United Nations Development Programme, *Human Development Report 2014*: *BHSustaining Human Progress*: *BHReducing Vulnerabilities and Building Resilience*, New York: BHthe United Nations Development Programme, 2014, p. 164. 中国得分0.719，世界排名第91位。

② GECF于2001年在伊朗成立，2008年在莫斯科举行第七次部长级会议时设定组织的章程，并决定设立秘书处和执行委员会，标志该组织的正式成立。现有成员包括阿尔及利亚、玻利维亚、埃及、赤道几内亚、伊朗、利比亚、尼日利亚、阿曼、卡塔尔、俄罗斯、特立尼达和多巴哥、阿联酋、委内瑞拉等13国，另有伊拉克、哈萨克斯坦、荷兰、挪威等4个观察员国。

所示，主要天然气生产国的天然气消费量占生产量的比例，高于1的国家属于净进口国，低于1的国家属于净出口国。卡塔尔天然气的消费量占生产量的比重不到0.15，只高于挪威（0.04）。卡塔尔生产的大部分天然气都用来出口了。挪威的天然气贸易主要是管道天然气，2013年达到1024亿立方米，而LNG只有38亿立方米。俄罗斯、挪威两国的LNG出口占比分别为6.3%和3.8%。显然，与俄罗斯、挪威等天然气出口大国不同，卡塔尔天然气出口的主要是LNG。

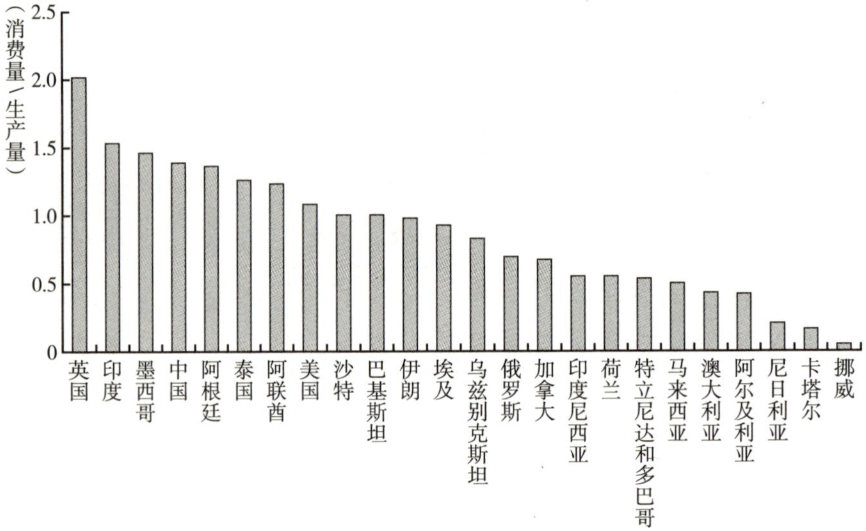

图2　2013年前24大主要天然气生产国的消费和生产比

资料来源：BP。

在20世纪90年代后期，卡塔尔天然气的消费和生产之间的差距并不是那么大（见图3）。1997年是卡塔尔天然气出口元年，消费/生产比为83.6%。到了2001年，进一步下滑到40.6%，2006年扩大到38.7%，出口规模急剧扩张，2006年出口量是1997年的10倍。也正是在这一年，卡塔尔超过印度尼西亚成为全球最大的LNG出口国，当年出口LNG 310亿立方米。此后一个阶段，卡塔尔的天然气出口扩张依然迅猛，2011年的出口量达到1997年出口量的42倍。这种增速主要源于LNG的扩张，管道天然气的出口量基本维持190亿立方米，而LNG则从2008年的400亿方米增长到2011年的1054亿立方米，管道天然气占LNG的比重也从2008年的43.1%下降到2012年的18.8%。2012年后，扩增速度下降，出口总量比2011年略有增长。2013年的出口量为1056亿立方米。

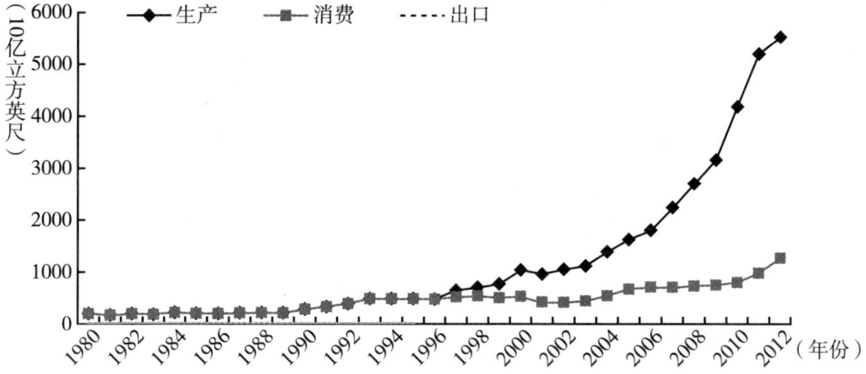

图3　卡塔尔的天然气生产、消费和出口

资料来源：EIA。

就卡塔尔天然气出口在全球的地位而言，2006年是一个分界点，当年占世界比重达到3.47%（见图4）。经过四年时间，占比实现翻一番，2010年的比重为7.54%。2012年卡塔尔天然气出口占世界11.61%，比1997年增长了21倍。从这个意义上说，出口量增速是占世界份额增速的2倍。另外，从中东地区看，1997年卡塔尔出口的天然气占到地区内出口量的25%，1999年即达到一半。但此后七年，卡塔尔占地区内的比重并未发生根本性变化，直到2008年增长到61.7%。2009年又进一步增长到71.3%，2012年占地区内比重为77.7%。无论是从地区内占比，还是从世界占比来看，在液化天然气领域，2008年金融危机以后卡塔尔的支配地位特别明显。

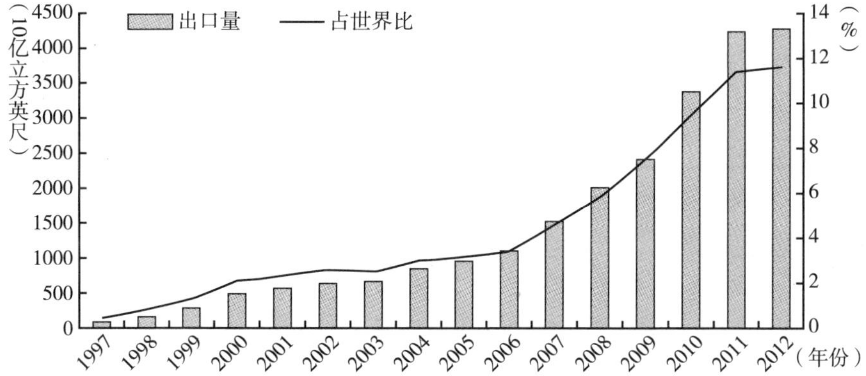

图4　卡塔尔天然气出口及其世界占比

资料来源：EIA。

欧洲和亚太是卡塔尔 LNG 出口的两大目的地。近几年，卡塔尔天然气的出口目的地经历了从欧洲到亚太的转变。如图 5 所示，2008 年时，卡塔尔 LNG 的出口主要面向亚太，向欧洲的出口只占亚太的 1/4。此后，卡塔尔加速向欧洲出口，2010 年时亚太和欧洲几乎各占一半。2011 年两者都有所增加，但亚太更多一些，而欧洲到了顶峰。此后向欧洲的出口逐渐下滑，到 2013 年只占向亚太出口的 31%。与此同时，向美国的出口也因价格问题而下滑，2011 年卡塔尔向北美洲的出口达到历史高峰 65 亿立方米，但很快就下降到 2013 年的 26 亿立方米。因此，2011 年有可能是卡塔尔天然气行业的一个转折点，此后其重心完全转向了亚太。

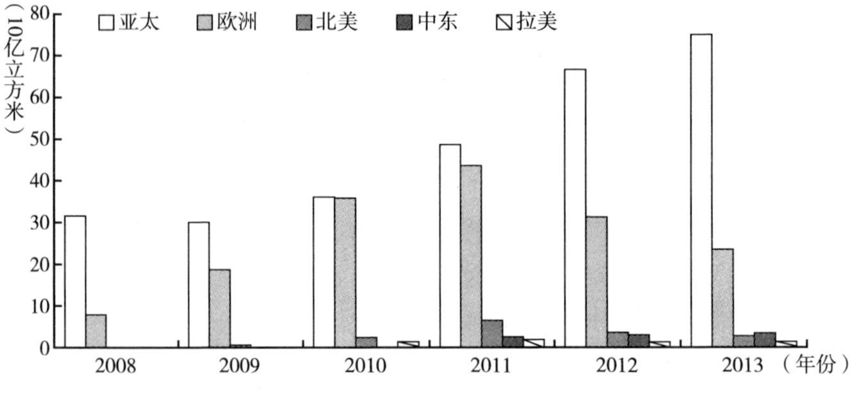

图 5　卡塔尔 LNG 出口目的地

资料来源：BP。

在液化天然气领域，亚洲存在着明显高于北美和欧洲的价格。从利润角度考虑，卡塔尔增加对亚太地区的出口无疑有利。在亚太地区的出口目的地中，早期主要是日本、韩国和印度；2007 年对我国台湾地区的出口达到 5.7 亿立方米；2009 年对中国大陆的出口达到 5.5 亿立方米。由于起点低，对中国出口的增速非常快，2013 年达到 92 亿立方米，5 年间增长了 15.7 倍。由于 2011 年的东日本大地震，卡塔尔对日本的出口迅速提高，从 2010 年 101.5 亿立方米增加到 2012 年的 213 亿立方米，2013 年略有增加。当前，卡塔尔的主要天然气出口对象仍然是日本、韩国和印度，2013 年分别达到 218 亿、183 亿和 153 亿立方米（见表 2），三国合计占卡塔尔对亚洲出口的 74%。

表 2　卡塔尔 LNG 对亚洲的出口

单位：10 亿立方米

	2006 年	2007 年	2008 年	2009 年	2010 年	2011 年	2012 年	2013 年
日　本	9. 87	10. 87	10. 91	10. 29	10. 15	15. 8	21. 3	21. 8
韩　国	8. 98	10. 79	11. 62	9. 28	10. 16	11. 1	14. 2	18. 3
印　度	6. 8	8. 27	7. 98	8. 25	10. 53	13	16. 1	15. 3
中　国	—	—	—	0. 55	1. 61	3. 2	6. 8	9. 2
中国台湾地区	—	0. 57	1. 1	1. 58	3. 75	5. 3	7. 9	8. 5

资料来源：BP。

国际货币基金组织（IMF）数据也显示①，日本、韩国和印度是卡塔尔的前三大出口伙伴，其中韩日是一直卡塔尔的前两大出口伙伴，印度则从 2009 年起超过新加坡成为卡塔尔第三大出口伙伴，中国则从 2013 年起超过新加坡成为卡塔尔第四大出口伙伴。进入前十大的亚洲国家和地区还包括中国台湾地区（第 7 位）和泰国（第 9 位）。2013 年，卡塔尔对日、韩、印的出口额分别为 400 亿美元、245. 5 亿美元和 143 亿美元，三国合计占前十大出口伙伴的 67. 7%。2013 年对华出口为 88. 6 亿美元。根据英国经济学家情报社估计，2014 年，日本、韩国、印度和中国在卡塔尔对外出口中的占比分为达到 22. 9%、15. 8%、12. 5% 和 11. 2%。② 中国的增速很快。在出口增速的背后，是整个国家对外政策调整，卡塔尔瞄准了亚洲市场，也打算充分利用天然气销售的黄金时节。

三　作为外交政策的天然气政策

正如有论者指出的，卡塔尔的天然气政策与其外交和安全政策不可分离。③ 一方面，因为天然气已经成为卡塔尔最为重要的经济支柱，从而也是卡塔尔得以在国际舞台上施展手脚的重要力量来源。进入 21 世纪后，卡塔尔在 WTO 的多哈回合谈判中发挥了积极作用，最近又争取到 2022 年世界杯的举办权。同时，卡塔尔的半岛电视台不仅是中东地区最具影响力的媒体，也是具有世界影响力的媒

① 可从 IMF 网站直接下载系列数据：http：BH//data. imf. org/? sk = FF15B084 - 3F75 - 48DA - 8466 - DBFE065561F8。

② Economist Intelligence Unit, *Country Report*: *BH Qatar*, February18th, 2015, p. 26.

③ Justin Dargin, "Qatar's Natural Gas: BH The Foreign - Policy Driver," *Middle East Policy*, Vol. 14, No. 3, Fall 2007, pp. 136 - 142.

体，这与卡塔尔社会经济发展密切相关。另一方面，卡塔尔天然气的开采地理上接近伊朗，而卡塔尔又是海湾合作委员会成员，政策变革深受伊朗和沙特等地区大国的影响，在大国之间谋求平衡一直是卡塔尔对外政策的基本原则。

卡塔尔的天然气政策演进大体上可以分为两个阶段：第一阶段着眼于发展地区市场，很重要的目的是通过强化经济关系改善政治关系，但其结果失败了；第二阶段则是立足于地区外市场，主要是欧洲和亚太，树立全球化的天然气政策框架，这种依赖于更为广阔的全球市场的政策证明是成功的。

卡塔尔早期的天然气政策深受卡塔尔外交政策的影响。1971 年卡塔尔独立时的重大地区背景是，中东地区正试图通过石油武器赢得国际地位，资源和对外政策是紧密挂钩的。油价上涨让中东国家的财富在短期内有了一个飞跃，大量的石油美元出现在市场上。当时天然气还被认为是石油开发的副产品，不太受到人们的重视。到了 20 世纪 80 年代，随着油价下跌，以及天然气技术的改进，人们重新认识到天然气是可以帮助国家获取财富的。另外一个原因则是，欧佩克规定成员国的原油产量要接受组织的调配，而天然气并不用。对于欧佩克中的小国而言，卡塔尔因为石油资源较少而无法获得欧佩克限产带来的大量收益，因此并不希望担负整个组织的抗衡西方国家的成本，逐步开始寻求天然气开发。

在壳牌的支持下，20 世纪 70 年代卡塔尔在北部海域已经发现北方气田（North Field），但开发缓慢。后来，壳牌又将资金转投澳大利亚，卡塔尔在缺乏外部资金的情况下，无法进行基础设施建设。到了 80 年代，油价下跌后，卡塔尔走上了天然气自主开发的道路。这个时候另外一个因素出现了，日本由于担忧伊朗和伊拉克战争中断能源供应，因而对卡塔尔的天然气开发计划比较支持，提供了一些资金和技术。但 1985 年日本又与澳大利亚签署了一个天然气协议，卡塔尔的天然气开发进展并不算大。到了 20 世纪 90 年代初，卡塔尔得到了一个机会，美国进行第一海湾战争，需要用到卡塔尔的基地，而卡塔尔也借机通过美国政府的关系，吸引美国公司投资于天然气开发。美国公司介入卡塔尔油气开发，提供了安全保障，提振了市场的信心。

1991 年卡塔尔庆祝独立 20 周年时，在美国石油商美孚公司的协助下，北方气田进入规模开发阶段，这一天然气项目推动东卡塔尔从依赖于原油转向天然气。北方气田是世界上最大的天然气气田，面积 9700 平方公里，卡塔尔拥有南部 6000 平方公里，伊朗拥有北部 3700 平方公里，伊朗部分也称之为南帕斯气田。卡塔尔凭借此气田逐步在世界天然气市场占据一席之地。

20 世纪 80 年代末到 90 年代早期，卡塔尔天然气政策的主要目的是通过建设管道天然气拉近与周边国家的关系。当时有两个方向的管道：一个是向东进入阿联酋和阿曼，另一个是往西进入巴林、沙特和科威特。对当时的卡塔尔而言，因技术水平和资金问题，建立管道要比天然气液化和建设出口的基础设施更具吸引力。起初，在海湾合作委员会框架下，成员国同意支付一部分资金共同建设管道。但很快，由于沙特自己要开发天然气，惧怕卡塔尔管道一旦建成影响到本国的利益，而拒绝卡塔尔管道的过境。隔海相望的巴林则与卡塔尔在哈瓦岛（Hawa Islands）的划界问题上陷入争端，天然气供应合作停止。

转机出现在 1995 年，这一年皇储哈马德废黜了其父亲老埃米尔哈利法，登基亲政。而海湾委员会成员国多数支持老埃米尔，特别是沙特还一度支持老埃米尔复辟。某种意义上，沙特是地区霸主，为了抗衡沙特的影响，卡塔尔寻求进一步加强与美国的联系。哈马德 1971 年毕业于英国桑德赫斯特军事学院，成为国家元首后积极引进先进技术和外商投资，大力推进经济发展。与美国关系的强化，也影响到日本的态度。日本积极参与卡塔尔天然气工业体系的建设，帮助建立了卡塔尔天然气公司（Qatargas），并购买了该工厂出产的几乎所有的液化天然气。不到两年时间，卡塔尔开始大规模地向地区外出口液化天然气，日本是主要买家。有学者认为，天然气出口对于提升卡塔尔在地区的地位，特别是摆脱沙特的影响至关重要，因沙特在 LNG 领域毫无作为，但在石油领域是霸主。推动 LNG 出口符合埃米尔独立于沙特的政治意愿。①

天然气出口的成功，特别是与日本、韩国等重要的买家建立供求关系后，卡塔尔的对外政策自主性增强，当然这并非说美国不重要了。美国仍然是卡塔尔增强在中东地区的地位，从而有效降低海湾国家包括伊朗在内的影响力的重要盟友。但是，卡塔尔在天然气市场的地位上升使其政策已经超出本国的范畴，影响到买家的利益。任何国家要操控卡塔尔的政策必须考虑到这些利益相关者，包括买家的政府以及跨国能源公司的利益。可以说，随着卡塔尔天然气出口的增强，其天然气政策已经步入了全球化阶段，即政策的调整深受国际市场和商业规则的影响，而不仅仅是外交政策推动。

---

① Kohei Hashimoto, Jareer Elass and Stacy Eller, "Liguefied Natural Gas from Qatar: BH The Qatargas Project," December 2004, prepared for the Geopolitics of Natural Gas Study, a joint project of the Program on Energy and Sustainable Development at Stanford University and the James A. Baker III Institute for Public Policy of Rice University, p. 17.

四　全球化的天然气政策

卡塔尔天然气政策的国内基础建立在特殊的政府－企业关系上。卡塔尔法律规定，油气资源属于国家的公共财产，1974 年成立的卡塔尔石油公司（QP）代表政府行使权利。在天然气领域，卡塔尔石油公司扮演着支配性角色，负责产业的上中下游各个阶段。卡塔尔天然气公司（Qatargas）和拉斯天然气公司（RasGas）负责经营和项目开发，以开采和生产的分成合约（EPSA）或开发和生产的分成合约（DPSA）进行，但其股权的多数在 QP 手中（一般为 70%），美孚公司还拥有拉斯公司 30% 的股权。具体负责制定油气资源政策的政府部门是能源和工业部，但最终的控制权还是在最高元首埃米尔手中。外国投资商先与 QP 签署协议，但协定生效要经过埃米尔批准。由于卡塔尔 2003 年加入海湾合作委员会关税同盟，油气资源进口时征收 5% 的税，但出口时没有关税。在卡塔尔开发油气资源，一个非常重要的环节是进行不同阶段的环境效应评估。①

进入 21 世纪后，卡塔尔天然气政策的一个重大举措是加入天然气出口国论坛（GECF），并致力于完善和提升该组织的影响力，这是卡塔尔在影响天然气国际生产和价格方面的有力举措。该组织是 2001 年由伊朗提议设立的，卡塔尔参加了在德黑兰举办的第一次部长级会议，主要目的是致力于在生产者和消费者、政府与能源相关行业之间构建一种对话机制，提供一个平台研究和交换有关天然气发展的意见，并促进天然气市场的稳定和透明化。2003 年，第三届部长级会议在卡塔尔举行，与会各方同意设立一个联络处，收集数据监管 GECF 国家的天然气项目。会议还同意开发一款世界天然气供需模型，以便评估天然气的定价。2007 年在卡塔尔举行第六次部长级会议时，与会者提议要进一步确立该组织的合法地位，预备将联络处扩展为秘书处，并起草相关的内部管理章程。为此，在卡塔尔等国的努力下，成立高级工作委员会讨论该议题。2008 年 12 月，在俄罗斯举行第七次部长级会议时，通过了将天然气出口国论坛升级为政府间国际组织的决议，卡塔尔是创始成员国，首都多哈成为论坛总部所在地。2013 年 7 月，在俄罗斯举行的第二届领导人峰会上，GECF 宣布未来应该致力于将天然气价格与石油价格联动。2014 年起，原伊朗副外长侯赛因·阿德里（Hossein

① Marla Valdez, Safwan Moubaydeen and Nadine NajiDentons, "Oil and Gas Regulation in Qatar: BH Overview," *The Energy and Natural Resources Multi－Jurisdictional Guide 2014*, June 2014.

Adeli）担任论坛秘书长，致力于将 GECF 做成一个可信赖的生产国和消费国之间的国际天然气对话平台。从 GECF 的安排来看，2016 年的下一任秘书长很可能由卡塔尔人担任。

第二项比较大的动作是 2005 年禁止在北方气田开发新的天然气项目。从理论上讲，资源出口国有两种手段影响资源出口：第一种是控制资源出口数量的出口政策，第二种是控制生产的数量。在出口政策方面主要用出口税调节国内消费和向外出口。资源领域动用出口税的情况比一般贸易要高出一倍多。[①] 就天然气而言，世界市场的价格是明确的。如果动用出口税，就意味着将生产者的利益转移到政府，如果该资源本身就是政府的，则不存在这个问题。卡塔尔的天然气是国家所有的资产，生产者本身就是政府。与此同时，征收出口税，还意味着将一部分收益转给国内的消费者。卡塔尔是中东地区的高福利国家，天然气的出口本身是国家行为，用以提高居民的福利。不过，卡塔尔在调整天然气政策时要考虑到一部分外资公司的利益，因外资在卡塔尔天然气产业中占有一定的股份。例如，埃克森美孚公司拥有卡塔尔拉斯天然气公司 30% 的股份，而卡塔尔石油公司（QP）拥有 70% 的股份。

2005 年，卡塔尔石油公司担心北方气田开采速度过快，影响卡塔尔长远利益，通过政府出台备忘录研究天然气储藏，并评估快速开采对卡塔尔的影响。该备忘录规定，此后在北方气田不设立新的开采计划。2009 年 3 月，有关储量和开采速度影响的研究报告出台后，卡塔尔副总理、能源部部长，同时也兼任卡塔尔石油公司董事会主席的阿卜杜拉·阿提亚（Abdullah al Attiyah）认为，这一禁令主要是出于技术原因，而不是价格问题，卡塔尔还将进一步收集数据进行评估。卡塔尔埃米尔哈马德则认为，禁令的总体目标是：北方气田目前的开采主要是适应目前一代人的需求，而不应过度开采，损害下一代人的利益。[②] 据英国经济学家情报社估计，这一禁令在 2015 年仍会持续下去。[③] 不过，也有分析认为，随着 2013 年卡塔尔和伊朗领导人更替，美国对伊朗制裁，伊朗方面正在考虑加速开采南帕斯气田，此举给卡塔尔新领导塔米姆造成一定压力。尽管塔米姆不想打破这一禁令，但国际石油公司也许会施加压力要求增加天然气供给，以便应对

① Michele Ruta and Anthony J. Venables, "International Trade in Natural Resources: BH Practice and Policy," *Annual Review of Resource Economics*, 4, 3 (2012): 339.

② Tamsin Carlisle, "Qatar Reaffirms North Field Moratorium," March 9, 2009, The National, http: BH//www. thenational. ae/business/energy/qatar – reaffirms – north – field – moratorium.

③ Economist Intelligence Unit, *Country Report*: *BH Qatar*, February 18th 2015, p. 5.

世界其他地区的竞争压力。2015 年正好是十年评估期，卡塔尔很可能释放一定产能。①

壳牌公司退出拉斯拉芙气田的开采是证明上述担忧的一个最新例子。2010年5月，壳牌公司、中石油在多哈签署一份勘探与产量分成协议，合约 30 年，壳牌持有 75% 股份，先期有 5 年开采期。开采目标是卡塔尔西北部靠近拉斯拉芙气田的 D 区，该区也延伸至北方气田。双方在卡塔尔石油公司监管下生产天然气，卡塔尔石油公司是承购商。卡塔尔副总理阿提亚认为，这一协定是卡塔尔石油公司执行明智政策的一个新计划，意在增加卡塔尔的碳氢化合物储备、油气生产潜力以及推进卡塔尔经济。壳牌和中石油的这一协定是第二份在该区域执行的勘探项目，中石油是卡塔尔的新兴投资商。② 到了 2013 年，壳牌发现 D 区并无足够的天然气储藏，不足以进行商业开发。2014 年 7 月，壳牌停止在北方气田与 D 区重合处的开采。壳牌此举被认为威胁到卡塔尔在天然气领域的支配地位。③ 2015 年 1 月，鉴于石油价格从 2014 年 6 月以来下跌超过 50%，壳牌终止了与卡塔尔石油公司的一个 65 亿美元的石化项目计划，该计划是 2011 年 12 月在拉斯拉凡联合建设的，其主要的原料都来自于卡塔尔的天然气项目。这也是卡塔尔石油公司继 2014 年 9 月停止金额 60 亿美元的 Al Sejeel 石化项目之后的第二个类似项目。④

第三项政策是在韩日之外积极拓展亚洲新兴市场，特别是中国。从表 2 数据可以得知，中国 2009 年成为卡塔尔的出口对象国，出口额从 2009 年的 5.5 亿立方米增加到 2013 年的 92 亿立方米，5 年增长了 15.7 倍。2014 年 5 月 20 日，在上海举行的亚信峰会上，卡塔尔正式成为亚信组织的第 25 个成员国。2014 年 11

---

① “Iran, Qatar Face off over North Field, South Pars,” *Oil and Gas News*, 2013, http: BH//www. oilandgasnewsonline. com/Article/35647/Iran, _ Qatar_ face_ off_ over_ North_ Field, _ South_ Pars.

② “Qatar Petroleum, Shell and PetroChina sign new Exploration and Production Sharing Agreement,” 16 May 2010, *Shell Global*, http: BH//www. shell. com/global/aboutshell/media/news – and – media – releases/2010/epsa – qatar – block – d – 16052010. html.

③ Andy Tully, “Qatar's LNG Dominance Threatened by Shell's Reported Withdrawal,” Oilprice. com, 21 July 2014, http: BH//oilprice. com/Energy/Natural – Gas/Qatars – LNG – Dominance – Threatened – by – Shells – Reported – Withdrawal. html.

④ 克里斯托弗·亚当斯:《壳牌放弃 65 亿美元石化项目》, FT 中文网, 2015 年 1 月 15 日; Dania Saadi, “Qatar Petroleum and Shell Pull out of MYM6. 4bn Al Karaana Project as Oil Price Slides,” The National, January 14, 2015, http: BH//www. thenational. ae/business/energy/qatar – petroleum – and – shell – pull – out – of – 64bn – al – karaana – project – as – oil – price – slides.

月4日，卡塔尔埃米尔塔米姆访华期间与李克强总理会晤时表示，卡塔尔将优先同中方开展长期能源合作，并推动海合会同中国合作；中国则希望加强在油气资源勘探开发、液化天然气生产和石化领域的上下游一体化，希望卡方推进“一带一路”建设。另外，包括对中国台湾地区，特别是对泰国的出口增速也很明显，2012年与泰国签署了为期20年的天然气长期供货协议，这是卡塔尔与东南亚国家签署的第一份协议。2013年12月，卡塔尔天然气公司与马来西亚一家公司签订为期5年的LNG供应合同，此举被视作卡塔尔政府应对市场激烈竞争的一种安排。① 2014年5月，美国亚洲研究局（BNR）能源研究主管迈米哈伊·赫伯格（Mikkal Herberg）在美国众议院做证时指出，2013～2040年，亚洲的天然气消费将翻番，中印是主要的消费增长国，同时传统上给东北亚供气的东南亚国家也将进口大量天然气。② 据路透社报道，2015年2月，卡塔尔天然气公司完成与巴基斯坦的谈判，预计未来15年供应巴基斯坦300万吨LNG。③ 从全球天然气市场的格局来看，亚洲市场的增速名列第一，开拓亚洲市场对未来卡塔尔的地位至关重要。

与此同时，卡塔尔的天然气政策也有不少挑战：第一，如何平衡与美国、俄罗斯的关系。美国页岩气革命对全球LNG市场影响深远，同时美国作为全球霸主对其他地区的对外政策也有影响。2014年4月，卡塔尔埃米尔塔米姆与美国国务卿约翰·克里会晤，讨论卡塔尔在欧洲天然气贸易中的作用。卡塔尔有30%的LNG向欧洲出口，由于未来5年美国都难以在LNG领域同卡塔尔竞争，美国目前也并无能力向欧洲出口。对卡塔尔而言，现在这个阶段无疑是增强与欧洲贸易关系的最佳时机。但是，向欧洲扩大出口，无疑会影响在GECF内与俄罗斯的关系。此外，向欧洲出口LNG，要通过几条重要的通道，包括霍尔木兹海峡、苏伊士运河等，目前这些地区都处于不稳定状态，卡塔尔如果要深化与欧洲市场的合作，还必须进一步加强处理好大国关系，包括与地区大国伊朗和沙特的关系。

第二，平衡长期合约与短期市场购买。从价格来看，在现行油价大跌的背景下，卡塔尔所执行的LNG长期合约显得不合时宜。根据2011年3月制定的卡塔

① Economist Intelligence Unit, “Country Report: BH Qatar,” February 18th, 2015, p. 5.

② U. S. House Foreign Affairs Subcommittee on Asia and the Pacific Hearing, Congressional Documents and Publications, May 29, 2014.

③ Reuters, Qatargas, “Pakistan Close to 15 - year LNG Supply Deal,” Feb. 18, 2015, http: BH//www. reuters. com/article/2015/02/18/qatar - pakistan - lng - idUSL5N0VS1BS20150218.

尔《国家发展战略（2011～2016年）》①，卡塔尔的天然气是长期买卖合约，价格基础是油价，长期合约减少了收入波动，但合约同时也提供了周期性判断和调整的空间，特别是购买数量上变化灵活。该战略报告估计，如果天然气价格下跌30%，那么卡塔尔的财政将转为赤字。而卡塔尔在亚洲销售的LNG的基准定价都是日本价格，2011～2016年的估算价格为9.6美元。根据日本经济产业省的统计，日本天然气的合约价格将从2014年3月的18.3美元下跌至2015年1月的10.2美元。② 这种价格下行压力对卡塔尔构成巨大的挑战。从理论上讲，有学者认为资源领域的长期合约是一种低效率的行为，最终会被取消。③ 而且，业界普遍认为澳大利亚在未来五年内将超过卡塔尔成为全球最大的天然气出口国，而日本的最大进口来源地就是澳大利亚。面临这种供给多元化的挑战，买方市场再次出现，将极大影响天然气的市场行为。日本国内正在讨论重启核电站，如果数量恢复，那么天然气进口也会减少。

第三，卡塔尔有可能高估未来中国从卡塔尔进口天然气的增长潜力。一方面，中国积极开拓俄罗斯、中亚地区的管道天然气，特别是2014年5月中俄签署的天然气大单，未来将直接抵消来自其他地区的一部分进口。毕竟，从价格上看，LNG要比管道天然气高一些。④ 而在目前天然气价格下跌态势下，与卡塔尔签订的一些长期协议出现价格倒挂现象，这并不利于从卡塔尔进口LNG。另一方面，未来几年，中国经济下行压力增大。据IMF 2015年1月发布的最新世界经济预测，较之2014年10月的世界经济展望，未来两年中国经济增长被下调0.3个和0.5个百分点，预计2015年、2016年的增长率只有6.8%和6.3%，而2013年、2014年增长率分别为7.8%和7.4%。⑤ 这种市场预期不利于卡塔尔的

---

① Qatar General Secretarial for Development Planning, *Qatar National Development Strategy 2011 – 2016: BH Towards Qatar National Vision 2030*, Doha: BH Qatar General Secretarial for Development Planning, 2011, pp. 6, 10, 53, 75.

② 日本政府为了应对2011年东日本大地震以来天然气进口大规模扩张，自2014年3月底统计了各类进口价格，具体可参考日本经济产业省网站，http: BH//www. meti. go. jp/english/statistics/sho/slng/。

③ Michele Ruta and Anthony J. Venables, "International Trade in Natural Resources: BH Practice and Policy," *Annual Review of Resource Economics*, 4, 3 (2012): 347 – 348.

④ 2015年1月19日，中国财政部发布公告称，自2014年10月1日起，将进口液化天然气销售定价调整为38.82元/GJ，进口管道天然气销售定位调整为1.37元/立方米。按一吨LNG = 1394立方米简单换算可知，液化天然气定价略高于管道天然气40元/吨。

⑤ IMF, "World Economic Outlook (WEO) Update: BH Cross Currents," January 2015, http: BH//www. imf. org/external/pubs/ft/weo/2015/update/01/index. htm.

对华天然气出口。此外，2014 年 11 月 G20 峰会期间，中国政府与澳大利亚签署了协议，深化双方在天然气领域的上下游合作，此举也将抵消一部分卡塔尔的议价能力。

五　结论

卡塔尔成为全球 LNG 市场的最为重要的供给方，既源于卡塔尔的资源禀赋结构，同时更重要的是精英集团善于利用全球市场的机会。这种把握机会的能力很重要的一方面是通过布局外交关系，从国际市场上利用发展本国经济所需要的资金。卡塔尔与美国关系的变化充分说明了这一点。

自 1971 年独立以来的一段时间，卡塔尔可以说没有天然气政策，只有石油政策。但到了 20 世纪 80 年代，随着油价下跌以及两伊战争对地区局势的冲击，卡塔尔开始寻求天然气开发，并试图利用天然气改善地区安全环境，但此举并不太成功。到了 90 年代，美国在中东地区重塑安全环境，新一代卡塔尔元首上台执政后，更加积极地引进外资，全面执行进军国际市场，而不是构建地区市场的发展道路，终于大规模出口 LNG。

进入 21 世纪以后，卡塔尔主要通过三项政策进一步提升和巩固其天然气出口大国的地位。第一项是响应伊朗 2001 年的号召，加入和完善世界天然气出口国论坛（GECF）机制，提升国际市场的话语权。同时也借此改善与伊朗的关系，保障北方气田。第二项是从可持续发展角度，于 2005 年出台政策评估北方气田，禁止新项目开采和开发。第三项是 2008 年金融危机以后大力拓展亚洲新兴市场。

随着油价下跌和天然气供给方的多元化发展，特别是未来美国、澳大利亚等国供给能力的增强，卡塔尔也面临着一些挑战。比如，如何利用美国、俄罗斯在欧洲角逐造成欧洲天然气市场的重组机会，如何对待天然气领域的长期合约，以及如何看待中国天然气进口市场的增长潜力等。

就中短期而言，卡塔尔仍然是全球最为重要的 LNG 生产国，相关政策基本保持了稳定和延续性。但就长期而言，卡塔尔显然需要考虑其政策框架的时代性。好在卡塔尔的 2030 年发展规划已经设定经济多元化发展战略，积极拓展油气资源之外的服务业发展。

B.10 中亚地区的天然气政策：多元化战略

钟飞腾*

摘　要：从储量和生产上看，中亚地区在国际上有重要地位，然而其天然气出口却相对滞后。这既有中亚国家自身的原因，即基础设施建设落后；也有历史遗留因素，比如长期依赖俄罗斯向欧洲的转口。一旦俄罗斯公司遭受市场危机影响，或者出于政治原因遭受制裁，那么将影响中亚地区的天然气出口。自独立以来，中亚国家就一直在思考如何充分利用自然资源，并逐步认识到执行多元化战略的重要性。其中，土库曼斯坦具有典型性。随着自身天然气生产的扩大，与俄罗斯关系的恶化，土库曼斯坦加速对华出口天然气。而哈萨克斯坦与乌兹别克斯坦也逐步降低了对俄出口比例，增加了对华出口额。总体而言，中国将是三国未来最为重要的天然气出口对象国。2014年，随着俄罗斯、欧洲关系的恶化、美国对伊朗的制裁，中亚国家发现欧洲市场仍然是其多元化战略不可或缺的一环。而土库曼斯坦、乌兹别克斯坦等也加强了与南亚国家的合作。总之，中亚国家的天然气在全球市场地位上升，未来争夺该地区天然气资源的斗争将加剧。

关键词：中亚地区天然气政策　土库曼斯坦　哈萨克斯坦　乌兹别克斯坦　多元化出口战略

一　不对称的天然气地位

中亚地区的经济总量并不大，但地位上升速度快。按购买力平价（PPP）计

---

* 钟飞腾，中国社会科学院亚太与全球战略研究院副研究员。

算，2014 年中亚五国占世界经济的比重约为 0.67%，相当于 2012 年马来西亚占世界经济的比重。2013 年，马来西亚在世界经济中排名第 28 位。中亚地区最大经济体哈萨克斯坦排名第 43 位，中亚地区其余国家的经济总量地位更低，乌兹别克斯坦第 66 位、土库曼斯坦第 87 位、塔吉克斯坦第 134 位、吉尔吉斯斯坦第 136 位。尽管如此，21 世纪以来中亚地区属于全球高经济增长区域。整个 20 世纪 90 年代，中亚五国占世界经济的比重大致为 0.4%，自 2000 年起经济步入快速增长通道，2005 年突破 0.5%，2014 年进一步上升到 0.67%。中亚地区经济体量 15 年的变化幅度，大体上相当于马来西亚 25 年的变化幅度。就经济增速而言，2000～2014 年，土库曼斯坦、塔吉克斯坦、哈萨克斯坦、乌兹别克斯坦和吉尔吉斯斯坦的年均经济增速分别为 13.2%、7.8%、7.7%、7% 和 4.4%，远高于世界经济平均增速 2.7%。

很大程度上，中亚地区经济地位的上升可以归结为“油气红利”。尽管中亚国家经济体量小，但油气资源十分丰富。以天然气为例，中亚五国有 3 个国家的天然气储量处于世界前 20 位。其中，土库曼斯坦排名世界第 4 位，已探明天然气储量达到 17.5 万亿立方米；哈萨克斯坦以 2.4 万亿立方米的储量排名世界第 14 位、乌兹别克斯坦以 1.84 亿的储量排名世界第 19 位。塔吉克斯坦和吉尔吉斯斯坦的储量在世界上的排名靠后，分别列第 92 位和第 94 位，相当于韩国的储量排名。在生产方面，土库曼斯坦、哈萨克斯坦和乌兹别克斯坦的世界排名分别为第 13 位、第 31 位和第 14 位，出口排名分别是第 11 位、第 24 位和第 21 位。三国的天然气消费情况要比生产和出口差一些（见表 1）。

表 1　中亚五国天然气的世界地位概况

单位：亿立方米

国家	储量	储量排名	生产	产量排名	出口	出口排名	消费	消费排名
土库曼斯坦	175000	4	644	13	411	11	233	33
哈萨克斯坦	24070	14	202	31	97	24	102	45
乌兹别克斯坦	18410	19	629	14	134	21	468	18
塔吉克斯坦	56.63	92	0.03928	93	0	189	0.03928	113
吉尔吉斯斯坦	56.63	94	0.1	90	0	127	4.625	98
马来西亚	23500	15	617.3	15	331	14	326.2	28

注：储量数据为 2013 年 1 月估计值；塔吉克斯坦为 2013 年估算数据，土库曼斯坦、乌兹别克斯坦为 2012 年数据，哈萨克斯坦、吉尔吉斯斯坦为 2011 年估算数据，马来西亚为 2011 年数据。

资料来源：U. S. Central Intelligence Agency，*The World Factbook*。

土库曼斯坦的天然气储量到底有多少一直是个谜，不同机构的数据不同。这种差异或许源于土库曼斯坦近些年的储量增长。根据英国 BP 公司 2014 年 6 月的数据，土库曼斯坦的天然气已探明储量为 174790 亿立方米，占世界 9.4%，世界排名第 4 位。2013 年世界前三大天然气储量大国分别是伊朗（18.2%）、俄罗斯（16.8%）和卡塔尔（13.3%）。需要注意的是，土库曼斯坦的储量最近几年才有了迅猛增长，2007 年探明储量只有 2.67 万亿立方米，占世界 1.5%，排名世界第 11 位。2008 年增加到 7.94 万亿立方米，占世界 4.3%，世界排名跃升为第四位。沙特阿拉伯的储量也有 7.57 万亿立方米，占比 4.1%，土库曼斯坦在天然气领域的独特地位还不够明显。但此后几年，土库曼斯坦的储量持续增加，直到 2011 年达到 17.5 万亿立方米（见图 1）。2008 年金融危机以来探明储量的迅猛增长，帮助土库曼斯坦吸引了大量外资，油气资源开发合作进一步扩大，特别是与中国的合作加速，使得土库曼斯坦的经济增速大大优于其他中亚国家，甚至成为世界上高速增长的国家之一。

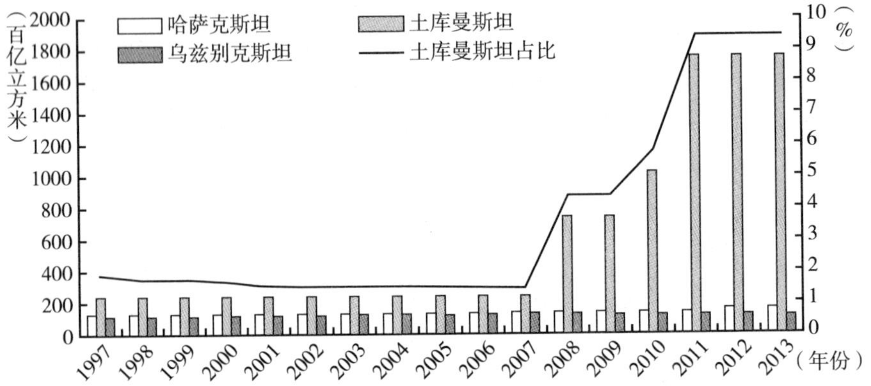

图 1　中亚三国天然气已探明储量

资料来源：BP，*BP Statistical Review of World Energy 2014*。

综合考虑世界上天然气储量大国的生产、出口和消费情况，中亚三国的不对称现象比较突出，即储量丰富，但生产和出口相对滞后。例如，在天然气生产方面，土库曼斯坦排名第 13 位，出口排名第 11 位，而储量排名第 4 位。在天然气储量上落后哈萨克斯坦一位的马来西亚，无论是生产还是出口的世界排名均与储量相当，2011 年哈萨克斯坦的生产量不足马来西亚的 1/3，出口量不足马来西亚的 30%（见表 1）。在天然气生产方面，与十多年前相比，土库曼斯坦和乌兹别克斯坦的排名略有下滑。据能源信息提供商 Enerdata 的数据，2000～2002 年，乌兹别克斯坦曾名列全球天然气生产的第 10 位，2003 年土库曼斯坦替代乌兹别克斯坦。但此后，两国都未曾进入前 10 位。[①] 据 BP 公司提供的历史数据，如图 2 所示，土库曼斯坦在苏联解体前的天然气生产一直较高，一度达到每年 814 亿立方米的产量。但随着苏联解体经历了一个迅猛的下跌过程，直至 20 世纪 90 年代后期才从最低端的年产 120 亿立方米步入恢复状态，取得较快增速。此后又遭受 2008 年全球金融危机的打击，并未恢复到历史高峰值。相比之下，乌兹别克斯坦的生产比较稳定，在金融危机之前始终增长，但 2008 年金融危机后不断下降。哈萨克斯坦的生产自 20 世纪 90 年代中期以来处于较快的增长过程中，但与土库曼斯坦和乌兹别克斯坦相比，数量还比较小。

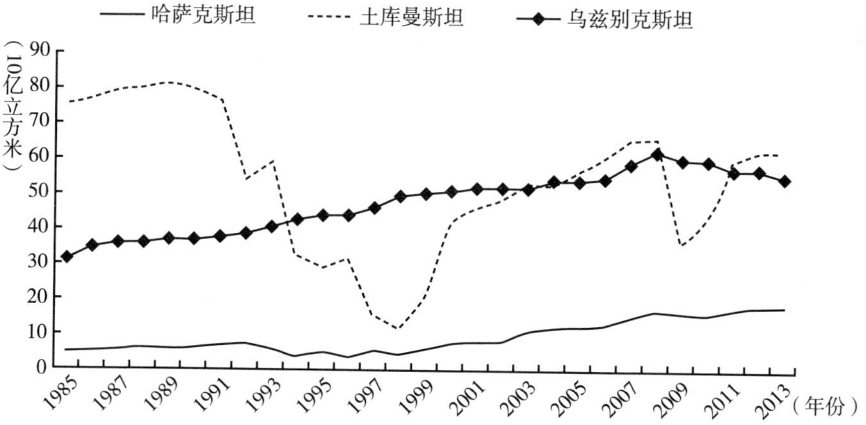

图 2　中亚三国的天然气生产

资料来源：BP，*BP Statistical Review of World Energy 2014*。

哈萨克斯坦、土库曼斯坦和乌兹别克斯坦的能源消费结构差异较大。根据 BP 公司 2014 年《世界能源统计报告》的数据，在一次能源消费中，天然气占比最高的是乌兹别克斯坦，达到 85.1%，其次是土库曼斯坦（76%），而哈萨克斯坦只有 16.6%（见表 2）。从天然气绝对消费量来看，2013 年乌兹别克斯坦、土库曼斯坦和哈萨克斯坦分别为 4520 万、2226 万和 1141 万立方米，分别占世界消费量的 1.3%、0.7% 和 0.3%。最近几年，乌兹别克斯坦和土库曼斯坦的消费波动呈下降

① 可参考 https：//yearbook. enerdata. net/world－natural－gas－production. html。

趋势，2013 年要比 2012 年分别下跌 3. 3% 和 15. 5%，而哈萨克斯坦尽管一直上升，也未能恢复到历史高峰值（见图 3）。从经济发展水平看，哈萨克斯坦在中亚地区最高，但消费的天然气却较少，大量消费的是原煤（占 58. 2%），其次是原油（占 22. 3%）。从消费结构比例上看，哈萨克斯坦与中国的情况有点接近，2013 年中国能源消费中煤炭占到 66%、石油消费 18. 4%、天然气 5. 8%。资源禀赋可以解释与中国的差异，但这种理解不同于上述与马来西亚的差异。

表 2　2013 年中亚三国一次能源消费结构

单位：%

	原油	天然气	原煤	核能	水力发电	可再生能源	合计(百万吨油当量)
哈萨克斯坦	22. 3	16. 6	58. 2	—	2. 9	极少	62
土库曼斯坦	24	76	—	—	极少	—	26. 3
乌兹别克斯坦	6. 9	85. 1	2. 5	—	5. 4	—	47. 8

资料来源：BP，*BP Statistical Review of World Energy 2014*。

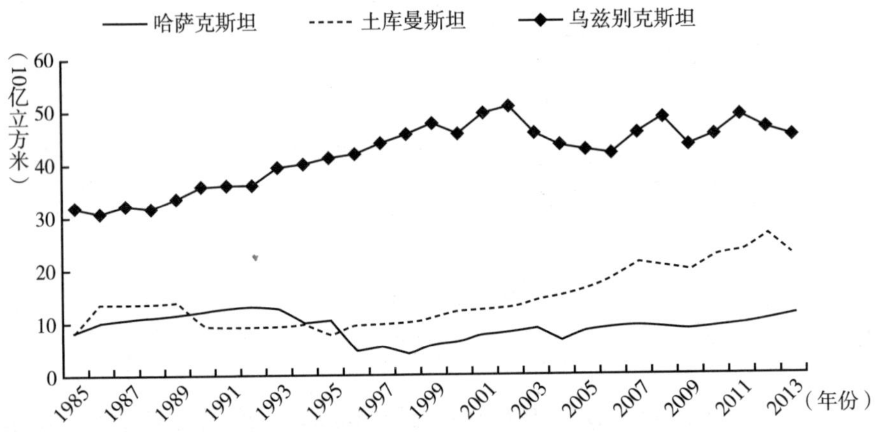

图 3　中亚三国的天然气消费

资料来源：BP，*BP Statistical Review of World Energy 2014*。

三国的能源消费差异还体现在发电上，哈萨克斯坦的天然气生产相对靠后影响到对这一资源的利用。据世界银行数据，2013 年土库曼斯坦 100% 用天然气发电，乌兹别克斯坦为 75. 4%，而哈萨克斯坦只有 9. 2%。燃煤炭发电量要占到哈萨克斯坦总发电量的 81. 1%，水力发电量占到 9. 1%。预计到 2030 年，哈萨克的天然气发电占比将达到21%。① 从这个意义上说，天然气在土库曼斯坦和乌兹别克斯坦的重要性更突出一些。

二　天然气对外贸易模式的差异

观察过去20多年来中亚地区的天然气进口，总体趋势是下降的（见图4）。哈萨克斯坦的进口额从1992年的193亿立方米下降到2012年的105亿立方米，几乎下降一半。相应地，吉尔吉斯斯坦从23亿立方米下降到4.2亿立方米，塔吉克斯坦从18亿立方米下降到近2亿立方米。这一趋势意味着，中亚地区的天然气自给能力得到很大提升。从政策取向上看，获取能源的独立性、保障能源供给安全是国家的重要目标，寻求国家自主性是中亚国家独立以后重要的战略目标。在一般意义上，减少进口可以增强国家政策的自主性，但这并不是绝对的。哈萨克斯坦同时也是重要的天然气出口商，只要运作得当，对国际市场的相互依赖关系也能提高一国的安全性。

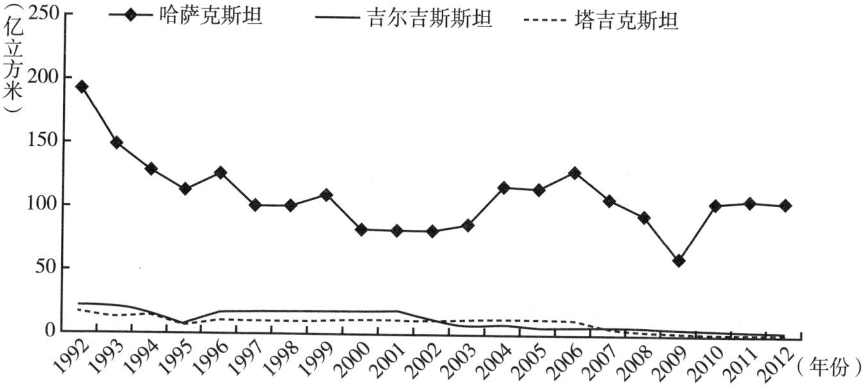

图4　中亚地区的天然气进口

资料来源：EIA。

在天然气出口方面，中亚国家尽管并不具有十分突出的地位，但从其发展潜力看，未来的地位将日渐上升。根据美国中情局世界概览的数据，2012年土库曼斯坦的出口排名是全球第11位。近年来土库曼斯坦、哈萨克斯坦和乌兹别克斯坦三国的出口总量达到642亿立方米，相当于世界出口量第一的俄罗斯的32.8%。美国能源信息

① 《哈萨克斯坦计划2030年可再生能源占比提至30%》，新华网，2013年6月13日，http:BH//world.xinhua08.com/a/20130613/1192215.shtml。

署数据显示，2012 年中亚三国天然气出口占世界的 6.5%，占俄罗斯的 33.2%。尽管数据源不同，但中亚三国的出口量相当于俄罗斯的 1/3 还是比较可信的。2008 年全球金融危机对中亚地区天然气出口打击比较大，2009 年的出口量比 2008 年下降了 40.7%。2012 年，除哈萨克斯坦外，土库曼斯坦和乌兹别克斯坦都未恢复到 2008 年水平。但从相对变化幅度看，2012 年占俄罗斯的份额已经超过 2008 年水平，十分接近于 21 世纪初的历史高峰值。但是，2012 年三国出口总量占世界份额并未达到 2008 年水平，且距离历史高峰 9% 的距离还比较大（见图 5）。

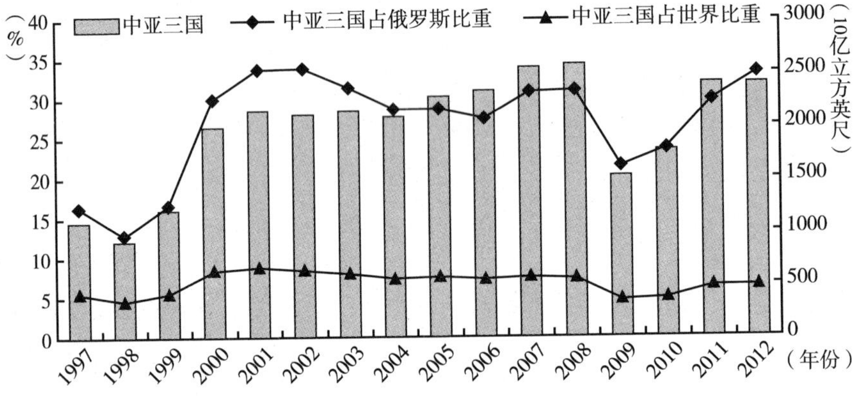

图 5　中亚三国天然气出口地位

资料来源：EIA。

土库曼斯坦在中亚三国天然气出口中占据突出地位，大约是哈萨克斯坦和乌兹别克斯坦出口量的 4 倍和 4.5 倍。回顾 21 世纪以来哈、乌两国的天然气出口，哈萨克斯坦的占比呈上升态势，从 2000 年的 8.7% 上升至 2012 年的 24.8%；而乌兹别克斯坦却呈下降态势，从 2000 年的 34.8% 下降至 2012 年的 22.2%。2009 年、2010 年土库曼斯坦的出口有巨幅下降，但 2011 ~ 2012 年基本恢复至金融危机前的状态。如图 6 所示，就三国天然气生产与消费的关系看，变化幅度最大的是土库曼斯坦，1997 ~ 1998 年东亚金融危机与 2008 年全球金融危机期间，土库曼斯坦的生产与消费差额急剧缩小，30 年来呈现出 W 形的发展态势。20 世纪 80 年代，土库曼斯坦的出口量很大，但进入 90 年代以后迅速下降，原因主要是与俄罗斯关系僵化，天然气贸易几近破裂。步入 21 世纪后出口重新开始上升，2008 年全球金融危机是一次重大打击，但幅度小于 20 世纪 90 年代，恢复速度也很快。相比之下，哈萨克斯坦与乌兹别克斯坦则较为平稳。21 世纪以来，哈萨克斯坦稳步上升，乌兹别克斯坦在金融危机后有所下滑。

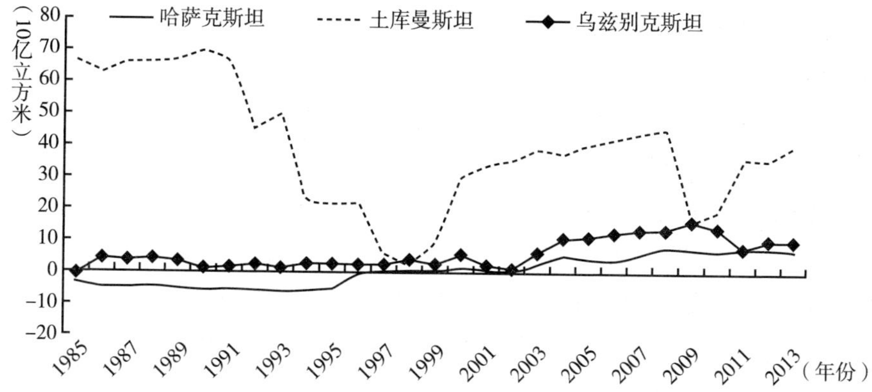

图6　中亚三国天然气生产与消费差额

资料来源：BP。

2008年金融危机以来，三国出口的波动与其出口模式有较大关系。这一点尤其体现在土库曼斯坦。按照BP公司提供的数据，2009年土库曼斯坦的出口目的地新增俄罗斯，出口量达到106.6亿立方米；2010年土库曼斯坦的出口目的地新增中国，出口量达到35.5亿立方米。2011年中国就成为土库曼斯坦最大的出口市场，出口量达到143亿立方米，2012年更是增加至213亿立方米。2013年的一个重大变化是对华出口继续上升，但对俄罗斯的出口则萎缩，对华出口是对俄出口的将近2.5倍，对俄出口甚至落后于另一个传统的出口市场伊朗（见图7）。2010年以来，土库曼斯坦天然气出口目的地变为中国、俄罗斯与伊朗三国，其中中国的地位最为突出。某种程度上，中国对天然气的需求帮助土库曼斯坦迅速

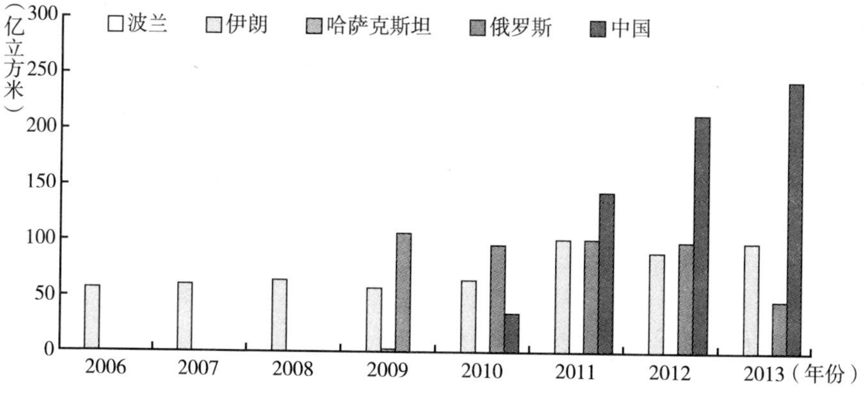

图7　土库曼斯坦的天然气出口格局

资料来源：BP。

摆脱金融危机影响并取得高速经济增长。

与土库曼斯坦出口多元化不同，哈萨克斯坦与乌兹别克斯坦的主要出口市场是俄罗斯。2013 年，哈萨克斯坦向俄罗斯出口天然气 115 亿立方米，而对其他国家的出口总计只有 2 亿立方米（见图 8）。英国 BP 公司只提供了 2009 年、2010 年两年乌兹别克斯坦的出口数据，对俄罗斯的出口分别达到 118.6 亿立方米和 103.2 亿立方米，对哈萨克斯坦的出口分别为 19 亿立方米和 29 亿立方米，其他国家则很少。据中国商务部驻哈萨克经商参处 2015 年 2 月发布的信息，哈萨克斯坦 2014 年向中国出口天然气 4.254 亿立方米，比 2013 年增长 4.9 倍。[①] 据乌鲁木齐海关统计的新疆口岸进口数据，2013 年来自土库曼斯坦、乌兹别克斯坦和哈萨克斯坦的天然气分别为 1771 万吨（88.8%）、209.7 万吨（10.5%）和 14.4 万吨（0.7%）。[②] 2014 年来自土库曼斯坦、乌兹别克斯坦和哈萨克斯坦的天然气分别为 1874.3 万吨（89.5%）、178.7 万吨（8.5%）和 42.2 万吨（2%）。[③] 尽管中哈天然气管道的设计通气量达到每年 100 亿立方米，哈萨克斯坦向中国的出口仍处于起步阶段，只相当于乌兹别克斯坦的 23.6%、土库曼斯坦的 2.3%。

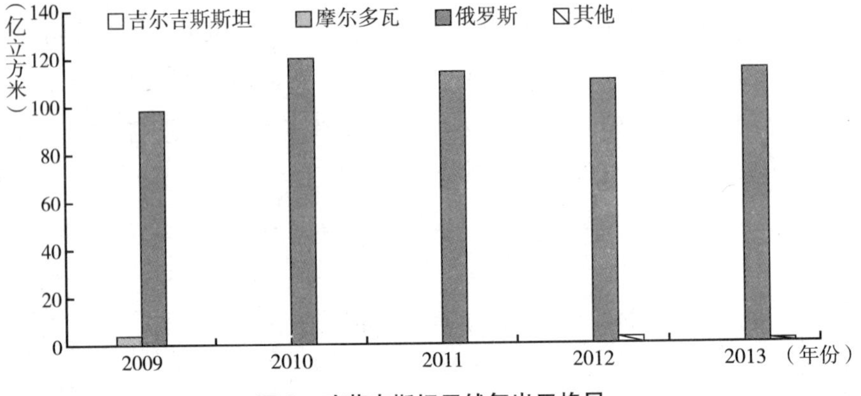

图 8　哈萨克斯坦天然气出口格局

注：吉尔吉斯斯坦数据较小，图上显示不清。
资料来源：BP。

① 《哈萨克斯坦 2014 年向中国出口天然气 4.25 亿立方米》，http：BH//kz. mofcom. gov. cn/article/jmxw/201502/20150200887865. shtml。

② 《2013 年新疆口岸天然气进口稳步增长》，http：BH//www. customs. gov. cn/publish/portal166/tab61950/info693464. htm。

③ 《2014 年新疆口岸天然气进口稳定增长　12 月进口量创月度历史新高》，http：BH//www. customs. gov. cn/publish/portal166/tab61950/info731606. htm。

三　中亚地区的天然气管理体制与政策走向

评估中亚地区天然气政策的一个困难在于官方公布的系统信息少。据总部位于纽约的收入观察研究所（Revenue Watch Institute）2013 年 5 月公布的最新一期自然资源治理评估报告，在所有 58 个自然资源丰富国家的治理指数排名中，哈萨克斯坦列第 19 位，土库曼斯坦列第 57 位。排名第一的是挪威，最后一名是缅甸。该指数从制度和法律环境、数据报告、质量控制以及环境等四个方面对各国做出判断，其中政府收集信息并定时公布相应信息的权重占到 40%。①

根据该指数的国别分析报告，哈萨克斯坦与土库曼斯坦在信息公布方面情况较差。哈萨克斯坦油气部负责管制油气资源的制度和法律框架，但缺乏充分的细节要求。该部也没有及时公布相关合同与环境评估报告，而工业和新技术部也只是公布了一些过时的储备信息。财政部、统计局的信息公布也很不充分。土库曼斯坦的情况更糟，尽管 2010 年采掘业占土库曼斯坦 GDP 的 40%，但该国在该行业的治理指数排名十分落后，四个方面的构成指数几乎全部垫底。2008 年出台的碳氢化合物法是土库曼斯坦管制油气资源的主要法律，但也只是列出了一些原则性条款，并没有详细的财政条目。并且，该法还禁止政府机构公布有关油气资源部门的信息。

中亚三国的油气管理机构各有特色。哈萨克斯坦目前负责管理油气资源的是油气部，在能源和矿产资源部基础上于 2010 年 3 月重组完成，下设矿产资源管理局、自然资源储量委员会等。土库曼斯坦的油气政策由总统直接负责，具体经管单位包括油气工业和矿产资源部、国家碳氢化合物利用管理局、油气工业和矿产资源发展基金会及里海问题国家机构。乌兹别克斯坦由国家地质和矿产资源委员会负责油气管理，下属机构包括国家地质基金、中央储量委员会、地质矿产委员会、专业化大队、工厂等。②

（一）哈萨克斯坦的天然气政策

哈萨克斯坦两个重要的长期国家发展战略规划框定了其能源政策。1997 年

---

① Revenue Watch Institute, *The 2013 Resource Governance Index*: BH *A Measure of Transparency and Accountability in the Oil*, *Gas and Mining Sector*, New York: BH Revenue Watch Institute, 2013. 土库曼斯坦和哈萨克斯坦的国别报告可以参考该研究所网站。

② 李华姣、安海忠、丁颖辉：《中亚主要油气资源国政治体制及油气管理机构比较分析》，《资源与产业》2013 年第 6 期。

出台了至2030年的国家战略发展规划，能源开采及利用属于七个主要方向中的第五个，该规划要求迅速提高石油天然气产量，扩大出口以获取收入。2012年12月，总统纳扎尔巴耶夫又提出《哈萨克斯坦2050》战略的新政治路线。① 纳扎尔巴耶夫表示，哈萨克斯坦是从实施2030年战略中才开始将重心转移到经济发展上来，如今率先在独联体国家中建立起以私有财产、公平竞争和开放原则为基础的现代市场经济模式。1997～2012年，石油、天然气开采量分别增长了2倍和4倍，油气行业占GDP的比重从1997年的3.7%上升至2006年的14.7%，继而在2011年达到25.8%。油气的销售市场进一步多元化，对单个方向的依赖度显著下降。

在第二份战略规划制定前，哈萨克斯坦加强了对能源企业的国家控制，降低外资对国内能源企业的不利影响，并向欧洲国家提出以能源换技术。标志性的事件是2004年、2005年、2007年三次对1996年通过的《地下资源及地下资源利用法》进行较大修订，总体取向是强调能源主权，在吸引外资的同时加强对外资企业的管控，强调环境保护和本国员工的使用比例。② 此外，三国还利用天然气全球性涨价，迫使俄罗斯提高向欧洲转口天然气的价格。同时，哈萨克斯坦天然气运输公司还将过境的中亚地区和俄罗斯的天然气的过境费，由原来的每千立方米百公里1.1美元调高至1.4美元。③ 2012年1月，哈萨克斯坦公布《天然气和天然气供应法》，旨在提高天然气在国家能源燃料中所占比例，并加强国家对资源的控制。有学者判断，该法优先保障国内天然气供应，表明政策收紧，有可能推迟或从数量上控制向中国出口天然气。④

在2050年战略规划中，哈萨克斯坦将加快自然资源的开采、大力推进出口多元化。该战略列举了21世纪的十大全球性挑战，第五项是能源安全，而哈萨克斯坦属于全球能源安全链上的重要一环，总体政策是持续推进能源领域的可靠战略伙伴和互利国际合作方针。该战略设定了哈萨克斯坦的国家战略目标是2050年跻身

---

① 可参考哈萨克国际通讯社关于《哈萨克斯坦2050》发展战略相关文献的介绍：http://www.inform.kz/chn/section/23137。关于该文件的中文翻译，可以参考华东师范大学国际关系与地区发展研究院，http://www.saias.ecnu.edu.cn/iv4394.htm。

② 蒲春玲、尤立杰、朱倩：《基于企业合作开发利用能源问题的探究——以中国和哈萨克斯坦油气资源利用为例》，《技术经济与管理研究》2011年第9期。

③ 包毅：《哈萨克斯坦的现状与发展趋势》，载邢广程主编《上海合作组织发展报告（2009）》，社会科学文献出版社，2009，http://euroasia.cass.cn/news/60996.htm。

④ 郭锐、赵娟：《哈萨克斯坦〈天然气和天然气供应法〉及其影响》，《国际石油经济》2012年第3期。

于世界最发达国家的前30强。为此要大力推进出口，强化基础设施建设，使哈萨克斯坦的过境运输能力到2020年增加1倍，到2050年增长9倍。该战略规划还表示，鉴于技术革命将使原材料价格下跌，要加快自然资源的开采速度，并积极推向国际市场。此外，还要积极发展可替代能源生产，到2050年占比不少于一半。在推进企业的竞争方面，落实两项重大政策：一是加入欧亚经济联盟，并积极谋求加入WTO，以便促进企业成功扩张；二是推进第二轮大规模私有化，比如安排哈萨克斯坦石油运输公司分派资金给民间。在总体对外政策上，该战略表示要在经济上以超前的速度接近亚太地区国家，并通过地区一体化稳定中亚局势。

2014年1月，纳扎尔巴耶夫在国情咨文中表示，为了确保实现2050年的战略目标，萨哈克斯坦要实施第二个五年计划，积极调整并加强工业化创新，其中包括采纳针对管理、开采和加工碳氢化合物的新方法，保持石油天然气的出口量。① 2014年11月，纳扎尔巴耶夫在《光明大道》国情咨文中进一步表示，哈萨克要通过“光明大道”新经济计划积极应对国际石油市场大变局的时代，其核心是基础设施建设。哈萨克计划未来五年投入60万亿坚戈，占国家财政收入的15%，率先建立以首都阿斯塔纳为中心的公路、铁路和航空一体的现代交通网络。通过基础设施建设项目带动能源等的发展，特别是要加强全国性的电网建设和天然气管网建设。② 哈萨克斯坦此举正是看到了长期以来天然气行业发展的弊病，即国内天然气管道设施老化、分散，跟不上国家发展的步伐。哈萨克斯坦的天然气储量在西部，但消费中心却不在西部。为此哈萨克斯坦一方面出口天然气，另一方面又大量进口天然气。

哈萨克斯坦也面临不小的挑战。据欧洲复兴开发银行的估计，哈萨克斯坦2015年的经济增长率只有1.5%，比2014年9月公布的数值下滑了3.6%。油价下跌影响了哈萨克斯坦的收入，同时乌克兰危机也将打击投资者对该地区的投入。欧洲复兴开发银行表示，哈萨克斯坦将更加依赖“光明大道”新经济计划的实施效果，取决于基础设施建设项目的推进情况。③ 为应对经济下行趋势，哈萨克斯坦的天然气政策在生产和出口两个方面都在加强。哈萨克斯坦油气部表

① 哈萨克斯坦总统发表以《同一个目标、同一个利益、同一个未来》为题的国情咨文，哈萨克斯坦国际通讯社，2014年1月18日，http：BH//www. inform. kz/chn/article/2638736。

② 纳扎尔巴耶夫总统发表《光明大道——通往未来之路》国情咨文，哈萨克斯坦国际通讯社，2014年11月13日，http：BH//www. inform. kz/chn/article/2716314。

③《欧洲复兴开发银行下调哈萨克斯坦2015年GDP增速预测》，哈萨克斯坦国际通讯社，2015年2月4日，http：BH//www. inform. kz/chn/article/2743046。

示，将天然气的开采量从目前的400亿立方米增加至2030年的600亿立方米，而哈总理马西莫夫则于2014年11月表示，鉴于油气资源储量丰富以及对哈经济的重要性，未来将推动哈成为全球前十大能源生产国，同时将探索开采页岩气。实际上，根据国际能源署2010年《世界能源展望》，哈萨克斯坦到2020年就将跻身于油气生产世界前十强行列。①

哈萨克斯坦的天然气出口路线主要是中亚－中央线和土库曼斯坦－中国管道。两根线都属于里海天然气出口基础设施建设规划的部分，主要承担土库曼斯坦和乌兹别克斯坦的天然气出口任务，中亚－中央线还承担一部分哈萨克斯坦西部的需求。目前，哈萨克斯坦正大力推进国内管网建设，特别是2015年底将建成“别伊涅乌－博佐伊－希姆肯特”管道，以取消在南部从土库曼斯坦的进口，并可连接上中国。② 加强与中国的合作是哈萨克斯坦天然气政策调整的重点。2014年12月14日，李克强总理访问哈萨克斯坦，双方签署140亿美元的合作文件，涉及基础设施、公路、住房等领域。12月25日，中哈签署关于共同推进丝绸之路经济带建设的谅解备忘录，两国将发展和加强互联互通，促进和深化丝绸之路经济带沿线的经济合作。12月26日，中哈产能合作第一次对话会在北京举行，双方初步确定了16个早期收获项目，包括能源、电力和矿业等。

（二）土库曼斯坦的天然气政策

追求能源独立和出口多元化是中亚地区国家的总体政策基调。由于这些国家的天然气管道不可避免继承自苏联时代，多元化就意味着摆脱俄罗斯影响。哈萨克斯坦与俄罗斯是邻国，其他四个中亚国家毕竟与俄罗斯中间隔着哈萨克斯坦，苏联的传统天然气管道将影响天然气出口走向。如果仅就出口目的地的增多而言，土库曼斯坦的多元化战略比哈萨克斯坦早，取得的成效更为显著。

2008年金融危机前，土库曼斯坦在传统的俄罗斯、伊朗方向外，开始着力追求中国方向和对欧出口的纳布科项目。③ 金融危机对俄土天然气贸易影响较大，2003年两国曾签署为期25年的购销合同，但受危机影响俄天然气对欧洲出口出现亏损，俄方不断压缩来自土库曼斯坦的天然气采购计划。此外，土库曼斯坦坚持对天然气管网以及规划建设的新管道的国家垄断权，坚持外国投资者只能

---

① EY, *Kazakhstan Oil and Gas Tax Guide*, EYGM Limited, 2014, p. 4.

② U. S. Energy Information Administration, *Kazakhstan*, January 14, 2015, p. 9.

③ 对早期土库曼斯坦天然气出口多元化的分析可参考庞昌伟、褚昭海《土库曼天然气出口多元化政策与决策机制分析》，《俄罗斯研究》2009年第6期。

在产品分成合同框架下参与海上大陆架油气田勘探开发，此举也影响到俄土关系，长远来看土库曼斯坦可能变为俄方的天然气出口竞争者。① 需要注意的是，2006 年土前总统尼亚佐夫突然去世对俄土关系产生负面影响。

土库曼斯坦近些年的运输管道大体上有七个方向，包括 20 世纪开始 70 年代运行的中亚 – 中央线、土库曼斯坦 – 伊朗线、2009 年底开始运行的中亚 – 中国线，即将完工的连接土东部的南约洛坦天然气田和里海天然气管道，通过巴库 – 第比利斯 – 埃尔祖鲁姆天然气管道向欧洲出口的路线，正在谋划中的欧洲方向的纳布科项目，2011 年 10 月暂停的沿里海天然气管道项目，以及谋划多年的经土库曼斯坦、阿富汗、巴基斯坦到印度的“土阿巴印”线（以下简称 TAPI）。② 从实际运输能力看，目前土库曼斯坦运营的天然气管线中，中亚 – 中央天然气管线已经下降到 50 亿立方米、土库曼斯坦 – 土耳其 – 伊朗管线约为 100 亿立方米、中亚 – 中国天然气管线 250 亿立方米。计划中未来各管线的出口能力分别是：土库曼斯坦 – 中国 650 亿立方米，TAPI 线 330 亿立方米，跨里海线 300 亿立方米，土库曼斯坦 – 伊朗线 200 亿立方米，中亚 – 中央线 100 亿立方米。③

受俄土关系、美伊关系，尤其是俄欧关系恶化影响，土库曼斯坦加快了拓展欧洲市场的步伐。2014 年 5 月，伊朗天然气运输公司曾表示伊朗准备把从土库曼斯坦进口的天然气数量翻倍。但到了 8 月，伊朗石油部长突然表示未来伊朗不再从土进口天然气，而土方的媒体没有报道这一信息。有分析认为伊朗此举是因遭美国制裁后缺乏资金所致。④ 11 月 7 日，土伊双方在土库曼斯坦首都阿什哈巴德重新签订协定，将供气能力从目前每天 2500 万立方米提高到 3000 万立方米。有分析认为，土方因俄罗斯 10 月宣布停止从中亚购买天然气后面临巨大压力，不得不降低价格对伊朗销售。⑤ 2015 年初，俄罗斯天然气工业股份公司宣布将很快切断从土库曼斯坦购买天然气，预计 2015 年进口约 40 亿立方米，而 2008 年高峰时期曾达到 450 亿立方米。为此，土库曼斯坦一家官方智库批评俄罗斯是

---

① 〔俄〕奥列格·鲁京：《土库曼斯坦与俄罗斯：合作伙伴还是竞争对手?》，《国际石油经济》2010 年第 6 期。

② 胡梅兴：《土库曼斯坦天然气多元出口路线》，《国际资料信息》2012 年第 3 期。

③ 《土库曼斯坦将充分保障各个方向的天然气出口量》，亚欧贸易网，2015 年 2 月 11 日，http：BH//www. xjass. com/zj/node_ 3560_ 2. htm。

④ Chris Rickleton, “Is Turkmenistan’s Gas Flowing Toward a One-Country Policy?” EurasiaNet. org, August 18, 2014, http：BH//www. eurasianet. org/node/69591.

⑤ Chris Rickleton, “Turkmenistan and Iran Reignite Gas Affair,” November 20, 2014, EurasiaNet. org, http：BH//www. eurasianet. org/node/71026.

“靠不住的伙伴”。[①] 2 月 1 日，伊朗国家石油公司表示，希望获取土库曼斯坦和乌兹别克斯坦的天然气，并转经土耳其输往欧洲。3 月 3 日，土库曼斯坦总统与土耳其总统在土耳其签署双边文件，土耳其总统将双边关系描述为战略性，尤其是两国间的交通和能源合作，认为土库曼斯坦是连通中亚天然气和国际市场的重要角色。两国元首会晤进一步夯实了双方于 2014 年 11 月签署的油气合作协议，土库曼斯坦将通过跨安纳托利亚天然气管道（ANAP）向欧洲输气，以降低欧洲对俄罗斯的依赖。[②] 显然，土库曼斯坦加强与土耳其的合作，是为了弥补对俄出口的损失，同时也是看到土耳其连接欧亚的关键地缘战略位置。

对于“土阿巴印”线，目前的争论是土库曼斯坦是否要放宽政策吸引跨国公司主持该项目。2010 年 12 月四国政府和所属石油公司签署协议，2012 年 5 月土巴、土印签署双边协议，2013 年 7 月土阿政府间双边协议签署，2013 年 11 月 TAPI 四方与项目总协调者亚洲开发银行签署交易咨询服务协议（TASA），总输气量达 3150 百万立方英尺，阿富汗、巴基斯坦和印度的购买配比分别是 500 百万立方英尺、1325 百万立方英尺和 1325 百万立方英尺。2014 年 7 月 8 日，土库曼斯坦、阿富汗、巴基斯坦和印度在土首都签署协议同意花费 76 亿美元推进 TAPI 天然气管道项目。美国国务院随即表态，认为四国此举将有利于促进地区经济一体化。11 月 14 日，四国联合在英属马恩岛成立特殊目的机构“TAPI 管道有限公司”，四国平分股权，该公司负责 TAPI 管道的融资、设计、建设、经营和拥有。美方认为该公司的成立有助于推进美方的新丝绸之路倡议，将南亚和中亚联系在一起。[③] 美国还敦促四国吸纳一家国际油气公司，协助土库曼斯坦国有天然气公司开发。[④] 2015 年 1 月底，土库曼斯坦总统别尔德穆哈梅多夫在土政府工作会议上指示，加快实施 TAPI 天然气管道项目建设。2 月 11 日，TAPI 四方在新德里会晤，协商如何邀请国际石油公司进行统筹开发推进，因四国的国有公

① Chris Rickleton, “Turkmenistan Blasts Russia as ‘Unreliable’ Gas Partner,” EurasiaNet. org, February 17, 2015, http: BH//www. eurasianet. org/node/72121.

② “Turkey, Turkmenistan Seal New Energy Deals,” Today's ZAMAN, March 3, 2015, http: BH//www. todayszaman. com/diplomacy_ turkey-turkmenistan-seal-new-energy-deals_ 374197. html.

③ Daniel J. Graeber, “U. S. Lauds TAPI Natural Gas Pipeline Progress,” UPI. com, Nov. 20, 2014, http: BH//www. upi. com/Business_ News/Energy – Resources/2014/11/20/US – lauds – TAPI – natural – gas – pipeline – progress/6271416478754/.

④ “US Welcomes Establishment of TAPI Gas Pipeline Project,” Indiatimes, Nov. 20, 2014, http: BH//articles. economictimes. indiatimes. com/2014 – 11 – 20/news/56303904_ 1_ gas – pipeline – project – inter – state – gas – systems – gas – supply.

司既缺乏资金也无跨国开发经验。法国道达尔公司曾表示过兴趣，不过被土库曼斯坦拒绝。为此，印度敦促土方放开国内法律、加快吸引跨国企业建设该项目，以便能在2018年实现通气。[①] 据巴基斯坦方面的报道，道达尔将协助从土库曼斯坦获取天然气，但由TAPI管道有限公司建设、拥有和经营这条1800公里的管线。[②]

中国从土库曼斯坦进口天然气的计划始于2006年。当年4月，土总统尼亚佐夫访问北京，与中国签署第一份关于天然气项目的合作文件。2007年7月，中石油与土库曼斯坦国家石油公司签订了中土天然气购销协议和阿姆河右岸天然气产品分成合同。在土库曼斯坦打开局面之后，中国相继与哈萨克斯坦、乌兹别克斯坦两个管道过境国签署相关协议。2009年12月14日，中亚天然气管道投产，四国领袖亮相庆典。2013年9月，中土两国建立战略伙伴关系，并约定尽早建成天然气D线，尽快实现运输目标每年650亿立方米。2014年5月12日，习近平主席在会见土库曼斯坦总统别尔德穆哈梅多夫时强调，中土双方要加强全方位合作，尽早启动中国－中亚天然气管道D线建设，加快实施气田开发项目，扩大油气加工合作，共同维护两国油气管道和设施安全。

（三）乌兹别克斯坦的天然气政策

长期以来，乌兹别克斯坦是中亚最大的天然气生产国，但只有18%～20%用于出口，其主要天然气出口国是俄罗斯、哈萨克斯坦与吉尔吉斯斯坦。作为过境国，乌兹别克斯坦则承担着将土库曼斯坦天然气转送至俄罗斯与中国的运输。乌兹别克斯坦与俄罗斯的天然气贸易和过境运输方面则始于2003年，天然气开采合作始于2004年，包括俄罗斯天然气工业股份公司、卢克石油公司，与乌国家石油天然气公司签署产品分成协议，在乌开采天然气。乌兹别克斯坦从对俄罗斯的出口转运天然气中获取外汇收益，再转过来发展本国能源产业。2009年之前，乌兹别克斯坦并没有其他的出口路线。过于依赖俄罗斯带来一些问题，至少让俄罗斯赚取了大量贸易差价，而乌防范价格波动风险的能力下降。2015年初，俄罗斯天然气工业股份公司宣布将减少乌兹别克斯坦的天然气进口，从前几年的

---

① TAPI Pipeline，"BH India Asks Turkmenistan to Ease Rules，" Indiatimes，Feb. 11，2015，http：BH//articles. economictimes. indiatimes. com/2015 － 02 － 11/news/59043581 _ 1 _ tapi-project-gas-pipeline-project-tapi-pipeline.

② Chris Rickleton，"TAPI or Not TAPI：BH That Is the Question for Total，" EurasiaNet. org，February 11，2015，http：BH//www. eurasianet. org/node/72026.

38 亿立方米缩减至 10 亿立方米。①

差不多在乌俄开展合作时，中乌油气合作也逐步展开。2004 年 6 月，乌国家石油天然气公司与中石油签署了油气相互合作的协定。2005 年 9 月，中石油连同俄罗斯、韩国、马来西亚等与乌国家石油公司共同组建了油气开发财团。2006 年 5 月，中乌两国签订能源开发合作协议，乌将在 2010 年向中国提供 700 亿立方米的天然气。

更为实质性的合作起于中国 - 中亚天然气管道建设。中土天然气管道乌兹别克斯坦境内长 530 公里，于 2008 年 6 月开工建设。2010 年，中乌签署天然气合作协议，并于年底向中国供气。2011 年 4 月，中石油与乌兹别克斯坦油气国家控股公司签订中乌天然气管道建设协议，即中国 - 中亚天然气管道的 C 线。2012 年 9 月，中亚天然气管道 C 线全面启动，该线起源于土库曼斯坦和乌兹别克斯坦边境的格达伊姆，经乌兹别克斯坦、哈萨克斯坦，在新疆霍尔果斯口岸入境，与西气东输三线相连。有评论认为，中乌天然气合作将带来三大影响：第一，借助中国的资金，乌兹别克斯坦可快速从金融危机中恢复过来。第二，乌兹别克斯坦加入中亚 - 中国天然气管道有可能带来地区冲突，因中亚各国都将竞争管线有限的输送能力。第三，从地缘政治上看，乌兹别克斯坦加入管线输气将削弱俄罗斯的地位，提升中国影响力。②

在乌看来，中国推进的天然气管线建设已经为乌累计提供了 45 亿美元的直接投资，提供就业，推动了边远地区的经济发展。但乌方的目标不只是出口原料，而是希望借助中国的能力，“开发较难开采的油气田，发展石油化工产业、天然气深加工，生产高附加值的产品，发展可替代能源和可再生能源，生产欧 IV、欧 V 标准的燃料等”。③

2013 年 9 月，国家主席习近平访问乌兹别克斯坦，双方在丝绸之路框架内继续推进天然气合作，保障管道长期安全稳定运营，加强联合勘探和开发。2014 年 5 月 31 日，从乌兹别克斯坦始发的天然气输往中国 - 中亚天然气 C 线，并于

---

① “Russian Gazprom to Cut Gas Imports from Turkmenistan, Uzbekistan,” The Times of Central Asia, February 4, 2015, http: BH//www. timesca. com/news/14943 - russian-gazprom-to-cut-gas-imports-from-turkmenistan-uzbekistan.

② Aleksandra Jarosiewicz, “Uzbekistan Starts Gas Exports to China,” OSW. com, September19, 2012, http: BH//www. osw. waw. pl/en/publikacje/analyses/2012 - 09 - 19/uzbekistan-starts-gas-exports-to-china.

③ 〔乌兹别克斯坦〕B. Kh. 阿里莫夫：《对未来充满信心》，《中国石油报》2014 年 11 月 17 日，第 2 版。

6月9日达到新疆霍尔果斯计量站。截至2014年11月中旬，中国－中亚天然气管道累计输送来自中亚地区的天然气突破1000亿立方米。① 2014年8月20日，习近平主席会见乌兹别克斯坦总统卡里莫夫，中乌双方表示要重点建设和运营好中国－中亚天然气管道D线。9月，D线开工建设，气源是土库曼斯坦复兴气田，途经乌兹别克斯坦、塔吉克斯坦、吉尔吉斯斯坦进入中国新疆南部。按照乌兹别克斯坦日报网消息，2015年乌兹别克斯坦拟向中国出口天然气100亿立方米，而2013年只有60亿立方米。到2021年，中国将成为乌兹别克斯坦最大的出口东道国。导致这一变化的重大原因是俄罗斯减少了从乌的进口。②

四　结论

从储量和生产看，中亚地区在国际上有重要地位，然而其天然气出口却相对滞后。尽管如此，天然气出口快速增长为中亚地区的经济增长提供了动力，使得中亚地区在21世纪以来成为全球经济高速增长地区。与此同时，也要看到，中亚地区的资源丰富吸引了众多域外国家的介入，各国相互竞争者资源提高了中亚国家的议价能力，但也让中亚地区依赖于国际市场。对国际市场的依赖增加了价格波动带来的风险，2008年金融危机降低了一些大型石油公司的支付能力，美国等西方国家对俄罗斯、伊朗的制裁也带来一些问题，进而影响从中亚地区的天然气进口，尤以俄罗斯最为突出。总体而言，合理利用天然气资源出口成为中亚国家提升在全球经济中地位的主要手段之一，不仅带动了油气开发投资，也推动了基础设施建设，带动了就业，从而有利于地区经济的发展和融合，保障地区繁荣和稳定。

在天然气出口方面，尽管多元化是土库曼斯坦、哈萨克斯坦和乌兹别克斯坦的战略，但三国各有特色。土库曼斯坦的多元化走得早，也最为成功，从早期以来的伊朗、俄罗斯，目前对华出口更为重要。而哈萨克斯坦与乌兹别克斯坦正在学习土库曼斯坦的成功之道，加速推动向中国的出口。我们也要看到，这些国家也都明白如果仅仅依赖于中国，很可能重蹈依赖俄罗斯的覆辙。为此，这些国家既重视经济高速增长区的需求，也注意在别的方向开发市场。无论是哈萨克斯

① 《中国－中亚天然气管道累计输送天然气突破1000亿立方米》，新华网，2014年11月14日，http：BH//news. xinhuanet. com/2014－11/14/c_ 1113256920. htm。

② “Uzbekistan to Decrease Gas Supplies to Russia, Increase to China,” UzDaily. com, 09 October 2014, http：BH//www. uzdaily. com/articles-id－29513. htm.

坦、土库曼斯坦，还是乌兹别克斯坦，都在加强天然气管网建设，并且利用俄欧关系恶化带来的机遇，大力开发欧洲市场。

从发展趋势来看，中国作为中亚天然气出口市场的地位将更为突出。一方面，这源于中国的经济增长和发展转型需要，另一方面国际市场天然气价格下跌对中亚冲击严重，中亚国家迫切需要加强与中国的合作。但我们也要注意到中亚国家对依赖一国市场的担忧，要重视中亚国家进行产业上下游开发建设的战略方针，稳妥推进中国－中亚天然气合作。

B.11

德国的可再生能源政策：发展目标及展望

姜鑫民*

摘　要：德国可再生能源政策主要包括：德国可再生能源战略目标、德国可再生能源政策历程、德国可再生能源主管机构以及最新可再生能源政策措施、德国的可再生能源市场及产业发展、对德国可再生能源发展的展望及我国获得的启示。

关键词：可再生能源战略目标　政策措施　发展展望

德国位于欧洲中部，面积35.7万平方公里，人口约8500万。2013年国内生产总值3.63万亿美元，一次能源消费总量4.5亿吨标准煤，全社会用电量6000亿千瓦时，经济和能源利用规模位居欧洲第一。

一　德国的可再生能源战略目标

近年来，德国大力推动能源结构转型，强调建立环保、可靠、经济上可承受的能源供应体系，积极发展可再生能源，把提高能源效率作为降低能源消费总量的主要措施，并于2011年6月宣布逐步淘汰核电，到2022年关闭所有核电站。发展可再生能源已成为德国能源战略转型的重点措施之一，得到了社会各界的极大支持，可再生能源投资逐年上升。

2010年德国公布的《德国联邦政府能源方案》，提出了德国可再生能源发展目标，并制定了能源长期发展战略。其中提出，可再生能源电力在电力总消费中占比到2020年、2025年、2040年和2050年分别为35%、50%、65%和80%；

* 姜鑫民，经济学博士，副研究员，国家发展和改革委员会能源研究所经济中心副主任。

终端能源消费中可再生能源比重将分别为18%、30%、45%和60%。其中，到2020年，水电装机达到430万千瓦，地热发电装机30万千瓦，光伏发电装机5170万千瓦，陆上风电装机3580万千瓦，海上风电装机1000万千瓦，生物质能发电装机880万千瓦。

二　德国的可再生能源政策历程

德国由于自然资源较为贫乏，97%以上的原油依赖进口，因此将节约能源、提高能效奉为长期坚持的基本国策。从历届德国政府的能源政策看，20世纪80年代起德国就注重通过法律政策层面促进可再生能源和新能源的发展，逐步完善促进可再生能源和新能源发展的法律法规，太阳能发电、风力发电和生物质能等可再生能源和新能源得到了飞速发展。与可再生能源和新能源相关的政策条例主要有：

（一）1991年《电力供应法》

德国政府在1991年通过的这部法案中，规定风力发电的销售配额以及对销售的每度电进行补贴的价格，并且强制要求公用电力公司必须按照居民电力零售价格的90%收购可再生能源电力，同时允许电网公司提高电力零售价格。该法侧重促进风能的发展，取得了显著的成效，使德国成为全球最大的风能市场，取得世界领先水平。对投资新能源和可再生能源的企业，德国政府通过德国复兴与开发银行，以低于市场1%～2%的利率优惠政策给予贷款，并且还为这些企业提供相当于设备投资成本75%的优惠贷款。

（二）2000年《可再生能源法》

2000年《可再生能源法》的重点在于，根据每种可再生能源发电所需的实际成本，明确了对其发电的补贴额度，确定了每度电的支付金额，电力公司参与可再生能源发电的补贴额度和支付费用的过程，解除了德国政府的官方控制。其主要内容包括：德国全部能源消费中新能源所占比重为50%，并进行相应的补助；电力公司购买不同可再生能源发电的补偿价格；电网公司收购可再生能源发电的补偿以及购电义务的一般原则；明确可再生能源发电量的计算细则以及发电设备的补偿期限；由谁负担可再生能源并网成本；等等。

（三）2004年《优先利用可再生能源法》

2004年德国颁布的《优先利用可再生能源法》在2000年《可再生能源法》的基础上对一些具体条款进行了补充和修订，对可再生能源发展给予补贴，鼓励使用新能源，为风能、太阳能、水力、生物质能和地热开发提供法律层面上的支持；同时，德国大力资助可再生能源的研究和开发，德国环境部每年资助额度为数千万马克，资助重点是地热能发电和太阳能发电。该方案的主要目的是减少德国的能源供应成本，保证能源供应的可持续发展，以达到减少化石燃料供应、保护自然并促进可再生能源发展的目的。

（四）2009年《新取暖法》

为促进投资，扩大在取暖市场中可再生能源技术的份额，增强可再生能源的经济应用性及降低费用，2009年3月德国政府通过了《新取暖法》，具体规定了实施办法，这是一部促进可再生能源用于取暖市场的新取暖法。《新取暖法》规定对采用可再生能源取暖的家庭，2009～2012年期间德国政府将提供5亿欧元补贴。《新取暖法》具体内容包括资金分配、申请补助的条件、申请补助项目的范围、申请补助金额以及申请的具体程序。随着德国公民环保意识的不断提高以及德国政府制定的一系列促进新能源法律的陆续出台，德国能源市场中可再生能源的份额持续增加。

（五）2012年《可再生能源法》

2012年德国《可再生能源法》把德国可再生能源电力长期目标纳入法律范围，规定到2020年之前，德国电力供应中可再生能源发电份额占35%（高出2009年《可再生能源法》5个百分点）；2030年之前，可再生能源发电将在电力供应中占比达到50%；2040年前将达65%；2050年力争达到80%。这在很大程度上提高了德国可再生能源电力的中期发展目标。

从总体上看，德国2012年的《可再生能源法》对可再生能源并网和收购的要求，总体上看包括了两个方面：第一，电网运营商需要承担的义务；第二，可再生能源发电商需要承担的义务。电网运营商承担的义务主要包括：将可再生能源发电站优先并入与电压等级适合的电网接入点，在众多电网运营商当中，距离最近的电网运营商应承担这个义务；必须按照法律规定的时间节点和具体程序处理可再生能源并网要求；允许签订非优先收购合同的同时，需优先收购可再生能源发电设施生产的所有电量；运用最佳、最可行的技术对电网进行加强、优化和扩建，承担相应费用并及时处理并网要求。控制发电设施出力的原则是要尽可能收购来自热电联产和可再生能源的电量；在采取减少出力的控制手段后，必须对可再生能源发电设施所蒙受的损失进行补偿。而可再生能源发电商需要承担的义务主要包括：满足可再生能源发电所需要的技术要求，其中主要包括风电机组需要满足德国风电的系统的服务条例；当发电设施装机容量小于 30 千瓦时，可以选择将最大负荷限制在装机容量的 70%；当太阳能发电设施的装机容量在 30 ~ 100 千瓦之间或者 100 千瓦情况下，需要配备相应的技术设备，以满足电网远程控制并随时将发电设施并入电网或减少发电设施的输出电力。

德国 2012 年《可再生能源法》采用固定电价政策，精确规定了十几种可再生能源发电设施的上网电价，包括生物质能发电、水电、风电、沼气发电、地热发电、太阳能等，这很大程度上保障了对可再生能源发电进行投资的资本群体的利润，并且为其创造了安全稳定的长期性投资环境。

2012 年德国《可再生能源法》实行差异化定价，主要考虑因素包括电站装机规模、可再生能源发电技术类别以及减少难易程度等。政府按照装机容量的规模大小划分出四种屋顶光伏发电系统的上网电价，其价格范围从 13. 50 ~ 19. 50 欧分/千瓦时不等。德国实施的上网电价差异性鼓励政策推动了小型分布式屋顶光伏系统的快速发展，同时也加大了对离海岸距离较远、水深较深的海上风电机组电站的支持力度。德国政府还根据水深情况和机组距离海岸远近等条件，延长海上风电享受较高初始电价的期限。

为推动可再生能源电力的发展，2012 年《可再生能源法》通过巧妙机制设计达到了事半功倍的激励效果。例如，为降低风电投资的风险，确保发电量较少的风电机组能够享受较长时间的高上网电价并减少非可控因素造成的不利影响，德国将风电补偿与参考电力对比机制引入陆上风电上网电价系统。其中规定，当陆上风电机组发电量低于参考电量的 150% 时，低于幅度达到参考电量的 0. 75% 时，陆上风电机组所享受的较高初始电价的期限便可以延长两个月。同时，德国政府还采取了额外奖励机制，2012 年《可再生能源法》规定，为最初投产开始便满足风电并网技术规范的电站，提供 0. 48 欧分/千瓦时的额外的系统服务奖励。

2012 年的德国《可再生能源法》为对电价进行宏观疏导，根据国内情况采用了平衡方案：按照 2012 年德国《可再生能源法》确定的可再生能源上网电价标准，输电网运营商向收购可再生能源发电的电网运营商支付相应的费用，但需扣除过网费；配电网运营商支付可再生能源附加费给输电网运营商；配电网运营商支付给输电网运营商的可再生能源附加费则由终端消费者承担。2013 年德国可再生能源附加费为 5.28 欧分/千瓦时，年征收总额达到 203 亿欧元；2012 年德国终端居民电价中，约 14% 为可再生能源附加费。同时，为保障 2012 年《可再生能源法》的实施，德国政府引入相应的保障机制，其中重点是信息通报与公开机制、追踪评估机制等。

2012 年德国《可再生能源法》中关于信息通报与公开机制的规定，要求配电网经营商、电网运营商将有关可再生能源收购、输配等信息及时提供给德国联邦网络署；同时要求配电网经营商向消费者提供有关可再生能源电力的份额、可再生能源附加费等信息；还要求可再生能源发电商、输电网运营商、电网运营商、配电网经营商按规定时间和详细内容格式相互通报信息。

2012 年德国《可再生能源法》中的追踪评估机制要求德国政府在 2014 年底前向德国联邦议院提交进展报告，评估 2012 年《可再生能源法》的执行情况，并进一步规定以后每四年提交进展报告。另外，为进一步追踪评估可再生能源发展情况，德国政府还引入了检测报告制度，要求联邦环境、自然保护及核能安全部、德国联邦环境署每年向德国政府提交有关德国可再生能源发展现状、可再生能源目标完成情况，以及所面临的问题及挑战等内容的报告。

三　德国可再生能源主管机构及最新可再生能源政策措施

德国联邦环境、自然保护及核能安全部（BMU）是负责环境保护、应对气候变化、可再生能源、核能等领域发展及国际合作的政府部门。德国联邦经济和技术部（BMWI）负责经济和技术研发，包括可再生能源领域的基础技术发展，与德国环境、资源节约及核能安全部的职能形成互补和交叉。德国联邦网络局（BNA）主管电力、天然气、电信、邮政和铁路等行业的网络建设和监管，隶属德国联邦经济和技术部，业务相对独立。德国联邦网络局不仅是许多欧洲和国际组织的成员，同时代表德国联邦经济和技术部参与到众多欧洲和国际组织的活动中。

2013 年下半年以来，在欧盟层面倡导促进能源竞争性市场政策框架下，德国计划对其可再生能源法进行全面修订，引起广泛关注。欧盟倡导改革的主要目的是两方面：一是减少各国补贴政策对市场的干预，增进欧盟国家间的贸易往来；二是提高可再生能源支持政策的成本有效性（cost effectiveness）。德国进行改革的动机一方面是响应欧盟号召，另一方面是为了解决国内已引起争论的、可再生能源电价附加过高的问题。

2014 年 4 月 9 日，欧盟委员会通过了《环境保护和能源国家支持政策导则 2014～2020》①。这是欧盟层面主要的能源补贴改革政策。根据该导则的改革方向，德国可再生能源政策迅速做出调整，已公布可再生能源法（EEG）修订稿（德文初稿）②。该法案修订稿已于 2014 年 6 月在德国内阁通过，目前处于议会讨论阶段。

（一）欧盟政策改革背景

欧盟公布的《环境保护和能源国家支持政策导则 2014～2020》是一揽子政策，包括能效、可再生能源发展、垃圾处理、碳排放交易、碳捕获和储存（CCS）、基础设施建设等环境保护行业的问题。其中重点在于提高可再生能源政策效率，推进能源和电力竞争性市场建设。

该导则所强调的内容与欧盟既定经济发展战略和能源环境目标高度一致，目的是服务于实现这些既定目标。欧盟早期文件③提出了欧洲 2020 年经济发展战略：创建灵活、可持续和具有包容性的增长模式；并分别设定了减排、可再生能源和能效三个“20%”目标，即到 2020 年较 1990 年温室气体排放降低 20%，可再生能源在能源利用中的比例达到 20%，能源效率比 1990 年提高 20%。

2014 年 1 月 22 日，欧盟进一步提出了 2030 年能源环境发展目标，规定温室气体排放要比 1990 年降低 40%，可再生能源的利用要达到 27%，并继续提高能效，形成具有竞争力（competitive）且安全（secure）的能源系统。其中，“具有竞争力”一词正是针对可再生能源快速发展带来的成本较高问题的战略对策。

导则的出台，主要目的正是为了纠正可能扭曲市场公平竞争的环境保护和能源支持政策，其政策目标是减少可再生能源支持政策而产生的财政支出，提高政策效率。导则的提出，将促使可再生能源全面纳入竞争性电力市场，将之前实施的固定电价政策（feed-in tariff）转变为固定补贴政策（feed-in premium）。即可再生能源发电企业与传统发电企业（如煤电、核电等）一样，统一参与电力市

---

① *Guidelines on State Aid for Environmental Protection and Energy 2014－2020.*

② 此稿并不是在欧盟“导则”之后才开始讨论起草的，而起源于 2013 年底修改可再生能源补贴政策的讨论。目前仅有德文稿。

③ COM（2010）2020 final of 3. 3. 2010.

场竞价[1]，在市场价格的基础上，根据不同类型发电技术，政府给予基于单位发电量的固定额度补贴。导则规定各国可自行制定固定补贴额度，但需逐步降低，以促进技术进步，并有助于大幅降低政府补贴总支出。另外还规定，500 千瓦以下的各类小规模发电项目和 3 兆瓦以下的风电示范项目，目前可排除在改革范围之外。2015～2016 年为政策试行期，各国至少要有 5% 的新增装机容量适用此新政策，从 2017 年开始将全面实行。

（二）德国 EEG 改革要点

德国在 2014 年初开始讨论可再生能源法（EEG）修订稿，主动提出降低可再生能源电价补贴额度。本轮修订 EEG 的原因在于：除为了响应欧盟政策改革外，更主要的是国内高企的可再生能源电价附加已引起较大争议。

德国实行可再生能源固定电价和成本分摊制度，固定电价与电力市场价格差额作为可再生能源电价附加向所有电力消费者（除部分例外电量）分摊，称为可再生能源电价附加费。2013 年，电价附加激增到 5.21 欧分/千瓦时，引发强烈的社会舆论争论；2014 年，在 EEG 开始对光伏发展规模和速度进行调控的情况下（EEG 在 2012 年进行过一轮修订，特别是对光伏发电规模增长速度制定了控制措施），但电价附加仍然继续上涨到 6.3 欧分/千瓦时，接近德国居民电价（21 欧分/千瓦时左右）的 1/3（见表 1）。为确保电价不会继续快速上涨，保持德国工业竞争力和居民可承受的电价水平，从 2013 年底到 2014 年初，德国已就 EEG 修订展开了新一轮讨论。其中，核心改革方案是逐步改变固定电价政策为固定补贴政策。因此，从某种意义上说，德国是欧盟此轮政策改革的推动者。

2014 年 EEG 法案改革要点：

（1）与欧盟导则要求一致，改固定电价为固定补贴。其中，2014 年 8 月 1 日起首先在光伏发电行业实施市场竞价结合的固定补贴机制；其他可再生能源发电技术，按照欧盟规定至少在 2017 年开始全面实施。总的来说，德国计划将可再生能源平均补贴水平从目前 17 欧分/千瓦时降低到 12 欧分/千瓦时（2015 年达到如图 1 所示水平）。

---

① 欧洲多数国家都建立了竞争的电力市场，电力生产商在电力市场上竞价，根据供需关系决定成交价格，保证了电力市场的竞争属性。以往，多数国家实施可再生能源固定电价政策，可再生能源发电不参与电力市场竞争，而获得固定不变的收购价格，确保投资者投资回报；但近年来固定电价被认为缺乏政策效率，可能存在过度补贴，干扰了市场规律。

表 1　近年来德国可再生能源电价附加征收情况

	2009 年	2010 年	2011 年	2012 年	2013 年	2014 年
附加费水平(欧分/千瓦时)	1. 31	2. 05	3. 53	3. 59	5. 21	6. 3
年征收额(亿欧元)	53	94	121	141	未公布	未公布

资料来源：德国联邦网络局网站。

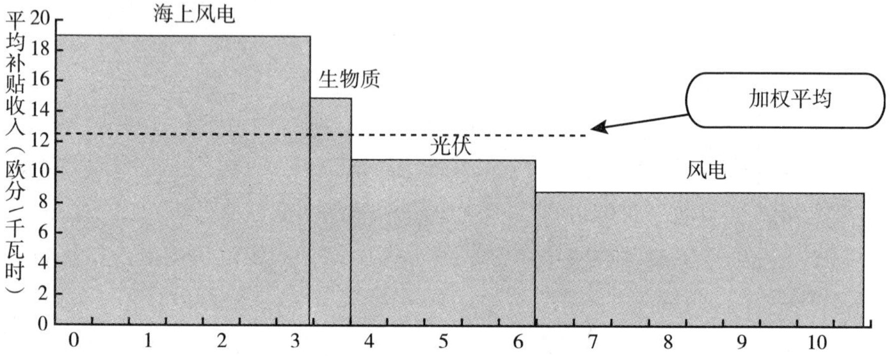

图 1　新版 EEG 实施后各类技术 2015 年预计平均补贴水平

（2）通过实施“廊道”政策（deployment corridor）来控制可再生能源每年的增长速度。之前版本的 EEG 中（2012 年）对全国光伏发电规模进行动态控制，在固定电价总体降低的情况下，根据每季度光伏新增规模，如果增长快，固定电价降低幅度更大；如果增长慢，则降低幅度较小。2014 年版的 EEG 将此机制推广到其他可再生能源技术领域，如陆上风电装机容量每年增长不超过 250 万千瓦，太阳能发电不超过 250 万千瓦，生物质能发电不超过 10 万千瓦。该法案给海上风电预留了较大空间，到 2020 年累计开发量不超过 650 万千瓦，到 2030 年不超过 1500 万千瓦。

（3）扩大可再生能源电价附加征收范围，控制电价附加水平。除减少可再生能源补贴支出的“节流”手段外，德国还计划采取扩大电价附加征收范围的“开源”措施。2012 年版 EEG 中规定，对于能源密集型工业企业和轨道交通部门实施电价附加征收的优惠政策，以保证这些行业的竞争力。符合优惠条件的工业企业（年消费电量超过 1000 万千瓦时；用电成本超过企业年增加值的 15%），电价附加上缴标准为 0. 05 欧分/千瓦时，大大低于居民等一般用户（6. 3 欧分/千瓦时）。2014 年修订后 EEG 将减少这些豁免的行业和企业范围，并提高电价附加征收标准，从而在整体上控制电价附加水平。

总体上看，德国《可再生能源法》（2014 年版）在发展思路和原则上与 2012 年的《可再生能源法》有较大的调整，归纳总结如下：

（1）对各类可再生能源严格限定年度新增规模。过去几年，德国可再生能源尤其是光伏呈现爆炸式增长，不仅经济代价高昂，用户电价负担加剧，而且电网建设也难以匹配。因此，要有计划地调节可再生能源的发展，提高可预测性。可再生能源补贴将主要针对竞争力高、成本低的技术，其中首先推进太阳能与风能的发展，而对于成本密集型的沼气发电将放慢其扩建速度。

德国 2012 年颁布的《可再生能源法》对光伏发电制定了每年新增 250 万～350 万千瓦的年度新增规模，如果超过这一范围则会加速下调上网电价。2014 年颁布的《可再生能源法》将年度新增规模限定范围从光伏扩展至沼气发电和风电。其中，限定光伏发电的年度新增规模应在 240 万～260 万千瓦，并且首次明确限定陆上风电年度新增规模在 240 万～260 万千瓦范围内，沼气发电年度新增规模则被限定在 10 万千瓦之内；同时还对海上风电增长目标大幅下调，提出 2020 年和 2030 年海上发电目标分别为 650 万千瓦和 1500 万千瓦。

（2）对可再生能源项目全面引入市场机制。固定上网电价机制具有浓厚的行政干预色彩，不能全面、充分反映可再生能源的市场价值（或者说商品属性）。可再生能源发电既有电量价值，也有时间价值，只能通过电力市场才能有效反映其商品属性，而可再生能源参与市场竞价可以使可再生能源回归商品属性。与包括中国在内的很多国家将招标机制用在可再生能源发展初期不同，德国在可再生能源发展到高级阶段后又回归到招标制。德国之所以重新引入招标制，就是要通过市场竞争方式确定最低成本的可再生能源项目，以促进竞争，降低成本。

可再生能源全面引入市场机制，反映在两个方面：第一，国家强制规定的固定上网价格仅适用于功率在 500 千瓦（自 2016 年起 100 千瓦）以下的设备，而对大型可再生能源项目，则规定出售电能时只可获得弹性市场价格。之前颁布的《可再生能源法》规定，项目业主每个月可以有一次选择权，可以选择享受国家规定的固定上网电价，也可以选择直接参与市场竞争，在此基础上再享受一定额度的补贴。而 2014 年的《可再生能源法》则要求，所有新建（大型）项目都必须采用后一种形式。新法规定，新建设备必须采用市场竞价销售模式，包括自 2016 年 1 月 1 日起所有 100 千瓦以上的新建设备，以及 2014 年 8 月 1 日起所有 500 千瓦以上的新建设备。第二，采用招标机制，通过招标确定可再生能源的补贴额度。该措施最晚将于 2017 年付诸实施。将从 2015 年开始对地面光伏电站采用招标模式进行试点，以积累招标模式的实施经验。可以预计，德国政府将再次修改

《可再生能源法》，最终实现将市场化招标模式推广到其他可再生能源的目标。

（3）成本分摊既要体现公平又要保护本国工业竞争力。为了保护本国工业的国际竞争力，德国绝大部分可再生能源发展成本都由居民用户承担，这导致居民电价持续攀升，目前已经涨至30欧分/千瓦时，使德国成为仅次于丹麦的、欧盟第二大高电价国家，由此而导致的能源贫困问题也在德国成为舆论焦点。2014年《可再生能源法》对享受可再生能源电价附加减免优惠的工业企业范围进行了严格限定并大幅缩小范围，同时对自发自用电量也征收可再生能源电价附加，在成本公平分摊方面采取了折中方案。

德国电力消费者通过支付可再生能源电价附加的电费等形式，实际上承担了能源转型的成本。德国政府为了保护本国工业竞争力，对工业企业的可再生能源电价附加实行减免优惠，2014年《可再生能源法》将减免优惠范围严格限定为用电密集型企业。因为这些企业电费成本占生产成本比重极高，并且处于激烈的国际竞争中，对这类企业可再生能源附加进行减免和优惠可以保证企业的竞争力不受威胁。2014年《可再生能源法》规定大型自发自用项目，同样也必须缴纳全额可再生能源电价附加费，而之前的可再生能源法案曾规定自用电量无须支付可再生能源电价附加。2014年《可再生能源法》还明确规定，小型发电设备仍然无须缴纳附加费。

四　德国可再生能源市场和产业发展

截至2013年底，德国可再生能源利用总量达3180亿千瓦时（按千瓦时为统计单位）（见图2）。其中以发电和热利用为主，发电约1500亿千瓦时，热利用约1350亿千瓦时，液体燃料约230亿千瓦时。

2013年可再生能源发电中，风电贡献最大，陆上风电524亿千瓦时，海上风电9.7亿千瓦时；生物质发电479亿千瓦时；光伏发电300亿千瓦时；水电212亿千瓦时（见图3）。

目前德国的水电开发已基本完毕，2011年以来装机容量一直维持在560万千瓦左右，发电量根据来水情况不同略有波动，2013年发电212亿千瓦时。

风电技术在德国可再生能源发电领域发展最快，特别是进入2000年后，装机容量从2000年的640万千瓦增长到2013年3470万千瓦，同期发电量从95亿千瓦时增长到534亿千瓦时（见图4）。其中海上风电自2009年开始，2009~2013年历年发电量分别为：3800万千瓦时、1.74亿千瓦时、5.68亿千瓦时、7.22亿千瓦时和9.7

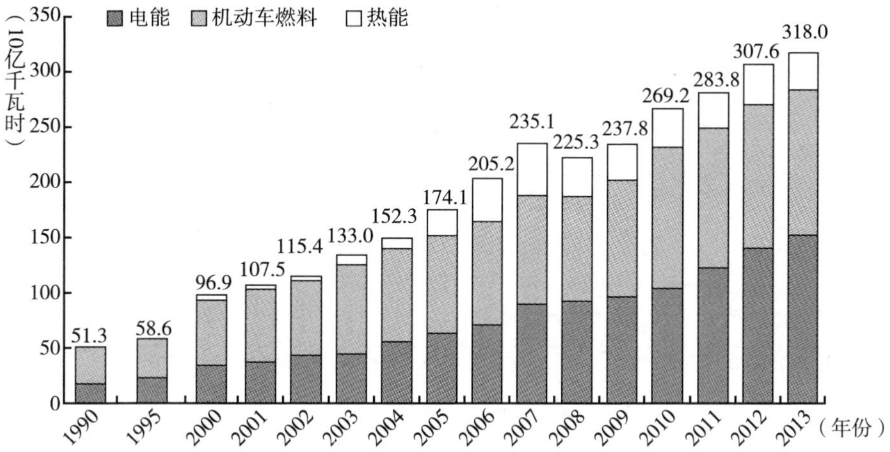

图 2　德国可再生能源发展总量历史变化（1990～2013 年）

资料来源：Federal Ministry of Economic Affairs and Energy，“Development of Renewable Energy Sources in Germany 2013”。

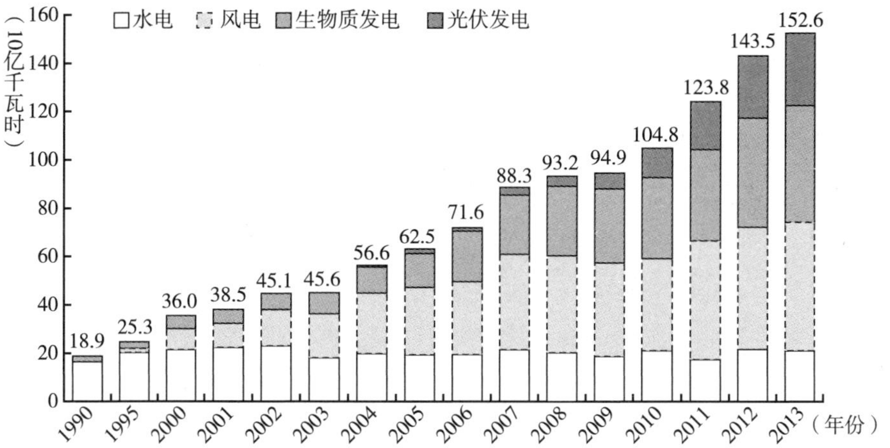

图 3　可再生能源发电结构及历史变化（1990～2013 年）

资料来源：Federal Ministry of Economic Affairs and Energy，“Development of Renewable Energy Sources in Germany 2013”。

亿千瓦时。预计未来五年内还会呈显著增长态势，发电量将达到百亿千瓦时规模。

自 2006 年以来光伏发电快速增长，2013 年装机容量 3590 万千瓦，超过风电装机成为最大装机规模可再生能源发电技术，发电量 300 亿千瓦时。然而，受 2012 年修订的《可再生能源法》（EEG）对光伏支持政策力度减弱的影响，2013 年光伏

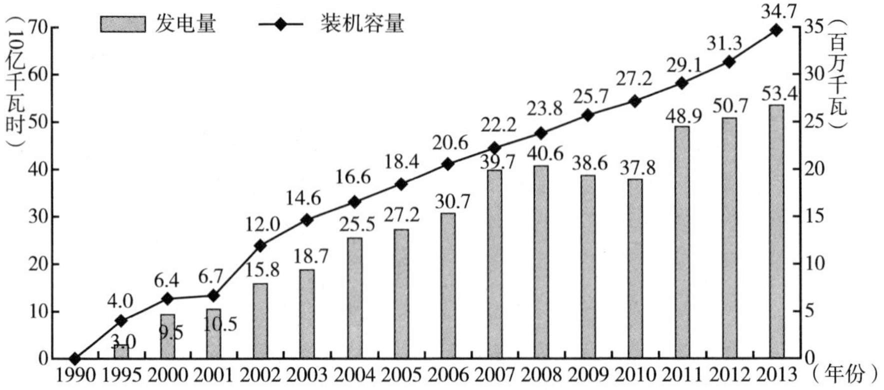

图4　风电历年发展情况

资料来源：Federal Ministry of Economic Affairs and Energy，“Development of Renewable Energy Sources in Germany 2013”。

装机增长速度明显低于2011年和2012年，新增规模仅330万千瓦，显著低于2011年的740万千瓦和2012年的760万千瓦（见图5）。预计未来几年，受《可再生能源法》进一步减少对光伏补贴金额支出的影响，德国光伏装机增速将逐步趋缓，进入平稳增长阶段。

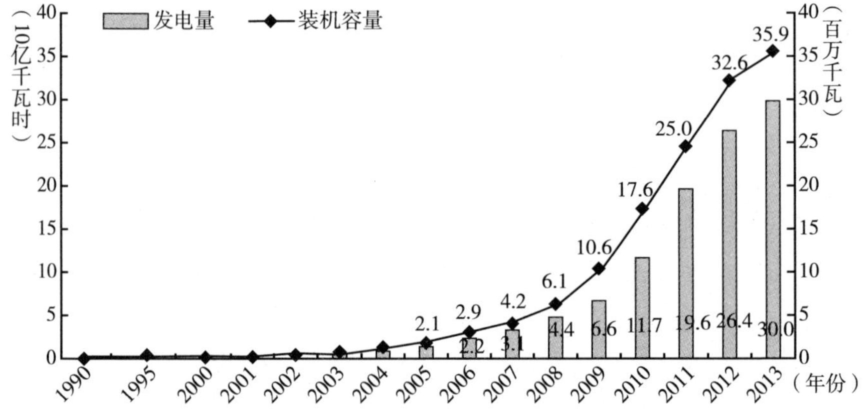

图5　光伏发电历年发展情况

资料来源：Federal Ministry of Economic Affairs and Energy，“Development of Renewable Energy Sources in Germany 2013”。

德国的生物质能发电保持平稳增速，2013年装机容量达到810万千瓦，发电量479亿千瓦时。

五　德国可再生能源发展展望及对我国的启示

为有效控制能源和电力成本，欧盟《导则》敦促各国改革政策方向，将可再生能源行业起步之初的大力补贴转变为逐步提高政策效率、促进稳步增长已成为大势所趋。欧洲可再生能源发展将进入“政府有限支持（固定补贴）+参与市场竞争”的阶段。德国将可再生能源定位为未来能源系统的主要发展方向，固定电价政策的实施取得了较好效果，可再生能源发展全球领先。但在市场进入规模化发展阶段、政策成本快速增加的背景下，可再生能源必然逐步走向市场竞争。以市场电价结合固定补贴的政策机制，既发挥了市场竞争机制作用，又保留了政策支持的灵活性，是新一轮政策改革的方向。①

但是，国家层面的政策出台还将经历复杂的立法和博弈过程。德国 EEG 修订案补贴水平和“廊道”机制也可能经过不断修改。

受政策改革影响，德国可再生能源发电行业发展将整体趋缓，特别是陆上风电和光伏发电增长速度将明显低于前一阶段（前十年特别是前五年），这一趋势在 2012 年和 2013 年发展情况中已经表现出来。德国水电资源已经基本开发完毕，将不再增加，保持在 600 万千瓦以内。生物质发电和液体燃料生产行业还略有增长空间，但增长速度将保持近年水平，仅略有平稳增加。海上风电是唯一有别于整体降速趋势的行业，按照德国政府规划和政策措施规定，海上风电将在有控制的前提下进入较快增长阶段。

德国大幅调整可再生能源政策表明，可再生能源不再是多多益善，而且可再生能源发展不能搞“大跃进”，也不能脱离整个能源系统。德国的可再生能源发展经验和政策调整，对我国发展可再生能源事业有以下几点启示。

（一）可再生能源并非越多越好

德国的经验表明，大规模接纳可再生能源可能导致不可预料的后果，包括高电价、对传统能源的挤出效应，从而威胁电力系统的可靠性，并对电力市场造成颠覆性影响，最终使可再生能源产业因为不可持续的发展途径而受伤害。制定合理的可再生能源的发展目标，并加以恰当的控制，可以避免新能源发展大起大

① 丹麦已于 2011 年在部分可再生能源领域将固定电价改为固定补贴政策；英国也从 2013 年开始推出电力市场改革方案，计划实施差价合约政策（CfD）。

落，这对于新能源的健康发展非常必要。该目标可以和政策挂钩，并根据进度对政策进行调整。

（二）发展可再生能源并非越早越好

由于新能源成本不断降低，新能源发展面临着选择时点的问题。发展新能源过早，就会使消费者长期承受过高的电价。因此，对于市场还没有成熟、成本还有相当下降空间的技术来说，如不考虑气候变化的时间成本，等到技术相对成熟时再发展会更加经济合理。这样，可以避免让消费者被锁入长达20年的高价期。对于那些产业基础薄弱，不容易形成技术和产品优势的国家，推迟发展可能更加理性务实。但是对于早发展的技术，比如海上风电，则可能会形成技术或产品优势，从而带来新的经济增长方式和就业机会则另当别论。

（三）FIT有效力也有局限性

FIT（Feed-in-Tariff）适用于市场引入阶段，有利于克服初始发展时期的成本障碍，促进可再生能源快速发展。但是，如果调整的步伐与可再生能源成本下降的步伐不能保持一致，则可能会导致过高的利润，从而使得新能源的发展失控。而这种失控会让消费者或者财政背上不合理的负担。现实中由于FIT通过行政手段进行管理，很难及时根据技术和市场情况进行合理的调整。因此，在技术和市场成熟后，拍卖和竞标等市场手段更有利于形成市场价格，控制发展规模。如果由于现实条件限制，必须要采用FIT的话，则必须辅以补贴递减机制。有研究认为，德国有效、自动和透明的FIT递减机制使德国避免了重蹈西班牙和意大利太阳能发电泡沫破裂的覆辙。

（四）要控制好可再生能源的补贴成本

主要是控制好能源补贴的程度。如果成本失控，从中长期来说，会危及可再生能源的发展。在选择资源种类和开发技术的优先级的时候，要考虑成本优势。在有多种选择的情况下，应该优先发展低成本的资源。同时，支持政策要考虑不同成本情形下的稳健性，尽可能避免出现意外后果。值得注意的是，影响可再生能源成本的因素，除技术外，还有汇率变动、项目融资成本变动等。

（五）可再生能源成本的分担机制，要兼顾公平和效率

在公平原则下，各类用户都需要分担成本。从效率上看，高耗能用户可能要

获得适当的减免，从而保证其国际竞争力。但是，对适用减免政策的企业的界定要从严掌握，避免形成过度补贴，从而向其他消费者转移过多的成本。

（六）在发展新能源的同时，也需要对传统能源发电能力加以保护

在没有确立如何对传统的发电能力予以恰当补偿的前提下，过分发展可再生能源，会阻碍甚至危及这些作为必要补充的传统电力生产能力的发展，进而会危及电力系统的可靠性。在无核化的大背景下，传统发电事业发展的不断放缓令人担忧。

（七）电力批发市场机制要做相应调整，以适应可再生能源带来的挑战

受益于大量补贴政策的可再生能源以低价进入批发市场，导致德国电力批发价格降低到传统发电难以生存的水平，传统能源发电的发展计划被延迟，甚至导致装机量降低。另外，由于可再生能源的不确定性，需要大量的传统发电能力作为补充。因此，2014 年的政策调整，增加了可再生能源企业直销电的责任，使新能源企业直面需求，减少其在批发市场倾销的可能性。需要进一步研究适合传统发电企业的补偿机制，以保持各类发电能力的均衡发展。

（八）地区一体化的电力市场可以强化可再生能源的入网

地区一体化的电力大市场为可再生能源提供了灵活性。如果没有一体化大市场，可再生能源可能需要降低装机容量，甚至在很多情况下不得不选择弃电。同时，一体化的电力大市场也有可能使可再生能源的波动性被输出到其他国家，影响他国电力系统的可靠性。

B.12

中国的可再生能源政策：挑战与政策建议

姜鑫民*

摘　要：本文主要介绍了20世纪70年代、80年代后期以及90年代以来中国出台的涵盖风电、光伏、地热能和海洋能等领域的可再生能源政策，中国的可再生能源产业发展所面临的挑战，推动中国可再生能源产业发展的政策建议。

关键词：可再生能源政策　挑战　政策建议

在《可再生能源法》及各种相关政策的推动下，中国太阳能、风能、生物质能等各类可再生能源发展迅速。无论是装备制造能力，还是产业规模，都在迅速壮大，并逐渐走向世界。

截至2013年底，中国可再生能源发电总量达到10853亿千瓦时，在全国总发电量中占比达到20%，可再生能源电力装机达到3.8亿千瓦，同比增长17%，占全国总装机容量的30%。其中，水电2013年新增电力装机2993万千瓦，累计装机2.8亿千瓦，较上年同期增长了13%，年发电量8963亿千瓦时；并网风电新增装机1450万千瓦，累计装机7716万千瓦，较上年同期增长了23%，年发电量1349亿千瓦时；并网太阳能发电新增装机1200万千瓦，累计装机1800万千瓦；生物质能发电装机新增装机100万千瓦，累计装机850万千瓦；地热能海洋能发电装机3万千瓦，年发电量1.5亿千瓦时。生物燃料方面，固体成型燃料生产量600万吨，燃料乙醇利用量210万吨，生物柴油利用量40万吨。如果计入供热、供气、太阳能热利用等非商品化的可再生能源利用量，可再生能源年利用量总计达4.05亿吨标准煤左右，约占当年一次能源消费总量的9.3%。

* 姜鑫民，经济学博士，副研究员，国家发展和改革委员会能源研究所经济中心副主任。

2013 年，中国可再生能源利用相当于减少了大约 9.7 亿吨二氧化碳的排放，对减轻中国环境污染发挥了一定的作用，同时也为减缓全球气候变化做出了巨大贡献，为中国参加全球气候谈判争取了主动。由于风能、太阳能等自然资源转化为高品质能源的过程具有产业链长、跨领域等特点，相关产业的发展也给我们国家带来了良好的社会效益。

2013 年，仅风电行业就提供了大约 12 万个工作岗位，带动了制造、流通、金融、保险和教育等一系列相关产业的发展。中国发展可再生能源的决心、行动和取得的成就均在世界范围内树立了良好的形象，中国在可再生能源领域的影响已开始波及全球。未来，伴随着产业规模逐年扩大，中国可再生能源产业必将在促进经济结构调整、增加就业、保障能源供给、节能减排和减缓气候变化等多方面发挥更加积极的作用。

一　中国可再生能源政策

中国可再生能源政策涵盖了风电、光伏、地热能和海洋能等多个领域。其中风电政策主要侧重促进风电并网消纳与产业质量监督管理；光伏发电政策主要围绕国内市场的发展情况，适时调整电价政策和财税办法；地热能政策则主要侧重宏观规划和市场培育；海洋能政策主要明确前沿技术研发和试验探索为远期产业化提供技术支持。

我国早期的可再生能源开发和利用主要是解决农村能源短缺问题。20 世纪 70 年代，我国大力推出农村省柴灶、农村户用沼气以及小水电开发等支持政策，促进农村地区的可再生能源建设。这些政策和措施的出台，使我国在可再生能源开发利用方面得到了很大程度的发展，在农村沼气灯技术、小水电和太阳能热利用等领域处于世界领先水平。80 年代后期，中国在风力发电、太阳能发电以及生物液体燃料方面的投入明显增加，在可再生能源技术研究、利用和开发方面有了一定的发展。90 年代以来，我国政府出台了一系列的方针和政策，大力促进可再生能源技术的发展，归纳起来有以下几点。

（一）支持性的法律法规

中国最早的《电力法》《节约能源法》《大气污染防治法》等法律，对清洁能源和可再生能源的开发利用做出了很大的支持性的原则规定。

为鼓励可再生能源发展，国务院有关部门出台了一系列的行政法规鼓励和支持强制上网，并给予相应的经济激励。这一系列支持性的法律法规包括《当前国家重点鼓励发展的产业、产品和技术目录》《国家能源技术政策》《并网风力发电的管理规定》《关于进一步支持可再生能源发展有关问题的通知》等行政文件。《可再生能源法》中，重点强调对可再生能源的开发和利用，以实现增加能源供应、改善能源结构、保障能源安全、保护环境，实现经济社会的可持续发展目标。同时，全国人大和国务院正在筹划一些具体措施，其中主要包括可再生能源发电上网、费用分摊、固定电价、专项资金、标准规范、税收和信贷政策等。

（二）财政补贴

中央和地方政府对可再生能源的开发利用给予较大幅度的财政补贴，其中主要对象包括：农村户用沼气设施的建设、农村小水电站的建设、小型风力发电设施和边远地区的太阳能发电设施等。在可再生能源开发利用方面，三峡电站的建设得益于通过财政筹集的上百亿元的三峡建设基金。另外，在 2002 ~ 2003 年实施的“送电到乡”工程中，中央和地方财政共投入 40 多亿元资金用于无电地区 1000 多个乡（镇）的风力发电、太阳能发电和小水电建设，40 多万人的生活用电得以解决。同时，地方政府加大对可再生能源的补贴力度，青海、新疆、内蒙古等地对农牧民购买小型风力发电系统和太阳能光伏发电系统每套财政补贴 100 ~ 300 元。

（三）研发扶持

为支持和鼓励可再生能源的产业化发展和技术研发，中央政府通过实施“973”计划和“863”计划等国家级科技创新计划，划拨专项资金支持各地的风能、生物质能、太阳能、海洋能和地热等可再生能源的开发和利用。近年来，国家通过产业化发展专项政策扶持可再生能源，分别设立了大型风力发电装备、太阳能热水器、太阳能光伏调查等可再生能源产业化发展项目，并且初步奠定了我国在可再生能源产业化发展领域的基础。

（四）税收政策

我国在扶持可再生能源开发利用方面，尚未通过税收政策发挥太大的作用，只在个别领域有一些体现，包括对国内部分不具备生产能力的可再生能源零部件和发电设备实行低税率和免税，如光伏电池、大型风力发电设备和关键部件进口等。很多地方政府对可再生能源的开发和利用都提供了优惠的税收。例如，广东省规定，自2000年起全部返还可再生能源项目还贷期所得税；内蒙古、新疆等地方政府按高新技术产业对可再生能源生产企业减免所得税。但是，上述支持可再生能源发展的税收政策手段与发达国家尚有很大的差距，即使与巴西、印度等发展中国家相比也有一定的距离。

（五）价格政策

在风力发电方面我国初步制定了一些具体政策，但通过其他价格杠杆支持的政策并不多。1994年，中国原电力部对风电上网要求电网管理部门允许风电场收购全部电量，按合理利润、发电成本加还本付息的原则确定上网电价，高出电网平均电价部分，其价差采取均摊方式由全网共同负担，1999年国家发展和改革委员会和其他相关部门对该项政策加以确认。2005年3月28日，国家发展和改革委员会发布的《上网电价管理暂行办法》规定：由电网企业对地热、风电等可再生能源、新能源发电企业生产的电量按照招标价格或者政府定价优先购买，暂不参与市场竞争。供电企业售电量中可再生能源和新能源电量所占比例由政府规定，并且将逐步建立可再生能源和新能源的竞争性市场。

（六）投资政策

中央政府除经费支持可再生能源示范项目建设、研究开发和关键设备制造的产业化外，还通过发行国债支持可再生能源的开发利用。使用第四批国债专项资金建设的原国家经贸委的国债风电项目是利用国债专项资金建设风电项目的典型案例，国家风力发电机组示范电站建设项目，已被纳入国家重点技术改造项目计划。此外，中央政府安排一部分低息贷款支持小水电建设，同时设立农村能源专项贴息贷款，用于太阳能利用技术、小型风力发电和推广应用大、中型沼气工程。此外，中国还利用国外的优惠贷款支持可再生能源项目，双边和多边援助的优先领域中已纳入可再生能源产业。

（七）规划和计划支持

中国政府较早地进行了发展可再生能源的规划，其中包括制定《全国推广户用沼气规划》，在《农村电气化规划》中考虑农村能源综合规划和小水电规划等；1996年，原国家科委、原国家计委和原国家经贸委联合制定了《2010年中国新能源和可再生能源发展纲要》；最近国家发展和改革委员会完成了《可再生能源中长期发展规划》；在国家各五年计划及原国家计委的“光明工程”“乘风计划”，原国家经贸委的“双加工程”和国债项目，国家科技部的“科技攻关计划”和“863”计划中，都包含可再生能源的研发内容。

2013 年国家出台的可再生能源相关法规如下：

2013 年 1 月，政府公布了《关于促进地热能开发利用的指导意见》，这宣布中国地热能开发利用规模化发展正式提上日程。该文件明确提出，到 2015 年基本查清全国地热能资源情况和分布特点，并且初步建立国家地热能资源数据和信息服务体系。目前，全国地热供暖面积达到 5 亿平方米，地热发电装机容量达到 10 万千瓦，年地热能利用量达到 2000 万吨标准煤，逐步形成地热能资源评价、开发利用技术、关键设备制造、产业服务等比较完整的产业体系。

2013 年 2 月和 3 月，政府相关部门相继出台《关于做好 2013 年风电并网和消纳相关工作的通知》和《国家能源局综合司关于做好风电清洁供暖工作的通知》，加大力度推行和创新管理运行模式，旨在解决“弃风限电”这个顽疾，为风电产业健康发展提供良好的市场空间。

2013 年 8 月，国家发展和改革委员会发布《关于发挥价格杠杆作用 促进光伏产业健康发展的通知》，将光伏上网电价由原来的 1 元/千瓦时和 1.15 元/千瓦时标准，根据全国划分的三类太阳能资源区，分别调整为 0.9 元/千瓦时、0.95 元/千瓦时和 1 元/千瓦时的标杆上网电价。并且该通知非常明确地提出该政策 20 年不变。政府还将对分布式光伏发电实行按照全电量进行补贴的鼓励政策，电价补贴标准为 0.42 元/千瓦时。

2013 年 12 月，《海洋可再生能源发展纲要（2013 ~ 2016 年）》（以下简称《纲要》）出台，明确了中国海洋能发展的五项重点任务，提出五项保障措施，推动海洋能规模化产业化发展。《纲要》提出，中国将在 2016 年建成具有公共试验测试泊位的波浪能、潮流能示范电站，以及国家级海上试验电场，为中国海洋能产业化发展准备了坚实的技术基础和支撑保障。

2013 年中国出台的促进可再生能源发展的政策如图 1、表 1 所示。

《可再生能源法》规定，对于电网企业按照以上网电价收购可再生能源电量所产生的额外成本，政府将通过在全国范围内征收的可再生能源电价附加予以补偿。可再生能源电价附加是为扶持可再生能源发展而在全国销售电量上均摊的加价费用。为了满足可再生能源发展的需要，2013 年 9 月，可再生能源电力附加进行了第五次调整，确定为 1.5 分/千瓦时（见图 2）。根据测算，该附加可以基本满足 2015 年前可再生能源发电技术发展的需要。

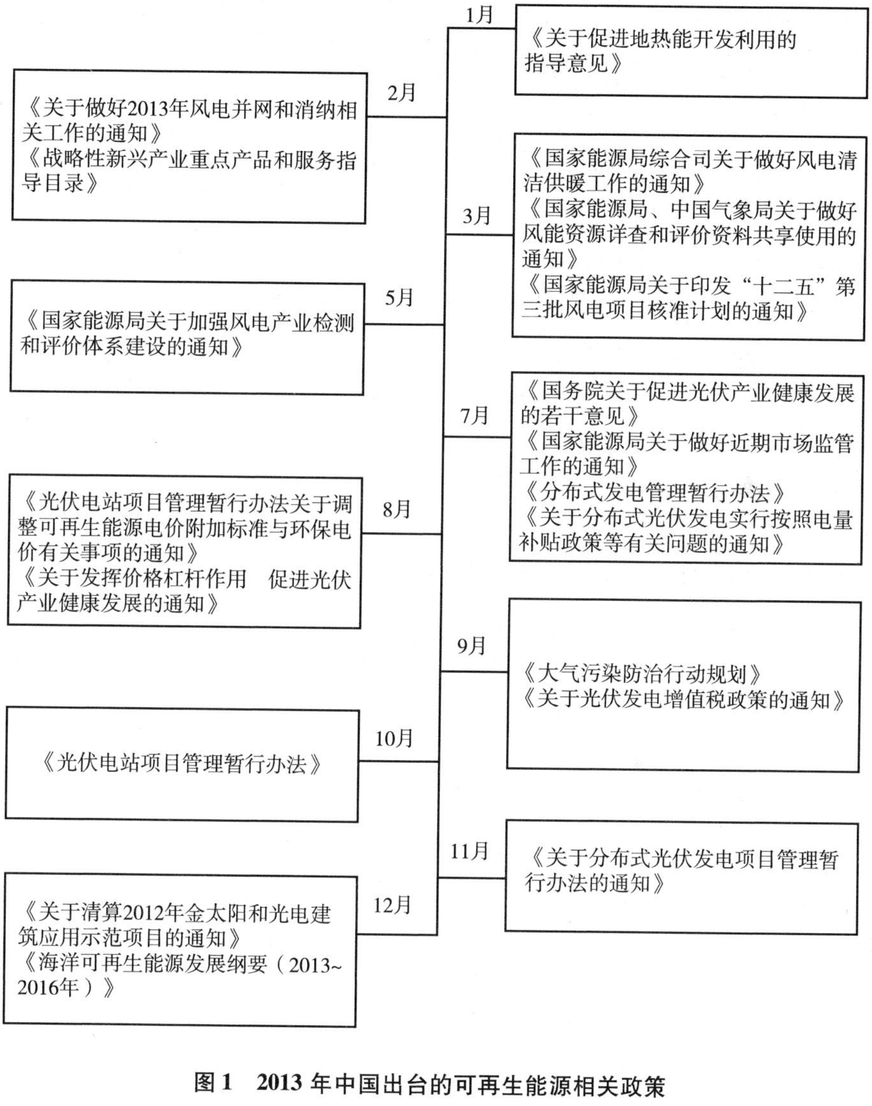

图1　2013年中国出台的可再生能源相关政策

表1　可再生能源发电固定电价政策概览

	颁布时间	颁布法规	电价政策
风电	2006年1月4日	《可再生能源发电价格和费用分摊管理试行办法》	招标电价＋核准电价
	2009年7月20日	《关于完善风力发电上网电价政策的通知》	四类风电标杆上网电价：分别为0.51元/千瓦时、0.54元/千瓦时、0.58元/千瓦时、0.61元/千瓦时

续表

	颁布时间	颁布法规	电价政策
太阳能光伏发电	2006 年 1 月 4 日	《可再生能源发电价格和费用分摊管理试行办法》	项目定价:合理成本 + 合理利润
	2011 年 7 月 24 日	《关于完善太阳能光伏发电上网电价政策的通知》	标杆上网电价:按照相关规定执行 1.15 元/千瓦时或 1 元/千瓦时
	2013 年 8 月 6 日	《关于发挥价格杠杆作用　促进光伏产业健康发展的通知》	标杆上网电价:0.9 元/千瓦时、0.95 元/千瓦时和 1 元/千瓦时,执行期限为 20 年
生物质发电	2006 年 1 月 4 日	《可再生能源发电价格和费用分摊管理试行办法》	0.25 元/千瓦时; 2010 年起,每年递减 2%
	2010 年 7 月 18 日	《关于完善农林生物质发电价格政策的通知》	标杆上网电价:0.75 元/千瓦时(含税)
	2012 年 3 月 28 日	《关于完善垃圾焚烧发电价格政策的通知》	生活垃圾每吨折算上网电量暂定为 280 千瓦时,标杆电价 0.65 元/千瓦时(含税,下同);其余上网电量则执行当地同类燃煤发电机组上网电价

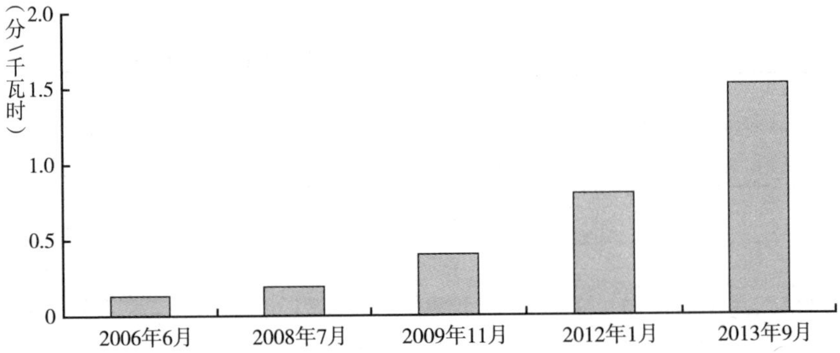

图 2　可再生能源发电附加的演变

二　中国可再生能源产业发展面临的挑战

尽管中国可再生能源发展取得了突出的成就，在多方面开始发挥积极作用，但在产业快速发展过程中可再生能源也开始面临着诸多问题与挑战。

（一）限电问题日益突出

2013 年，中国风电场由于“弃风限电”而损失的电量高达 163 亿千瓦时以上，占风电全部发电量的11%左右。随着光伏电站数量的快速增加，更加剧了限电形势，不仅大大降低了发电企业的经济效益，同时也造成了大量的绿色能源的浪费，同时也挫伤了投资者的积极性。

（二）政策执行缺乏刚性

尽管《可再生能源法》对全额保障性收购制度和强制上网制度予以确定，但这些制度在执行过程中缺乏执行刚性，造成制度难以落实，直接后果造成了中国近几年日益严重的所谓“弃风”、“弃水”和“弃光”。

（三）政令出自多个部门，严重影响政策的执行效果

可再生能源管理职能分布在科技、发改、农林、财政、水利等多个政府部门，这些部门从自己的职能角度出发制定政策，相互之间缺少沟通与协调，各类政策在实施中出现严重冲突，使政策的执行效果大受影响。

（四）规划出台滞后，且与其他相关规划之间协调性不足

由于各种因素，政府没有及时颁布《“十一五”可再生能源发展规划》和《“十二五”可再生能源发展规划》，这种情况在一定程度上没有起到指导产业发展的作用。规划之间协调性不足则主要表现在两个方面：一方面是与其他相关行业规划协调性不足，如电力和能源规划，电源配置和电网建设配置等都没有充分考虑可再生能源发电发展规模和布局的需要，造成中国可再生能源发电难以外送及并网难的尴尬局面；另一方面，中央和地方政府相关规划目标之间的协调性不足，地方规划目标普遍高于国家规划目标，造成产业发展无序、项目盲目布局、同业间恶性竞争等现象，甚至出现了以各大开发商“圈风”“圈水”“圈秸秆”为特征的圈地运动。

（五）补偿资金不足仍将困扰产业的发展

在可再生能源专项资金转为可再生能源基金以后，由于缺乏新的资金来源，可再生能源补贴资金的缺口不断扩大。尽管后来提高了可再生能源发电附征收标准，暂时缓解了资金紧张局面；但从长远来看，如果延续现有的补偿机制不变，中国可再生能源产业发展仍将面临资金不足问题，且将该问题发展成一种制约产业发展的常态化因素。

三　推动中国可再生能源产业发展的政策建议

从国内来看，自改革开放以来，中国经济保持了长期较快发展，但粗放的发展方式和“以需定供”的能源供应模式导致国内能源开发利用规模急剧扩大，能源资源、能源安全、能源效率、能源环境、温室气体排放等问题空前凸显，在经济社会发展方面表现为不平衡、不协调和不可持续。

为此，党中央在十八大报告中明确提出，将生态文明建设放在突出地位，并融入中国经济建设、政治建设、文化建设、社会建设的全过程当中。生态文明建设为可再生能源的发展提供了新的机遇，构建中国新型能源体系，实现安全、经济、清洁的再生能源产业，成为中国实现经济社会可持续发展的必然选择。

为加快推进中国可再生能源发展，特提出相关政策建议。

（一）加快推动可再生能源规模化，应对以煤炭为主的能源消费结构所带来的生态环境问题

中国长期以来形成了以煤炭为主的能源消费结构，对生态环境和大气环境已经造成严重污染和破坏。中国只占全球19%的人口却消耗了全球55%的煤炭。中国煤炭产能截至2012年底已接近40亿吨，约占世界的一半；煤炭年消费量达到39.2亿吨；煤电装机占电力总装机容量的66%。建设生态文明和美丽中国，需要从源头上改变以煤炭为主的能源消费结构，控制和削减煤炭和能源使用量，大力发展以可再生能源为主的各类清洁能源。

（二）构建以可再生能源为主的低碳能源系统，以解决大量消耗化石能源所导致的二氧化碳排放量持续增长所带来的一系列问题，并应对气候变化带来的压力

在哥本哈根气候大会以来，国际社会已基本达成共识，力争到2050年将全球气温升高幅度控制在2℃以内。为此，全球温室气体排放必须在2020年左右达到峰值，到2050年时较1990年相比减少幅度达50%。届时，发达国家必须实现减排80%的任务，发展中国家也必须承担相应的减排责任。

中国是受气候变化所产生灾害最显著的国家之一，也是全球温室气体排放量最大的国家。中国工程院研究报告（2011）指出，2005年中国二氧化碳排放总量为59.76亿吨，其中能源活动的二氧化碳排放为54.04亿吨，占全国总排放量

的 90%。国家发展和改革委员会能源研究所分析认为：2011 年中国利用能源而导致二氧化碳排放快速增加到 78.15 亿吨，人均排放超过 5 吨，已高于世界平均水平。中国提出 2020 年单位国内生产总值二氧化碳排放比 2005 年下降 40% ~ 45%。但是届时化石能源产生的二氧化碳排放量仍将快速增加到 100 亿吨左右。国家发展和改革委员会能源研究所低碳发展课题组的情境分析结果认为：中国二氧化碳排放必须在 2020 ~ 2025 年达到峰值，在 2050 年实现大幅下降。

（三）加大一次能源消费总量中可再生能源的比重，以应对中国化石能源资源供应压力及制约，适当缓解中国能源安全所面临的严峻形势

中国煤炭、石油和天然气的人均占有量仅为世界平均水平的 67%、5.4% 和 7.5%。并且由于煤炭资源地质开采条件较差，石油天然气资源地质条件复杂，埋藏深，勘探开发技术要求较高，非常规能源资源勘探程度低、经济性差，造成能源资源分布不均，勘探开采运输难度较大。据相关研究成果，在各地区水资源和生态环境约束条件下，中国最大煤炭产能为 33.6 万吨。石油稳产增长压力十分巨大，天然气和非常规天然气的开发条件相对不足。随着经济社会发展和人民生活水平的提高，未来能源消费还将大幅增长，化石能源资源供应压力和制约不断加剧。此外，石油等常规能源进口依存度大幅增加，使能源供应安全风险日益加大。中国石油对外依存度已从 2000 年的 32% 升至 2013 年的 57%，其中中国石油进口的 80% 经过马六甲海峡，约 38% 经过霍尔木兹海峡，海上运输安全风险增加。随着国际能源需求增加和资源争夺加剧，再加之全球政治环境变化，中国未来的能源安全形势十分严峻。因此，提高中国可再生能源在一次能源总量中的比重，也是客观需要。

（四）转变能源生产和消费模式，以清洁低碳的可再生能源满足更高的能源需求，实现经济社会发展的既定目标

中国已确立了 2020 年全面建成小康社会、到 21 世纪中叶人均国内生产总值达到中等发达国家水平的目标。在可预见的未来，继续推进工业化、城镇化和现代化建设，能源需求量还将持续增加。即使以目前世界最先进的能效水平实现现代化，中国能源需求总量仍将大幅增长。因此，尽快控制和转变能源消费模式，显著提高以清洁、低碳和可再生能源为特征的能源开发利用势在必行。

B.13

日本的可再生能源政策：特点与趋势

李 贺*

摘 要： 介绍了第一次石油危机之后日本可再生能源政策的变迁，总结了日本可再生能源政策的特点，分析了未来日本可再生能源政策的发展趋势。

关键词： 日本可再生能源政策 变迁 特点 趋势

一 日本可再生能源政策的变迁

第一次石油危机爆发以后，单纯依靠石油作为经济发展所需的能源基础的模式开始暴露出弊端，日本意识到必须开发石油以外的能源。于是，日本陆续开始开发核能利用技术、节能技术等，并于1974年发布旨在促进新能源发展的“阳光计划”。这标志着日本可再生能源政策的开端。

第二次石油危机的爆发使日本政府进一步认识到能源结构单一所带来的危害，更加注重石油替代能源的开发，并出台《关于促进石油代替能源的开发和导入的相关法令》，重点在于核能、天然气以及海外煤炭的开发。但该法再次强调了新能源开发的重要性。

20世纪90年代以后，地球温暖化成为普遍关注的世界环境问题。因此，减少温室气体排放变得尤为重要，作为对环境污染极低的新能源尤其是可再生能源的开发更加受到关注。随着可再生能源技术的开发，可再生能源也从研发阶段进入到小规模的普及阶段。为促进可再生能源的普及，1993年日本政府发布《新阳光计划》，鼓励加速对光电池、燃料电池、深层地热、超导

* 李贺，经济学博士，研究方向为能源经济、环境经济、产业政策，就职于中国信息通信研究院。

发电等的开发利用。之后，日本政府又相继颁布了《新能源发展大纲》《关于促进新能源利用的特别措施法》《关于电力企业利用新能源等的特别措施法（RPS 法）》《新能源产业化远景构想的远期战略计划》《新国家能源战略》。

2011 年福岛核泄漏事故后，日本开始了脱核化，导致能源自给率由 2010 年的 19.9% 下降到了 7.8%。为进一步提高能源自给率保障能源安全，日本政府转而强化发展可再生能源，并于 2012 年实施了《可再生能源固定价格收购制度（FIT）》（见表 1）。

表 1　日本可再生能源政策变迁

面临形势	政策
1973 年第一次石油危机	1974 年实施“阳光计划”，出台了最初的新能源政策
1979 年第二次石油危机	1980 年出台了《关于促进石油代替能源的开发和导入的相关法令》，再次强调了新能源的重要性
1992 年以后地球温暖化	1993 年《新阳光计划》 1994 年《新能源发展大纲》 1997 年《关于促进新能源利用的特别措施法》（1999 年、2001 年、2002 年进行了三次修订） 2002 年《关于电力企业利用新能源等的特别措施法（RPS 法）》 2004 年《新能源产业化远景构想的远期战略计划》 2006 年《新国家能源战略》
2011 年日本福岛核事故以后	2012 年《可再生能源固定价格收购制度（FIT）》

资料来源：相关资料整理。

二　日本可再生能源政策的特点

（一）支持光伏发电市场

日本大力发展太阳热能发电（利用家庭热水发电）、光伏发电、风力发电、地热发电、生物质能发电、潮汐能发电等可再生能源利用技术。其中，在风力发电方面，由于日本台风较多、加上发电设备本身噪声大等问题，很难找到适合安装风力发电设施的地点；地热方面，虽然潜力很大但考虑到对旅游度假以及公园景观的影响，因此开发也面临较多困难；在生物质能发电方面，也存在资源量少、大量供给比较困难等限制，目前只能建设一些自产自销的小规模项目；潮汐发电还处在试验阶段，尚不具备普及条件。因此，日本的可再生能源发展策略选择以光伏发电为主。为推动光伏发电市场的建立，如表2所示，日本政府实施了的一系列支持政策。其中，2009年以前，主要是对使用住宅用光伏发电设备的用户进行补助为主，补助金额相对较低；2009年开始提高补助金额，以促进扩大非住宅用光伏发电市场规模；2012年进一步提高补助力度，开始实施固定价格收购制度，旨在进一步扩大中大规模非住宅用光伏发电市场。

日本政府支持光伏发电的政策取得了显著效果。从日本可再生能源使用量（见图1）来看，2003～2013年之间，日本可再生能源市场的成长基本上依赖光伏发电市场的增长，尤其在实施固定价格购入制度以后的2013年，与前一年比增长率达到32%。由此可见，日本可再生能源政策对支持光伏发电的力度之大。此外，由于德国代表的发达国家、中国代表的发展中国家等国在光伏产业方面迅速发展，为了保持日本光伏产业世界竞争力，2004年，NEDO即（独立行政法人）新能源·产业技术综合开发机构制订了名为“太阳光发电路线图（PV2030）”计划，2009年修订为“太阳光发电路线图（PV2030+）”计划，2014年又发布了《太阳光发电开发战略》（NEDO PV Challenges）等一系列发展蓝图。

表2　日本支持光伏发展政策汇总

年份	机关	名称	内容
1994～2005	新能源财团(NEF)	住宅用太阳能发电导入事业	最初实施了定额的补助，随后实施了每千瓦的定额补助制度
2008年11月至今	太阳光发电协会	住宅用太阳能发电补助制度	7万日元/千瓦
1992～2009	电力公司(自主购买)	剩余电力购入清单	住宅用剩余电力购入单价与电价一致
2009年至今	电力公司(义务购入)	新太阳能发电收购制度	家庭用剩余电力由电力公司购买，价格为48日元/千瓦时
2012年至今	电力公司	固定价格收购制度	收购价格为每42日元/千瓦时

资料来源：根据日本经济产业省相关资料整理。

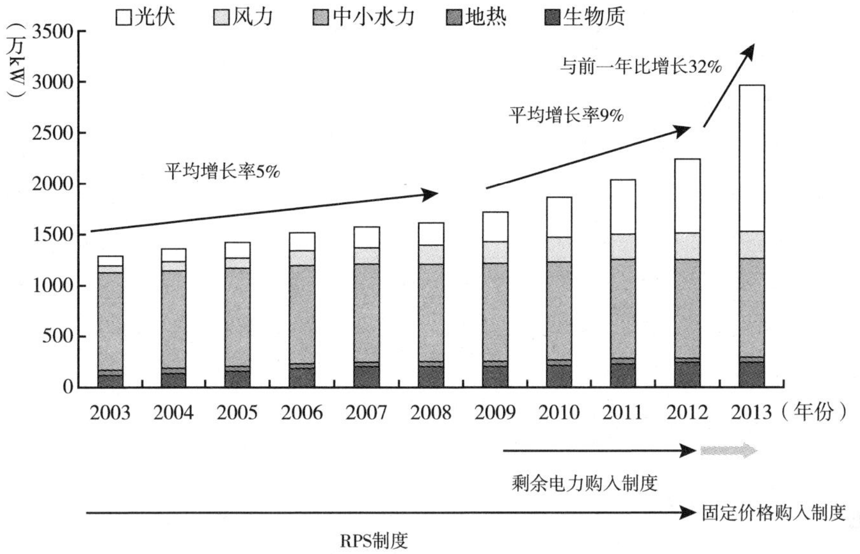

图1　日本可再生能源导入量推移

资料来源：日本经济产业省资源能源厅。

（二）注重可再生能源技术的开发与实际应用

日本是一个非常重视技术开发的国家，为使可再生能源在价格方面具有竞争力并达到普及化程度，日本政府一直致力于促进可再生能源技术的开发。为鼓励开发可再生能源技术，日本政府1980年成立了NEDO，即（独立行政法人）新能源·产业技术综合开发机构。该机构是日本政府支持新能源技术开发的重要部门，通过委托企业与研究机构以实现可再生能源技术的开发与普及。经过多年的发展，日本已经成为世界上可再生能源技术水平最高的国家之一，尤其是光伏发电技术。截至2014年，日本政府在新能源的研发上累计投入为1613亿日元，其中2013年度日本政府支持可再生能源利用的预算达到683.8亿日元，主要用于包括光伏、风力、生物质、地热四方面的新一代技术开发，对既有技术进行完善以及实际应用等方面（见表3）。通过开发可再生能源的高端技术，大大降低了可再生能源的发电成本（见图2）。例如，日本光伏发电成本由1997年的370万日元/千瓦时下降到2014年的33.4～38.3日元/千瓦时，但与化石燃料发电相比仍然略显劣势，因此尚无法普及。

表 3　2013 年度日本政府支持可再生能源研发的财政预算

单位：亿日元

种类	项目	2013 年度预算
光伏发电	新一代太阳电池开发	23.6
	新一代高性能光伏发电	48.0
	有机太阳电池实用化先导技术开发	22.6
	光伏发电多功能化实证事业	5.0
	光伏发电实用性测试事业	0.6
	前瞻性创造研究・先进的低碳化技术开发	73.5
风力发电	海上风力发电等技术开发	30.0
	风力发电实用化技术研究开发	20.0
	关于风力发电设施防止飞鸟撞击对策	0.4
	海上风力发电实证事业	16.0
	浮体式海上风电场实证研究事业	280
地热	地热发电技术开发事业	9.5
生物质	地球温暖化对策以及技术开发等事业	41.0
	战略性前瞻技术研究开发	73.5
	下水道创新技术实证事业	40.6
总　计		683.8

资料来源：日本经济产业省：《能源白皮书 2014》。

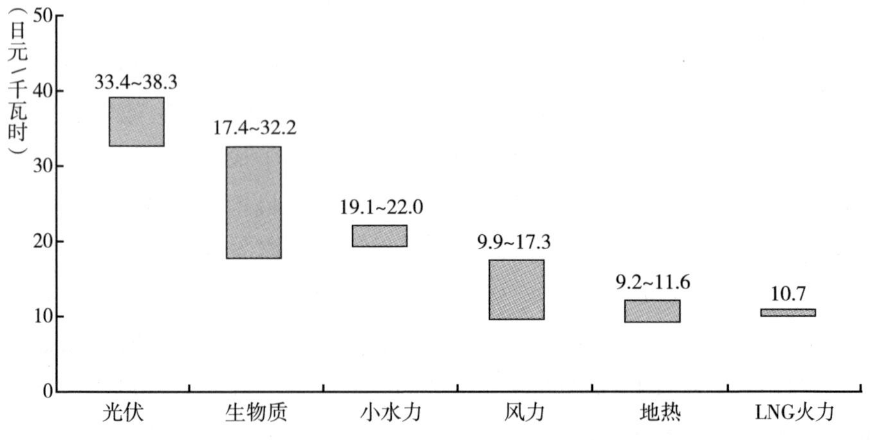

图 2　日本可再生能源发电成本与 LNG 火力发电成本比较

资料来源：《太阳光发电开发战略》（NEDO PV Challenges）。

（三）制定发展战略目标

日本在 2002 年制定了《能源政策基本法》，其中规定：至少每三年制订一次

“能源基本计划”。2010年第三次计划提出，到2030年，日本的能源自给率与化石燃料自主开发比率倍增，自主能源比率要达到70%，核能与可再生能源发电在总发电量中占比要达到70%。第三次基本计划发布后，日本国内能源状况发生了巨大变化，尤其受关东大地震、福岛核事故的影响，日本能源政策面临着重大的调整。为此，2014年发布的第四次能源基本计划提出了新的能源发展战略，强调了彻底实现节能社会，加速可再生能源的利用，提高煤炭火力发电、天然气火力发电的效率等内容。

2009年发布的《长期能源供给预测》称，到2020年日本发电总量中可再生能源占比将达到13.5%（1414万千瓦时）。根据2010年6月“综合资源能源调查会综合部会”下属的“基本计划委员会联席会议”资料《对2030能源供给预测》可知，预计到2030年，日本发电总量中可再生能源占比将达到20%（2140万千瓦时），除生物质能、废弃物发电外，其他可再生能源发电量合计将达到12025万千瓦时。

根据日本经济产业省资源能源厅的资料，截至2014年5月末，最新利用可再生能源发电量达到12995万千瓦时，其中光伏发电为7431万千瓦时，大幅超过原定2030年达到5300万千瓦时的目标。根据表4计算，在目前所有发电设备全部正常运转的情况下，截至2014年5月末日本的可再生能源发电量达2140万千瓦时，已经完成2030年目标的94%。

表4　日本可再生能源发电与国家设定的2030年目标

发电量（发电量占比）	2013年［万千瓦时(%)］	2030年(2030能源供给预测)(A)［万千瓦时(%)］	导入设备全部运转(2014年5月末)(B)［万千瓦时(%)］	与2030年的比较(B/A)
太阳光	92(1.0)	572(5.6)	840(8.2)	147
风力	49(0.5)	176(1.7)	65(0.6)	37
地热	26(0.3)	103(1.0)	37(0.4)	36
水利	800(8.5)	1073(10.5)	822(8.1)	77
生物质・废弃物	37(0.4)	217(2.1)	254(2.5)	117
合　计	1004(10.7)	2140(21.0)	2018(19.8)	94

资料来源：日本经济产业省资源能源厅。

（四）同时培育产业与市场

日本在可再生能源政策方面，不但注重相关产业的培育，同时也十分重视扩大国内市场。日本政府认为可再生能源产业是朝阳产业，通过大力推动可再生能源产业的发展，一方面可以减少化石燃料的使用量、促进能源结构多样化；另一方面还能够刺激日本经济的活力。为培育可再生能源产业的发展，日本政府自 20 世纪 80 年代开始就开始对企业的技术研发进行扶持，培育出一批具有国际竞争力的知名企业，尤其是太阳电池制造企业。在《阳光计划》发布之初，日本通产省（现经济产业省）的工业技术院确定了“能源是国家的问题，不应由民间承担风险”的政策方针。一些企业相信“光伏发电具有潜力”，参加了《阳光计划》，但由于当时市场规模小、产量少，东芝、日立、日本电气（NEC）相继退出了《阳光计划》，只有京瓷、三洋、夏普、三菱电机、富士电机一直坚持这项事业，因而后来日本国内市场几乎由这几家企业占据，甚至成为一段时期内世界太阳电池的主要供应商，在世界上保持了强大的竞争力。这些企业的成功要归功于日本政府的扶持政策。

在培育可再生能源产业的同时，为降低可再生能源发电成本，提高与化石燃料发电的竞争力，扩大可再生能源市场，日本政府对光伏发电同样采取支持政策，包括剩余电力购买制度、固定价格购买制度等经济刺激为主的措施。除此之外，一些民间企业出于社会责任感也会以较高的价格购买此类电力。因此，国家对购买个人光伏发电的企业给予补贴以外，市町村（地方政府）也会给予一定的补助。通过政策导向扩大市场的效果十分显著，日本光伏发电量从 1994 年政府实施支持政策开始到 2013 年的 20 年间（见图 3），日本国内光伏发电量呈持续增加趋势，尤其 2009 年以后增幅显著提高。其中非住宅用仅在 10% ~20% 之间，个人住宅用光伏发电成为主要力量。而到了 2012 年至 2013 年末，总量 8.7 吉瓦光伏发电设备中，74% 为非住宅用光伏发电。

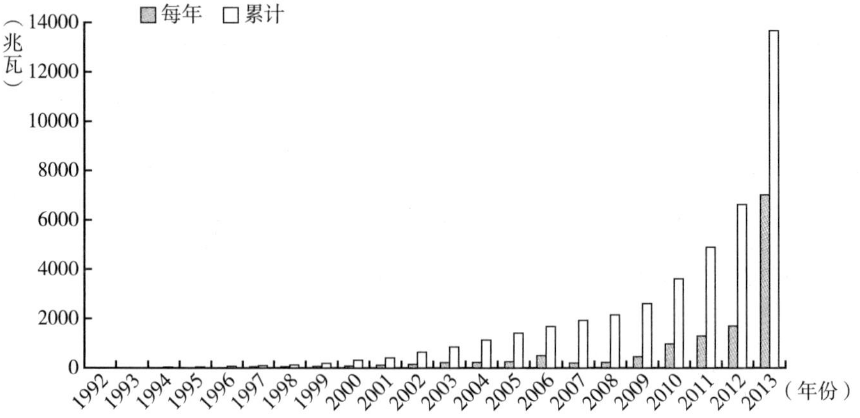

图 3　日本光伏发电并网量发展

资料来源：《太阳光发电开发战略》（NEDO PV Challenges）。

三　日本可再生能源政策的发展趋势

（一）扩大对大规模光伏发电的支持

从2012年实施固定价格购买制度开始，日本政府旨在通过较高的价格激发企业投资可再生能源的动力，从而进一步扩大可再生能源市场，尤其是非住宅用光伏发电的市场规模。从日本光伏发电分类市场累计并网量（见图4）来看，2002年度累计并网量70万千瓦，到2013年度增加到1766万千瓦，而且自2012年开始，非住宅用光伏发电市场开始迅速增长。虽然固定价格购买制度对发展非住宅用光伏发电市场效果显著，但是固定价格过高也遭到了一些专家学者的批评。批评意见认为，如果将这些可再生能源发电量全部购入，极有可能出现电力公司因希望获得高额政府补贴而拒绝购入传统发电的现象。但是，可再生能源发电，其中尤其如光伏发电、风力发电等，具有间歇性特质，会因昼夜、天气变化等因素影响发电量，从而影响整个电力供给系统的稳定。

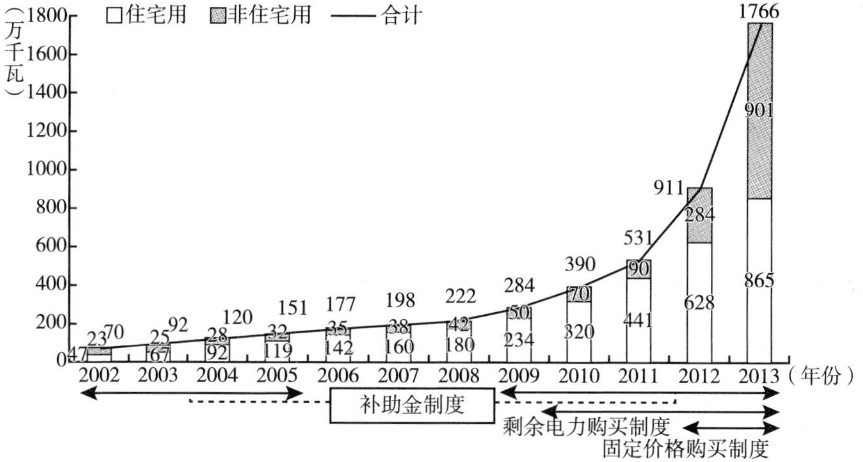

图4　日本光伏发电分类市场累计并网量

资料来源：日本经济产业省资源能源厅。

（二）加快风力发电的开发

与光伏发电相比，风力发电成本更低，欧洲许多国家均大量导入了风力发电，尤其是海上风力发电。目前日本的风力发电量较小，其原因：一方面，日本由于人口密度大而缺少大规模设置风电设备的场地；另一方面，由于夏季台风较多，在海上设置风电设备比较困难。但最近为充分利用海上风力资源扩大风力发电规模，日本正在研发比较强韧的风电技术。从日本可再生能源并网量预测来看（见图5），未来20年日本可再生能源市场将主要以光伏发电和风力发电为主，风力发电市场虽不及光伏发电市场规模大，但增幅也会比较客观。

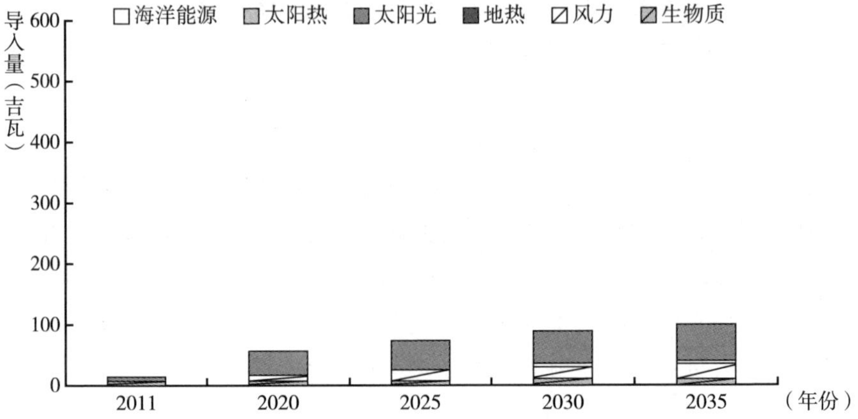

图5　日本可再生能源累计导入量预测

资料来源：*World Energy Outlook 2013*，New Policies Scenario（2013，IEA）。

（三）放松对可再生能源的规制

为大力发展可再生能源以提高本国能源自给率，日本政府对光伏发电、风力发电、地热发电，以及小水力发电的相关政策进行了调整（见表5）。

表5　日本放松对可再生能源规制的内容

种类	内容
光伏发电	①扩大光伏发电设备等电气主任技术者的外部委托认可（承认）范围。2013年6月，经济产业省将光伏发电设备、保安管理业务的外部委托范围由“输出1000千瓦未满”提高到“输出2000千瓦未满” ②放宽电气主任技术者制度兼任条件。2013年6月，经济产业省发布消息称，当同一用地内设置者设置不同的复数设备时，彼此间设备密切关联或者设置者间无资本关联时，要明确保安体制、责任所在等委托契约，以及规范保安规程，满足上述条件时，可兼任关于复数设备电气主任技术者 ③修正关于电气主任技术者的光伏发电设备点检频度。2014年3月，经济产业省发文称当光伏发电设备的保安管理业务委托给外部时，对输变电设备的点检频度，设定保障必要保安水准的最小限度的点检频度

续表

种类	内容
风力发电	简化环评手续。根据《关于发电所设置时环境评价的简略化等联席会议中间报告》（环境省·经济产业省,2012年11月）中记载的关于火力发电厂置换的国家审查具体方案,适用于在规制改革实施计划阁议决定后的风力·地热发电所的审查。此外,2013年6月,经济产业省联合环境省,针对都道府县的环境评价负责布局,发布了《简化风力发电所设置时的环境影响评价审查(技术提言)》
地热发电	修正关于小型地热发电锅炉涡轮机主任技术者选任条件,以及修改小型地热发电锅炉涡轮机主任技术者选任要求。2013年9月,经济产业省修正了利用温泉(100千瓦以下)的地热发电锅炉、涡轮机主任技术者的选任条件、根据3日间讲座的听讲情况,选任锅炉、涡轮机主任技术者
小水力发电	①小型水库水路主任技术者选任的灵活讨论。2014年3月,经济产业省发布小型水库水路主任技术者选任条件:一是在符合土地改良法的农业用水路上设置水力发电设备时,不论输出或最大流量,不需要选任水库水路主任技术者;二是不满500千瓦的水力发电所,包括农业土木学的选修者,进修过土木学的人皆可被选任 ②明确小水力发电运营组织关系。2013年6月,经济产业省发布消息称,都道府县土地改良事业团体联合会根据《主任技术者制度的解释及运用(内规)》中的规定选任的主任技术者,可兼管周边土地改良区水力发电站

资料来源：日本经济产业省资源能源厅：《能源白书（2014）》。

B.14

煤炭政策：澳大利亚、南非、印度尼西亚

宋　梅*

摘　要：本文对澳大利亚、南非、印度尼西亚三个国家的煤炭基本政策、政策特点及最新变化进行了分析。分析认为：澳大利亚作为煤炭的主要生产和出口国，煤炭的监督和管理机制比较健全，煤炭相关的政策、法律法规也较为丰富和齐全，能够灵活应对国际煤炭市场的变化；南非的煤炭政策则较为宽松，由于煤炭企业是由私人经营的，政府主要负责监管，但也形成了一定的体系，能对煤炭产业的发展起到规范促进作用；印度尼西亚的煤炭政策主要侧重于出口业务，随着国内对煤炭的需求量逐年增加，也开始限制和规范煤炭的出口。

关键词：煤炭政策　澳大利亚　南非　印度尼西亚

一　澳大利亚煤炭政策

（一）澳大利亚煤炭政策的基本介绍

澳大利亚煤炭资源具有总量大、品种全的特点，其煤种涵盖了烟煤、无烟

* 宋梅，中国矿业大学（北京）教授，博士生导师。主要研究领域为能源经济、能源政策、资源型地区协调发展等。特别感谢中国矿业大学（北京）研究生王莉、塔拉、王艳红在查阅资料、翻译文献中所做的工作。

煤、次烟煤和褐煤等。根据 BP 公司发布的报告，[①] 截至 2010 年底，澳大利亚拥有探明煤炭储量 76.4 亿吨，占世界探明煤炭储量的 8.9%；可采煤炭储量 909.4 亿吨，占世界可采煤炭总储量的 8.8%，居美国、俄罗斯和中国之后，是主要的煤炭生产国和出口国。[②]

澳大利亚矿业归属两级政府管理，即联邦政府和州政府。政府的职责主要是：打造一个适宜的宏观经济环境，使不利于公平竞争的因素降到最低，确保矿业的健康发展；以最经济有效的方式获得和传播关于地球科学的信息；同时，加强对安全、勘探、项目审批和环境评价的监管等。[③]

1. 煤炭管理部门政策

澳大利亚在机构设置上成立了联邦政府煤炭工业管理机构。澳大利亚设立了初级产业能源部，以加强对煤炭的宏观调控，并不涉足企业日常的生产经营活动。它代表政府行使相应的职权，其下还设立了煤炭与矿业司。

新南威尔士州和昆士兰州是澳大利亚重要的煤炭生产基地，并且设立矿产能源部管理两个州内的相关事务。据澳大利亚宪法，规定煤炭、土地资源的所有权属于政府，州政府具有制定行业法规的权力，并交由相关单位执行。

2. 煤炭行业政策

澳大利亚同矿业直接有关的法律主要涉及与煤炭、石油（陆上和海上）、铀矿及同矿山安全有关的法律，其核心立法是《矿业法》，该法已经过多次修订，还在进一步的修改和完善。《矿业法》对煤炭的勘查和开采活动进行了规范，规定只要通过合理合法的方式，任何人都可以申请获得探矿权，私有、公有矿产都适用。

3. 煤炭开发政策

澳大利亚宪法规定：各州可以根据自身情况制定与资源相关的、适合本州资源开发利用的法律法规，并依据联邦政府的能源政策制定各州的能源框架和原则，州政府掌握自然资源管理权。如新南威尔士州的《矿山监察法》《煤炭管理法》《煤炭企业法》《采煤法》等。

4. 采矿的安全政策

澳大利亚有关安全方面的法律、法规经历了从无到有和逐步完善的过程。各

---

① BP：《世界能源统计报告 2013》。

② 许波云：《澳大利亚煤炭工业的现状》，《中国煤炭》2000 年第 26 卷第 10 期。

③ 参见国务院发展研究中心澳大利亚矿业管理考察团周宏春《澳大利亚的矿业管理及其启示》，《国土资源导刊》2009 年第 4 期。

州也都制定了相关法规。《新南威尔士州职业安全健康法》规定了工作中健康、安全和福利的一般规定、对事故和其他事件的通报、职业安全健康监察等。有关煤矿安全的法律法规还有《煤矿管理法》《煤矿（监督员）资格管理条例》《新煤矿规程》《煤矿规程法令》等。

《煤矿管理法》规定，在危急情况下，如果监察员认为某矿出现了与矿山管理控制有关联的事情、迹象，已经或即将威胁该矿任何雇员的安全或健康，可要求该矿矿主或经理：（1）立即从该矿或某部分撤出人员；（2）将该矿无限期地封闭，或封闭到监察员规定的期限届满为止。

5. 煤炭税收政策

低税收一直是澳大利亚煤炭税收政策的特点。各级政府具有一定的自主权，可以根据实际情况自主决定税制。各级政府实行分税制①，详见表1。

表1　澳大利亚煤炭税收政策

征收范围	税种	税　率
联邦政府	所得税	36%（包括资本收益税：税率为36%，征税额为资本收益和其他征税收入的总和，其中的净亏损不可以冲抵其他应税收入，但资本亏损可以和资本收益相冲减）
	关税	采矿设备约15%（联邦政府有时也按煤炭产量或出口数量征收特别关税）
	销售税	占销售额的0%、10%、15%、20%或30%
州政府	资源所得税	按产值、产量或项目利润征收（该税可以在计征联邦所得税时抵扣，但其中的勘探开发费用不能折扣或免除）
	薪金税	年薪的5%～7%，可以在计征联邦所得税时抵扣
	土地税	新南威尔士州：100澳元/平方公里，外加土地价值超出16万澳元部分的1.5%
	权利金	新南威尔士州：露天煤矿为7%，井工矿为6%，地下深部矿为5%
联邦政府和州政府	矿业税	在澳大利亚采矿，企业要向联邦政府、州政府交矿业税（由矿种、矿产品的分组及矿山所在地确定税率的征收形式和税率的高低）

① 何国家：《澳大利亚煤炭工业的税收和租赁费》，《中国煤炭》1999年第12期。

续表

征收范围	税种	税率
联邦政府和州政府	许可证税收制度	澳大利亚矿产资源许可证征收标准在各个地区有较大的差异。其中，煤炭或为18%的利润税，或为2.5%～7.5%的从价税，或为固定税率0.04～2.34澳元/吨。政府许可证税收制度有四种，主要包括：一是按单位重量收取固定费率；二是按产值的一定比例计算的从价税率；三是与利润相关的资源税租金；四是按固定从价制与利润相结合的混合许可证制度

6. 煤炭环境保护政策

澳大利亚的煤炭企业格外重视环境保护和生态恢复，它们需要依法编制关于环境保护和关闭的规划。除此之外，煤炭企业设立相关基金，规定企业预先上缴部分资金，用作矿山关闭后的产业转型、生态恢复等，假如企业完成相关的工作，则缴纳的资金将归还，即是“矿山关闭基金”。

根据联邦制国家的《联邦宪法》规定，澳大利亚煤炭资源开采实行“私营煤炭公司开发，国家出租”的形式，其所有权归国家。按照2001年修订的《煤炭工业法》，联邦政府的职责是勘探资源、保护环境、制定国家能源规划和相关政策等。[①]

7. 煤炭对外投资政策

澳大利亚没有一部统一的外资法，外资投资的管理主要依据《公司法》和《外国收购和接管法》等相关法律、政策及政府的有关方针、政策来管理。结合近几年的政策可知，澳大利亚对外资的政策是鼓励性的，如放宽准入审批限制、允许外资拥有100%的煤矿勘探权和放松矿业投资的股权限制等，主要方式是减少限制的条款，以此吸引全球经济实体的投资。

（二）政策特点

1. 突出环境保护

减少温室气体的排放可以通过制定矿物燃料发电标准、鼓励新技术来实施，投入6500万澳元增加再生能源所占比重。澳大利亚政府对可能给环境造成重大影响的活动都要进行审批和环境评估，这不仅是《环境和生物多样性保

① 杨钢：《澳大利亚新南威尔士州的规划系统——环境规划》，《国外城市规划》1989年第3期。

护法（1999)》（EPBC）的规定，也是企业对环境保护和生态恢复重视程度的体现。

2. 鼓励外资投资煤矿的法律体系健全

在当今国际贸易投资自由化的大背景下，澳大利亚政府外资投资审批和外资收购的政府通知底线从500万澳元放宽到现在的5000万澳元。该政策可以减少烦琐的审批手续，有利于投资额低于5000万澳元的中国煤炭企业尽快获得投资收益。

3. 煤炭政策受国际形势影响

受国际经济和煤炭市场影响，澳大利亚目前实行相对宽松的煤炭出口政策。国际能源署（IEA）近日发布的《煤炭市场中期报告》指出，由于澳大利亚货币汇率在未来五年将处于较低水平，澳大利亚对中国出口煤炭预计将会增加。2014年7月，旨在降低污染和提高政府财政收入的税收政策出台，各种影响因素叠加，将使得澳大利亚成为煤炭出口增长最快的国家。IEA预计，未来五年，在全球煤炭出口增长总量中，澳大利亚占比将达到最大。

（三）政策最新变化

1. 根据有关法案，“碳税”的主要征收对象是碳排放大户

澳大利亚关于矿产资源方面的政策基本上没有较大的变化，主要不同就是出台了碳税和矿产资源租赁税。从2012年7月1日开始，澳大利亚碳排放量排名前500位企业将按照23澳元/吨的价格，向政府交纳碳排放税。据测算，在应税企业中，涉及煤矿开采和其他矿业企业约有100家。年利润高于7500万澳元的煤炭企业属于“矿产资源租赁税”的征收对象。新资源税的征收是依据资源的自有价值，不包括矿企投入的其他附加值，扣除政策补贴后只征收超额部分22.5%的税。①

2. 与中国正式签署自由贸易协定意向书

关于进口煤的关税问题，中澳双方已经达成了共识，即取消炼焦煤的关税，同时将动力煤的关税由此前的6%下降到4%，并在两年内逐步取消。双方签署的意向书显示，澳大利亚对我国出口的能源和资源产品（如铝土矿、炼焦煤、动力煤等）也会在两年内免除关税。

① 记者在线：《矿产资源租赁税在澳大利亚正式实施》，《现代矿业》2012年第8期。

二　南非煤炭政策

（一）南非煤炭政策的基本介绍

南非拥有丰富的矿产资源，其中煤炭最为丰富，探明储量达610亿吨，约占世界总储量的6%，居世界第六位，煤炭也因此成为南非外汇收入的主要来源。针对煤炭资源，南非政府制定了一系列相关的法律法规，确保南非煤炭资源的可持续开采和煤炭市场的良性运行。

1. 煤炭管理部门政策

南非的政府主要负责制定法律法规及相关政策，创建对煤炭发展有利的金融环境；而煤炭企业主要是私有的。行业管理部门主要是矿产与能源局和矿业工业协会。①

矿产与能源局（DMEA）隶属于矿产与能源部，是管理全国范围矿产与能源工业的政府机构，主要职责是制定和落实煤炭政策和法规，包括《采矿资格注册法》《开采权法》《矿山安全与保健法》《矿产技术法》《矿山和工厂法》《矿产法》等。其下分设矿产开发处、能源处和管理服务处，负责煤炭开采的各项事宜。其中，矿产开发处负责执行《矿产法》及有关采煤后复田和环境保护的相关法律规定，促进煤炭资源的有效利用；能源处负责制定与煤炭有关的法规、计划，并提供咨询服务，协调政府与协会间的煤炭方面的事务；管理服务处负责组织煤矿企业严格执行安全生产法规、安全生产条件和设备设施安全条例等。

矿业工业协会是采矿业的行业性组织，主要负责煤炭企业与政府之间的沟通联系。其成员包括多家大型煤炭企业、矿业投资银行、金矿企业以及钻石、铂、锑、石棉、铜矿、铅等矿物企业。煤炭企业隶属于煤矿委员会。煤矿委员会的主要业务为：为采煤企业提供咨询服务、代表采煤业的利益与政府沟通谈判、与工会一起参与最低工资等问题的矿工事务谈判、从事其他辅助性采煤工业的活动。

---

① 何国家、刘双双、石砺、高泉、马洁、赵家廉：《国外主要产煤国家煤炭成本研究》，载《2006 煤炭经济研究文选》，煤炭信息研究院，2006，第169～262页。

2. 煤炭行业政策

20 世纪 90 年代后期，南非的矿产与能源局制定能源相关政策，矿工公会和矿业工业协会参与决策的过程。政府对煤炭出口数量和煤炭价格的限制已于 20 世纪 90 年代初废止，1992 年全面开放煤炭市场。目前，南非的煤炭行业政策有以下特点：

（1）保护环境。煤炭的生产和利用会对环境造成污染，南非近年来在发展洁净煤技术、提高煤炭利用效率、低烟燃料的利用计划等研究领域不断加大科研力度。《南非环境保护法》中提到，企业在开采煤炭资源的过程中不得污染和破坏矿区周边的环境。

（2）提高以往受歧视者在煤炭企业中的地位和权利。1994 年之前，南非存在种族歧视政策，黑人无权参与煤炭企业决策和管理。在 2000 年底发布的《矿物开发法》草案中，要求提高受歧视者的股权水平和参与管理程度。

（3）南非政府将矿产资源收归国有。2004 年，南非政府出台《矿产和石油资源法》等法规，将矿产资源收归国有。①

3. 南非煤炭税费政策

（1）采矿权利。矿物权在南非一般分为公有和私有两种，并且对煤炭资源实行国家登记。矿物权的买卖可以得到许可，但南非政府严禁开采许可证和资源勘探许可证的转让。南非的法律规定了土地内埋藏的矿物拥有权属于土地所有权的一部分。

（2）矿区租用费。开采不可再生的矿物资源时必须补偿矿物权的所有者，其方式是开采企业支付矿区租用费，费用的数额要按生产或收入进行计算。煤炭企业一般要为矿物权所有者支付税前利润的 10%。

（3）采矿税制。对矿产开采活动需要征收两种：一是矿区使用费（或称矿山租金），约为税前利润的 10%；二是所得税。南非煤炭业税收详见表 2。

（4）环保政策。南非作为发展中国家，也加强了对煤炭开发后环境保护的考察。根据《南非环境保护法》，企业未经国家正式批准，不得擅自进行煤炭开发；经过批准的企业也须保证不污染和破坏矿区周边的环境。如果煤炭的开采活动对周围环境造成了破坏，国家将对相关企业采取赔偿处罚。南非政府将罚款纳入治理环境的专用基金，以确保各项环保政策的落实。

---

① 何国家、刘双双、石砺、高泉、马洁、赵家廉：《国外主要产煤国家煤炭成本研究》，载《2006 煤炭经济研究文选》，煤炭信息研究院，2006，第 169 ~ 262 页。

表 2　南非矿业税收情况

税种	税率
公司所得税	40%
附加税	3%
公司的二次税	15%
预扣税	股票 15%，权利费 14.4%
土地和财产税	公司为 10%，个人为 1% ~8%
股票发行	每 20 兰德 5 分
研究收费	0.01 美元
增值税	14%
进口税	资本商品为 5%，中间商品为 5% ~7.5%
地区服务收费	0.11% ~0.13%
工资税	0.9%
登记税	170 兰德

4. 煤炭与安全政策

为确保煤炭生产安全进行，南非政府相关部门制定了矿山安全生产法规。在《矿山安全与保健法》中，规定了和矿山保健与安全生产有关的条款。《矿业法》包含采煤复田与管理方面的规定。

南非矿产与能源部下成立了矿山健康与安全监察局，其任务是促使采煤作业在无害健康的环境下安全地进行。主要职能为：制定并推广安全采煤作业标准、采煤作业的健康标准，以及采煤设备安全标准，并实施矿山监察。

5. 进出口政策

自 2007 年以来，南非煤炭出口量一直保持增长态势。2008 年，南非煤炭出口量占世界煤炭出口总量的 6.4%，成为世界第五大煤炭出口市场。在金融危机导致 2009 年出口总量下降后，随着 2010 年经济复苏，世界对煤炭需求上涨，南非出口量也继续上涨，再次位居出口市场第五位。

《进出口控制法》和《国际贸易管理法》是南非主要的煤炭出口管理法律制度。同时，南非国际贸易管理委员会还负责部分煤炭的出口管理事务，主要为煤炭出口管制以及许可证的制定和管理。

6. 煤炭与环境政策

煤炭开采带来了空气污染和土地污染。为保护环境，南非政府制定了环境保护法规并采取了一系列措施。南非的主要环境保护法规有：《矿山与工厂法》

《水法》《环境保护法》《露天开采复田法》《大气污染控制法》《矿产法》《危险物质法》《环境综合管理》等。

（二）政策特点

1. 重视、发展新能源，提高环境保护意识

南非的能源结构与中国相似，高度依赖于煤炭，对气候、环境等造成很大影响。南非曾在2011年底承办的联合国气候变化大会上做出承诺，将气候和环境作为今后发展的重点参考对象，既要高效开采煤炭资源，同时又不能以气候和环境为代价，提出要大力研究和发展清洁能源。

2. 开发煤炭资源，加快经济建设

南非经济受国际金融危机影响短暂衰退后实现复苏，之后又出现下滑，2013年以来经济形势更加严峻，通胀压力变大、劳资关系紧张、失业率高，这些问题都在阻碍南非经济的发展。煤炭作为南非的战略能源资源，是增收创汇的重要手段。如何有效利用煤炭出口缓解经济压力，成为南非新一轮政策制定的方向。

3. 日益完善的能源环保税费政策

20世纪末，南非税制杂乱无章，远没达到环保要求的标准。但随着政府对相关问题的重视，南非的税制已趋向保护和治理环境，而且南非政府承诺对二氧化碳的减排责任。

（三）政策最新变化

2011年10月18日，南非政府正式公布《南非应对气候变化》白皮书。白皮书是南非就气候问题第一次提出的一份全国性行动方案，表明南非政府致力于有效应对气候变化带来的问题。主要措施包括：开发和利用洁净煤技术、提高能源效率、抽排瓦斯、利用其他能源，以及复田。

在二氧化碳的排放方面，目前南非位于全球排放二氧化碳最多的20个国家之列。在2009年哥本哈根气候变化大会上，南非表示将致力于减少温室气体的排放，并承诺到2020年和2025年温室气体的排放量相对于2009年分别减少34%、42%。[①] 2011年，南非政府开始制定有关减少二氧化碳等温室气体排放的新政策，南非内阁也核准了二氧化碳税收政策。其主要目标是改变当前和未来的能源使用习惯，有非常重要的低碳价值，可为高排放行业争取时间来进行技术创新和绿色能源技术的

① 张琳：《南非应对气候变化问题的政策研究》，硕士论文，华中师范大学，2013。

投资。

2014 年 4 月 29 日，南非国家财政部发布了《碳排放税补偿计划书》，允许企业适度降低其在减少温室气体排放方面的投资和责任。该计划书的目的是，到 2016 年碳排放税收政策实施时，为纳税人提供一个碳排放税抵消的机会，使能源企业可以适度减轻其碳排放税收负担，以确保碳排放税收政策的实施。

三　印尼煤炭政策

（一）印尼煤炭政策的基本介绍

印尼是世界煤炭生产大国，也是最大的煤炭出口国。根据 BP 数据统计，印尼已探明的煤炭储量为 280.17 亿吨，约占世界总储量的 3.1%，产量为 4.21 亿吨。[①] 印尼煤矿大多为露天矿，开采条件比较好。随着近年来的大规模开采，露天煤矿的面积不断缩小，未来煤炭的开采深度和难度将逐渐增加。为了应对资源开采的困境和供过于求的市场现状，印尼政府采取多项措施，制定各种政策指导国内煤炭产业持续健康发展。

1. 煤炭管理部门政策

印尼矿业的中央主管部门是能源和矿产资源部。其主要职能是代表国家制定与煤炭相关的政策，制定各项相关的法律条例，制定生产、销售、利用及环保的政策，制定对矿产及煤炭生产征收国家非税收入的政策，颁布、执行矿业法规，并以此监督和管理全国矿业等。该部下设的地质与矿产资源局管理全国的固体矿产的有关工作。

2. 煤炭行业政策

目前，印尼实行的煤炭行业的法律是 2009 年正式颁布的《矿产和煤炭矿业法》，它取代了已实行了 42 年的《印度尼西亚原矿产法》（H 号法）。该法在管理上秉持“公正、实用、透明、均衡发展”的宗旨，保护国家和民族的利益，使社会和环境能够持续发展。关于煤炭行业政策方面主要做了如下修改：（1）新矿法将“煤矿”作为一种矿产资源单独分类；（2）将之前的煤炭标准工作合同制度改变为矿业许可证制度；（3）除了正常的所得税和权利金，煤炭矿产权人还需缴纳生产净利润 10% 的附加税。

① 英国石油公司（BP）：《世界能源统计报告 2014》。

3. 煤炭税收政策

印尼主要的矿业税收类别包括：公司所得税、预扣税、土地和建筑税、土地荒废费、组织成本、权利金、增值税、关税、印花税及工资税等，煤炭税收政策参照矿业税收标准执行（见表3）。

表3　印尼煤炭税费情况

税种	税率
公司所得税	15%（课税收入 <1000 万卢比）、25%（1000 万 <课税收入 <5000 万卢比）、35%（课税收入 >5000 万卢比）
分公司利润税	20% 预扣税
土地和建设税	0.5%
土地荒废费	每公顷每年收取 0.025 ~3.00 美元
组织成本	按投资资本总量的 0.01% ~0.05% 收取
权利金	净销售额的 13.5%
增值税	国内销售征收 10%，出口不征收
印花税	每项交易 500 ~1000 卢比
矿权地购置现金成本、勘查及开发支出的处理	25% 双重余额递减法
固定资产加速折旧	须经批准

4. 煤炭环保政策

印尼政府关注环境保护和治理，先后起草制定了《矿业区条例》、《辅导与监督矿业条例》、《后采矿与填土工程条例》和《矿物与煤矿营业条例》等四个条例，以此规范煤炭生产。① 特别地，2011 年政府通过有关保护林区供做地下开矿区的第 28 号总统条例、关于展延发出新准证和改善森林和泥煤区经营机制的第 10 号总统训令书，监督和改善森林区的经营和使用机制，确保了林区地下煤炭资源开采活动的合法性、环保性和安全性，促进煤炭清洁高效的开采。

5. 煤炭投资政策

印尼关于外商投资矿业领域的法律和法规主要有：《矿产和煤矿开采法》《投资法》《1996 年第 75 号总统令》《关于矿产及煤炭资源优先满足境内需求的管理规定》《关于矿区的管理规定》等。2009 年之前，印尼境内的一切矿产资源都属于国有资产，除国家外，其他主体只有在获得矿业权准证后，才能进行矿业

① 何萍：《印尼煤炭资源的开发环境——驻印尼·雅加达工作期间对印尼煤炭工业的认识》，《中国高新技术企业》2011 年第 4 期。

开发活动。2009 年之后，《矿产和煤炭矿业法》允许外国投资者持有探矿证和采矿证，但其必须在印尼设立一家外商投资企业（PMA），通过该企业参与印尼境内目标矿出售的招投标程序；或者外国投资者可通过印尼证券交易所，直接收购已经拥有目标矿藏的公司来实现间接拥有或控制目标矿藏。

6. 煤炭进出口政策

印尼贸易部是政府贸易的主管部门，其下属的海关根据财政部制定的政策和现行法律，负责煤炭等货物的进出口管理。《贸易法》《海关法》《建立世界贸易组织法》《产业法》等与进出口贸易相关的法律对煤炭也具有法律效力。《39/M－DAG PER/7/2014 号贸易部长条例》就煤炭出口企业取得煤炭出口注册商认证等相关问题做出了具体规定。

（二）政策特点

1. 旨在优化煤炭资源配置，满足国民经济的发展需要

印尼煤炭资源丰富，属东南亚最大的煤炭生产、消费和出口大国。煤炭是印尼国内的重要能源，也是外汇创收的主要来源。为了确保资源有效地分配到各个需要的产业和部门，也为了保持并提高煤炭工业在国民经济中的地位，印尼政府通过制定能够引导煤炭工业发展的行业政策，规范其发展。印尼国家煤炭行业政策，如《矿产和煤炭矿业法》等，为煤炭行业的发展制定适合的目标、战略和方案，最大限度地服务于国家，真正高效地实现能源供给以满足国民的生活需要，政策的内容主要体现在管理、开发、利用和发展四个方面。

2. 重视环境保护

多年来，由于缺乏监管，印尼国内环境不断恶化，环境问题已经成为影响国家政策制定的重要因素。印尼国内环境保护的基本法是 1997 年制定的《环境保护法》，它对环境保护的重大问题做出原则性的规定，其他单项法律法规的制定和执行必须以此为依据。该法较注重对生态和环境的保护，明确规定印尼在发展经济的同时，须采取优化合理的方式利用自然资源，关注环境的承载能力，煤炭行业的发展要与环境保护之间维持平衡和谐的关系。这不仅展现了印尼政府对环保的决心，而且在一定程度上促进了煤炭行业的有序健康发展。

3. 对煤炭出口业务的限制越来越多

印尼是全球最大的动力煤出口国。印尼限制国内产能，打击非法煤矿开采，增加国内煤炭供给配额，提高资源税，逐步削减出口煤长协合同量，预计今后印尼的煤炭出口将受到一定程度的抑制。2014 年发布的煤炭及其产品出口的《39/

M－DAG PER/7/2014 号贸易部长条例》规定，煤炭及其产品的出口企业必须先取得煤炭出口注册商认证，且产品须经外贸总署指派的调查员验证，才可出口。2015 年，印尼对主要出口商品实行信用证管理制度。该项制度进一步规范了商品出口记录，政府能够及时掌握自然资源的销售情况。一旦缺失信用证，海外交货将无法实现。

4. 促进国际合作，吸引外资

印尼对于外资直接投资矿业资源的态度是矛盾的，既鼓励又限制。

由于国内技术、资金、人力等条件的不足，煤炭开采、生产、运输、销售的基础设施建设薄弱，能源发展受到许多限制。引进外资不仅能够获得税收，还能分享开发收益。目前在印尼投资的外国开采商有：澳大利亚的 New Hope 公司、Straits Resources 公司，泰国的 Banpu 公司，韩国的 Samtam 公司等。除了印尼国有煤炭公司 PT Bukit Asam 和印资控股的大型煤炭企业 PT Kaltim Prima 外，分包模式被大部分国内矿业公司采纳，以此进行更有效的采掘和运输。

在印尼合理合法地勘查和开采矿业，有两个途径可供外资选择，包括和政府签订标准工作合同，或是先与印尼勘探权人建立股份企业。标准工作合同对外资审查严格，且规定在一定时间内将过半的股权转让给印尼当地的公司，这体现了印尼对外资投资的诸多限制。

（三）政策最新变化

1. 限制煤炭产量，调控煤炭出口

2014 年，印尼政府为限制煤炭产量、调控煤炭出口，出台了一系列政策。

（1）2014 年煤炭产量控制在 4 亿吨左右，比 2013 年减少 6%，在此基础上提出要将 2025 年的煤炭产量控制在 5 亿吨左右。

（2）煤炭生产上限配额分配到印尼的每个省。

（3）全面控制持有 CCOW 开采执照的大型煤炭企业产能。

（4）调高国内煤炭消费量。2014 年国内煤炭供给配额上调至 9555 万吨，比上年增加 2123 万吨。

（5）企业必须逐步减少长期煤炭出口协议的合同供应量。

此外，印尼政府还提出上调煤炭资源税的议案。印尼非法小煤矿私挖乱采现象严重，年产量已达 7400 万吨，占印尼煤炭总产量的 20% 左右，资源税上调将大幅提升印尼中小煤企的成本。新煤炭资源税准备进行两方面的调整：一方面对于持有 IUP 开采许可证的小煤矿和新矿，税率从 3% ~7% 提高到 13.5%；另一

方面对持有 CCOW 开采许可证的大型煤炭企业保持 13.5% 的税率。

2. 提出“出口许可证”政策

2014 年，印尼贸易部出台新的规定，即只有申请出口许可证的煤炭公司才能进行煤炭出口。

此外，还规定：货船上的煤进行卸载前一定要经由政府指定的测量师检查；限定了可供出口的煤种，但还未限制出口量的上限。煤炭公司在以下情况下会被取消出口：一是出口的煤种和品质未达到规定的标准；二是煤炭公司伪造文件，欺瞒运输情况 3 次（含）以上。

B.15

核能政策：法国、日本、韩国、中国*

李 贺　刘先云**

摘　要：本文对法国退出核电的原因及所面临的难题进行了分析，并简要梳理了日本和韩国核能的发展、核电站分布以及核能政策的发展动向，最后着重对中国发展核能的必要性及未来发展趋势进行了阐述。

关键词：能源转型　退核　核能政策　核电重启　能源结构安全

一　法国核能政策

国际原子能机构数据显示，截至2013年底，法国拥有核电站19座，58台PWR机组运行，装机容量6300余万千瓦。目前，法国是仅次于美国的全球第二大民用核大国，但核电占发电总量的比重为75%，居世界第一。法国的核工业实力强大，不仅为社会创造了数以百万计的就业岗位，而且一些行业巨头，诸如法国电力、阿海珐、阿尔斯通等巨型公司拥有世界影响力。

2011年3月日本福岛核泄漏事故发生后，德国、意大利、瑞士等国宣布关闭部分反应堆，并逐步放弃核电，全球核能发展增速有所放缓（见图1）。

但是，法国政府则一直态度坚决，坚持继续发展核能。然而，法国核电的比重将在争议中逐步削减。2014年的立法明确了到2020年，法国核电占发电总量的比重由目前的75%降至50%。大力开发和利用新能源替代部分退出的核电，成为法国能源结构的调整方向。

---

* 本文由李贺负责第二、三部分的撰写，刘先云负责第一、四部分的撰写。

** 李贺，中国信息通信研究院（原工业和信息化部电信研究院）研究员、经济学博士，研究方向为环境经济、区域经济、能源经济；刘先云，中国社会科学院研究生院亚太系世界经济专业博士生。

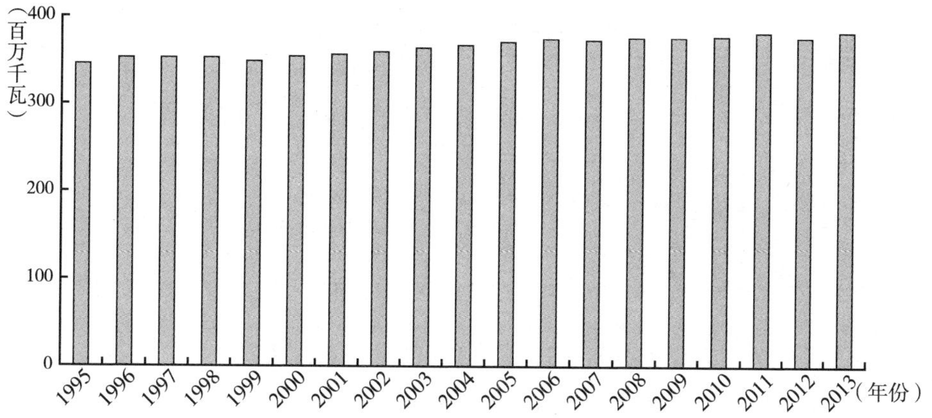

图1　世界核能发电装机容量走势

资料来源：国际原子能机构。

（一）法国削减核电比重

日本福岛核事故后，世界各国开始深入反思核安全，并开展了核电安全检查。作为核电占比最高的国家，法国国内围绕核安全问题掀起了广泛讨论。一些在野党和非政府人士及组织开始呼吁政府降低核电比重，要求政府加大对新能源开发的力度。2012 年法国总统奥朗德在参选总统的过程中公开主张支持削减核电。

2012 年 9 月，法国总统奥朗德在环保会议上表示，2016 年底前将关闭位于莱茵河流域、地震带的法国最老的核电站——费桑海姆核电站。

时任法国总统竞选办公室主任，现任经济、财政和外贸部部长莫斯科维奇也表示，核电在法国电力供应中的比重达 75%，远远高于日本的 35%、德国的 25%，这一比例并不正常。社会党提出一个更加贴近实际的目标，就是将核电比例将至 50%，不足的电力供应将由可再生能源弥补。①

2014 年 10 月，有关能源转型的法案在法国国民议会投票中得到多数代表的支持得以通过。这一法案的通过，标志着法国的能源消费和生产结构将发生深刻的调整。法案还正式以立法形式明确了法国核电发展的计划。根据该法案，法国能源消费总量将逐步削减，能源结构也进一步优化。此外，到 2030 年实现温室气体排放比 1990 年降低 40%，到 2050 年降低 75%（见表 1）。

---

① 马与雄：《法国欲调整能源政策》，《中华工商时报》2012 年 12 月 4 日。

表 1　法国能源转型法案主要目标

	能源消费总量	能源消费结构
2025 年		核能发电量在法国全国用电量中占比将从75%削减至50%，核能发电被限制在目前6320万千瓦的水平
2030 年	比2012年减少20%	化石燃料消费比2012年减少30%， 可再生能源占最终能源消费的比重从2012年的13.7%提高到32%
2050 年	比2012年减少50%	

能源转型法案兑现了奥朗德政府竞选时的承诺。该法案虽然已在议会获得通过，但市场和决策者普遍认为，未来的执行难度很大。

1. 最关键的是能源转型面临的资金问题

2012年底，法国启动全国范围内的能源转型大辩论，资金来源问题就是其中的焦点之一。根据法国电力公司内部报告可知，法国能源改革至少需要5000亿欧元的资金支持。法国生态、可持续发展和能源部部长罗亚尔也提出，未来三年需要1000亿欧元的财政资金保障，并为此设立一项资金总额为1500亿欧元的能源过渡专项基金。这对近年遭遇债务危机的法国来说，无疑是难以承担的巨资。此外，降低核电比重还意味着法国电力出口收入的减少，因为目前法国发电总量的20%可用于输送到意大利、荷兰、德国、比利时、英国等周边国家。

2. 能源转型后法国企业和居民将不得不承担更高的用电成本，法国企业的竞争力可能被削弱

法国58台核电机组全部采用相同技术，投资成本每千瓦低于1000欧元，仅相当于世界核电平均投资水平的一半。法国核电站的运营成本较美国低40%左右。同时，在欧洲范围内，法国的电价属最低水平。与煤电以及风能、太阳能等相比，核电的经济性更强。同时，由于风电、太阳能稳定性相对较差，不仅给电网调度带来一定难度，而且相同装机容量的核电与风电相比，前者的实际发电量是后者的4倍。法国核电电价仅相当于传统煤电电价的60%。事实上，在法国，若试图替代核能这种高效能源，其代价无疑巨大。

3. 削减核能将使法国面临更大的减排压力

法国发展核电为实现环保和温室气体减排做出了重大贡献。法国的人均二氧化碳每年仅为1.68吨，排放水平在发达国家中属最低。形成鲜明对比的是，英国人均排放量为2.4吨，德国为2.8吨，美国达5.36吨。如果无法找到足够的清洁能源进行替代，法国减排的压力无疑加大。

4. 削减核能还会使法国能源安全更加受制于人

法国能源资源十分贫瘠，化石能源探明储量仅为全球的0.02%。发展核电、提高能源自给，是1973年中东石油禁运造成世界石油危机后，法国采取的重要能源战略。当时法国首相梅斯梅尔（Messmer）大胆地提出了一个近乎疯狂的核能发展计划。该计划提出，到1985年法国建设80座核电站，到2000年要建造170座核电站，最终实现法国电力全部由核电提供的宏伟目标。该计划被称为“梅斯梅尔计划”，它开启了法国核电大发展的时代。1973年时，法国的能源自给率仅22%，核电使法国目前能源进口依赖度低于50%，但对中东、俄罗斯能源依存度较高的局面仍未改变。2013年乌克兰危机以来，法国并没有紧随美国、英国对俄罗斯进行制裁，原因之一也在于法国对俄罗斯的能源出口仍有较高的依赖。

（二）法国削减核能的背景

作为核电占比最高的国家，法国逐步削减核能会是一个十分艰难的过程。“去核”的背景是什么？这主要是基于对核电安全以及技术理性主义的质疑和担忧；同时，整个欧盟地区发展新能源和可再生能源的热情，也使法国拥有了替代核能的强烈意愿。

反核人士认为，核电并不像想象的那么清洁环保。首先，核反应堆运行过程中，一旦发生事故，放射性物质将对人体造成严重伤害，对环境也会造成永久性的破坏。同时，核电从铀矿开采、燃料加工到反应堆的冷却都需要耗费大量的水资源。此外，核废料的处理也会带来环境问题。目前核废料均采取永久性封闭措施，并深埋在地下，才能确保不发生泄漏。但是核废料填埋场一旦发生地质灾害，就有可能产生核泄漏、污染地下水等问题。

尽管法国相对于欧盟其他成员国，坚持发展核电的立场要坚定得多，但是日本福岛核事故还是在一定程度上动摇了公众对核电安全性的质疑。1979年美国三里岛核事故是发生在全球核电事业的初期，而1986年苏联切尔诺贝利核事故是由于核电站本身不正规、管理不规范造成的。如果说这两次重大核事故还情有可原的话，那么日本作为一个核电和工业大国尚不能保障核电安全，这对公众心理的冲击无疑更大。

与此同时，欧洲乃至全球对技术理性主义的批评，也使得人们对核电安全的担忧有所加重。所谓的“技术理性主义”，是指随着近代以来科技飞速发展出现的一种理性主义思潮，这种思潮坚信科技万能，认为技术的发展具有无限潜力，具有解决问题的无限能力。福岛核事故发生在全球技术领先的日本，打破了人们对技术理性的崇拜，人们对工业社会的潜在风险有了更充分的认识。

日本福岛核事故后，欧洲国家普遍进行了深入的反思，德国、意大利、瑞士等国先后做出了放弃核电的决定。就在福岛核事故发生不久的2012年，法国迎来总统大选，奥朗德作为总统候选人不得不对此做出一定回应，以获取民意的支持，因此提出了逐步削减核电比重的承诺。

法国逐步削减核电的背后，不仅仅有对其风险的担忧，同时也是为新能源和可再生能源的发展预留一定的市场空间。21世纪以来，随着化石能源产量“峰值说”的不断提出，以及化石能源价格不断攀升，这迫使人类对未来能源发展的方向进行更深入的思考，加大节能技术和新能源的开发成为各国政府共同的选题。2014年1月，欧盟委员会于2014年1月发布的《2030年气候与能源政策框架》提出，2030年前，将欧盟温室气体排放量与1990年相比减少40%。2030年前，欧盟能源消费中可再生能源占比将提高至27%以上。2014年底，28位欧盟国家领导人批准了这一政策框架。

近年，无论是左翼政府还是右翼政府执政，都把制定能源政策、发展新能源当作政府重要的工作之一。法国希望通过能源转型过渡，成为清洁能源的“榜样”。德国、法国等欧洲大国不遗余力地发展和推广新能源和可再生能源，其目的不仅是为了获得更低碳和安全的能源，更重要的还在于占领新能源技术领域的制高点，为未来产业发展以及碳交易市场赢得主动权。法国提出的目标是：在2020年将可再生清洁能源的比重从2005年10.3%提高到23%。

为了支持新能源发展，法国政府2013年出台了一系列财税举措来支持能源过渡和节能减排，包括在2014年财政法中引入碳税，其税率为2014年对每吨二氧化碳征收7欧元碳税，2015年为14.5欧元，2016年为22欧元。测算显示，这一新税种的开征，在2015年将为法国带来25亿欧元的财政收入，2016年达到40亿欧元。同时，法国还大力推动建筑节能，计划从2013年起到2017年，每年实现50万套住房节能改造，鼓励家庭节能，并增加可再生能源的利用。数据显示：“法国开发署2007年以来对能源领域投入95亿欧元，其中就有68亿欧元投向了可再生能源和节能项目上。”①

应该讲，法国虽然化石能源匮乏，但风能储量不小，而且分布面较广、潜力

① 法国开发署官方网站，2015年2月14日，http://www.developpement-durable.gouv.fr/IMG/pdf/14191_4p_cop20_energie-GB_def_LIGHT-2.pdf。

巨大。法国西部与南部临海地区常年风力较大。目前法国对风能开发采取了不少支持措施。2000年法国《新电力法》规定，电力运营商必须以政府规定的价格收购通过可再生途径生产的电力，而且要确保其能进入电力输送网络和销售网络。2002年，法国政府还推出了风力发电优惠上网电价政策。政府要求国有的法国电力公司（EDF）下属的法国电网公司（RTE），在未来10年对所有装机总容量大于12兆瓦的风力发电项目所生产的电力，均按照8.2欧分/千瓦时的保障性优惠价格予以全部收购。目前法国普通电力批发价格约为4欧分/千瓦时，风力发电方式所生产电力的收购价格与普通电力批发价格之间的差额，由法国政府财政给予全额补贴。法国还建立特别的风力发电开发区，在开发区内新建风力发电项目可享特定的税收优惠政策。法国还简化手续，鼓励发展分布式的风力发电设备。

法国不仅大力推进风能利用，同时也对太阳能、生物质能、生态汽油等新能源的开发利用提供了相应的政策和法律保障。比如，法国的乙醇燃料技术和相关产业发展已经较为成熟，目前法国已在全国范围内推广在汽油中加入15%的乙醇生态汽油。而这种生态汽油的使用，对法国温室气体减排也做出了不小贡献。

总而言之，能源转型与新能源的发展，已经成为法国雄心勃勃的“新工业法国”（New Industrial France）计划最重要的组成部分。法国逐步削减核电比重，事实上主要是为新能源的发展腾出市场空间。而能源的转型，一方面是为了法国的环境保护和可持续发展，另一方面则是为了培育法国工业的新增长点，为法国在“第三次工业革命”中占据制高点奠定基础。正因为如此，尽管目前法国推进“去核”面临重重困难，奥朗德政府仍然坚定地推进能源转型和新能源发展计划。

（三）法国的核安全管理

法国核电运行近60年来，保持了良好的安全运行记录，未出现重大的核泄漏事故。特别是2011年日本福岛核事故之后，欧盟和法国再次加强了对核电安全的监管。福岛核事故后，欧盟立即启动了一系列的压力测试，检查核电站的应急能力，检查结果应用于按照最新的国际标准的应急响应计划草案。负责法国核电安全的法国核安全监管机构（ASN）也于2011年5月5日做出决议，要求所有在运的核电站在当年6月1日前都必须提交一份安全评估报告，说明采取了哪些措施来避免类似发生在福岛核电站的事故。

2013年6月，欧盟委员会提出一项旨在加强核电站安全的立法建议，要求欧盟每隔六年对境内核电站进行一次压力测试，以防止类似日本福岛核电站事故的发生。2014 年 6 月欧盟批准了一项新的法律，以提高安全标准并加强对核设施的监管。根据新法律的规定，新建核电站的设计必须满足即使反应堆损坏也不会对场外造成任何危害和放射性物质泄漏的要求。2014 年 6 月法国发布能源政策草案也要求加强核安全管理，并赋予法国核安全监管机构（ASN）更大的权力来处罚核安全漏洞或延迟执行要求的安全措施。福岛核事故之后，法国核安全监管机构还每年发布一份核安全报告。2014 年 5 月发布的报告认为，法国当前的核安全状况总体令人满意。

法国通过购买美国压水核反应技术并进行创新（目前第三代压水反应堆是世界上最先进的核电技术，而且正在研发第四代核反应堆技术），法国核电站体系实现了技术标准化。尽管目前法国有六种（很快有第七种）不同的机型正在运转，但安全基准和运行工况是统一的。

法国实行严格的核安全监管制度。第一，建立完善的核安全管理机构。法国核安全管理机构具有制定法规、审批执照、监督执行、应急组织和信息发布等五大基本职能。第二，原子能法规健全。法国在核工业实践中形成包括设计放射性防护、核设施监督、放射性材料管理、放射性医疗、核辐照加工、核贸易出口、第三方核责任、核废料管理、核矿资源开发、核事故应急等法规系统。这些法规既是法国庞大的核工业体系管理的需要，又是国际管理和跨国经营接轨的有力保障。

法国对乏燃料后处理也高度重视。目前乏燃料后处理的产物主要有三种：高放射性废物、钚和铀。对高放射性物质，法国对其进行玻璃固化处理，然后装入不锈钢容器中，最后在专用设施中进行储存。对回收的钚，法国相关企业通常将其制成 MOX 燃料，以供反应堆使用。对乏燃料处理中回收的铀，法国的做法是将其中铀 -235 风度浓缩至 4%，然后制成浓缩铀燃料，供反应堆使用。

为确保核电安全，2012 年起，核电站运营商法国电力公司还成立了核能快速反应小组，以应对突发性核事故。相关规定要求，快速反应部队在接到命令后，须 12 小时内赶到事故现场，并建立配套的后方基地。然后，12 小时内启动水泵、发电机组等设施，将核电站周围的水输送到核反应堆中，使其冷却，从而避免核事故演变为核危机。法国电力公司也经常组织相关演练；每个核电站平均每年需要组织 10 次演习；并且每隔三年，法国地方政府和电力公司、核能安全委员会还会组织联合演习，以加强部门间的协调。

法国政府和企业在核安全方面与公众的沟通也可圈可点。1974 年，也就是“梅斯梅尔计划”发布的同一年，4000 名法国科学家联名向政府提交了一份请愿书，建议成立一个独立于政府之外的核能信息传播机构，以确保法国核工业界为公众提供真实和透明的信息。该机构被称为“核能信息科学家联盟”（Association of Scientists for Information on Nuclear Energy，ASIEN）。

ASIEN 在开展核电公众沟通方面起到了重要作用。1979 年，美国发生三里岛核事故后，核安全问题受到全世界高度关注。当时法国政府希望尽可能转移法国民众对三里岛核事故的关注，以对减轻核工业界的压力。而 ASIEN 则通过各种渠道尽可能地报道核事故的进展情况，给公众充分的解释和沟通。1986 年苏联切尔诺贝利核事故中，ASIEN 同样开展了类似的行动。这大大提高了法国民众对核电的了解程度，也赢得民众的高度信任。

20 世纪 70 年代末起，法国政府还针对各类核设施，成立了地区信息委员会，负责核安全的信息跟踪和咨询。委员会编写年度公开活动报告，核电站有义务向委员会提供与核安全及环境状况相关的信息。2006 年 6 月，法国颁布《核电安全和信息透明法令》，赋予法国核安全监管机构独立的行政机构法律地位，同时明确了“地方信息委员会”的法律地位，并保障了其运行经费的来源。该法令强制要求相关单位透明公开核信息，公民有权要求核电运营商提供与核安全及辐射相关的信息。地方信息委员会向核电运营商提出的问题，核电站须在八个工作日做出答复。

法国核工业界也在提高核能公众接受程度上采取了多方面措施。以法国电力公司为例，为获取公众的信任，公司制定了一系列信息透明公开政策。比如，开设免费咨询热线、组织核电厂参观活动、发布每周邮件信息简报等。

法国健全的核电技术标准和监管制度，以及良好的沟通机制，使得法国公众一直对核电保持了较高的接受度。在德国、意大利、瑞士纷纷弃核的背景下，法国仍保持较高的核电比重。但也有绿色和平组织认为，法国的核电设施仍有安全隐患，比如应对恐怖主义威胁的能力不够，以及场外应急预案不够完善等。

（四）法国核电管理体制与电价政策

目前法国已经形成完整的核工业体系，并保持了较高的行业集中度。法国在核电工程管理方面采取了较为独特的模式。政府授权法国电力公司（EDF）作为唯一的核电站业主，同时也是运营商以及法国核电计划的总体工程管理单位。该公司对核电设备供应商体系进行直接管理，并保证将建设、运行中获得的信息及时反馈给设计部门、制造部门，促进设计工作的不断改进，提高核电设备的建设质量，从而保证核电站的安全运转。政府责成另一家公司——阿海珐集团

（Areva）负责核燃料的前端提取、生产，以及核电站设备的研究、设计和制造，还负责核废料的后期处理、储存等。法国电力公司为阿海珐集团的主要客户。这两大集团在法国核电技术研发、项目建设和电力输送中具有举足轻重的地位。同时，法国原子能替代能源委员会（CEA）、国家放射性废物管理机构（ANDRA）和辐射防护与核安全研究院（IRSN）分别承担了核技术研发、废物管理和辐射防护任务。核安全监管机构（ASN）则负责监管法国境内所有核活动。

法国核工业体系以法国电力和阿海珐集团为核心，两大企业均为国有企业。行业的高集中度确保了法国核电技术标准较为统一；同时，还保证了核工业内部协调更加顺畅。法国电力公司将建设、运行中获得的各种信息不折不扣地反馈给设计部门、制造部门，促进设计工作不断改进，推动提高设备质量。这在很大程度上保障了法国核电的安全性和可靠性。此外，这还提升了法国核电在国际上的品牌和竞争力。以法国电力公司牵头的法国军团，在海外承建了大量核电项目。

虽然法国核工业企业以国有为主，但政府重视企业的市场化运作。法国政府对核电产业进行宏观管理、市场微观搞活的模式，政府对核电产业的管理和控制主要体现在制定相关法律、法规以及行业规范等方面；企业经营则由董事会控制，采用与公司制相适应的产权管理方式。政府对法国电力的量化考核一般以五年为一个周期，其目的是给企业一个较宽松的发展空间，企业决策者可制定合理的中长期规划和战略。法国各核电公司尊重市场规律，制定合适的自身发展战略和经营策略，表现出了强大的企业竞争力。

法国对核电发展政策还有一套相对完善和稳定的政策体系，这也是促进法国核电事业发展的重要因素。在上网电价、电力调度等方面，法国都形成稳定的政策，给予了市场主体明确的预期。

政府规定，法国电力公司必须对太阳能、风能发电全额收购，对于电价较高部分则由政府提供补贴。法国对核电实行统一的标准电价，而不像中国对核电站上网电价实行“一机一价”。目前法国核电电价仍实行以政府定价为主的模式，以成本加适当利润定价。法国实行全国统一的核电定价机制以及基于 CPI 指数（居民消费价格指数）进行调整的核电电价调整机制。这一机制虽然能给发电企业比较明确的预期，企业对核电站的建设、运营制定更明确的财务预算，但在实际运行中电力公司往往会认为电价过低，希望价格调整幅度更大一些，而政府为了控制物价上涨，尽可能控制了电价的涨幅。电价调整在法国仍然是一个较为棘手的问题。

从法国电力调度上看，由于核电生产的边际成本较低，核电机组不适合参与调峰，因此法国电力公司尽量安排核电机组满负荷运行。在电力调度的排序当中，核电被置于煤电、气电、抽水蓄能机组之前。而边际成本较高的煤电则被用来进行调峰。但由于法国核电占总发电量比例较高，法国核电机组在设计中也考虑了一定的调峰能力。核电机组虽然不会用于频繁的日常调峰运行，但会通过检修计划的安排实行调峰。此外，法国重视电力需求侧管理，每年设置22天的避峰时段，避峰日电价很高，峰谷价比达到3～4倍。[①] 通过需求侧的管理，有效地保持电力供需平衡。

法国政府并未通过税收优惠政策鼓励核电发展，而是采用提供政府信用的激励措施，在立项和审批环节给予支持。政府尽量使法国电力公司发挥更多的自主权，包括核电设计、建造和运营等方面，尽可能使核电企业发挥专业优势，当然这一切都是在不违反核安全的前提下。同时，政府在核废料和设备退役等方面，通过配套政策给予企业支持。

尽管法国形成了较为完善的核电工业体系和完备的政策体系，但法国核电发展的过程也并非一帆风顺。部分地方政府和公众，特别是一些绿色组织也提出不同意见。日本福岛核事故后，法国国内对核电发展开展过激烈的大讨论。但无论遇到什么反对意见，法国政府凭借其强大的核工业系统和安全保障体系，以及与公众良好的沟通机制，始终没有改变继续发展核电的立场。

二　日本的核能政策

（一）日本的核能发展

日本核能开发始于20世纪50年代，经历了四个发展阶段（见表2），即初期开发、谨慎开发、规模化开发、急速缩减。50年代初期，日本核能开发利用远远落后于其他发达国家，当时主要依靠引进美国技术。1955年以“自主、民主、公开”为原则，制定了《原子力基本法》。1956年作为核能开发行政机构成立了“原子力委员会”，并在总理府设置了“原子力局”。此外为促进核能研究开发、确保安全利用，颁布了《原子力开发利用长期基本计划》（此后约每五年修订一次）。1966年，日本最初的商业用核能发电站［日本原子力发电（株）东海发电所］投入运营。第一次石油危机后，为促进发电用设施周边地区的整备

① 苏群、岳林康、马壮厂、肖征文：《法国核电价格及相关政策》，《中国物价》2009年第3期。

以及提高发电设施的安全性，1974 年日本政府设立了“交付金与补助金制度”。1975 年开始实施“关于核能安全性调查与实证等委托费制度”和“原子力发电设施耐震性的实证试验”，以及“原子力公共培训设施整备等的补助金制度”。第二次石油危机之后，为提高能源自给率、保障能源安全，日本政府更加注重核能的开发与利用。为防止核污染事故的发生，2000 年发布了《特定放射性废弃物最终处理法》；2005 年 10 月发布了未来 10 年的核能政策基本方针，即《原子力政策大纲〈关于原子力研究、开发及利用的长期计划〉》，并于 2010 年 12 月开始探讨重新修订，但是由于 2011 年 3 月发生福岛核事故，因此修订计划被推迟。福岛核事故发生后，菅直人内阁提出“把太阳能、风力和生物能源等作为基础能源，将建设节能社会作为能源政策的支柱”的能源方针；其后上台的野田佳彦内阁则提出了“能源·环境战略”政策，即“零核能发电政策”，为迎合民众反对核能发电的恐惧心理，将利用一切政策资源，试图在 2040 年前实现核电站运转为零；第二次上台的安倍晋三内阁通过了《能源基本计划》，强调在不影响国民生活、经济活动的前提下，从能源安定供给的角度出发，对之前内阁的“零运转”的“能源·环境战略”进行修正。目前，日本在核能安全方面，采取核能利用推进与规制分离的制度，并为此设置了“原子力规制委员会”。

表 2　日本核能开发史

时间	阶段	内容
1953～1974 年	初期开发	1955 年，国家核能委员会成立； 1956 年，首次发布有关核开发的长期计划； 1963 年 10 月，茨城县东海研究所的动力实验炉第一次成功发电； 1966 年 7 月，茨城县东海发电站投入实际运行，日本核电商业运营的历史从此开始
1975～1985 年	谨慎开发	完成三次“反应堆标准化规划”工程，建成了日本国产反应堆，改变了之前依赖美国反应堆技术的状况； 1979 年，日本政府对核反应堆的设置、使用、排放等做出具体规范，同时批准民间参与核废燃料的回收再利用； 1980 年，成立日本原燃服务株式会社，日本核开发及再利用进入了系统化与规范化阶段
1986～2011 年	规模化开发	2002 年日本政府制定《能源政策基本法》，并发布《能源基本计划策定》、《能源基本计划第一次改定》及《能源基本计划》等法规
2012 年至今	急速缩减	“核能发电为零的政策”，2014 年发布了新的《能源基本计划》，将核能定义为“重要的基础性能源”，彻底修改了之前的“零核”方针

资料来源：根据《东日本大地震后的日本核能政策分析》等文章整理。

（二）日本核能发展现状

经过数年的发展，日本核电站形成了较为均衡的布局。到2010年，日本核电占一次能源发电比率为15.0%，核电的发展也使日本的能源自给率由1973年的9.2%提升到19.9%。但2011年福岛核事故后，核电站停运导致核电占一次能源发电比率大幅下降，2011年为5.8%，2012年已经降到0.6%。由于核电发电占比迅速下降，使日本能源自给率由2011年的11.2%下降到2012年的6.0%。其次，从日本商用核电站设备平均利用率的变化来看（见表3），福岛核事故之前的2010年，年利用率达到68.3%，2011年为38.0%，而2013年降至3.6%，2014年则基本处于停运状态。

表3　日本商业用核电站设备平均利用率的变化

单位：%

	1月	2月	3月	4月	5月	6月	7月	8月	9月	10月	11月	12月	年间
2010	70.8	69.9	66.0	66.9	62.1	66.1	70.0	70.2	66.7	72.3	71.3	67.9	68.3
2011	66.1	70.7	58.3	50.9	40.9	36.8	33.9	26.4	20.6	18.5	20.1	15.1	38.0
2012	10.3	6.1	4.2	2.0	0.3	0.0	2.9	5.1	5.2	5.2	5.3	5.3	4.4
2013	5.3	5.3	5.3	5.3	5.2	5.3	5.2	5.1	1.4	0.0	0.0	0.0	3.6
2014	0.0	0.0	0.0	0.0									

资料来源：（一般财团法人）日本原子力产业协会。

日本原子力产业协会的数据显示（见表4），日本在建发电炉有三座，共计4基4423兆瓦，但运行开始时间未定；计划建设的发电炉共计8基11147兆瓦，而建成时间、开始运行时间也均尚未确定；此外，被废止的发电炉共有11基6419兆瓦，其中包括原子力机构、中部电力、日本原电的5基1723兆瓦，2009年前已停止运行，而东京电力公司的6基4696兆瓦，则在2011年核事故后被废止。

（三）日本核能政策的动向

2014年，日本经济产业省·资源能源厅发布了《能源基本计划》，对核能进行了定位。该《计划》指出，核能与其他燃料相比，投入少产出多，低碳环保，具有安定性、效率性、成本低的特点，数年来作为纯国产能源，对日本国内生产发挥了巨大作用，是日本保障能源供给结构安定性的重要基荷电源。

表 4　日本核电站建设及废止情况

建设中

公司	发电炉名称	炉型	出力（兆瓦）	设置许可申请	设置许可	建成	运转开始	备注:现状
原子力机构	Monju	FBR	280	1980	1983	1985	未定	安全设施改善前禁止运转试验
电源开发	大间	ABWR	1385	1999	2008	2008	未定	2012 年 10 月 1 日建设工程再启动
东京电力	东通 1	ABWR	1385	2006	2010	2011	未定	2011 年 3 月 11 日以后建设工程停止
中国电力	岛根 3	ABWR	1373	2000	2005	2005	未定	建设中
小计	4 基		4423					
计划中								
日本原电	敦贺 3	APWR	1538	2004		未定	未定	
	敦贺 4	APWR	1538	2004		未定	未定	
东北电力	东通 2	ABWR	1385			未定	未定	
东京电力	东通 2	ABWR	1385			未定	未定	
中部电力	滨冈 6	ABWR	1400 级			未定	未定	
中国电力	上关 1	ABWR	1373	2009		未定	未定	未记入电力供给计划
	上关 2	ABWR	1373			未定	未定	
九州电力	内川 3	APWR	1590	2011		未定	未定	
小计	8 基		11147					

废止

公司	发电炉名称	炉型	出力（兆瓦）	设置许可申请	设置许可	建成	运转开始	运转年数	备注:现状
原子力机构	JPDR	BWR	12			1961	1963	13	1976 年 3 月 18 日停止运转
	Monju	ATR	165	1970	1970	1970	1979	24	2003 年 3 月 29 日停止运转
日本原电	东海	GCR	166	1959	1959	1961	1966	31	1998 年 3 月 31 日停止运转
中部电力	滨冈 1	BWR	540	1970	1970	1971	1976	32	2009 年 1 月 30 日停止运转
	滨冈 2	BWR	840	1972	1973	1973	1978	30	2009 年 1 月 30 日停止运转

续表

废止									
东京电力	福岛第1－1	BWR	460	1966	1966	1967	1971	41	2012年4月19日废止
	福岛第1－2	BWR	784	1967	1968	1969	1974	37	2012年4月19日废止
	福岛第1－3	BWR	784	1969	1970	1970	1976	36	2012年4月19日废止
	福岛第1－4	BWR	784	1971	1972	1972	1978	34	2012年4月19日废止
	福岛第1－5	BWR	784	1971	1971	1971	1978	35	2014年1月31日废止
	福岛第1－6	BWR	1100	1971	1972	1973	1979	34	2014年1月31日废止
小计	11基		6419						

资料来源：（一般财团法人）日本原子力产业协会。

此外，该《计划》还提出了未来核能政策的制定方向：

首先，在确保安全性，并且消除国民疑虑的前提下，由“原子力规制委员会”对核发电站的安全性进行专业判断。当“原子力委员会”认为核电站的安全控制系统已经达到世界上最严格水准时，日本政府将尊重此判断，并再次启动核能电站。同时，今后政府将致力于与核电站所在地自治体达成理解与合作。

上述《计划》强调，关于核能的依存度问题，将通过节能、可再生能源的利用，以及提高火力发电企业的效率，尽可能地减少对核能的依赖。在此方针下，在各种因素制约下，为保证能源安定供给、降低成本以及防止气候温暖化，并考虑安全保障的需要以及维护技术、人才等各方面情况，来确定日本核电应有规模。

其次，在吸取东京电力福岛第一原子力发电站事故教训的前提下，为使风险降至最小，国家可根据相关法令，全力采取妥善的对策，负责处理万一发生的事故。

再次，核能发电站废料如何处理是世界各国共有的课题。政府应自现在起承担责任，而非将责任遗留给后代。政府将利用国家相关职能促进核燃料废料的处理。

最后，政府关注核国际安全峰会、核物质防护条约的改正等国际动向，通过必要措施和推动相关研究，以促进核不扩散和强化核安全。

根据日本经济产业省《能源白皮书2014》，日本政府在核能领域采取了以下几项具体措施。

1. 提高核能利用的安全性

为提高核能利用的安全性，日本政府采取的对策有（见表5）：第一，“发电用原子炉等设施安全对策”，目的是开发包括抗重大事故的仪器仪表技术；第二，“培育核能安全保障人才”，以保障东京电力福岛第一核电站停运工作的顺利实施，并且保障拥有足够的现场技术人员和核能安全技术的人才，以确保既有核电站的安全运行、核能设施的正常维护。

表5　提高核能利用安全性政策

项目	内容	2013 年度预算
发电用原子炉等设施安全对策事业	防止重大事故发生的仪器仪表的开发	55.5 亿日元
确保核设施安全性的核能人才培育事业	维修核能设施的现场技术人员、产业界核能安全人才	1.2 亿日元

2. 处理核燃料废料

在核废料处理方面，日本政府实施了“高放射性废弃物最终处理法”“放射性废弃物宣传”“深地层掩埋技术调研”“对有关放射性废弃物的知识进行宣传”等措施。

（1）高放射性废弃物最终处理法。关于高放射性废弃物的处理，国际上一般采用“深地层掩埋”方法，将放射物与生活环境隔离，以消减废弃物的放射能。为确保该处理方法得以正确实施，2000 年，日本政府制定了《特定放射性废弃物最终处理法》，并设立了“原子力发电环境整备机构”（NUMO）。该法规定，处理过程要包括文献调查、概要调查、精密调查三个阶段，才能最终选定处理设施建设地点。同时，对于最终处理工作所需费用，应由使用原子炉设备的发电企业根据每年发电量向 NUMO 缴纳。为确保费用缴纳的长期透明性、安定性，该款项由外部资金管理法人负责储蓄、管理和使用。

根据该法，2013 年，日本核电企业缴纳了必要的费用，并交由资金管理法人管理。同时，为促进最终处理工作得以推进，NUMO 还开展了以相关技术为主要内容的宣传活动。另外，NUMO 于 2002 年 12 月，开始了面向全国公开募集核废料最终处理场备选地点的文献调查，但实际上文献调查并未付诸实施。在这种情况下，为促进最终处理工作顺利进行，2013 年 5 月，日本政府在“综合资源能源调查会”之下，设置了“电力·煤气事业分会原子力委员会放射性废弃物工作小组”。经过专家反复审议，2013 年 12 月，政府召开“最终处理相关工作阁僚会议”，明确了基本方向：一方面，积极推进“深地层掩埋”，同时寻求最优处理方法，并对“深地层掩埋”技术的可靠性进行定期评价。积极推进调研，寻找包括直接处理技术在内的替代处理方案。另一方面，促进公众对处理地点布局的理解。2014 年 3 月公布的《综合资源能源调查会的中间报告》明确指出以上两个方面。

对于“深地层掩埋”技术可靠性的问题，在借鉴东日本大地震经验教训的基础上，2013 年 10 月，日本政府在“综合资源能源调查”项目下，设置了“电力・煤气事业分会原子力委员会深地层处理技术工作小组”。工作小组由学会等研究机构推荐的专家组成，通过三次公开征集专家意见的形式得出最终结论。结论认为，在日本可以实现“深地层掩埋”技术。2014 年 3 月发布的《综合资源能源调查会的中间报告》明确宣布了上述结论。

（2）开展有关放射性废弃物的宣传。对于核废料处理后所产生的、低放射性废弃物的处理，需要较长时间。为了确保处理工作必要的费用，根据日本政府制定的《核电废料再处理储备金的储蓄及管理法》，核电企业需要提供必要的资金，并由外部资金管理者进行管理。上述法律于 2013 年开始实施。

（3）“深地层掩埋”技术调研。2013 年，政府投入为 36.4 亿日元预算用于高放射物的“深地层掩埋”等相关工作。在充分评价本国深地层地质环境特征以及稳定性的基础之上，通过对使用深地层研究设施（岐阜县瑞浪市、北海道幌延町）的可行性进行探讨，开发出高性能封闭式人工防护罩技术。为保证该项技术在未来使用过程中的灵活性，还对核废料的直接处理技术可行性进行了调研，并针对低放射性废弃物的处理进行了处理设施内封闭性实证试验。

（4）对有关放射性废弃物的知识进行宣传。2013 年日本政府投入 2.6 亿日元预算用于该项工作。为使民众理解有关高放射物最终处理的知识并获得公众的接受，日本政府针对最终处理问题征求了多方面的意见，并且举行了双方向的研讨会，同时还在全国展开了宣传活动。

3. 核燃料的循环利用

日本政府实行“核废料集中再处理补助金制度”和“高温炉技术开发委托费制度”，以促进核废料的循环再利用。日本政府在 2013 年度投入 10.3 亿日元的财政预算，为满足再处理设施的需要，利用玻璃固化技术开发了熔融炉。在委托费制度下，政府 2013 年度初投入 32.0 亿日元财政预算。政府还为确保高速炉的安全性，依据第四代原子力系统论坛（GIF）框架文件中的国际合作条款，引入了国际化的安全设计标准，并且利用国际合作，投资开发了具有可降低放射性废弃物的有害度作用的高速炉。

4. 构筑与民众、地方政府之间的信赖关系

（1）针对核能发电设施进行宣传。日本政府 2013 年度投入 5.7 亿日元财政预算用于该项工作。福岛核事故后，包括核事故发生地在内，政府在全国范围内开展宣传活动，以促进民众了解放射线、防止谣言传播。除派遣放射线专家赴全国各地出席演讲会之外，还在日本经济产业省的资源能源厅官网上利用“Q&A”的方式解答公众对放射线的疑问。

（2）对核燃料再利用的宣传。福岛核事故后，日本政府 2013 年度投入 1.5 亿日元财政预算，在准备建设核废料再利用设施的地区（设施所在县、市、町、村等），开展了关于放射线基础知识和核能源、核废料再利用设施的信息宣传。

（3）通过各地区负责机构进行宣传。受福岛核事故的影响，日本民众对核电抱有很深的不信任感和不安感，造成对能源有关部门的行政人员和工作人员态度恶劣。针对此种情况，为重新构筑相互的信赖关系，遏制负面情绪滋生，日本政府在反省的基础之上，大力开展有关核能的宣传。除充分利用预算之外，还发挥各地区负责相关事务的机构职能，并根据地区需要，加强双方向的沟通与协调。

（4）进行有关核能知识的教育。由全国的都、道、府、县等各地区政府作为主导力量，根据中央政府制定的学习指导纲要，开展了针对核能知识的能源教育（具体包括编写、购买辅助教材、改善指导方法以及对教师进行培训、组织参观有关设施、派遣讲师等）。同时还通过“支持核能能源教育补助金制度”，划拨一定的经费补助（2013 年度补助地区数：26 个都、道、府、县）。此外，为加强学校等教育机构开展有关核能的教育，政府还对简易放射测定器等器材的租借行业给予支持。

三　韩国的核能政策

（一）韩国的核能发展

1957 年韩国加入国际原子能机构并开始了核研究活动，1958 年发布了《核能法案》，1959 年成立了“核能办公室”，1962 年建成了第一个核反应堆。为了促进核能发展，减少对国外技术的依赖，从 70 年代开始，韩国采取了一系列促进核能技术国产化的措施。如表 6 所示，从 70 年代依赖国外技术，到 90 年代后

期完全实现国产化，再到21世纪国产化技术的出口，韩国的核能技术发展经历了核能发电设备导入期、原子炉机械制造期、核能技术国产化期、国产核能技术实现期、国产核能技术发展期五个时期。

表6　韩国核能技术的发展

时间	时期	内容
20世纪70年代	核能发电设备导入期	导入了第1~3号核发电机，即[古里1、2(WE公司)、月城1(AECL公司)]； 设备基本由国外企业制造，韩国业界仅承担一些附带工程
20世纪80年代	原子炉机械制造期	导入了第4~9号机，即[古里3、4(WE公司)、灵光1、2(WE公司)、蔚珍1、2(FRAMATOME公司)]； 由韩国电力公社(KEPCO)向国外企业订购原子炉元件，韩国企业也有一部分分包订单
20世纪90年代初	核能技术国产化期	导入第10~11号机[霊光3、4(CE公司)]； 韩国重工业(KHIC，现斗山重工业)为唯一合同乙方，炉本体由美国CE公司分包订货，主要目的是通过与CE公司共同设计，拥有自主技术。本时期实现了炉本体与涡轮技术的国产化
20世纪90年代后半~21世纪初	国产核能技术实现期	导入了第12~20号机(月城2-4，蔚珍3-6，霊光5、6)； 以PWR完全国产化与标准化为目标，开发国产化核能技术，到1999年，国产化率达到了82.1%
21世纪初至今	国产核能技术发展期	导入了第21号机(新古里、新月城、新蔚珍)； 实现国产化技术的出口

资料来源：日本原子力产业协会。

（二）韩国核能发展现状

到2014年11月为止，韩国核电站有23基在运转共计2078.7万千瓦，建设中的核电站有5基687万千瓦，计划建设的有6基873万千瓦。如图2所示，目前，韩国核电站的分布总体而言较为均衡。据IEO的预测（见图3），到2040年，韩国核能发电将达到近5000万千瓦，将是2014年的2倍多。2013年5月，韩国爆出多座核电站使用不合格零部件，这起核安全方面最严重丑闻导致六座核电站全面停建和停产。之后，韩国政府宣布大幅度减少核能发电量计划。韩国贸易工业和能源部也称，韩国的能源政策已经改变，未来将减少对核电的依赖，到2035年核能发电量占韩国总发电量的比重将减少到29%，与之前2030年的目标41%相比大幅缩减。

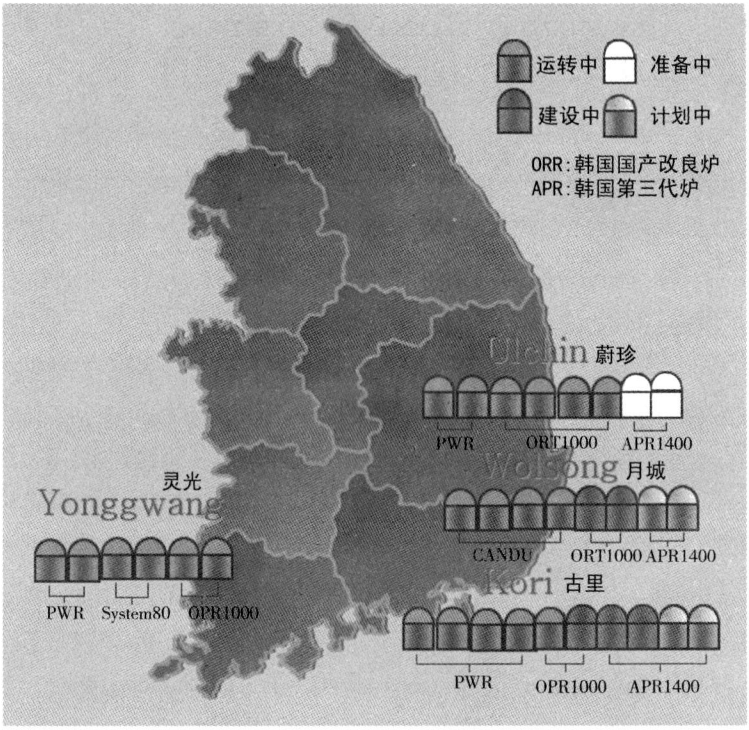

图 2　韩国核电站分布

资料来源：日本原子力产业协会：《原子力年鉴》2012 年版。

（三）韩国核能政策发展动向

1. 韩国核能近年发展动向

2011 年 3 月，韩国核能委员会确认将维持以往的核能政策，促进核能安全。同年 11 月，政府发表了《2012 ~ 2016 年综合推进核能利用第四次计划》。在此之前政府成立了“新核能安全委员会”，并继续实行推进核能技术出口政策。根据 2010 年《核能发电出口产业化战略》，韩国核能技术出口目标为 2012 年 10 基、2030 年 80 基。

2014 年韩国有关核能发展的主要事件有（见表 7）：发布第二次国家能源基本计划、进行韩美核能协议谈判、探讨核废料储藏问题以及关于在 Samcheok 市建设核能设施的公民投票等。2015 年初，韩美已就核浓缩和再处理等核能协定

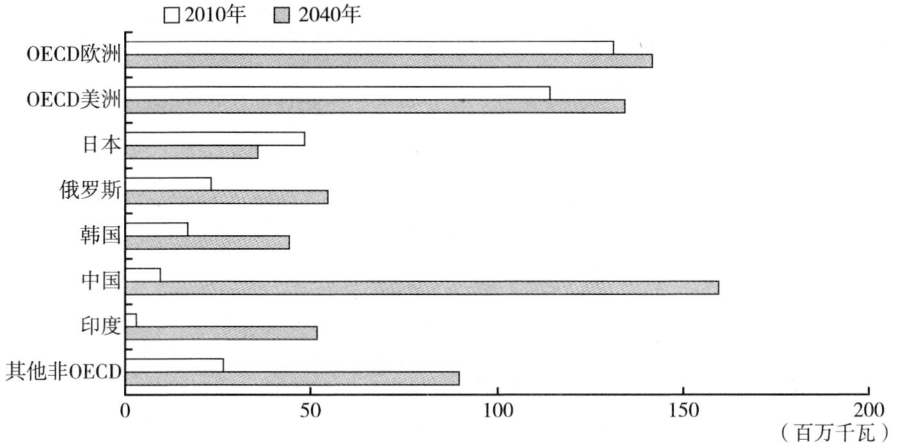

图 3　韩国核能预测

资料来源：国际能源预测（IEO，2013）。

的内容基本达成一致。新核能协定大幅放宽了韩国自主进行核能研究与开发的条件，其中主要包括对使用后的核废料进行管理、保障核电站燃料的稳定供应、推动核电站技术出口等三项内容。

2. 原子炉技术开发

韩国政府十分重视核能技术的开发（见表 8），投入 2340 亿韩元，利用 10 年时间，通过官产学研联合研发的形式，汇集了韩国知名的核能领域企业，开发了 140 万千瓦的次世代原子炉 APR 1400 技术；在韩国核能研究所牵头下，通过政府与企业联合投资，开发了小型多用途炉 SMART。

表 7　近期韩国核能领域主要相关事件

事件	内容
第二次国家能源基本计划	2014 年 1 月 14 日内阁会议决定，到 2035 年核电设备比率为 29%，除在建及计划中的 11 基外，还将新增 5 ~7 基
韩美核能协议谈判	之前协议在 2014 年 3 月到期，2013 年 4 月达成了延长 2 年的协议，美国从核不扩散的观点出发，对韩国的再处理・浓缩的方面提出了质疑
核废料储藏问题	• 各核电站储藏极限预定：古里（2016 年）、月城（2018 年）、霊光（2019 年）、蔚珍（2021 年） • 短期内计划延长 AR 储藏到 2014 年 • 2013 年 10 月成立了“中间储藏设施公论化委员会”
关于 Samcheok 市核能建设计划的公民投票	2014 年 10 月举行，反对意见 85%、赞成意见 14.4%

资料来源：相关媒体资料整理。

表 8　韩国原子炉技术的开发

原子炉	内容
140 万千瓦次世代原子炉的开发(APR 1400)	从 1992 年开始的 10 年间,通过"国家先进技术开发事业",汇集了韩国水利核能发电(株)(KHNP)、韩国核能研究所(KAERI)、韩国电力技术(株)(KOPEC)、斗山重工业(株)(DOOSAN)等 2300 名研究人员,投入了 2340 亿韩元进行研究开发
小型多用途炉 SMART 的开发	以韩国核能研究所为主进行开发,研究资金包括由政府科学技术部(MOST)提供的总计 750 亿韩元(到 2008 年)、斗山重工业等民间企业投入的 1750 亿韩元,总计 2500 亿韩元

资料来源：日本原子力百科事典（ATOMICA）韩国核能发电。

3. 官产研一体的海外输出战略

韩国政府、产业界以及研究机关组成一体，共同实施小型多用途炉 SMART 和韩国标准型炉 KSNP 的出口战略，与中国、印度尼西亚以及越南等国签订了战略合作协议（见表 9）。

表 9　韩国与其他国家的合作

国家	内容
与中国的合作	1994 年,韩国与中国签订《核能和平利用合作协议》,并展开了如下交流活动: • 泰山三期 CANDU 蒸汽发生器等设备与技术顾问和人员培训 • 韩国核能研究所・韩国核能安全技术院与中国相关研究院的合作 • 韩国核能产业会议年次大会聘用中国人 • 韩国月城、蔚珍核电站与泰山二期、三期合作 • 设立韩国核能研究所(KAERI)与清华大学高温气体炉共同研究机构
与印度尼西亚的合作	以 SMART 技术为桥头堡展开推销。2008 年前,在爪哇岛北部进行了 SMART 技术实证试验工程,IAEA、韩国核能研究所(KAERI)与印度尼西亚核能研究所(BATAN)间签订了协议,开展经济性评价共同研究。以导入韩国标准型炉 KSNP 为对象,印度尼西亚核能研究所(BATAN)与韩国水利・核能发电(株)(KHNP),于 2004 年 2 月签订了协议,开展"关于印度尼西亚核能经济性、财政、本地产业培育、技术转移、人才培养的共同研究"
与越南的合作	1995 年韩国电力与越南核能委员会签订协议,1996 年两政府间缔结协议,2002 年政府间核能发电合作协议缔结后交流与合作更为频繁。 • 韩国在越南直接投资大约 3.4 亿美元,越南政府与韩国水利核能发电(株)(KHNP)、斗山重工业(株)(DOOSAN)实行了一体体制,申请了韩国标准炉型的 FS 合作 • 2001 年越南科学技术部副部长、2002 年越南第一副首相、贸工部部长分别到韩国招聘

资料来源：日本原子力百科事典（ATOMICA）韩国核能发电。

4. 核燃料再利用目标

为促进核废料再利用的发展，如表 10 所示，韩国开始实施 DUPIC、VHTR 超高温炉、KALMER 韩国先进液体金属炉、HYPER 加速器补助两用超铀元素转换发电炉等工程。

表 10　韩国核燃料再利用工程

工程	内容
DUPIC	用使天然铀燃烧的重水炉，再利用轻水炉使用后燃料中的 1% 钚和 96% 铀。这是 IAEA 的 INPRO 项目的韩国主题，压碎从轻水炉中排放出的已使用燃料，使其在氧气中升温，从而释放出 40% 的裂变产物，然后再加工成 CANDU 反应堆燃料并使用
VHTR 超高温炉	韩国核能研究所（KAERI）参加了美国第四代反应堆开发 GIV 国际展会，负责了热功率 30 万千瓦焦耳、每年可生产 5 万吨氢气体的超高温炉设计。2008 年完成概念设计，预计 2016 年开始建设，2020 年开始运转。此外，KAERI 联合清华大学共同研究中国高温气炉 HTR－10 的氢制造技术
KALMER 韩国先进液体金属炉	Korea Advanced Liquid Metal Reactor 是以提高国产 PWR 核废料铀利用率和降低放射性废弃物量为目标的液态金属炉，具有安全性、抵抗核扩散性能高的特点。FP、TRU 等杂质会伴随燃料产生，并在炉内燃烧，从而降低环境负荷，保持经济竞争力。2006 年以前已经明确基础技术和基本设计方案，其中 2004 年投入预算为 42 亿韩元
HYPER 加速器补助两用超铀元素转换发电炉	Hybrid Power Extraction Reactor System 是通过合并使用加速器，利用发电、超铀元素，以及 FP 的核素变换，大幅缩短放射性废弃物的毒性寿命，从而降低环境负荷的系统。2006 年已经完成概念设计，这也是韩国防止核扩散、实现核废料再利用的目标

资料来源：日本原子力百科事典（ATOMICA）韩国核能发电。

四　中国的核能政策

2015 年 1 月 15 日迎来中国核工业 60 周年。1955 年的这一天，党中央做出了创建核工业的战略决策，中国核工业就此发轫。过去的 2014 年，中国的核能政策在全球核电增速放缓的大背景下，明确了在最高安全标准下发展核电，并将重启东部沿海核电站建设的立场。

中国核电发展大致经历了三个阶段。第一阶段，20 世纪 80 年代至 2004 年，这是中国核电发展的起步阶段。浙江秦山核电站从 1980 年动工到 1991 年投运，是我国首座商业化运营的核电站。但此后，我国核电发展规模并不大。第二阶段，2005～2011年，中国核电经历了高速发展阶段。2005年随着中国快速经济发展带来的能源和电力短缺，以及空气污染加重的问题。特别是2002～2004年我国经历了全国大范围的缺电。2005年后我国大力调整能源结构，积极发展核电。"国务院于2006年3月批准了《全国中长期核电发展计划（2005～2020)》，并于2007年批准了题为《中国的能源政策》白皮书，其中提到将核能作为国家不可或缺的能源。自那以后，中国的核电以前所未有的速度迅速发展。"① 第三阶段是2011年后，受日本福岛核事故影响，德国、意大利、瑞士等国先后宣布"弃核"，全球核电发展严重受挫，我国核电发展也明显减速。

（一）重启东部沿海核电站已明确

2011年3月福岛核事故后，中国政府宣布对全国核设施进行全面安全检查，并暂停了新核电站的核准。一批已经事故前通过核准但未开工的项目也延迟开工。尽管以何祚庥院士等为代表的部分专家对核电的安全性、可靠性仍存在一定质疑，对福岛核事故前的核电发展"大跨进"有一些批评，但中国应该适度发展核电，已经成为业界、学界和政府决策部门的共识。

2014年，是否能重启核电站建设，是中国2014年核能政策的最大焦点。尽管截至2014年底，从公开报道来看，期待中的辽宁红沿河二期和山东石岛湾等期待已久的核电项目均未动工，新开工核电项目未能实现"破零"，但我国将重启东部沿海核电建设的态度已经十分明确。

2014年3月5日，国务院政府工作报告提出："要提高非化石能源发电比重，发展智能电网和分布式能源，鼓励发展风能、太阳能，开工一批水电、核电项目。"

2014年3月24日，国家主席习近平在荷兰海牙举行的第三届核安全峰会上首次阐明了中国的核安全观。习近平主席指出："发展和安全并重，以确保安全为前提发展核能事业。作为保障能源安全和应对气候变化的重要途径，和平利用核能事业，如同普罗米修斯带到人间的火种，为人类发展点燃了希望之火，拓展了美好前景。同时，如果不能有效保障核能安全，不能妥善应对核材料和核设施的潜在安全风险，就会给这一美好前景蒙上阴影，甚至带来灾难。要使核能事业

① 郭位：《核电 雾霾 你——从福岛核事故细说能源、环保与工业安全》，北京大学出版社，2014，第68页。

发展的希望之火永不熄灭，就必须牢牢坚持安全第一原则。”

2014 年 4 月 18 日，国务院总理李克强主持召开新一届国家能源委员会首次会议时提出，要在采用国际最高安全标准、确保安全的前提下，适时在东部沿海地区启动新的核电重点项目建设。

2014 年 6 月 13 日，习近平主持召开中央财经领导小组第六次会议，研究我国能源安全战略时提出：“立足国内多元供应保安全，大力推进煤炭清洁高效利用，着力发展非煤能源，形成煤、油、气、核、新能源、可再生能源多轮驱动的能源供应体系，同步加强能源输配网络和储备设施建设。”对核电建设明确提出：“在采取国际最高安全标准、确保安全的前提下，抓紧启动东部沿海地区新的核电项目建设。”提法由以往的“适时启动”改为“抓紧启动”。

上述会议和文件已经阐明，中国将在坚持安全第一的原则下继续发展核电事业。国家发改委（国家能源）、环保部等部门负责人也多次公开表示，中国将重启东部沿海核电项目建设。2015 年重启东部沿海项目值得期待。

数据显示，2014 年共有五台机组投产，分别为：阳江 1 号机组、宁德 2 号机组、红沿河 2 号机组、福清 1 号机组和方家山 1 号机组。至此我国在运核电机组增至 22 台，总装机容量突破 2000 万千瓦，达到 2029.658 万千瓦；在建机组 26 台，约 2800 万千瓦。投产高峰的出现，说明“十一五”期间开建的机组陆续商运已经来临，而在建规模依然保持着世界第一。①

面对日本福岛核事故后全球核电发展放缓态势，中国政府旗帜鲜明地表示，将重启东部沿海核电项目建设。这主要基于三方面考虑：一是增加中国能源保障能力，确保能源安全；二是调整中国能源结构，推动节能减排；三是促进中国高端装备发展，推动核电“走出去”。

（1）增强能源保障能力，确保能源安全。一方面，我国能源供给短缺，常规化石能源供应能力不足。“油气人均剩余可采储量仅为世界平均水平的 6%，石油年产量仅能维持在 2 亿吨左右，常规天然气新增产量仅能满足新增需求的 30% 左右。煤炭超强度开采。”② 受煤炭国内供给和运输能力不足影响，21 世纪以来，我国频频遭遇电荒。特别迎峰度夏时节，拉闸限电成为局部地区经常的做法。虽然这些布局的、结构性的短缺还没有构成全局性的能源供应短缺，但已经

① 《变革路口　迎新破冰——梳理·展望中国核电的 2014、2015》，《中国能源报》2015 年 1 月 5 日第 17 版。

② 《国务院关于印发能源“十二五”规划的通知》，中国政府网，http：//www.gov.cn/zwgk/2013-01/23/content_2318554.htm，最后访问日期：2015 年 1 月 17 日。

严重影响了我国经济社会发展秩序。

另一方面，粗放式发展导致我国能源需求过快增长，石油、天然气对外依存度不断提高。2015 年 1 月，中国石油集团经济技术研究院发布的年度《国内外油气行业发展报告》显示："2014 年我国石油表观消费量（当年生产量加上净进口量）超过 5.18 亿吨，实际消费增速维持低位。全年石油净进口约为 3.08 亿吨，同比增长 5.7%。石油对外依存度达到 59.5%，较上年上升 1.1 个百分点。2014 年天然气表观消费量约为 1830 亿立方米，同比增长 8.9%。天然气进口量为 590 亿立方米，同比增长 11.5%，对外依存度上升至 32.2%。"① 不仅如此，中国能源进口来源过于单一、通道安全缺乏保障。中国石油进口近 1/2 来自中东、近 1/4 来自非洲，必经的通道马六甲海峡、霍尔木兹海峡容易遭遇海盗与潜在军事威胁。

近年，我国加大了与中亚、拉美等地区的能源合作，能源安全建设取得了积极进展。2014 年，中俄能源合作提速尤其引人注目。在通道建设方面，2013 年中缅油气管道建成，我国形成了继中亚油气管道、中俄原油管道、海上通道之后的第四大能源进口通道。我国能源进口渠道多元化取得了一定进展，但能源对外严重依赖的局面没有改变，进口来源地过于单一的局面也没有改变。石油进口仍然过度依赖中东、非洲等地区，而天然气对土库曼斯坦等中亚国家的进口依赖度在迅速提高。作为全球最大的能源生产国和消费国，中国能源安全一定程度上陷入了受制于人的困局。适度加大核能开发利用，是提升中国能源自给能力、确保能源安全的重要途径。

（2）调整中国能源结构，推动节能减排。核电作为相对清洁的能源，在我国当前环境承载能力已经达到或者接近上限的背景下，发展核电显得迫在眉睫。我国能源结构以煤为主，煤炭占我国能源消费的近2/3（见图4），目前世界主要经济体中只有中国和印度的煤炭消费占比在 50% 以上。此外，我国煤炭开发利用方式粗放。"大量水资源被消耗或污染，煤矸石堆积大量占用和污染土地，酸雨影响面积达 120 万平方公里，主要污染物和温室气体排放总量居世界前列。"②

煤炭消费是我国大气污染的主要来源，特点是 PM 2.5 排放尤为严重。国际环保机构自然资源保护协会的研究结果显示，我国因煤炭消费而产生的二氧化

① 冉永平：《我国石油对外依存度近 60%》，《人民日报》2015 年 1 月 29 日第 2 版。

② 《国务院关于印发能源"十二五"规划的通知》，中国政府网，http://www.gov.cn/zwgk/2013-01/23/content_2318554.htm，最后访问日期：2015 年 1 月 17 日。

硫、氮氧化物、烟粉尘、一次 PM 2.5 和汞等主要的大气污染物占比超 50%；其中，煤炭消费对 PM 2.5 年均浓度的贡献在 50% ~60%。数据显示，我国每年排放二氧化碳约 120 亿吨，已占全球排放总量的 1/4。未来我国能源消费总量还将持续增长，我们面临全球要将温室气体限制在 150 亿吨的红线，减排压力可想而知。

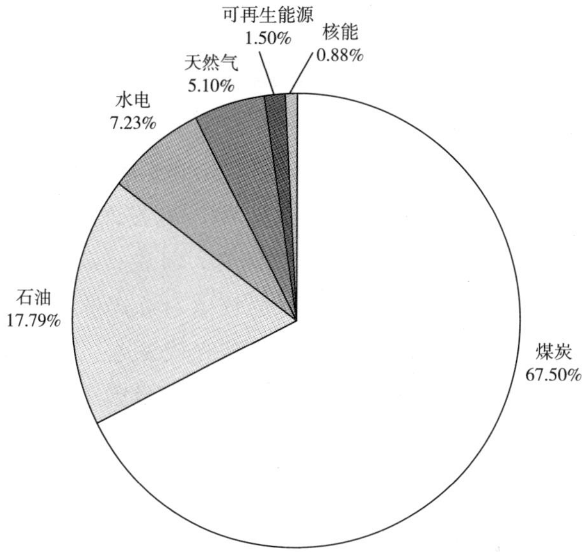

图 4　我国能源消费结构

资料来源：BP，《2014 年世界能源统计报告》。

我国必须通过优化能源结构推动减排。能源"十二五"规划提出，"十二五"期间非化石能源消费比重提高到 11.4%，非化石能源发电装机比重达到 30%。要提升非化石能源发展占比，必须大力降低煤电的比重，适当增加核电、水电以及风能、太阳能的比重。

不仅如此，大量煤炭的开发还造成每年数百人死于矿难，数十万人患上严重的尘肺疾病。中国煤矿尘肺病防治基金会的报告显示，全国尘肺病报告人数已超 72 万人，其中 62% 集中在煤炭行业这一高发区，超过 44 万人。每年死于尘肺病的煤矿工人数远高于同期生产事故死亡人数。

目前，电煤占我国煤炭消费总量的 50% 以上，煤电行业成为我国最大的二氧化碳排放来源。随着环境约束增强，未来煤电的成本可能显著上升。我国规划提出，到 2020 年，力争使煤炭占一次能源消费比重下降到 62% 以内。要弥补压减煤电带来的电力缺口，发展核电是比较理想的选择。

与水电以及风能、太阳能等新能源相比，核电稳定性强、经济性好。由于有枯水期和丰水期的差别，水电不稳定性强：枯水期需要有煤电弥补；而丰水期这些参与调峰的煤电不能正常发电，利用小时数低导致其效益低下，由此带来的水火矛盾突出。同时，修建水电站还需要大量地移民，而且对生态、人文景观等也会带来一定危害。风能、太阳能的不稳定性更强，并网难度更大，而且集中的风电场主要在华北、西北地区，远距离输电成本较高。目前国产化率提高使我国核电站建设成本逐步降低，核电经济性不断增强。据中金公司研究员测算，随着 AP 1000 国产比例由 30% 提升至 80%，在上网电价为 0.43 元/千瓦时的情况下，权益内部收益率有望从 5% 增长至 14%，明显高于风电和光伏电站收益水平。

与水电、风电、太阳能发电相比，在改善环境方面核电也具有明显优势。“核电生产过程对环境基本上是零排放。据测算，每建成 4000 万千瓦的核电，每年可替代标煤消耗 1 亿吨。每 100 万千瓦的核电对标煤的替代效应分别相当于 200 万千瓦水电、350 万千瓦风电、470 万千瓦光伏发电。”① 核电是一种技术成熟、安全性不断提高的清洁能源利用方式，具有容量因子大、能量密度大的特点，一克铀－235 裂变释放的能量相当于 2.7 吨煤完全燃烧产生的能量。在资源环境压力不断加大的背景下，安全有序发展核电是明智的选择。

与世界其他国家相比，我国核电的比例还非常低。目前，中国内地运行核电机组总装机容量 2010 万千瓦，核电仅占我国发电量的 2.2%。这一占比不仅远远低于法国的 75%，也远低于全球约 16% 的比例。

2014 年 5 月份发布的《能源行业加强大气污染防治工作方案》明确提出，力争 2015 年运行核电装机达到 4000 万千瓦、在建 1800 万千瓦；力争 2017 年底运行核电装机达到 5000 万千瓦、在建 3000 万千瓦。

根据能源发展“十二五”规划，我国核电装机保持年均 29.9% 的增速（见表 11），增速明显高于煤电和水电。

（3）促进高端装备发展，推动核电“走出去”。多年来，全球核电市场被俄罗斯、法国、美国、日本、加拿大和韩国等少数国家垄断。近年，随着我国核电技术的日益成熟，中国领导人在出访中多次将核电“走出去”作为双边交往的一个重要议题，特别是李克强总理在出访时多次推介中国的核电技术。通过核电技术和装备的出口，可以推动我国国内高端装备制造业的出口和发展。

---

① 《专家称我国大力发展核电对治理大气污染的效果明显》，新华社，2014 年 12 月 9 日。

表 11　我国电力发展“十二五”规划目标

单位：万千瓦，%

电力装机容量	2011 年	2015 年	年均增速
总装机容量	97000	149000	9.0
其中：煤电	66000	96000	7.8
水电	22000	29000	5.7
核电	1082	4000	29.9
天然气发电	2642	5600	16.2
风电	3100	10000	26.4
太阳能发电	86	2100	89.5

资料来源：《国务院关于印发能源发展“十二五”规划的通知》。

目前国际公认的技术是三代核电，在这方面，我国已有两大自主品牌——华龙一号和 CAP 1400。CAP 1400 是在消化吸收 AP 1000 技术基础上，通过自主研发和再创新形成的我国自主品牌三代核电技术。“华龙一号”则由中广核和中核集团联合开发。这两大技术均拥有完整的自主知识产权，完全满足三代核电的技术标准和安全要求，技术上很先进、安全上有优势、经济上有竞争力。二代的设计寿命是 30～40 年，三代则延长到 60 年，寿命延长了近 1 倍。

2014 年 1 月，国家能源局在京组织召开核电重大专项 CAP 1400 初步设计审查总结会。经与会专家评议，CAP 1400 初步设计内容完整，设计方案先进、可行，总体上可靠，同意通过审查。2014 年 12 月 5 日，中核集团在维也纳宣布，我国自主核电技术“华龙一号”已通过国际原子能机构反应堆通用设计审查。

核电“走出去”，还离不开核电设备制造能力的支撑。一个核电站大约有 65000 台套主、辅设备，不仅数量大，而且可靠性、安全性要求极高。20 世纪 80 年代秦山核电站建设以来，我国就一直非常注重核电设备的自主化，目前装备国产化率达到 80% 以上，关键设备都能自主研制，完整的核电产业链基本形成，装备制造业已经达到世界一流水平。

我国自主设计和建造的核电站，首台基础造价不仅与俄、日、韩等竞争对手相比具有一定的优势，而且中国已经拥有模块化建设能力。在同等条件下，中国企业的建设周期更短，建造成本更低，这成为中国核电“走出去”的有利条件。

2000 年 9 月，中国核工业集团承建的巴基斯坦恰希玛核电站投入商业运营，这是中国第一座按国际安全标准自主设计、生产制造的核电站，标志着中国迈入核电站出口国行列。该核电项目自投产运营至今，安全指标和运行业绩良好。

2014年，中国核电“走出去”明显提速，成为与高铁一道“走出去”的两大“国家名片”。2014年3月，习近平主席访问法国期间，中广核与法国电力公司在巴黎签署了关于英国新建核电项目合作协议。根据协议，中广核将通过参股方式参与法国电力公司在英国新建核电项目的开发建设，双方将共同推动在英国的后续核电项目。这是中法两国首次在第三国共同开发核电项目。

中广核与罗马尼亚达成合作开发切尔纳沃德核电站3号、4号机组意向。广核和国核技也先后与南非合作，计划参与建设南非新核电站。2015年2月4日，国家能源局局长努尔·白克力与阿根廷联邦计划、公共投资与服务部部长胡里奥·德维多在阿根廷签署协议。根据协议，中国核工业集团公司与阿根廷核电公司作为双方授权企业将负责协议的具体实施。这标志着中核集团和中广核集团联手研发的“华龙一号”落地阿根廷，首次成功出海。

但是也要看到，我国核电“走出去”处于起步阶段，仍面临不少挑战。不仅与传统的法国、美国、俄罗斯等核电大国有较大差距，与新兴的韩国也有一定的差距。中国核电还需要进一步统一和完善技术标准，提升品牌效应，赢得国际核电市场的认可。此外，由于我国核电之前走的是“引进－消化－吸收－再创新”的路径，在核电技术、装备制造等方面可能会遇到一定的知识产权纠纷。

（二）发展内陆核电态度尚待明确

重启东部沿海核电站的同时，是否发展内陆核电站，也是我国核电政策和布局的一个焦点。此前，我国中西部地区的江西、湖南、湖北等地有多个核电项目已获路条，重庆、安徽等地也有项目已经开展前期工作。市场预测认为，未来中西部内陆地区可能成为我国核电建设的主体。但是，能源发展“十二五”规划已经明确，将对新建厂址进行全面复核，“十二五”时期只安排沿海厂址。未来，内陆核电站建设何时启动仍是未知数。

内陆核电厂是指建在内陆江河湖泊沿岸的核电厂，是相对于建在海边的核电厂而言的。从经济社会发展需要看，我国内陆地区，尤其是华中地区的湖北省、湖南省、江西省等地，由于一次能源匮乏、能源需求旺盛，且能源结构不合理，已经出现局部地区冬季严重雾霾，迫切需要发展核电来满足能源需求、优化能源结构。

从技术角度看，在核电站建设过程中，普选厂址是第一步。厂址普选环节应该优先考虑地震、气候、水源、人口分布等环境因素。在适合建设的厂址中选择最优，进入前期准备工作环节。而从防止台风、海啸灾害、预防地震、保证取水、社会因素等多方面考虑，中国东南沿海适合建设核电厂址的地域非常有限。在世界能源发展的大格局和中国能源发展的大战略下，发展内陆核电站成为一种必须。①

随着核电安全性的提高，内陆核电建设不会影响环境与公众健康。而且，从世界范围来看，绝大多数核电站都是建在内陆，并无沿海核电站和内陆核电站之分。法国内陆核电站占69%；美国达61.5%，美国在密西西比河流域共建设了32台核电机组；而瑞士、乌克兰、比利时等国的核电站全部建在内陆地区。

目前，中国核电安全标准已经达到国际核能机构制定的最新标准，内陆核电厂全部使用二次循环冷却技术，大大降低了用水量的需求，其淡水消耗量不会明显影响流域的水资源量。我国的长江流域、松花江流域具有充足的水资源，可满足核电站运营所需。同时，内陆核电厂下游水质也已达到饮用水标准。

出于对核电站运行安全以及对核废料处理和核电站退役成本等方面的担心，我国部分地区内陆核电站建设近年来遭到一些专家反对，同时也出现了公众强烈抵制的现象。如何推进我国内陆核电站建设，还应当更好地统一思想，并做好公众的解疑释惑工作。要避免核电站建设中的“邻避”效应。核电规划和建设部门还要更好地公开信息、取信于民，才能确保工作顺利地开展，这是我国未来内陆核电站建设面临的巨大挑战。我国核电企业已经加大了信息公开力度。2014年8月7日，中广核集团深圳大亚湾核电基地组织群众参观国产的核燃料组件安装模拟培训设施。当日，中广核集团宣布将每年的8月7日确定为下属六大基地的“公众开放体验日”，以更好地回应社会公众对于核安全的关切。

1. 提升核电安全标准

长期以来，中国视核安全问题为和平利用核能事业的首要课题，在对核材料和核设施实施管理过程中严格执行最高标准。在我国60年来核能事业发展中，保持了良好的核安全纪录。福岛核电事故后，中国停建所有基础建设中的核电站，并全部改用第三代核电技术。

从国际核电技术发展趋势看，第三代核电技术成为主流。核电发达国家已开工建设和正在申请建设许可证的核电机组几乎全部采用第三代技术。“三代”机组的安全指标已经在二代基础上再次大幅提高，每堆每年出现堆熔的概率由十万分之一提高到千万分之一；每堆每年可能发生放射性物质大规模释放的概率由百万分之一提高到亿分之一。与第二代核电技术相比，第三代技术的反应堆在安全

---

① 宋明强：《中国内陆核电站发展必要性分析》，《科技创新与应用》2012年第29期。

管理上有自动修复功能，在遇到地震、海啸等自然灾害时，能够 72 小时内自动冷却，不需要人为干预。

作为我国三代技术代表之一的“华龙一号”，已满足了国际原子能机构关于先进核电技术最新设计安全要求，并通过了国际原子能机构相关审查。它采用的技术包括“177”反应堆堆芯、单堆布置、双层安全壳等多重安全系统，并且设置了完善的严重事故预防和缓解措施，安全性达到国际三代核电技术的先进水平。

作为核工业的生命线，中国核工业发展始终坚持安全第一的原则。2011 年日本福岛核事故后，我国采取举措不断提升核安全及核应急水平，新建核电项目建设全部使用全球最高安全标准。2013 年，政府发布修订后的《国家核应急预案》，核应急反应能力不断增强。

2014 年 5 月，中核集团、中广核集团、中电投机关、国家核电技术公司和中国华能集团五大集团在深圳大亚湾核电基地共同签署了《核电集团间核电厂核事故应急相互救援框架合作协议》，在核事故应急领域五大核电集团将形成整体合力，共筑安全纵深防御底线。

2015 年 1 月，国家核安全局、国家能源局和国防科工局共同发布《核安全文化政策声明》。这是三部门联合推动全行业核安全文化培育与发展的重大举措，在我国尚属首次。声明指出，我国奉行“理性、协调、并进”的核安全观，其内涵核心为“发展和安全并重、权利和义务并重、自主和协作并重、治标和治本并重”的“四个并重”。声明的发布充分体现了我国对核安全的高度重视。同时，国家核安全局还将在全行业开展核安全文化宣贯推进专项行动，确保宣传活动行业内全覆盖。

我国目前运行核电机组保持良好的安全纪录，在建机组质量受控，我国已成为世界上最大的核技术利用国家之一，放射源事故发生率已从 20 世纪 90 年代 6 起/万枚源降为目前的 1 起/万枚源左右。数十年来，我国核电机组从未发生二级及以上事件或事故。

2. 核电领域将开展多项改革

中共十八届三中全会拉开了中国改革的大幕。2014 年来核能领域全面深化改革有序推进。核电领域的改革将主要体现在进一步降低民间资本的准入标准，加快核电企业上市，促进核电技术标准与企业的整合。

2014 年 10 月 24 日，国务院常务会议提出，“进一步引入社会资本参与水电、核电等项目”。国家能源局核电司司长刘宝华表示，过去我国核电发展主要由国有资本投资建设，今后在核电站的建设领域，要向民间资本和社会资本开放，只要满足国家核安全管理的要求，各方资本都可以参与投资。但是，由于核电安全性的特殊要求，民间资本短期内进入核电领域，特别其核心的建设和运行领域仍有较大难度。

目前，我国具有核电业主资质的企业只有三家：中核集团、中广核集团和中电投集团。目前处于运行状态的核电机组，均由中核集团和中广核集团控股，中电投集团尚未控股核电厂。按照相关准入政策，电力集团在参股建设的核电站正式投产运营之后，才有资格独立拥有或控股核电站，并拥有核电业主资质。预计在2015年前后四大电力集团参股的核电站将基本建成，四大电力集团在2015年均有望获得核电业主资质。

2014年、2015年是中广核集团和中核集团登陆资本市场的“关键”节点。2014年12月10日，中广核集团所属中广核电力在港交所正式挂牌上市，这标志着国内纯核电资产上市首战告捷。中核集团旗下的中核股份也正处于A股上市之前的排队阶段，有望在2015年登陆资本市场。市场分析认为，两大核电集团推动核电资产上市，既是融资需求，也是改善资产负债率的需求。但其中优化资产结构的需求可能大于融资需求，因为通过上市募集所得资金可以直接增加企业净资产，从而降低企业的资产负债率。

2015年2月，广受关注的中电投集团与国家核电技术公司将合并的消息，终于得到中电投旗下多家上市公司的公告证实，国家在核电领域的整合拉开帷幕。国核技作为AP 1000的受让主体，技术实力强劲，中电投作为业主单位，具有丰富的电站建设经验，两者结合可以优势互补。作为由国有资本垄断的行业，核电建设以中广核和中核为龙头。上述重组有望打造核电建设的第三极，从而形成国内核电领域三足鼎立之势。

核电企业的合并，将有助于我国核电技术和标准的整合，有助于我国集中核电优势力量参与国际市场竞争，更好地促进核电“走出去”。目前，从世界范围来看，法国、美国、俄罗斯等国的核电行业集中度较高，我国需要遵从行业发展规律，合理加大核电企业的整合力度。

B.16

电力政策：美国、欧盟、日本、俄罗斯

刘喜梅*

摘　要：电力产业政策是世界各国能源政策体系的重要构成。电力政策的实施与制定与各国国民经济发展水平、能源经济与气候战略，以及电力监管组织体系和电力市场改革进程密切相关。2014年，世界经济增长率为2.6%。美国经济增长速度加快，欧盟国家尤其是德国与法国经济分化，日本经济低迷，中国经济增长处在调整期，俄罗斯经济停滞。受宏观经济环境与能源战略导向影响，各国更加关注绿色能源、电力经济发展与能源安全。2014年，各国电力政策向低碳绿色转型与调整，注重发挥电力市场机制，提升电力政策的激励作用。其中：美国电力政策更加偏重于智能电网研发政策；欧盟国家的绿色低碳电力发展的财政补贴政策有所调整；英国政府按照法律框架推动电力市场进入容量市场拍卖新阶段；日本电力政策对核电安全持谨慎态度，促进低碳发电技术开发；俄罗斯电力政策则更加重视与亚洲国家的电力合作。

关键词：电力政策　电力市场改革　智能电网政策　可再生能源发电政策

一　美国的电力政策

美国商务部经济分析局（BEA）数据显示，2014年，美国国内生产总值（GDP）增长了2.4%，经济处在扩张阶段。其中，企业投资规模同比增长9%，

* 刘喜梅，经济学博士，华北电力大学副教授，硕士生导师，中国社会科学院研究生院国际能源安全中心特聘研究员，研究方向为能源与电力经济、能源安全。

个人消费支出增长了3.2%，出口增长了4.5%。[①] 与欧元区和日本相比，未来形势明显偏好。[②] 从政策面看，量化宽松政策措施确定退出，加息预期加大。从能源层面分析，2008年之前油价持续攀高，在一定程度上抑制了美国能源需求与经济增长，但同时刺激了页岩油气的开发，使其能源成本大幅降低，带动了制造业复兴，直接拉动了美国GDP增长，率先走出国际金融危机后的经济低迷期。

2014年，美国的电力政策，响应了奥巴马总统的“重新工业化”提议及其“全方位”能源战略，重视电网规划与智能电网建设，加大了电力技术研发与智能电网投资，鼓励可再生能源发电，并加强国际合作与交流。这些举措对复兴美国制造业、保障美国能源安全、提升美国经济起到一定的作用。本文主要从美国的节能减排政策、电网规划与电力投资、智能电网与可再生能源发电政策角度进行分析。

（一）奥巴马政府的全方位能源战略与电力节能减排政策

为保障美国能源安全和应对全球气候变化问题，2014年5月29日，美国白宫的互联网站上发布了《全方位能源战略——通向经济可持续发展的道路》报告。该战略旨在通过促进页岩油和天然气生产以规避油价波动风险，鼓励发展可再生能源以提高能效，谋求“能源独立”，并通过减少二氧化碳排放，支持碳捕捉、利用和收集等，保障经济可持续发展。[③]

与电力产业发展密切相关的减排计划很快推出。据2014年4月29日美国《商业周刊》报道，美国最高法院对美国环境保护署（EPA）通过限制燃煤电厂以改善空气质量的行为表示认同。6月2日，奥巴马政府公布了在EPA该项提议下的一项减排计划：至2020年，美国将削减燃煤电厂25%的二氧化碳排放，到2030年时将减少30%的二氧化碳排放。[④] 根据美国能源信息管理局预计，到2020年美国可能将减少60千兆瓦火力发电量（占美国燃煤发电量的20%）。该减排计划是美国为解决全球气候变暖问题采取的一次非常重要的行动。未来为了实现该目标，美国电力企业每年需要至少减少二氧化碳排放约5亿吨。

这项提议不仅约束了电力环境成本，还将促进美国可再生能源发电建设，并大幅提升电力能源效率，将带来美国电力系统与产业的一场根本性变革。根据

① 汇通网，http://www.fx678.com/C/20150105/201501051746111706.html。
② 新华网，http://news.xinhuanet.com/world/2015-02/03/c_127453190.htm。
③ 北极星电力新闻网，http://news.bjx.com.cn/html/20140721/529595.shtml。
④ 北极星电力新闻网，http://news.bjx.com.cn/html/20140604/515772.shtml。

EPA 的预计，该规定虽然每年的成本约为 73 亿美元到 88 亿美元，但同时将会创造价值550 亿～930 亿美元的经济效益，预计到2030 年时，全国平均电费水平减少约 8%。EPA 估计，虽然有可能造成美国现有的 600 多家火电厂中的部分火电厂被关闭，但更重要的是，该举措将使与呼吸系统疾病有关的煤烟、硫和氮等传统空气污染物减少 25%。而且该计划将在发电厂、电网以及家庭和各建筑物中创造更多设计和节能技术需求，提供更多的就业岗位。虽然这项规定针对的将是以煤炭为燃料的发电厂，但 EPA 表示，它将给各州几年的时间来关闭现有的煤炭发电厂，而不是强制性地立即关闭这些发电厂。①

其实，早在 1992 年，美国就以法规的形式确定了其节能减排政策，其后，又制定了具体的气候变化行动目标方案与政府的激励性政策。如表 1 所示。美国地方政府也颁布了类似的减排计划。如 2014 年初，休斯敦市政府允诺将该市温室气体排放量减少 10%。早在 2008 年，该市就公布了温室气体减排计划，计划将其温室气体排放量从 2005 年的 196.8 万吨减少至 2015 年的 175.2 万吨。② 美国电力企业也受到该政策框架的约束。

表 1　美国的节能减排法规或政策

时间点	法规或政策	内容
1992 年	1992 年能源政策法	促进能源节约，提高能源使用效率，促进可再生能源应用以及加强国际能源合作
1992 年	全球气候变迁国家行动方案	对美国温室气体排放态势进行了评估，并总结了与温室气体减排有关的政府行为与举措；但对于温室气体减排问题，并未制定出相应的减排目标
1993 年	气候变化行动方案	提出的目标是：美国 2000 年将减少 1.09 亿吨的碳排放量，恢复到 1990 年的排放水平
2002 年	全球气候变迁行动	提出的目标是：到 2012 年，美国的温室气体排放密度（单位 GDP 的温室气体排放量）将比 2002 年减少 18%，即由每百万美元 183 吨降至每百万美元 151 吨的排放水平
2009 年	美国政府经济刺激计划	美国政府拨出 185 亿美元用于节能行动

此外，美国政府还非常注重与其他能源大国的气候合作与电力方面的技术合作。如 2014 年 11 月，中美就气候变化问题发布联合声明：美国的计划是，将于

① 中国电力新闻网，http://www.cpnn.com.cn/sd/gj/201406/t20140617_685336.html。

② 北极星电力新闻网，http://news.bjx.com.cn/html/20141230/577638.shtml。

2025年实现在2005年基础上减排26%～28%的目标，并努力实现减排28%的目标；此外，还将加大美中之间的清洁能源技术合作，包括节能技术、智能电网和绿色交通等领域合作等。①

（二）美国的电网规划、投资与智能电网政策

次贷金融危机发生后，美国经济增速趋缓，电力需求也开始下降，电网建设与投资滞缓，电网设备老化问题突出，电网安全可靠性受到挑战。因此，2014年以来，美国政府对电网规划与智能电网建设愈加重视，加大了投资力度，不仅注重对电网陈旧基础设施的升级改造与输电线路投资激励，而且还加强了智能电网建设和技术开发的商业化应用等，以提高能效，促进可再生能源发电，创造就业机会，带动经济发展。美国电力公司也积极响应政府政策，构建市场长期投资激励性策略，以提供更高效、可靠、安全、经济的电力传输的竞争性服务。

目前，美国共有500多家电网企业，美国电网架构包括东部、西部和得克萨斯三大联合电网，分别占美国售电量的73%、19%和8%。联合电网之间由少数低容量的直流线路连接。根据美国能源信息署（EIA）的统计数据，2012年，美国200千伏以上高压输电线路达到30.7万公里，其中，包括大约3888公里的765千伏交流输电线路，以及3545公里的500千伏直流输电线路。从1995年到2012年的，美国200千伏及以上输电线路长度仅增长27%。市场投资回报率低和输电项目建设批准程序复杂是电网投资不足的主要原因。

因此，2014年，美国政府加大了对电网规划审批力度。2014年10月，美国伊利诺伊州商业委员会（ICC）正式批准联邦爱迪生电力公司345千伏高压输电线项目。据悉，该345千伏高压输电线项目全长700英里②，耗资约2.51亿美元，输电能力达到1000兆瓦。③ 2014年11月，美国艾奥瓦州与伊利诺伊州电力监管部门也将对美国清洁线能源公司（Clean Line Energy Partners）的高压输电线建设方案进行审批，该高压输电线路为连接艾奥瓦州西北部地区和伊利诺伊州的州际联络线，长度达500英里，投资逾20亿美元，可为当地输送约3500兆瓦清洁电力，有利于保障两州电力供应平衡和电网稳定。④

---

① 北极星智能电网在线，http://www.chinasmartgrid.com.cn/news/20141209/571431.shtml。

② 1英里=1609.344米。

③ 北极星电力新闻网，http://news.bjx.com.cn/html/20141028/558345.shtml。

④ 北极星智能电网在线，http://www.chinasmartgrid.com.cn/news/20141111/562709.shtml。

智能电网建设一直都是美国政府重点关注的能源战略取向。传统意义上的电力系统较为稳定，电能是从大型、集中式发电厂到消费者的单向流动，但是现代电网则呈现复杂性系统特征，面临着各种可再生能源规模化的接入要求，电力供需平衡需要有一个具有更快反应能力的智能电网，以及商业运营模式和监管模式创新，提高电网可靠性，适应电力用户的自主发电与需求侧响应管理模式。

2014 年 10 月，美国能源部（DOE）公布了《2014 智能电网系统报告》，认为因数字化技术的应用以及政策激励，美国电网可再生能源和分布式能源的发展正在经历重大转型。电网更强调对极端气候的应对能力，包括消费者和产业在内的电力用户对电力生产和需求侧管理方面的参与度不断提高。早在 2009 年 10 月 27 日，美国总统奥巴马就对外宣布，美国政府要出资 34 亿美元设立智能电网投资基金，加上民间配套资金，投资基金将逾 80 亿美元，共有 100 个项目分享这一基金。2010 年至今，美国公共和私营部门对智能电网的投资已达 90 亿美元。预计到 2015 年智能电表安装量将达 6500 万个，占全国电力消费者的 1/3。①

2014 年，美国政府将对智能电网投入更多研究开发经费，并与跨国公司合作，以促进其技术的商业化应用。

2014 年，美国能源部（DOE）授予阿尔斯通跨国公司“微电网研究开发和系统设计项目”合同，价值 120 万美元，以支持美国气候行动计划（Climate Action Plan）。阿尔斯通作为电力设备和电力传输基础设施领域的领先企业，将为费城工业发展公司和费城水利局研发和设计微电网系统。②

2014 年 10 月，美国能源部（DOE）邦纳维尔电力局（Bonneville Power Administration，BPA）与日立制作所及其子公司日立美国合作，将继续对电网稳定化系统验证研究项目展开研究。③ 大规模接入光伏发电和风力发电等输出功率不稳定的电源时，电网会因其功率、电压和频率波动产生系统可靠性风险，验证项目是致力使电网稳定运行的系统控制方法。验证将在美国中部电力公司的协助下推进。日立与 BPA 曾在其 2013 年度电力技术研究开发项目中，合作研究了“可促进自然能源引入的电网稳定化适用系统”项目。④

此外，美国在分布式能源包括电动汽车并网技术上，也加大了科研投入力

---

① 张军：《美国电网经历重大转型》，《中国科学报》2014 年 10 月 21 日。

② 北极星智能电网在线，http：//www. chinasmartgrid. com. cn/news/20141106/561402. shtml。

③ BPA 是总部位于俄勒冈州波特兰市的电力运营机构，负责美国政府在哥伦比亚河流域拥有的水力发电站的电力批发，以及美国西北部约 75% 的高压供电运营。

④ 中国电力网，http：//hvdc. chinapower. com. cn/membercenter/newenergycenter。

度。如美国加州能源委员会于2014年对外发布了“推动电动汽车并网以最大化电网的利益”的研发项目，以推动智能高效的充电和V2G（Vehicle-to-grid，车到网）通信接口研发①。项目经费约400万美元，单项最低金额为50万美元，最高150万美元。加州计划在2025年实现150万辆零排放的汽车上路，其中主要是插电式电动汽车。由于汽车充电会增加峰值需求量，因此，需要新技术和商业策略鼓励电动汽车在非峰值期间充电，或在可再生能源发电充足时充电②。目前，由于美国各州政府政策、监管措施以及公用事业机构的技术经验水平不同，美国各地智能电网的发展速度有所不同。

（三）美国的可再生能源发电政策

2008～2013年的五年时间里，美国的可再生能源成本，如太阳能与风能的发电成本，出现了大幅下降趋势。某些地区的可再生能源成本甚至低于燃煤或天然气发电成本，2014年可再生能源发电成本下降更是呈现加速趋势。根据美国太阳能产业协会（Solar Energy Industries Association，SEIA）的统计数据，与2008年相比，2013年，美国大型太阳能发电项目的长期合同电价水平下降了70%以上；标准公用事业规模的太阳能发电项目前期安装成本，与2009年相比，平均下降幅度逾30%；2013年，小型商用与居民太阳能项目的发电成本，则较2012年相比，下降了12%～15%。2014年，公用事业规模的太阳能发电成本已降到5.6美分/千瓦时，而天然气发电成本最低是6.1美分/千瓦时，煤电成本则为6.6美分/千瓦时。根据美国风能协会产业数据显示，近年来风电成本下降超过一半，某些区域风电发电成本甚至低于传统发电，如在美国中西部的北达科他州与最大的得克萨斯州的某些范围内，电力企业可以根据长期合同以2.1美分/千瓦时的平均价格购入风电。

由于美国太阳能与其他可再生能源发电成本正在不断下降，有一些企业已经同太阳能、风能发电企业签署了相关“电力购买协议”，可以更优惠的价格购买可再生能源电力。太阳能产业得到快速发展。根据美国联邦能源管理委员会（FERC）数据，2013年，美国光伏发电共完成364个项目，年度总计3828兆瓦，同比增长逾50%；2014年，美国新增光伏装机量仅低于天然气，公共事业

① V2G系统，是指当电动车不运行时，通过连接到电网的电动马达将能量传输给电网；当电动车电池需要充满时，电流可从电网接入到电池。

② 北极星智能电网在线，http：//www.chinasmartgrid.com.cn/news/20141222/575402.shtml。

规模太阳能安装量有所下降，共完成277个项目，年度总计3139兆瓦；至2014年底，美国已并网的公共事业太阳能规模达到11.17吉瓦，占全国运行装机容量的0.96%。

自2012年11月美国对中国光伏产品征收“双反”关税后，美国本土光伏制造业竞争优势更加凸显。2015年1月22日，美国再次对中国光伏产品征收“双反”关税，将进一步提升美国光伏制造业价格竞争力，带来太阳能发电成本走低。

美国太阳能等可再生能源成本下降，及其应用市场的迅速发展，不仅与其商业化竞争模式与对外关税政策有关，而且与美国联邦政府和各州政府的能源战略导向，以及多元化的激励性支持政策密切相关。比如太阳能应用就是奥巴马政府全面能源战略的重要组成部分。

早在2013年末，美国总统奥巴马就设定目标，计划到2020年所有美国政府机构的20%的电力消费要取自可再生能源。2015年，政府可再生能源电力消耗在总电力消耗中的比重不得少于10%，2016年与2017年不得少于15%，2018年和2019年不得少于17.5%，2020年则不少于20%。并呼吁各政府出资安装可再生能源发电设施，或者从清洁能源电站、电网购买，或购买可再生能源证书等。①

2014年4月17日，美国白宫宣布了一系列的新举措，鼓励联邦政府机构、家庭、企业、社区安装太阳能电池板，以促进美国太阳能产业发展。2014年5月9日，奥巴马发表了促进以光伏发电为中心的能源高效率化技术实现普及的行动计划。计划今后10年将住宅、办公室和工厂等消费的能源利用效率提高20%以上；将投资20亿美元提高美国政府大楼的能源效率；美国300多家企业和公共机构参加该计划，将提供能充分满足约13万户住宅用电量的光伏发电系统，合计输出功率在850兆瓦以上，并为此展开研修计划。随着智能家电的采用等，合计可降低约260亿美元的能源成本。预计2020年之前，光伏发电领域将为美国新增5万个就业岗位。②

早在2009年2月17日，美国《复苏和再投资法案》（ARRA）中就提出，为了刺激美国经济复兴，将投资近660亿美元资金用于支持绿色产业发展，预计到2020年将会提供大约500万个新的就业机会。同时，美国能源部还计划投资

---

① 索比太阳能光伏网，http：//news.solarbe.com/201312/09/45876.html。

② 北极星太阳能光伏网，http：//guangfu.bjx.com.cn/news/20140514/510743.shtml。

24亿美元用于拓宽电动汽车市场；在智能电网领域，《智能电网拨款项目》大约投资45亿美元实施网络现代化改造。①

2014年9月，美国加州通过《共享可再生能源法》。要求该州三大私营公用事业公司SCE、PG & E与SDG & E按照一定份额采购600兆瓦太阳能光伏发电，包括2015年的110.5兆瓦，这些机构将通过自愿购买的方式出售这些电力给消费者。②

2014年9月30日，美国能源部的SunShot计划（太阳计划）宣布将投入2500万美元用于先进太阳能热发电系统技术研发，资助那些致力于太阳能发电站性能与效率的项目研究；2014年10月，美国能源部宣布向一批太阳能研发项目注资5300万美元，旨在削减太阳能发电的成本；2014年11月，SunShot计划再次宣布投入1500万美元，将具备储能系统的太阳能接入到电网基础设施。③

从可再生能源发电政策角度看，与欧洲国家不同的是，美国并非采用FIT（Feed-in-Tariff）补贴模式，而主要是采用初始投资补贴、电价补贴、投资税收减免（Investment Tax Credit，ITC）政策、成本加速折旧（Modified Accelerated Cost Recovery System，MACRS）政策与延长税收减免期等优惠税收政策，以及绿色电力证书、净计量电价（Net Metering，NM）和允许第三方售电（允许企业不仅售卖光伏面板，还可以向消费者售电，这样用户不必非得去公共事业机构买电）等一系列多元化政策。

其中，影响最大的政策是投资税优惠政策、成本加速折旧政策与净计量电价政策。投资税优惠政策是美国政府为了鼓励绿色能源投资而出台的一项税收减免性质的优惠政策，如：2016年底前的光伏发电项目可按照投资额的30%，对应纳所得税进行抵扣。这项政策自2006年开始实施以来，美国太阳能装机量从680兆瓦增加至目前的近13吉瓦，为推动美国太阳能产业发展做出重要贡献。④2015年2月，奥巴马总统还在其2016年预算中，提议永久延长用于太阳能项目的投资税收抵免（ITC）。按照美国税务局（Internal Revenue Services，IRS）的要求，2005年12月31日之后建设的光伏项目，可采用成本加速折旧法，即固定资产折旧额可以按照设备使用年限不断递减。净计量电价政策是指用户用电量和光伏电站发电量可按照差值结算，结算周期一般为一年。2015年1月，美国南加

① 北极星电力新闻网，http：//news. bjx. com. cn/html/20140606/516516 - 2. shtml。

② 北极星太阳能光伏网，http：//guangfu. bjx. com. cn/news/20150107/579635. shtml。

③ 北极星太阳能光伏网，http：//guangfu. bjx. com. cn/news/20141104/560486. shtml。

④ 光热发电网，http：//www. cspplaza. com/article - 3156 - 1. html。

州出台了净计量电价协定，杜克能源公司与几家电力公司随后制订了发展分布式光伏发电计划。该计划将于2月份交付至公共事业委员会（PUC）等待审核。该协议是在2014年6月《南加州分布式能源均衡增长》的法规基础上，由公共事业财团、消费合作社以及环境、消费者与行业协会共同商议并制定的。①

2014年2月，美国电力研究院（Electric Power Research Institute，EPRI）发布的一项报告认为，快速发展的分布式发电将对传统发电模式带来巨大挑战，未来分布式电源将以竞争性价格占据更多电力市场份额。美国贸易机构爱迪生电力研究所（Edison Electric Institute，EEI）与绿色团体自然资源保护委员会（Natural Resources Defence Council，NRDC）也认为，美国监管机构应该调整监管规则，以促进多元化的供电模式形成。② 美国晨星（Morningstar）投资研究公司报告称：虽然目前分布式发电仅占美国发电总量的1%，但预计到2017年，分布式发电份额则可能大幅提高至30%以上。分布式发电中发展最快的是太阳能发电。据美国能源信息署预测，到2016年底，光伏装机容量将在目前的基础上再增长60%，并且新增的装机容量中有一半都将建于加州。根据美国环境研究政策中心（Environment America Research & Policy Center）2014年发布的报告，未来15年美国光伏发电装机容量占总装机容量的比例有望由现在的0.23%增长至10%。该报告认为在美国政府的积极政策激励下，以上目标有望实现。③

2015年，美国将继续执行对可再生能源发电的优惠政策。2015年2月，据美国总统奥巴马提议的2016年联邦政府财政预算案，清洁能源预算为74亿美元，较2015年的69亿美元预算提高了7.2%，并另增设了40亿美元基金鼓励美国各州加快电厂减排进程。美国能源部2016财年的预算为299亿美元，与2015年相比增加了25亿美元，其中107亿美元用于支援新的清洁能源技术和先进的生产技术的科研、开发和应用。此外，预算案还提议永久延长用于风能行业的生产税抵免政策和用于太阳能行业的投资税抵免政策。为了支持奥巴马气候政策中与国际相关的部分，联邦政府预算提案还要求拨款5亿美元用于支持联合国的绿色气候基金。

目前，能源政策的全球性特征尤为突出，能源互联网将开创能源经济新时

① 北极星太阳能光伏网，http://guangfu.bjx.com.cn/news/20150105/578839.shtml。

② 中国能源报，http://www.nea.gov.cn/2014-03/26/c_133214825.htm。

③ 北极星太阳能光伏网，http://guangfu.bjx.com.cn/news/20140418/504805.shtml。

代，智能电网作为能源互联网的主要构成，美国政府对此密切关注。美国不仅谋求在传统化石能源的能源独立地位，而且同样谋求引领智能电网技术。美国不仅限于作为信息互联网时代的开启者，更着眼于积极开创能源互联网新时代。因此，美国政府对可再生能源规模化接入、分布式发电技术、技术革新与商业模式重构非常关注，投入大量资金进行合作项目研究，也是美国谋求能源大国战略地位的必然要求。

总之，从美国2014年的电力政策的制定与实施来看，美国非常重视其全方位能源发展战略与电力政策的协调，注重电力节能减排、电力系统规划、电力安全与智能电网最新技术发展等新问题。美国电力政策的实施执行不仅由能源部、联邦能源管理委员会主导，还受到商务部、环保署、信息情报部门的影响，并且强调相互之间密切合作的重要性。而且，美国将电力产业应对气候变化、节能减排作为国家一项重要的长期战略任务，同时加强与其他国家的气候合作，力争在电力领域创造更多合作机会与空间。

二　欧盟的电力政策

2014年，欧元区全年预计实现0.9%的增长，前三季度GDP环比增长分别为0.3%、0.1%和0.2%，失业率为11.5%。12月份受能源价格大幅下滑影响，CPI同比下降0.2%，为2009年11月以来最低水平，逼近通缩。其中，德国是欧元区经济增长引擎，特别是其第四季度数据有力地拉高了欧元区经济数据。此外，西班牙的经济增长为1.4%，法国仅为0.4%，意大利经济在2014年萎缩0.4%。①

就欧元核心区的首要大国——法国与德国的经济形势来看，欧元核心区分化趋势明显。法国经济低迷，德国经济形势向好。根据法国国家统计局数据显示，2014年法国GDP增长率为0.4%，财政赤字累计856亿欧元，约占GDP的4.4%，虽然法国破产企业数量减少了2.9%，缓解了前两年连续上升的势头，但第三季度的法国企业利润率仍降至29.6%，为1985年以来的最低水平。根据德国联邦统计局数据，受内需和商业投资拉动及其欧元贬值影响，2014年德国经济增长超出预期，全年GDP达29030亿欧元，增长1.6%，财政盈余为180亿欧元，占其GDP的0.6%，远高于2012年与2013年0.1%的占比。就业人口达

① 欧盟统计局网站，http://ec.europa.eu/eurostat/data/database。

4300万，就业率处于两德统一以来的最高水平。

2014年，欧元区经济呈现发展不一的态势，欧洲电力行业也正面临艰巨挑战——在清洁的、可靠的、价格适中的电力供应中寻找平衡。欧盟作为气候变化行动、电力市场改革与可再生能源发电应用技术上的世界领导者，其电力政策需要密切关注。由于欧盟各国经济发展程度不同，资源禀赋不同，电力供需结构不一，电力产业发展程度不同，电力能源战略与电力政策也有所不同。德国、英国、法国、西班牙、意大利是欧盟的最为重要的经济体，较为积极发展可再生能源，其环境和能源政策对欧盟整体政策影响较大。东欧国家大多是以核电和燃煤发电为主，且对俄罗斯的能源依赖较高。北欧国家面临全球变暖、海平面上升的影响最为明显，其发展风能等可再生能源的态度最为积极。下文将结合欧盟新能源与气候战略、欧盟智能电网政策，对部分国家的电力政策给出分析，包括法国的可再生能源与核电政策、德国的可再生能源发电政策、英国的电力市场化改革政策，以及其他部分国家的电力政策等。

（一）欧盟的电力政策

1. 欧盟电力市场改革法案

2014年2月4日，欧盟的4家电力交易所与13家输电系统运营商初次开展了日前市场联合交易，这是欧盟电力市场化改革和统一电力市场建设的重要里程碑。交易范围涵盖中西欧、北欧与波罗的海区域，以及英国、瑞典和波兰等15个国家，该范围的用电量占欧洲电力需求总量的75%。截至2014年2月19日，联合市场的日均出清电量为35亿千瓦时。未来欧盟将进一步扩大开放领域，最终目标是形成泛欧洲的统一电力市场。这一进展与欧盟以法案形式推进电力改革密不可分。

2011年3月3日，新的《欧盟电力改革法案》（Drective 2009/72/EC）正式生效。新的能源法案着力于：确保电网独立运营，促进跨国联网，维护欧盟内外部电力企业的公平竞争，促进欧盟统一电力市场建设；建立更加有效与更加独立的电力监管机构；加强成员国之间的相互合作；保护消费者利益。这是欧盟自20世纪90年代以来颁布的与电力相关的第三个重要法案。该法案规定：电力企业可保留输电网络所有权，但应委托独立机构经营输电网络，或成立子公司经营输电网络；电力企业可以继续经营配电网络，但与其他电力业务（生产与输电等）之间保持法人独立、职能独立或财务独立。可见，该法案对欧盟内部输电网络组织形式的多样性采取许可态度，并未强制拆分电力企业，而是采取独立运营与强化监管方式以促进公平竞争。

回顾以往，1996 年的欧盟电力改革法案（Directive 96/92/EC）主要是重塑电力市场主体，为电力市场竞争做准备。该法案允许电力市场采取不同的交易模式，允许电力公司纵向一体化，但是发电、输电和配电业务必须在财务上独立。自此，欧盟各成员国在电力统一法案框架的指导下，开始加快推进各国电力市场化改革。2003 年，欧盟又发布了第二个电力改革指令（Directive 03/54/EC），该指令要求电力市场自由化和放开用户选择权，并促进欧洲统一电力市场建设，要求输电、配电业务向发电商与用户无歧视开放；输、配环节电价由政府和监管机构确定，防止一体化电力企业垄断行为、不公平竞争和交叉补贴。欧盟电力市场化改革法案，提出了电力改革路线和时间表，为欧盟实现消除“能源孤岛”、加快电网互联并在 2015 年建成其内部统一能源市场、统一市场运行规则和技术标准奠定了基础。未来欧盟还将着力于推进保障发电容量充裕度的市场机制，以确保电力供应安全和促进电力可持续发展。

负责电力系统调度与监管的欧盟组织包括：输电运营商联盟（ENTSO－E）和欧盟能源监管合作机构（ACER）。前者成立于 2008 年，主要职责是制定电网运行、发展规划与市场整合的一般规则，如系统运行的安全与可靠性、容量分配、阻塞管理和并网指令等；后者于 2011 年成立，负责起草指导性框架、跨国交易设计方案和监管条例等。①

2. 欧盟新能源与气候战略

欧盟原先提出的减排目标政策被称为 20－20－20 政策②，该政策的实施体现了欧盟在应对全球变暖的行动中的“领导者”地位。不过，欧盟委员会于 2014 年 1 月 22 日，又通过了《2030 气候与能源政策框架》，计划到 2030 年，欧盟的可再生能源消费占比将提升至 27%。到 2050 年，这一比例将会超过 55%。新的减排目标如表 2 所示。这一举动更加体现了其作为气候行动主导联盟的作用。在新的应对气候变化方案中，欧盟将明确规定可再生能源发电的具体目标，以有效减少天然气消费量，降低能源依赖度。为保证其目标实现，欧盟需要构建一个统一的能源市场和“能源联盟”，以汇集内部资源，提高能源价格博弈能力，加强能源安全和增强欧盟能源产业全球竞争力。

---

① 《欧盟的电力市场化改革历程》，http：//www. chinabidding. com. cn/zbw。

② 这是欧洲理事会于 2007 年 3 月提出的一项能源和气候一体化决议中的核心内容，即欧盟承诺到 2020 年将温室气体排放量在 1990 年基础上减少 20%，可再生能源在总能源消费中的比例提高到 20%，将能源效率提高 20%。该决议在欧盟气候和能源政策方面具有里程碑意义。

表 2　欧盟委员会 2030 年气候和能源政策确定的目标

项目	当前目标	2030 年目标(2014 年 1 月 22 日通过)
温室气体减排	18%(2012 年)	40%
可再生能源普及率	12.7%	不低于 27%
电力能源占有率	21%	45%

资料来源：北极星电力网新闻中心。

实际上，自 2005 年以来，欧盟就已经密集制定了多个重要的新能源发展战略。如 2006 年制定了《欧盟能源绿皮书》，强调要保障能源安全和促进可持续发展；2008 年，欧盟又通过了战略能源技术计划，提出要发展风能、光伏能和生物能技术，经济发展应向低碳经济转型；2010～2011 年，欧盟则先后推出欧盟“2020 能源战略”与欧盟“2050 能源路线图”，确定了新能源产业政策以及具体目标。按照欧盟“2050 能源路线图”要求，2050 年，新能源比例最高将占全部能源消费的 75%，高达 97% 的电力将来自新能源，其中还不包括已经占电力能源 1/3 的核能发电。

2014 年 6 月 27 日，欧盟夏季峰会结束后，欧盟各国提出了未来五年的新能源和气候战略。为确保欧盟整体能源利益不受全球能源竞争和气候变化，以及地缘政治的影响，减少对化石燃料和石油天然气的高度依赖，欧盟将在三个方面采取措施：一是提高能源利用率，降低能源需求，建立统一能源市场，增加欧盟的能源议价和谈判能力；二是拓展能源进口渠道，开辟新的能源进口类型和进口路径，确保能源进口安全；三是大力发展绿色能源，积极应对全球变暖。

2014 年 7 月 23 日，欧盟委员会发布了未来 15 年的节能计划，与 6 月出台的五年新能源和气候战略相互配合，主要目的是减少对俄罗斯油气的依赖度，产生积极的社会效应，如增加就业、提振经济与推动节能环保。按照计划，欧盟力争在 2030 年将能源效率提高到 30%，并相对减少能源需求量和对气候变化的影响。为实现这一目标，欧盟预计采取的行动包括：一是鼓励企业和政府在节能技术方面加大投资；二是建立碳交易市场等交易机制，利用市场的力量刺激企业减少碳排放；三是出台相应的对所有成员国具有法律效力的目标政策。

3. 欧盟对可再生能源发电的支持政策

截至 2013 年底，欧盟的风电、光伏装机容量占总装机容量的比例分别达到 13% 和 9%。由于欧盟各成员国所拥有的可再生能源资源禀赋不同，发电成本也有所不同。如欧洲南部的太阳能光伏资源优于北部，成本较低；欧洲北部的风能则具有成本优势。根据芬兰咨询公司Pöyry的研究数据，欧洲太阳能光伏发电在批发市电平价（Grid Parity）[①] 方面将优于风能。其中，在太阳能方面，土耳其的批发电价最高，最早可在2018年实现太阳能市电平价，西班牙可能最早在2021年实现市电平价，葡萄牙将在2022年达到这一目标，意大利将会在2032年前实现市电平价。在陆上风能方面，2030年前，欧盟各成员国中的土耳其、爱尔兰和英国能够达到市电平价。可见，目前可再生能源的发电成本还是往往高于常规电源，如何参与市场竞争与回收投资成为政府与企业需要考虑的问题。由于各国可再生能源的资源、成本与经济性有所不同，欧盟也允许各国根据其国情制定有区别的可再生能源政策，建立促进电力清洁发展的市场机制。但总体上，要求各国减少补贴期限，更多采用激励机制，依据法律框架执行。为此，欧盟各国正在积极修订或补充完善立法法案，调整和完善电力市场机制来促进可再生能源的发展，采取的措施主要包括固定电价、溢价电价、可再生能源配额以及绿色电量认购制度等，加大了对可再生能源发电、碳排放技术示范与可再生能源包括分布式能源接入电网的智能化技术的研发投入。

2014年4月9日，欧盟委员会提出将各成员国政府对可再生能源项目的补贴期限定为10年，而通常可再生能源项目投资是以20年为一个周期，并要求各成员国放宽对能源补贴的限制。该项政策将改变各成员国的风电、太阳能发电等项目的融资方式。不过，同时，欧盟委员会还建议各成员国鼓励消费者错峰用电，及以其他激励机制代替上网电价机制，并提到这些建议将可能会以法律的形式确定，以严格促进各成员国和消费者认真执行，保证欧洲电网系统的稳定性。

2014年7月8日，欧盟委员会宣布投入研发经费10亿欧元，以支持18个创新型可再生能源（包括风力、太阳能、生物质、地热及智能电网等示范应用技术开发）项目和一个碳捕捉与储存（Carbon Capture and Storage，CCS）项目。[②]据欧盟机构预测，项目实施后每年将增加可再生能源发电量近8太瓦时（1太瓦时等于10亿千瓦时），推动了欧盟国家的低碳环保电力经济发展。该项目资金来源于欧盟NER 300融资项目。NER 300计划是欧洲可再生能源和CCS示范性创新项目的融资计划，由成员国、欧盟和欧洲投资银行EIB直接参与，私人融资和国家共同融资，资金主要来源于碳排放交易体系中出售碳排放配额所得收入。这是其第二批投资计划。首批计划项目于2011年启动，向可再生能源项目提供了12亿欧元。

① 市电平价，即指发电成本下降至与传统发电成本相当。

② 新华网，http：//news. xinhuanet. com/world/2014－07/09/c_ 1111530903. htm。

除此之外，欧盟用于支持可再生能源发电项目研发的支持政策，还包括欧洲研究框架计划（FP－Energy R&D）与欧洲能源复兴计划（European Energy Programme for Recovery，EEPR）。欧洲研究框架计划自1984年启动，至今已有7个研究计划框架，最新提出的研究计划框架是《远景2020项目（2014～2020）》，预计投入约60亿欧元，占欧洲研发资金预算的8%，相比前期项目有大幅增长。如表3所示。EEPR则于2009年启动，主要支持三大技术领域研究：天然气和电力基础设施、CCS与海上风电，启动资金为40亿欧元。旨在增加欧洲能源供应的可靠性，降低温室气体排放，促进欧洲经济复苏。据EEPR的中期报告，海上风能的投资和就业贡献最为突出，成功实现新型海上风电场并网，并创建了4000个工作岗位，是CCS的10倍。而CCS技术由于成本过高，商业化技术应用还尚待时日。

表3　欧洲研究框架计划与能源融资计划预算

欧洲研究框架计划	欧洲研发融资计划总预算（百万欧元）	能源融资计划（非核电）预算（百万欧元）	能源融资在总融资预算中占比（%）
FP1（1984～1987）	2810	830	29.5
FP2（1987～1991）	4345	122	2.8
FP3（1990～1994）	5804	267	4.6
FP4（1994～1998）	11879	1076	9.1
FP5（1998～2002）	13700	1042	7.6
FP6（2002～2006）	17833	890	5.0
FP7（2007～2013）	50521	2350	4.7
远景2020（2014～2020）	77028	5931	7.7

资料来源：*Strategic Research Agenda/Market Deployment Strategy*（*SRA/MDS*），March 2014，European Wind Energy Technology Platform。

2014年1月，欧盟委员会提出《2030气候和能源框架》，给出了具体的目标，即计划到2030年，温室气体减排40%，可再生能源使用增加至少27%。根据欧盟委员会2014年7月23日发布的公报，提出了2030年实现30%的能效目标，完善了原有的目标框架。2012年10月，欧盟发布了“能源效率指令”，设定了2020年能源效率目标是较20世纪90年代提高20%。欧盟认为，完善的目标框架能够向市场传递出更积极的信号，并鼓励节能技术领域投资增加。

4.欧盟的煤电削减与核电安全政策

2014年，欧盟持续煤电削减政策。近10年欧洲的煤电比例一直维持在25%

左右，这主要是受欧洲煤炭市场价格低廉以及欧洲碳排放交易体系的影响。据德意志银行报告，2012～2020年，欧洲将大规模淘汰落后的燃煤发电厂，淘汰规模将达到2800万千瓦，而可再生能源发电规模将新增1.4亿千瓦。2013年，世界银行和欧洲投资银行相继宣布停止对燃煤发电项目提供融资。欧洲投资银行表示，该银行为促进各国减排目标的实现，将只为每千瓦时碳排放量小于550克的发电厂提供融资资格，具备该项资格的电厂包括可再生能源电厂与热电联供电厂。

欧盟更加重视核电安全。2013年，欧盟各国共有143座核电站，其年发电量占总发电量的35%。2014年，欧洲地区有3个国家的4座核电站在建，有8个国家的19台核电机组规划准备建设。① 虽然，2013年3月，英国、法国与西班牙等12个欧盟国家联合签署了部长级会议宣言，明确表示将继续维持核能发电，以作为低碳能源之重要补充，但由于福岛核电站泄漏事故，欧盟对待核电发展持谨慎态度，更加重视核电安全。

2013年6月13日，欧盟委员会提出了一项立法建议，为加强核电站的安全性，要求欧盟监察部门每六年对核电站进行压力测试，该建议还要求各成员至少10年对该国的核电站设施进行安全性评估。

2014年7月8日，欧盟通过了《欧盟核安全方针》修订案，欧盟各国核安全监管机构将更具独立性，并开始执行同行评审制度。这份新的修订案在欧洲元首理事会获得正式通过后，三年内将在各成员国国内立法。新的核安全方针修订案规定：欧盟所有核监管机构都必须具备足够的法律权力、充分的人员编制、必要的专业知识和经验以及充足的资金和资源；要求欧盟成员国致力于核安全，确保核设施的设计、选址、建造、调试、运行和退役都以预防事故为目标，并在事故发生时减轻后果并避免放射性泄漏，实现广泛的核安全目标。②

5. 欧盟电网规划与智能电网研发政策

在电网规划方面，欧盟正加大对跨境互联电网建设的投入力度。国际能源署能源安全专家提出，北欧和南欧电网间的联网建设，有利于可再生能源的有效利用与并网，风能丰富的北欧国家与太阳能资源丰富的南欧国家可以形成风光互补，在更大范围内提高欧盟能源系统的适应性与灵活性。③ 但是，欧洲输配电网存在网络阻塞和分布式能源并网等问题，会影响电力供应的安全稳定性。这一现

---

① 中国电力网，http：//www. chinapower. com. cn/newsarticle/1227/new1227475. asp。

② 世界核新闻网，http：//www. world－nuclear. org/。

③ 国家能源局网，http：//www. nea. gov. cn/2014－05/15/c_ 133335468. htm。

实促使欧盟多国需要将高效技术集成到电网中，重构电网规划政策。由于跨境电网可以带动电力市场在更大领域实现资源流动和电价竞争，因此加强电网互联将不仅可以提高能源供应安全性，而且有利于提高欧洲输配电市场效率，可以带动输配电技术研发与设备投资，带动经济增长。

2013 年 9 月，欧盟输电网络系统提交了一份 10 年计划议案，该议案充分考虑了电网加固、用电量增长及大电流等问题，介绍了各国新能源发电及并网问题和国与国之间输电网互联及供应安全的问题。该议案重点在于输电的双向建设，将风能、太阳能纳入输电网络中，解决这些新能源在时间轴上的负荷波动问题，将风能资源较发达的地区电力输送到其他地区，同时可以用输电量补偿风力较弱时的负荷点，并加大电网建设和升级，保证电力供应安全与环境保护。①

智能电网方面，欧盟中的主要国家包括德国、英国、法国、意大利和爱尔兰等政府均表示支持智能电网技术发展。包括分布式可再生能源发电并网，先进的传感器、电力传输技术应用与电动汽车研发，特别是智能电表研发与普及是欧洲智能电网发展的重点。

2014 年 7 月，欧盟联合研究中心发布了《智能电网项目展望 2014》，列举了欧盟智能电网项目进程与投资计划。② 见表 4。

表 4　欧盟智能电网建设项目进程与投资计划

单位：亿欧元

截止时间	项目进程	投资金额
2013 年	开展 281 个研发项目和 90 个智能电表试点项目	60
2020 年	2500 万个智能电表，覆盖率达到 80%	500
2030 年	进一步实现电网现代化	4800

（二）法国的电力政策

1. 法国的能源过渡法案

2014 年 6 月，法国政府公布了能源过渡法案内容并表示支持该法案。该法案由法国生态、可持续发展和能源部主导制定，法案要对法国中长期能源消费给予总体规划。自 2012 年起就开始着手制定，但由于诸多原因推迟了多次。2014

① 中国电力网，http：//www. chinapower. com. cn/newsarticle/1194/new1194392. asp。

② 中国行业研究网，http：//www. chinairn. com/news/20140717/142606904. shtml。

年10月1日，经过法国国民大会的公众辩论后，10月14日，众议院通过了该法案。按计划，该法案将于2015年初提交参议院审议，通过后将成为正式法律。该法案包括80条，旨在促进建筑节能、可再生能源以及绿色低碳经济增长，预计未来三年将为法国增加10万个就业岗位。

在该法案中，奥朗德政府提出了法国中长期能源消费的宏伟目标：能源消费上，与2012年相比，2030年将减少20%的最终能源消费，2050年将减少50%，2030年化石燃料消费量将减少30%。在能源供应结构上，2025年，核能发电量占全国用电量之比从目前的75%将削减到50%，核能发电量限制在目前的6320万千瓦水平上；2030年，可再生能源占最终能源消费量之比要提高到32%（2012年该比例为13.7%）。在减排方面，则与欧盟2014年1月提出的减排方案一致，即与1990年的水平相比，到2030年将温室气体排量将减少40%，到2050年将减少75%。[①] 政府还将进行能源多年规划（PPE），具体确定分类能源消费目标与未来能源发展重点。

能源过渡法案与法国电力未来发展，尤其是核电工业发展密切相关。其中涉及电力与能源应用领域的内容，包括：为特别贫困的家庭颁发“能源支票”，以支付能源使用费和工程实施费，通过加大政府采购支持发展绿色电能交通工具等。此外，为了响应欧盟气候变化行动与绿色经济发展路线，体现法国决定降低对化石能源（煤炭、石油、天然气）和核能的依赖的决心，法案中对核电发展目标给出了限定。2014年6月，核电占法国电力消费量的比例约为75%。

其他关于支持能源过渡和促进节能的政府建议也与电力有关。如政府计划引进碳税，建议2015年每排放一吨二氧化碳征收14.5欧元碳税，2016年征收22欧元，预计这两年将分别为法国政府带来25亿欧元与40亿欧元的财政收入，可缓解目前不利的财政收支状况。

虽然法国政府对制定与实施能源过渡法案决心很大，但该法案在具体执行过程中困难诸多：一是业界对制定的目标认识不一，并对相关目标提出质疑，如法国核电业认为核能发电量占比在2025年降至50%，减少核能将削弱法国的工业竞争力；二是资金支持堪忧。据法国电力联合会预计，从2013年起到2030年，法国执行能源过渡方案大约需要5900亿欧元的资金支持，其中仅核能发电要实现2025年目标，就需要提供1000亿欧元的支持。而根据法国财政部于2015年2

① 《中华工商时报》，转引自 http://power.ofweek.com/2013-09/ART-35008-8100-28729347.html。

月6日公布的数据显示，截至2014年12月底，法国财政赤字已累计856亿欧元。① 2014年法国经济增长乏力，财政赤字压力大，资金不足掣肘法国政府。

2. 法国的可再生能源发电政策

目前，可再生能源发电约占法国全国电力总量的14%，法国政府设定的目标是：2020年光伏发电达到2万兆瓦，2030年化石燃料使用量减少30%，可再生能源发电比例达到32%。

为此，法国政府采取了包括税收减免和低息贷款在内的一系列支持政策。包括：推广使用靠充电驱动的"智能低碳车"（smart，carbon-less cars），政府鼓励业者在法国各城镇和大城市设置充电站，扩大政府采购，2014年将增值税（VAT）从10%降到5%，以奖励提高住宅能源效率的行为。

2014年6月，法国政府出台了相关支持政策推进可再生能源投资与建筑节能。具体包括：发行"绿色债券"资助民众小型可再生能源项目投资建设，如风力和太阳能发电站；为地方政府相关项目提供50亿欧元的低息贷款，资金来源于法国政府和国有金融机构法国信托局；并设置了建筑节能居民应税减免标准，如可从居民的应税收入中减免30%的隔热层安装成本等；法国国家投资银行为提供隔热层安装和建筑物可再生能源设施安装服务的中小型专业企业，设立由商业银行发放的担保基金；等等。

就光伏发电而言，2014年，法国政府提出了有关规划并实施了招投标政策。法国规划在波尔多建造300兆瓦的光伏园区项目，计划投资3.6亿欧元，预计于2015年并网发电，届时将是欧洲最大的光伏园区。② 2014年12月，法国政府还提出了总额为400兆瓦的招标书，招标项目包括停车设施、屋顶与地面等规模大于250千瓦的光伏安装项目。招标书要求由法国生态、可持续发展和能源部设定，内容包括各分类项目的上下限价格，投标得分基于投标价格、环境影响、减少碳排放的潜力、场地复原、创新和补贴需求额等，企业可于2015年6月1日递交申请③。

3. 法国的电力安全政策

法国是核电强国，非常注重核电生产安全与信息安全。2012年，核电满足了法国电力需求量的83%，是最主要的电力供应源。2011年3月，福岛核事故发生后，法国民意调查公司索福莱斯（TNS-Sofres）调查结果显示，依然有55%

---

① 商务部网站，http：//fr. mofcom. gov. cn/article/jmxw/201502/20150200891558. shtml。

② 低碳工业网，http：//www. tangongye. com/news/NewShow. aspx？ id =231403。

③ 每日光伏新闻网，http：//www. pv –tech. cn/news/largest_ pv_ plant_ in_ europe_ planned_ for_ france。

的民众支持使用核能。这与法国政府及其电力企业针对核电安全与信息沟通的举措有关。

从20世纪70年代末起，法国政府就针对核设施，成立了地区信息委员会（Local Information Commission，LIC），负责核安全的信息跟踪和咨询。这些委员会成员由当地政治家、职业联合会代表、环保协会与地方政府人员等构成。2006年6月13日，法国颁布《核电安全与信息透明法令》，以法律形式确定了“法国核安全局”的独立行政地位，并为LIC提供资金保障。法令规定相关机构必须公开核信息，任何个人都有权要求核电站运营商提供核安全及核辐射信息，LIC需要提交年度活动报告并公开，核电站也需要向委员会提供核安全及相关环境信息。如法国电力公司（EDF）制定了许多信息公开与沟通政策。包括：设立信息咨询中心，开通免费咨询热线，组织参观核电厂活动，发布信息简报邮件，进行专题发布等，并对核电技术进行不断的改进和升级，强化核电安全管理。此外，公开辩论形式也是法国政府提高核电公众接受性的重要途径。针对核设施的具体问题，如有需要可由国家工作辩论委员会组织开展公开辩论。民众可以充分了解信息，表达观点，做出判断。以上举措不仅提高了公众对核能的接受程度，也强化了企业对核电安全的管理。虽然2014年制定的能源过渡法案将削减核电的发电份额，但政府依然会加强核电安全与沟通政策。

（三）英国的电力政策

1. 英国的电力改革政策

2012年5月，英国能源与气候变化部（Department of Energy and Climate Change，DECC）公布了新一轮《电力市场改革法案（草案）》，并广泛征求各方意见，至2013年12月，《英国电力市场改革执行方案》由该部门正式颁布①。该法案以确保获得可靠、清洁和经济的电力能源为主旨，并提出至2030年的低碳发展路线。法案指出，英国政府将斥巨资大力扶植低碳电力发展，其中，核电、可再生能源及碳捕捉与封存技术（CCS）的普及应用将成为重点。该法案标志着英国电力市场化改革进程进入了新的阶段。

自20世纪90年代英国开始对电力工业进行结构重组，以私有化方式，引入竞争机制，执行交易库模式（POOL）起，改革一直在延续。2000年，引入了以双边合约交易为主，辅以不平衡电量交易的新电力交易制度（New Electricity

---

① 范孟华、马莉：《英国电力体制改革历程及启示》，《国家电网报》2014年1月24日。

Trading Arrangement，NETA），2005 年 4 月，NETA 模式向苏格兰地区与全国推行，引入了英国电力贸易和传输机制（British Electricity Trading and Transmission Mechanism），目的是：要在全国范围内，建立统一竞争的电力市场。其中，由国家电网公司负责全国电力系统平衡、保障供电质量和系统安全运营。

随着 2013 年《英国电力市场改革执行方案》的制定与实施，改革进入了新的阶段（Electricity Market Reform，EMR），这次改革的目标是既要提高电力市场的竞争性，又要稳定发电收入预期，保障电力供应稳定安全；同时，还要让可再生能源发电参与市场竞争，并支持低碳发电投资。为此提出了两个市场机制：差价合约（Contract for Difference，CFD）和容量市场（Capacity Market，CM）。前者由政府设立专门的差价合同缔约方与可再生能源发电商以核定价格签约，当市场价与此合同价有差价时，由政府进行结算补足；后者则是与电能市场并列的市场，以拍卖方式进行，拍卖出清价格是最终满足容量需求的容量提供者的价格。建立容量市场的目的是维持现有容量机组盈利能力、吸引新建机组与保持供电稳定性。DECC 还规定，任何享有其他优惠政策的机组，不允许参与容量市场拍卖，即享受了 CFD、可再生能源义务（Renewables Obligation，RO）等政策的可再生能源机组不得参与容量市场拍卖。核电可以参与容量市场拍卖，但不能享受差价合同政策优惠。

此外，还制定了与气候变化有关的电力约束机制。包括最低碳价（Carbon Price Floor，CPF）与排放绩效标准（Emissions Performance Standard，EPS），以强力控制碳排放，弥补欧盟排放交易体系（European Union Emission Trading Scheme，EUETS）的不足。

差价合同政策从 2014 年开始实施，并计划在 2017 年前与可再生能源义务并行运行，力图降低其融资成本。2014 年 9 月，《2014 年 10 月第一轮差价合同分配最终框架》由 DECC 公布。

英国的容量市场对电力供应两端均开放。2014 年 11 月，容量市场拍卖开始注册；2014 年 12 月 23 日，在英国国家电网（National Grid Company，NGC）的主导下，容量市场（CM）实现了首次拍卖；2015 年 1 月 5 日，最终结果由 DECC 公布并得以确定。根据电力政策，拍卖在 7 个工作日内经过能源大臣完成审核才能最终确定。根据 DECC 数据，2014 年 12 月的拍卖共有约 65 吉瓦的容量参与竞拍，其中 75.82%——49258.938 兆瓦得以竞拍成功，绝大多数获得了 2018～2019 年度的一年期容量合同，略多于英国国家电网前期进行的容量需求预测。从容量机组的燃料来源看，其中，联合循环燃气机组（CCGT）占比为

45.19%、燃煤/生物质能占18.74%、核电为15.99%，而抽水蓄能发电机组仅占5.48%。根据拍卖执行者英国国家电网数据，成功竞拍容量中，现有运行发电机组占比达64%，现有维修维护机组占30%，新建机组仅占5%。根据规划，容量市场的拍卖结果三年后才真正执行。①

英国此次电力市场改革，除了推行更多元的电力市场化机制外，更加关注电力工业的气候变化责任，主要政策目标是为英国实现2050年80%的脱碳目标而努力。这就对电力工业提出了很大挑战，即2030年电力生产要实现完全脱碳化。英国政府必须得加大可再生能源和核能混合发电，争取到2020年，将可再生能源电力来源占比提高至15%。

为成功实现此次电力市场改革，英国政府要求政策制度体系设计满足以下原则：一是责任制原则。确保设计和实施相关政策时要公开透明和具体细致。二是独立性。虽与政府管制在一个治理框架下运行，但电力市场有其自身的运行特点，应具备相对独立性。三是信贷可靠性，要建立适当机制稳定投资者信心。四是专业性。实施机构的成员要具备电力技术经济专业知识及其金融、商业技能，确保合同机制和定价机制设计有效。五是经济性。确保消费者付费最低。②

新电力市场改革将对英国监管机构提出更多挑战。因为英国是欧盟首先尝试容量市场竞争的国家，缺乏经验支持。目前，欧盟各国采取的容量机制主要包括战略备用容量机制、固定容量价格机制与容量配额机制。虽然2013年初，欧盟委员会曾经讨论是否建立特殊激励机制保障电力供应，但一直未将容量市场机制列入能源法案中强制执行。改革进程中，能源与气候变化部（DECC）必须要确保电力产业能够按照宏观政策意图实现该法案目标；天然气与电力市场监管办公室（Ofgem）作为英国独立的电力监管部门，要对电力容量市场准入、容量拍卖价格与合约差价实行价格监管，并确保最低碳价政策的落实，以保护消费者利益；公平交易办公室则是根据反垄断法、公平交易法与竞争法，对电力市场的拍卖交易与操纵行为等进行监管；竞争委员会则是对市场纠纷进行处理、调查和仲裁。目前，虽然容量市场吸引发电投资的能力还受到质疑，不过，英国政府对EMR电力改革持积极态度，认为从长期来看，供电稳定性将会进一步提高，居民电费负担也会有所回落。

---

① 英国政府网，https：//www.gov.uk/government/organisations/department - of - energy - climate - change。

② 曾鸣：《英国新一轮低碳电力市场改革及启示》，中国电力新闻网，http：//www.cpnn.com.cn/zdyw/201407/t20140722_ 701096.html。

2. 英国的可再生能源发电政策

欧盟的2030年绿色能源目标体系，包括可再生能源、节能以及温室气体排放三大政策目标。虽然英国国内已于2008年出台了《气候变化法案》，但相比较德国的可再生能源产业发展态势，英国进展明显滞后。根据欧盟与《京都议定书》的要求，到2020年，英国要实现在1990年基础上二氧化碳减排20%的目标，因此，英国加快了向低碳经济转型的步伐。尽管面临着财政赤字和欧债危机压力，英国卡梅伦政府早在2010年的“绿色新政”财政预算中，就投入了20亿英镑，建立了一个由政府出资并按市场模式运作的绿色投资银行（GIB）。2012年10月，欧盟委员会按照“国家援助”（State Aid）规定对GIB给予批准，GIB开始商业化运作，通过调动额外的私人投资包括债务、股权、担保、夹层融资等进入绿色基础设施。2012年，英国继而又出台了新的《能源法案》，要求在2025年，实现在1990年基础上二氧化碳减排50%的减排新目标，以更高目标促进能源经济低碳转型。

英国太阳能储量接近200兆瓦，政府在2013年4月公布了《光伏发电战略》。该战略将指导英国在一些大型建筑物的屋顶如超市、工厂、楼房等以及停车场设置光伏发电系统；此外，还将积极推动大约2.2万所教育机构安置屋顶光伏发电系统。据不完全统计，在英国符合此种要求的屋顶面积共有25万公顷，主要是在全国的商业设施和工厂厂房等大型建筑物的屋顶。该战略将帮助英国从地面光伏发电方式转向屋顶光伏发电，并将创造十万个就业岗位。

2014年以来，为保证可再生能源责任计划和电力市场改革的实施开展，英国政府出台文件控制大型太阳能光伏的成本，并减少了太阳能行业的补贴力度，但相对地面安装光伏发电系统的补贴削减速度，屋顶安装太阳能电池板的补贴削减速度将稍慢。根据英国天然气与电力市场办公室公布的政策，从2015年1月1日开始，装机容量低于15千瓦的小型光伏设施将削减3.5%的FIT补贴费，大型太阳能项目的补贴也被削减。此外，为了有效保护农业景观和耕地，还取消了对太阳能站的政府农业补贴。英国补贴政策的调整如表5所示。

2014年3月14日，根据英国能源与气候变化部的报告预计，未来10年里，英国用以关闭发电厂与电力基础设施升级的投资将高达1100亿英镑，英国将面临资金严重不足的制约。因此，英国未来的电力政策还有可能继续削减规模化可再生能源发电补贴，但是对分布式可再生能源发电可能依然会采取支持态度，以及增加绿色银行对低碳发电项目运作的支持政策。

表 5　英国政府对光伏设施的补贴调整

单位：英镑

光伏设施装机容量	原每千瓦时补贴	现每千瓦时补贴
0～4 千瓦	0. 1388	0. 1388
4～10 千瓦	0. 1257	0. 1257
10～50 千瓦	0. 1213	0. 1171

资料来源：英国天然气与电力市场监管办公室（Ofgem）。

3. 英国的智能电网政策

2014 年 7 月，英国政府计划在每户居民住宅中安装智能电表设施，每户将增加 200 欧元的智能电表安装成本，但担心智能电表可能会对电力供应和信息系统带来风险，影响到电网的安全性和稳定性。该项计划是为了满足欧盟对绿色能源推广的要求，减少能源消费及电力成本支出，该项计划将耗资 110 亿欧元。

2014 年 11 月，为升级本国电网设施，将可再生能源发电并网，英国政府公布了一项 170 亿英镑的绿色电网投资计划。加上 2013 年出台的西部配电公司计划，英国在八年内总计投资高达 240 亿英镑来推动输配电网改善。

4. 英国电力规划政策

英国政府加快可再生能源与核电规划布局，积极促进国内电网与国际电网互联。

依据欧盟的环保法案，为实现碳排放目标，英国在 2015 年底前至少需要关闭 1/3 的燃煤发电厂，在 2030 年取消全部燃煤发电，煤电退出所带来的市场份额由可再生能源发电补偿。近期英国能源与气候变化部称将支持燃煤电厂改造为包括生物质能电厂在内的可再生能源电厂，这不仅有助于英国实现其环境目标，同时还有很大的经济价值。据报道，泰晤士水务公司与某一绿色能源公司将投资 2 亿英镑建设地沟油发电厂，年发电量为 1. 3 亿千瓦时，该电厂将在 2015 年建成使用。

在核电方面，英国政府计划建设更多新的核电站。2008 年，英国政府发布的《核能白皮书》就指出政府将核电列为未来电力供应的重要来源之一。目前计划在英国 5 个地方建立 12 个核反应堆。2013 年 6 月，英国政府宣布将为其中的欣克利角核电厂提供 100 亿英镑的保证金，以吸引国内外投资者积极参与英国核电站建设，包括建设新一代的核设施、核废料处理和燃料循环开发等。英国政府认为，这将促进二氧化碳减排，外国资本进入核电市场也将为英国创造就业机会。

目前，由于不少对环境造成污染的燃煤电站被关闭，英国电力容量不足风险加大，除了加快容量市场建设、促进核电与可再生能源发电规划外，英国正在寻求与欧洲电网互联，进口电力促进电力平衡。2014 年，英国加大了对电力联网规划的批准力度，多个电网互联项目得到核准。

2014 年 11 月 28 日，英国天然气与电力市场监管办公室（Ofgem）公布一项 170 亿英镑（约合人民币 1634.6 亿元）的绿色电网投资计划，促进英国电网升级，实现小型可再生能源项目并网。Ofgem 已确定对运营英国当地电网的 5 家企业进行投资。未来八年，英国政府将对新的绿色电网投资战略，以及西部配电公司计划（2013 年获批），计划总投资 240 亿英镑（约合人民币 2307.7 亿元）。Ofgem 首席执行官德蒙特·诺兰（Dermot Nolan）表示，将来还会有针对英国电网的重大投资。并希望电网运营公司能够在帮助用户方面发挥更明显、更积极的作用。

2014 年 12 月 2 日，Ofgem 已批准比利时与英国 Nemo 电网联网项目规划。该项目将从比利时的泽布吕赫延伸至英国南部的肯特，供应电力预计将满足 300 万户家庭需要，以确保能源安全和更低电价。Nemo 电力互联是英国国家电网和比利时输电系统运营商的联营项目，预计到 2019 年投运，输电能力预计达到 1 吉瓦。

此外，获批的项目还包括投资额预计 12 亿英镑的 100 多英里的海底电缆项目，将 1.2 千兆瓦的可再生能源（几乎可以满足 64 万户家庭的用电需求）与国家电网相连。项目计划于 2018 年完工。①

2014 年 12 月 11 日，连接英国诺森伯兰郡和挪威的全球最长海底电力电缆项目也获批准。根据《金融时报》2015 年 1 月 4 日的报道称，该海底电缆名为"NSN interconnector"，造价约为 15 亿～20 亿欧元，英挪两国将各出 50%，预计 2020 年建成。其输电能力预计达 1400 兆瓦，该电缆采用高压直流输电技术，电流可根据电力供应和需求做出灵活调整。该项目完成后，英国的风电可由该海底电缆输送到挪威，然后再经由挪威转输至其他邻近国家。显然，该举措有利于北部欧洲的电网系统及能源市场的资源配置优化，以及可再生能源利用效率提升。2014 年 12 月中旬，Ofgem 已就相应的监管体系建立展开了协商。预计未来该电缆还将与德国海底电缆互联，进而与法国、荷兰和爱尔兰电网互联。

---

① 中国经济新闻网，http：//www. cet. com. cn/nypd/dl/1392744. shtml。

（四）德国的电力政策

2014 年，德国颁布了新的可再生能源法，降低了可再生能源上网电价补贴，并引入市场机制，市场化政策将成为德国电力政策的主导取向。

2011 年日本福岛核电站泄漏事故后，作为欧盟可再生能源发展的领导者，德国政府宣布要逐步放弃核能，并制定了宏伟的“绿色能源转型”路线，大力推进能源结构转型。该路线计划到 2035 年，将可再生能源占德国能源生产和消费的比例提高到 60%。根据德国能源署的统计数据，2014 年，德国能源结构中可再生能源所占比例明显升高，预计将达到总发电量的 25.8%；而褐煤发电和烟煤发电所占比重分别为 25.6% 和 18%；核能和天然气发电比重有所下降，分别为 15.9% 和 9.6%。可再生能源已成为德国电力供应的第一支柱。①

2014 年，德国政府向风电、光伏的补贴支出约 300 亿欧元，通过“可再生能源附加费”方式向用户转嫁，导致居民电价迅速上涨，各项税费占了终端电价大约 70% 的比例。为了缓解电价持续上升态势，降低用户电费负担，2014 年 1 月，德国联邦经济与技术部发布了《可再生能源法》2014 年改革意见，同年 4 月 8 日，德国政府通过《可再生能源法改革草案》，8 月 1 日，正式颁布《可再生能源法》（2014 年版）。核心内容是削减可再生能源补贴，对各类可再生能源严格限定年增长规模，并在可再生能源领域全面引入市场机制。因为高额补贴不仅导致居民电费负担加大，还可能会影响可再生能源的技术创新。目前，在太阳能研发技术上，德国与美国相比，差距有所加大，德国的能源存储和输送技术创新力度存在不足。不过，德国 2014 年能源改革并不是对 2012 年版《可再生能源法》的彻底变革，而是在保留其整体框架的基础上，把重点放在对可再生能源的成本规模控制及相关市场机制改革上。

新版《可再生能源法》在以下方面对德国电力政策做出了较大修正。

一是在电力规划中扩大了可再生能源新增规模限制范围，并根据电力系统现状，对新能源发电结构做出了调整。具体而言，可再生能源新增规模限制范围从原来仅对光伏发电进行限制，扩大至光伏、风电、沼气发电，并制定了具体的限定规模标准。其中，规定每年新增光伏发电规模必须限定在 240 万～260 万千瓦，较 2012 年版的 250 万～350 万千瓦有所缩减；陆上风电首次明确新增规模，

① 北极星电力新闻网，http：//news. bjx. com. cn/html/20141231/578049. shtml。

同样限定为240万~260万千瓦，海上风电2020年装机目标定为650万千瓦，2030年装机目标则定为1500万千瓦；沼气发电新增规模限定为10万千瓦。同时由于新建和改扩建原电网费时费力，德国决定重点资助竞争力高但成本较低的光伏、风电，对成本较高的沼气发电采取放缓发展的策略。

二是引入了市场机制，对上网电价定价模式进行了调整。由于原政策实行的固定上网定价具有较强的行政特色，不利于可再生能源的竞争发展，所以引入了市场机制的上网电价政策。2014年8月1日~2016年1月1日，所有500千瓦以下的设备实行固定上网定价政策，其他大型设备出售电能实行市场弹性价格机制。但自2016年1月1日以后，所有100千瓦以上的大型设备出售电能都需要采取直接市场竞价模式。新法对光伏、风能的上网定价也进行了调整，新投产光伏上网定价实行递减模式，递减率与过去12个月的新增容量挂钩，以月份为周期。陆上风电的上网电价由初始电价和基本电价构成，每年按1.5%的比率递减，执行20年，并且取消了风机升级更换奖励和系统服务奖励等补贴。海上风电的上网电价由初始电价、基本电价与占比0.4%的直接营销奖励构成，执行时间为20年。①

三是可再生能源的财政补贴力度降低，补贴制度也引入了市场机制。平均补贴力度由17欧分/千瓦时降为12欧分/千瓦时，补贴方式由FIT改为竞价招标制度。自2015年起，对地面光伏电站引入招标制度进行试点，最晚至2017年，以招标制度确定光伏的补贴制度，并且未来可能推广至其他可再生能源领域。

四是对电力行业税收优惠政策和范围做了调整。将可再生能源附加税税收减免范围定为电费成本比重极高的、处于激烈的国际竞争中的用电密集型企业。使用可再生能源或高效热电联产设备的企业只需缴纳减额的可再生能源附加税，不使用可再生能源且非高效热电联产的企业需要缴纳全额的可再生能源附加税。减额缴纳可再生能源附加税的企业，2015年缴纳税额为需缴纳全额附加税的30%，2016年为35%，2017年为40%。用电规模在10万千瓦时以下且自身每年最多消耗10兆瓦时电力的小型发电设备仍不需要缴纳附加税。②

2014年，德国政府加强了对电力行业碳减排的约束政策。德国预计至2020年实现碳减排7800万吨二氧化碳当量，比1990年降低40%，这一目标比欧盟制定的碳减排目标提前了10年。为此，德国内阁批准关闭国内数家燃煤电厂，同

① 北极星电力新闻网，http：//news. bjx. com. cn/html/20140822/539374. shtml。

② 北极星电力新闻网，http：//news. bjx. com. cn/html/20140729/532066. shtml。

时希望能够通过全国性的提高能源效率计划，翻新建筑物和改善隔热，从而减少排放2500万~3000万吨废气。2014年12月，德国联邦政府新批准的碳减排指标，要求电力行业实现碳减排2200万吨二氧化碳当量，由联邦经济部负责分摊给全国发电厂。该项指标将进一步推进德国能源转型进程。另外，政府也将为电动汽车提供津贴，同时制定更严格的肥料和垃圾管制条例。①

此外，德国政府支持能源企业进行公司业务调整，突出电力核心竞争力。2014年12月，德国最大能源供应商之一意昂集团（Eon）在政府支持下决定将公司分拆，传统能源，包括化石能源、核能和天然气等，将由新公司来负责，仅保留可再生能源和配电业务，该项决策将于2016年前实现。

总之，为了确保其在欧盟绿色能源领导者的地位，德国电力政策着眼于提高可再生能源发电市场竞争力，降低用户电力能源转型成本并保障其公平负担，确保其稳定融资。通过修正电力能源法案，降低财政补贴，引入市场机制，调整优惠税收政策，以促进不同电源结构之间的协调化和产业化发展。

（五）欧盟其他国家的电力政策

1. 荷兰的电力政策

荷兰政府制定了2020年实现清洁能源占能源总量14%的目标。2014年10月，根据荷兰新闻网报道，荷兰清洁能源仅占其能源结构中的5%，原因是荷兰风电项目未能如期实施导致。② 2014年，荷兰海上风电场装机约22.8万千瓦，正在建设中的装机有8.9万千瓦；而到2020年，荷兰政府力争实现350万千瓦的风电装机。

荷兰政府加大了对可再生能源发电与电网规划。计划将加快建设包括海上风电场在内的风电项目，其中此前规划的9个小型的海上风电厂将改为建设3个大型风电厂。这主要考虑了海上风电厂会影响当地生态环境以及旅游业的发展。另外，此前规划的海上风电厂项目由于相隔较远，导致成本过高，而新的方案建设大型的风电厂，将会节约投资金额达42亿欧元。在建设海上风电厂的同时，荷兰政府将致力于建设海上电网，以便更好地将风电并网，加快可再生能源的利用，减少因为并网延误造成的对风电厂的损失，同时促进欧洲整个电网的发展。

---

① 北极星电力新闻网，http：//news.bjx.com.cn/html/20141204/570317.shtml。

② 商务部网站，http：//wi.mofcom.gov.cn/article/jmxw/201410/20141000752575.shtml。

2. 西班牙的电力政策

西班牙的风电和太阳能发电产业发展迅速，至2013年底，光伏发电累计装机容量已经达到466.5万千瓦，可再生能源发电占西班牙总发电量的45.2%。但受到欧债危机的影响，西班牙政府削减了可再生能源的发电补贴。另外，政府取消了自2007年开始的对民众投资太阳能事业的补贴，这极大降低了民众对架设太阳能电池板等太阳能项目的热情。2014年6~8月，西班牙太阳能光伏发电总量比去年同期下降0.37%，只占总发电量的4.3%。受政府削减光伏发电补贴的影响，西班牙光伏发电企业到2020年将累计损失58亿欧元。

西班牙风电电价政策。按照2007年修订的《电力法》，风电电价实行固定电价和溢价机制相结合的“双轨制”方式。风电厂必须预测所发电量，并将预测结果上报电网公司。若预测值与实际发电量差别超过20%，则必须向电网公司上缴罚款。目前，西班牙政府对风电产业采取了削减国家补贴、降低新增涡轮机补贴的政策，其行业发展受到重创，行业就业岗位减少，2014年有50%的产能未能盈利，西班牙风电产业发展困难加大。西班牙风电企业协会呼吁西班牙政府制定相关措施，比如提供物流或港口服务支持、出口融资支持，以及对风电研发相关技术提供资金支持等措施，以推动风电行业走出困境。

3. 葡萄牙的电力政策

根据葡萄牙国家电网公司公布的数据，2014年1~10月，葡萄牙的可再生能源发电占电力消费已经达到62%，各发电类型具体的发电比例如图1所示。①

尽管太阳能发电比重只占总发电量的1%，但葡萄牙政府高度重视光伏产业发展，制定了一系列措施促进光伏产业发展。葡萄牙在《2020国家能源战略》中计划使太阳能发电装机容量在2020年达到1500兆瓦，年发电量为24.75亿千瓦时。

4. 意大利和希腊电力政策

2013年，光伏产业在意大利和希腊遭受困局。其中意大利政府陷入欧债危机，经济复苏乏力，对可再生能源的补贴也大幅度削减，2013年意大利宣布将停止对光伏产业项目提供补贴，也不会进一步出台鼓励光伏发电装置发展的政策。希腊政府在2014年12月30日签发了《净计量法案》，以促进陷入困境的光伏产业发展。

5. 北欧三国电力政策

2012年3月22日，丹麦议会通过了《新能源法案》，该法案规定：到2050

① 环球网，http://china.huanqiu.com/News/mofcom/2014-11/5208594.html。

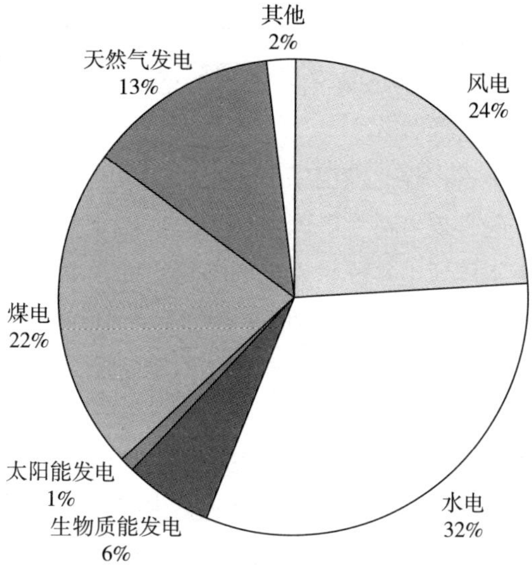

图 1　葡萄牙各发电类型发电比例

年，丹麦将实现能源供应的零碳排放，全部能源需求全部来自于可再生能源。这不仅包括电力部门发电，还包括工业、交通运输部门和热能的能源供应。[①] 其各个阶段目标如表 6 所示。

丹麦的风电产业是全世界最为发达的地区之一，2013 年，风能发电量占总发电量的比例已达到 33. 2%，2014 年这一比例已经达到 39. 1%。此外，丹麦还拥有全球 90% 以上的海上风力涡轮机。丹麦政府计划在 2020 年前实现可再生能源占发电总量的 60%，其中，风电占 50%，而煤电占总能源消耗量的比重将低于 30%。

表 6　丹麦未来可再生能源发电目标

截止时间	丹麦可再生能源发电的分阶段进度目标
2014 年	39. 1% 的电能来自风能，拥有九成以上海上风力涡轮机
2020 年	50% 的电能来自风能，生物能源在能源结构中占 36%，煤电发电比例降至 30%
2030 年	逐步淘汰燃煤发电厂，居民家庭供暖不再使用石油燃料
2050 年	全部能源供给来自于可再生能源，完全淘汰化石燃料，实现零碳排放

① 北极星电力信息网，http：//news. bjx. com. cn/html/20130828/455958. shtml。

受瑞典绿色电力证书的减少以及电价下降的影响，2014 年第二季度，瑞典新增风电装机容量 37 万兆瓦，比 2013 年同期减少 83%。为保证新能源发电的投资吸引力，瑞典议会计划在 2015 年第一季度讨论绿色电力证书市场配额制，增加可再生电力生产的补偿性收入。

挪威的水电资源丰富，在北欧国家中拥有较大的电力市场，而且电力供应稳定。目前，挪威已经同丹麦、荷兰等国实现了海底电缆连接的电力互联，英国、德国等国家为了平衡本国风电、光伏发电的不稳定性，也表达了同挪威进行电力互联的愿望。2013 年 10 月，挪威新政府承诺将引入私有资本建设该国的输出电缆，打破挪威国家电网对与他国电力互联线路的垄断地位。

6. 欧盟的中东欧国家电力政策

相较于西欧与北欧国家在可再生能源发电上的优势，中东欧国家煤电的比例仍较高，发展核电的意愿强烈，其对外部尤其是俄罗斯的能源依赖度较高。中东欧国家中，匈牙利、保加利亚、罗马尼亚、捷克等国政府均支持核电发展。

如捷克在 2014 年 12 月 22 日召开的内阁会议上对 2040 年前能源战略修正案进行了讨论，新政府支持捷克加速推进核电站建设，计划建设 2500 兆瓦装机容量的核电机组，并使得核电发电量在未来满足全国 50% 的发电需求。

匈牙利保克什核电站联合发展股份公司也与俄罗斯就扩建保克什核电站达成协议。保克什核电站是匈牙利唯一的核电站，其 2013 年发电量占全国总发电量的 50.7%，达到 153.7 亿千瓦时，而计划扩建的投资总额高达 125 亿欧元，其中俄罗斯将为该计划提供 100 亿欧元的贷款。

罗马尼亚政府也表示了坚持发展核电的战略，力争在未来将核电的发电量比重提高到 50%。目前，罗马尼亚拥有唯一的核电站切尔纳沃德核电站，在运行的为 1 号和 2 号机组，政府计划扩建第三和第四核反应堆，并使得核电比重提高到 40%。

2013 年 12 月 12 日，保加利亚政府以就科兹洛杜伊核电站的扩建 7 号核反应堆事宜，授权了保加利亚能源控股集团与西屋电气公司和东芝公司进行谈判。新的核反应堆的装机容量在 100 万 ~ 120 万千瓦之间，能在未来充分满足该国的电力需求。保加利亚核电站为科兹洛杜伊核电站，拥有 6 座核反应堆，总装机容量为 376 万千瓦，目前在运行的为 5 号和 6 号核反应堆，装机容量为 200 万千瓦，发电量占保加利亚全国的 34%。

虽然 2015 年欧盟整体经济复苏还有待时日，多数国家投资乏力，债务压力大，在石油、天然气与煤炭等能源价格下降情况下，可再生能源发电经济性降低，而且欧盟内部国家对可再生能源发展目标与方式也有不同争议，电网互联进度也较为迟缓。但是，在欧盟能源与气候战略框架引导下，未来欧盟电力政策，致力于构建欧盟统一的能源市场，促进可再生能源发电、市场化改革与电力并网、低碳技术应用，带动民间投资的大趋势是不会改变的。

三　日本的电力政策

2014 年，日本经济复苏出现较大波动。年初因消费税上调引发提前消费潮，第一季度 GDP 环比增长 1.4%，但第二、第三季度环比分别下降 1.7% 和 0.5%，经济出现技术性衰退，预计年度经济为负增长，降幅为 0.6%；失业率约为 3.6%，比上年同期降低 0.4 个百分点；受消费税增加、日元贬值导致电费、燃气价格上涨的影响，消费者物价指数比上年增长 2.6%，连续两年上升，创下 1991 年来最大涨幅。2014 年 12 月 CPI 为 103.2，较上年同期上升 2.5%，但由于原油价格下跌，涨幅较 11 月（2.7%）有所缩窄。[①] 截至 2014 年 3 月底，日本国家债务余额达 1143.1 万亿日元，较上年同期增加 25.9 万亿日元，创历史新高。[②] 虽然原油大幅价格下跌带来能源进口成本的下降，但日元贬值、出口增长乏力、进口价格攀升依然给经济带来较大负面影响。

日本电力市场改革方案就是在这种经济背景下得到通过的。由于日本能源短缺日益严重，而负荷需求不断增长，如何保障电力市场平衡，为经济复苏奠定稳定的电力供应基础成为关键。除了通过深化电力市场改革、提升电力能效以外，可再生能源和新能源开发与利用也一直是日本政府和电力产业关注的重点，与中韩等周边国家在能源领域的竞争合作关系也需要统筹考虑。因此，2014 年日本电力政策主要是围绕着电力市场改革、可再生能源发电、分布式发电与微电网技术，以及电力领域的合作与交流等内容展开。电力政策的目标主要在于加大电力市场竞争，力求电力供应形式多样化、减少环境污染，满足用户的个性化电力需求，提高电力供应的可靠性与安全性，拉动电力设备投资，并力图提升投资需求，带动国内经济复苏。

（一）日本电力市场改革及其相关法规政策

2011 年，日本大地震导致福岛核电站泄漏事故发生后，其原有电力系统在

---

① 共同网，http：//tchina.kyodonews.jp/。

② 东北网，http：//commerce.dbw.cn/system/2015/02/02/000933910.shtml。

电源结构与企业组织结构等方面的许多缺陷被暴露。为了应对电源单一化，化解电力供应危机，提供廉价而稳定的电能，日本政府开始启动新一轮的电力市场化改革。

2013 年 11 月，日本参议院初次通过了《电气事业法》修正案，2014 年 6 月 11 日，日本参议院全体会议表决通过了这一新修订后的《电气事业法》；2014 年 7 月 31 日，日本经济产业省对电力零售市场完全自由化制度设计进行再次探讨；2015 年 2 月 19 日，日本自民党的经济产业工作组结合《电气事业法》修正案给出了部署，政府将分三个阶段推行电力市场改革。

回溯日本电力市场化改革，早在 20 世纪 90 年代就已经拉开帷幕。当时为了降低过高的电价水平，引入竞争成为电力改革的重点。改革是由日本政府主导并在法律框架下推进的。1995 年，对 1964 年颁布的《电力事业法》进行了初次修订。主要内容是：引入独立发电商（IPP），放开发电侧市场，在电力批发市场引入竞价机制。《电力事业法》的第二次修订是在 1999 年，这次改革扩展了电力竞争的领域，关注重点是：在电力零售侧引入部分自由化，部分特定高压用户可以由特定规模电力公司供电，并重新修订了电价制度，扩大了用户的可选择范围。时隔四年，2003 年 6 月 11 日，日本政府对《电力事业法》进行了再次修订，从 2005 年 4 月 1 日开始正式实施。

本次的电力改革将沿袭以往的竞争化改革思路，从法律层面确立了改革目标。即抑制电价上涨、确保电力的稳定供应、增加用户用电选择权与实现电力市场自由竞争，以及建立一个可以提供可再生能源供应的稳定电力系统。

根据政府最新行动计划，电力改革划分为三个阶段：第一阶段是在 2015 年 4 月，设立一个“广域运营推进机构”以负责全国电力调度，该机构对电力企业拥有强制力，负责集中并收集电网用户的反馈信息，在政府监管下制定电网规划，协调全国范围内电网的供需平衡及传输分配。可根据电力的供需情况进行调度。第二阶段是 2016 ~ 2018 年，实施电力零售全面自由化以突破大型电力公司地区垄断的问题。日本电力企业组织主要是由十家私营电力公司组成。[①] 改革意味着未来电力企业垄断单一地区的电力销售模式将被打破。零售市场将全面开放给所有消费者，家庭消费者和企业消费者均可自由选择电力供应商，政府将提供充分信息来推动电力市场的完全竞争。第三阶段是 2018 ~ 2020 年

① 这十家电力公司分别为东京、东北、北海道、中部、北陆、关西、中国、四国、九州与冲绳电力公司。

前后，大型电力公司的发电和输配电部门将依法分离，成立独立的具有高度中立性的输配电公司，新加入的电力零售企业将以与大型电力公司相同的条件使用输配电网络，解除电费限制，全面实现自由化。① 在电力交易模式上，提出未来将考虑进行电力期货交易；在电力监管上，将加强对全国范围的电力系统运营监管。

修正案的附则还规定，在实施发电与输配电分离之前要对电力稳定供应是否会受到影响进行检证，如果发现问题将采取必要措施，并根据实践情况，对改革时间做出微调。

按照日本经济产业省对电力零售市场完全自由化制度设计的探讨方案，2016年4月1日起实施电力零售全面自由化，计划2015年7月开始办理零售企业预备登记。2016年1月开始对需要办理变更零售企业的消费者进行预备登记。为确保电力供应的稳定，经济产业省将对售电公司实行行业准入制，售电公司需要具备一定的资本实力，提交相关建设和营运计划，并加入“广域系统运行协调机构”（OCCTO），准入条件为供电量1万千瓦时以上。②

据日本共同社报道，电力市场全面自由化后的总市场规模将达到7.5万亿日元，具有市场优势的通信运营商、燃气供应商与综合商社等非电力企业纷纷进军电力市场。如日立造船自2015年4月起，将销售由日本地方政府运营的50个垃圾发电站的电力。日立造船原本就涉足垃圾发电的施工和运营，认为能够将相关经验用于电力零售。北海道燃气公司也将利用旗下的发电站供电。2014年11月起，由于北海道电力供电区域内实施涨价，也导致跨行业企业的进入日趋突出。据东京商工调查（Tokyo Shoko Research）2014年8月的调查，新加入企业几乎一半来自涉足电力、电气机械和设备的行业。截至2014年底，作为新电力公司（即指区别于传统电力公司的涉足电力的企业）已在日本经济产业省登记的企业达到468家，在一年里增加至3.7倍。不过，在登记成为新电力的企业中，目前实际销售电力的企业仅有60家左右。原因是销售电力，需要具备全年从发电站采购电力的经营体制，但那些依赖太阳能和风力等不稳定电源的企业还存在一定困难。大型电力公司面临竞争压力加大，目前也在加紧争夺客户，跨越行业的合作和重组将趋于活跃，电力收费和服务更趋多样化。

---

① 中国储能网，http://www.escn.com.cn/news/show-145445.html。

② 北极星智能电网在线，http://www.chinasmartgrid.com.cn/news/20140731/532889.shtml。

2014 年 12 月 5 日，日本经济产业省为推动电力零售市场的完全自由化，拟制定新的政策，将对缺乏发电站的地区新加入的零售企业向电力公司支付的输电线等使用费（即委托输送费）予以下调，下调对象为采购和销售城市地区的住宅太阳能发电电力的企业等。①

（二）日本的可再生能源发电政策

日本的资源与能源极其匮乏，即使全部核电站正常发电，能源自给率也仅能达到 19.5%。随着能源供应形势日益紧张以及国民环保意识的不断增强，尤其是日本福岛核电站事故导致整个核电业低迷的态势下，日本对新能源开发与利用的力度不断加大。2014 年，日本政府继续推进可再生能源在电力领域的开发利用，经济产业省（METI）继续采取了诸如可再生能源收购价格制度、提供研发投入资金、上网电价补贴及支持援助计划等政策激励，并对地热发电和海上风电给予了倾斜性的支持政策。

在风力发电方面，日本起步比较晚，发展速度相应缓慢。至 2012 年底，日本风电装机总容量仅为 261 万千瓦。根据日本风电协会估计，日本陆上风能资源为 144 吉瓦，海上风能发电潜力更是高达 608 吉瓦。而且风力发电综合成本与煤电成本相当，具有成本比较优势。因此，从长远趋势看，风电在日本依然具有很大的市场潜力。

为了大力发展海上风电，日本经济产业省的专家委员会，着手制定了海上风电补贴新方案。2014 年 4 月，经济产业省将海上风电的收购价格设定在 36 日元/千瓦，该收购价格比陆上风力发电高出 60% 以上，这一举措将促进海上风电站建设。如日立造船计划与住友电气工业和三菱商事等企业联手，在日本新潟县海域建设日本国内最大规模的海上风力发电站，将在 2 公里左右的海域（合计 2700 公顷）设置 40 ~ 50 座风车，总输出功率为 20 万千瓦，所发电力出售给日本东北电力等电力公司，可满足约 17 万户家庭的用电。预计将从 2015 年度开始启动项目可行性与营利性调查报告，并于 2020 年度开工建设，力争 2024 年度投入运行。该项目建设将推动日本民间大型海上发电走向商用化。② 日本经济产业省还决定在福岛县近海建设海上风力发电站，力图将其打造成全球规模最大的浮体式海上风力发电站。

---

① 北极星电力新闻网，http：//news. bjx. com. cn/。

② 中国电力网，http：//hvdc. chinapower. com. cn/。

在太阳能发电方面，该领域是日本政府新能源战略的重点开发方向。2012年7月起，日本开始实施可再生能源发电的固定价格收购政策，要求凡是经济产业省认证的太阳能发电设备生产的电能，将由政府以42日元/千瓦时的价格负责收购。此外，还推行了绿色投资减税政策，即企业的可再生能源投资，可以作为经营成本免纳部分所得税。由于日本政府政策的大力支持，2013年，日本新增太阳能发电装机容量增至500万千瓦，较上年同比大幅增长150%，全年新增装机容量仅次于中国，列于世界第二位。日本的太阳能发电优惠政策刺激了日本民间企业的投资。一些著名企业，包括三菱、奥利克斯公司等积极进入。如2013年8月，三菱商事和三菱电机公司投资兴建的三河湾太阳能发电厂，是日本目前规模最大的太阳能电厂；奥利克斯公司也将在北海道和鹿儿岛地区投资建设太阳能发电设施，五年内的投资额预计高达3000亿日元；日本软银公司将在富山市投资建设太阳能发电厂，装机容量约为2800千瓦。

在地热方面，日本拥有丰富资源，位居全球第三。由于地热发电形式受气候的影响小，并具有发电稳定性，发展潜力很大，政府对此采取鼓励态度。由于大型地热发电站建设资金需求量很大，其建设受制于资金不足。故此，在2014年支持的基础上，2015年日本经济产业省又将对地热发电给予更多倾斜性的优惠政策：一是对大型地热发电站的探查费用给予支持，增加支持的建设项目数量；二是扩大地热挖掘工程和发电设备购置费用的债务保证范围；三是近期将可能确定优先引进地热发电的可再生能源收购制度。

2014年，日本在大分县别府市已兴建了数座发电量在数十千瓦到数百千瓦的小型地热发电站。2015年1月2日，日本经济产业省对地热发电建设费用的债务保证范围由目前的30亿日元大幅增加到110亿日元。2015年中，日本将要重新探讨可再生能源收购制，较光伏发电而言，将优先引进地热发电。[①] 利好政策将会大力促进日本大、中型地热发电站项目建设。

不过，日本政府为了鼓励光伏产业的市场化和竞争性，提高产业自主发展能力，减少政府财政负担，近两年一直在探讨对于可再生能源收购制度的修改，将价格标准由原有的“全部发电运营商的平均费用”改为“最便宜的运营商的费用”，准备下调电力收购价格。

2014年4月1日，日本经济产业省对光伏上网电价补贴适度下调。本次下调对象应用于装机容量低于10千瓦的住宅用户以及超过10千瓦的商业用户。与

---

① 中国电力网，http：//hvdc. chinapower. com. cn/。

2013 年 4 月制定的光伏上网电价 37.8 日元/千瓦时相比，该次下调将光伏上网电价用户区分为商业用户和住宅用户。其中，商业用户的光伏上网电价补贴为 32 日元/千瓦时，下调 11%，补贴时间为 20 年；住宅用户的光伏上网电价补贴为 37 日元/千瓦时，下调 2.6%，补贴时间为 10 年。①

2015 年 1 月 26 日，彭博新能源财经报道称，日本经济产业省再次推出新的能源补贴方案，对工厂和小企业提出总额达 180 亿日元的清洁能源补贴，包括 LED 照明灯、高效锅炉技术以及分布式能源储存等技术被列入补贴范围；同时对光伏电站和电网变电器站的能量储存系统提供激励机制，以增强促进可再生能源接入，提高电网应对能力。

（三）日本的微电网政策

微电网技术可以通过顶端能量管理系统（EMS）对网内的分布式电源统一进行管理与调度，确保电网的暂态功率达到平衡，抑制对主网的不利影响，其架构允许燃气轮机等旋转发电设备直接接入到微电网同步运行。日本微电网技术体系主要集中在如何更好地利用可再生能源，同时提供用电的可靠性。目前，日本的微电网技术研究集中在负荷跟踪能力、电能质量监控、电力供需平衡、经济调度以及孤岛稳定运行等方面。

日本的新能源综合开发机构（NEDO）一直支持微电网的研究和示范工程。该组织负责统一协调高校、企业与国家重点实验室对新能源及其应用的研究，目前在青森县、爱知县和京都县已建立了多个微电网示范工程。如八户的微电网项目主要集中研究间歇的可再生能源发电对微电网控制的影响；爱知的微电网项目主要研究分布式电源输出功率对负荷功率变化的跟踪能力；京都的微电网项目目标是建立在通信基础上的能源管理系统。日本的清水集团及东京燃气也建立了包含燃气轮机、光伏等微型电源及储能电池的微电网示范系统。②

此外，日本还加强与其他国家在电力能源安全等方面的研发合作。乌克兰独立新闻社报道，2015 年 2 月 3 日，乌能源与煤炭工业部第一副部长尤科夫在日乌能源安全问题研讨会上宣布，乌克兰将计划与日本研究机构对乌国内两家热电站进行技术改造项目研究。③

---

① 北极星光伏网，http://guangfu.bjx.com.cn/news/20140418/504699.shtml。

② 北极星智能电网，http://www.chinasmartgrid.com.cn/news/20150126/584811.shtml。

③ 中国东北网，http://commerce.dbw.cn/system/2015/02/05/000935216.shtml。

总之，从日本2014年的电力市场改革与电力政策来看，由于日本经济低迷，能源供应形势严峻，核电发展受到制约，电价有所上涨，更是期待市场化改革能够带来更多电力业务领域的竞争，确保电力价格稳定，保障能源供应安全；在可再生能源发电领域，根据其地理条件和资源禀赋，通过调整可再生能源收购价格和补贴方案，对不同可再生能源发电支持力度做出了部分调整，如降低太阳能发电收购价格，提高海上风电补贴，增补地热发电调查费用等；同时，对智能电网中的微电网以及分布式能源中的储能技术研发都倍加关注，并加强与其他国家的电力领域的研发合作。

2015年，据国际货币基金组织预测，日本经济增长率可能为0.8%。日本电力市场化改革带来的零售市场开放政策，将可能进一步拉动电力设备投资，对日本经济起到促进作用。在微电网、分布式发电联网等智能电网技术研究开发上将会继续加大投入力度，并与民间研发机构和企业一起，展开与中国、韩国以及俄罗斯等国家的国际电力合作，将有利于东北亚地区的能源与电力安全局势。

四 俄罗斯的电力政策

俄罗斯电力行业是世界上规模最大的电力行业之一。2013年，俄罗斯投产的发电装机容量为4000兆瓦。俄罗斯统一电力系统热电站投产的发电装机容量为3071兆瓦。水电公司投产装机容量最多，投入运营的电网设施包括71条电压220千伏及以上输电线路，投产的变压器容量不低于22808毫伏安，输电线路20300公里。[①] 据俄罗斯能源动力综合体中央调度局宣布，2014年，俄罗斯发电量为10570亿千瓦时，与2013年相比增长0.5%。2014年12月发电量为1041亿千瓦时，同比增长3.8%，其中，火力发电747亿千瓦时，水力发电125亿千瓦时，核电站发电量为169亿千瓦时。2014年俄罗斯热能产量达5.306亿兆千卡，同比增长3.7%。2014年，俄罗斯电力出口115亿千瓦时，与2013年相比下降12.2%。[②] 2014年，俄罗斯统一电力系统下属的发电站的装机功率达到225吉瓦，在中国、美国、日本之后位列第四。有700余座电站，发电量占世界总量的5%。2014年，俄罗斯天然气与火力发电比例高达68.2%，水电占比为20.6%，

① 北极星智能电网，http：//www.chinasmartgrid.com.cn/news/20141017/555563.shtml。

② 中国电力新闻网，http：//www.cpnn.com.cn/sd/gj/201501/t20150107_776158.html。

核电占比达到 11%，可再生能源比例较低，约 1%。[①] 按照其电力规划，2020 年，俄罗斯电站的装机功率将要达到 250 吉瓦，可再生能源比例达到 2.5%。

乌克兰危机爆发后，西方对俄制裁导致大量资金外逃。2014 年初迄今，俄卢布汇率大幅贬值接近 50%，石油价格又出现大幅下降，导致俄罗斯能源出口外汇收入降低、投资不足与消费乏力，俄罗斯出现了经济危机的苗头。2014 年，俄罗斯经济增长仅有 0.6%，平均物价指数上涨了 6.6%，经济增长缓慢，俄罗斯电力形势也反映出这一点。根据俄能源部网站数据，2015 年 1 月，俄罗斯发电 1014 亿千瓦时，同比增长仅 0.4%，其中，入网统一电力系统的电站发电 993 亿千瓦时，同比增长 0.5%。1 月全国用电量为 994 亿千瓦时，同比下降 0.3%，其中，统一电力系统用电量为 973 亿千瓦时，同比下降 0.2%。电力供需比较稳定。

（一）俄罗斯电力政策的特点

俄罗斯经济形势的变化迫使其对能源与电力战略需进行重新调整。包括促进能源出口战略向多元化转变、降低对欧洲传统市场的依赖程度，以及采取减免税收制度，包括降低资源开采税、增值税与出口税等，加大对远东、东西伯利亚与极地地区的能源资源开发等。与此相适应，俄罗斯电力政策制定围绕着国内电力改革与电力能源战略进行，包括实施私有化、吸引投资，降低进入管制和平抑电价上升等。近年来，由于俄罗斯能源战略对外方向有所转变，其电力政策也加强了对外电力合作，尤其是与亚洲国家的项目投资合作。电力政策的制定和实施主要是以国家能源战略、法案以及相关部门政策形式体现，参与部门包括能源部、工业贸易部以及相应的财政与技术部门，电力直接管制机构为 2008 年成立的俄罗斯能源部。

（二）俄罗斯电力改革政策

2014 年，俄罗斯输配电网在新组建的俄罗斯电网公司（Rosseti）下良好运行。除了输配电与调度管理的国家控制力较强外，电力其他领域已经实现了市场自由化竞争，这是俄罗斯电力市场改革的成果。6 年前的 2008 年 7 月 1 日，俄罗斯完成了大规模的电力体制改革，对电力产业进行了彻底的分拆，在发、输、配、售、调度与交易各环节实现了完全独立，彻底改变了原有的由国家统一管理

① 北极星电力网，http://news.bjx.com.cn/html/20141031/559782-2.shtml。

的区域性垂直一体化电力管理体制。运行了16年的俄罗斯统一电力系统股份公司（RAO）的发电、售电和电网业务被拆分，形成了23个独立公司，同时还新建了许多私有发电公司和售电公司，发电、售电、电力设备、维修维护服务领域对外开放。至2012年，俄罗斯已经基本建成批发竞争电力市场，开放了零售侧竞争。不过，伴随着改革，电价出现了大幅上升。2008～2010年的连续三年间，电价年均上涨幅度逾20%，大大高于同期物价水平的上涨幅度。之后的2011年，由于俄罗斯对管制电价采取进一步放开政策，以及燃料价格波动，电价再次出现大幅上升态势，平均工业用电价格水平上涨到11美分/千瓦时，居民用电价格则涨到6.7美分/千瓦时，阿斯特拉罕州电价上涨幅度甚至达到46.5%。2012年11月，俄罗斯电力改革出现调整。普京签署了总统令，将俄罗斯区域配电控股公司更名为俄罗斯电网公司。2013年3月23日，合并重组计划正式进入操作阶段；2013年5月3日，正式对俄罗斯电网公司增资扩股，俄电网公司股权结构中，国有股份占比为54.52%，俄统一电力公司（RAO）失去对俄罗斯电网公司的控制权，但国家对两家公司的控股地位没有改变。新组建的俄罗斯电网股份公司（Rosseti），对联邦电网股份公司与原跨区配电网股份公司下属的11家跨区配电公司和5家地区配电公司进行控股管理，实现了对俄电力系统输配电网统一运营管理。2013年，俄罗斯电网事故概率降低了10%，这与俄电网公司对俄罗斯（包括西北联邦区、中部联邦区、南部联邦区与远东地区）的灾害天气应急处理的统一指挥有一定关联。

2013年，虽然俄罗斯经济状况低迷，但是据INFOLine资讯机构数据，其电力行业资本投入超过320亿美元（9617亿卢布），与上一年度相比增长11.1%。创下了历史新高。其中，国有电力公司对电力行业的投资额达6810亿卢布。①这与其电力改革密不可分。因为俄罗斯电改的主要目的之一就是为了吸引行业投资，改善其电力设备老化、投资严重不足的局面。由于改革放宽了电力行业准入条件，采取了保障收益的投资机制，所以能够吸引众多私人以及来自欧美、日本与中国的海外投资。

（三）俄罗斯电力投资与合作政策

俄罗斯作为能源大国，由于其地缘与政治取向，其能源出口重心一直偏重于欧洲市场。自2012年2月普京提出“新亚洲”观点后，2012年5月31日颁布的

① 北极星智能电网，http：//www.chinasmartgrid.com.cn/news/20141017/555563.shtml。

第534号命令做出“关于组建俄罗斯联邦远东发展部”的决定，俄罗斯能源战略也有所微调。乌克兰危机使得欧美国家对俄罗斯市场、资金与技术方面给予了多重制裁，进一步加快了俄罗斯能源战略对外合作的亚洲化趋势。2014年2月，俄罗斯能源部发布了俄罗斯2035年前能源战略草案。该草案预测到2034年，俄罗斯能源出口中的23%将出口至亚太地区。① 电力政策亦有所体现。由于俄罗斯国内电力需求压力不大，其电力投资与合作政策也从吸引电力投资以满足国内电力需求，到更为关注吸引用于出口的电力建设项目投资。近一两年，俄罗斯与亚洲，包括伊朗、中国、日本、韩国、土耳其与印度签署了一些新的能源战略合作协议。签订了包括电网互联、电厂建设和电力设备贸易与技术领域的战略合作项目。

2014年5月，在俄罗斯总统普京与中国领导人习近平的共同见证下，俄罗斯电网股份公司（Rosseti）与中国国家电网公司（SGCC）签署了《中国国家电网公司与俄罗斯电网公司战略合作协议》，计划在特高压与智能电网技术研发和应用、输配电建设与改造，以及欧亚电力桥建设可行性研究等领域，开展长期的技术交流与互利合作，协议金额高达数十亿美元。2014年，俄罗斯国际统一电力系统公司的全资子公司东方能源公司与中国国家电网公司也签订了火电厂设计协议，并联合开发阿穆尔州叶尔科夫齐煤矿项目，项目投资额预计为150亿美元。该工程不仅将会改变俄罗斯远东地区经济形势，而且计划出口中国的电力将会达到300亿~500亿千瓦时/年。未来五年，中国的银行将投资50亿美元（约合人民币312亿元）于西伯利亚的配电网络。此外，装机功率位列俄罗斯第三的InterRAO集团，不仅与中国华能集团签署了俄罗斯战略合作协议，同时也与中国国家电网公司合作，共同投资建设中俄边境220千伏双回路与500千伏输电线路。2013年，InterRAO集团向中国出口电力就已经达到35亿千瓦时，比2012年增长了33%。②

2014年9月9日，俄罗斯能源部和伊朗达成协议，双方决定在伊朗、阿塞拜疆和俄罗斯匹配电力系统。首先，伊朗和阿塞拜疆将在两国间建设一条260公里长400千伏的输电线路，建设期为6个月，新输电线路建设于2015年3月20日完工。③

---

① 国家能源局网站，http://www.nea.gov.cn/2014-02/19/c_133126038.htm。

② 北极星电力网，http://news.bjx.com.cn/html/20141031/559782-2.shtml。

③ 北极星电力网，http://www.chinasmartgrid.com.cn/news/20150106/579277.shtml。

2015 年 2 月，据俄罗斯能源部长 A. 诺瓦克的宣称，为了支持与中国电力建设领域的多方面合作，俄罗斯能源部正在讨论取消向中国出口电力的电力企业增值税。该优惠政策主要是针对俄罗斯国际统一电力系统公司与中国国家电网公司的一些合作项目。[①]

（四）俄罗斯的电力安全政策

为了抵御来自外部的经济、技术和自然灾害环境风险，将会实施电力工业设备的进口替代战略，推行优惠性关税政策与加大财政支持，以保持其电力供应安全性、可靠性与可持续性发展。如 2014 年，俄罗斯联邦电网公司减少国外进口设备采购份额，从 2013 年的 54% 减少到 45%，并计划在 2030 年减少至 3%。[②]为了获得其关键设备的稳定来源，俄罗斯企业期望能够与部分国家签署长期供货协议，获得优惠的进口元件关税。为了降低俄罗斯电力工业对国外进口设备采购的依赖度，提高其电力设备的本土化率与竞争水平，俄罗斯政府可能将对电力设备研发行业给予更多的财政支持。

（五）俄罗斯的可再生能源发电政策

尽管俄罗斯大部分区域能够实现供需平衡，但是，还有大面积地区，包括阿尔泰边境地区，至今能源供应仍处于短缺状态，甚至有些地域电力能源供应严重不足。因为俄罗斯可再生能源资源丰富，特别是在俄罗斯南部地区，水力资源、风能、太阳能与地热资源开发潜力巨大。所以为满足该区域的电力平衡，以及在国际舞台上，呈现俄罗斯发展绿色能源、承担国际责任的形象，发展可再生能源成为俄电力政策的一项内容。

2009 年 8 月 27 日，俄联邦政府制定了《2030 年前的能源战略》。该战略提出，未来要促进非燃料能源、核能与可再生能源开发，水能开发与利用也是重要的能源战略方向。计划到 2010 年可再生能源发电量满足俄罗斯 1.5% 的能源需求，到 2015 年可再生能源发电量占比达到 2.5%，到 2020 年则达到 4.5%，可再生能源装机量达到 11 吉瓦。为了实现该目标，在 2020 年前，俄罗斯财政预计将提供 3 万亿卢布用于发展可再生能源发电。其中，国家预算资金为 5000 亿卢

① 北极星电力网，http：//www.chinasmartgrid.com.cn/news/20150209/589072.shtml。

② 中国电力网，http：//www.chinairn.com/news/20140811/164444885.shtml。

布，私人投资者资金达到2.5万亿卢布。①

然而，根据俄罗斯能源部数据，2010年，俄罗斯可再生能源发电装机容量达到1300兆瓦；可再生能源发电量为59亿千瓦时，占总发电量的0.9%。2011年，可再生能源发电量仅为85亿千瓦时，不到俄罗斯发电总量的1%，其中，水电站发电为1630亿千瓦时，地热发电站发电为4.7亿千瓦时，风力发电为5800万千瓦时。2012年，俄罗斯可再生能源发电占到总发电量的1%，但2013年，可再生能源发电量占比又有所下降，仅为0.8%。

根据俄罗斯媒体《商业日报》（*Kommersant*）报道，考虑到可再生能源产业的投资吸引力极低，未能达成可再生能源发电量目标也并不出乎意料。该报将其归因于当地立法、补贴制度的缺失、并网及可再生能源电站设备制造经验的不足、高昂的电力成本等，这些阻碍了俄罗斯可再生能源项目的开发。② 根据俄罗斯专家的看法，原因是发展可再生能源的激励机制缺失。由于俄罗斯能源终端电力用户收费过低，导致对可再生能源的经济补偿不足，无法弥补成本，造成可再生能源发展迟缓。

为了削减俄罗斯对石油与天然气的依赖，并提高能源使用效率，俄国内要求电源结构向可再生能源逐步转型的呼声渐长。为促进可再生能源发展，2013年，俄罗斯能源部向总理梅德韦杰夫（Dmitry Medvedev）提交了一份可再生能源法草案并获得通过。该项草案旨在支持包括太阳能、风电和水电站等可再生能源的应用，并对2009年俄罗斯能源部的可再生能源规划目标做了一些调整，加大了对可再生能源的补贴和激励。计划投入850亿俄罗斯卢布（约合28亿美元、20亿欧元），用于扶持俄罗斯可再生能源项目的开发。计划到2020年可再生能源装机总量达到6吉瓦，发电量占比达到2.5%。③ 其中，光伏发电总量将达到1.5吉瓦。补贴项目将通过电力购买协议实施，符合当地规范的项目将获得优先权，并保证获得14%的投资回报率。

根据《商业日报》报道，此项草案遭到了当地消费者协会及传统能源发电企业的反对，尤其是对于投资规模以及可再生能源补贴反对强烈，认为补贴项目可能会削弱光热发电的地位，导致电费大幅增加。

不过，俄罗斯当局对推进该项新法案的态度积极，采取多项措施以吸引更多

① 生态健康网，http://www.ecohao.com/html/zx/gjzx/4194.html。

② 中国电力新闻网，http://www.cpnn.com.cn/sd/gi/201304/t20130428_573023.html。

③ 光伏太阳能网，http://www.solarzoom.com/article-29434-1.html2013-05-27。

资金开发本土可再生能源项目，如采取可再生能源项目拍卖方式。其实，早在2012年10月，俄罗斯就已经推出光伏拍卖项目。计划通过年度拍卖，2015年新增光伏产能10兆瓦，2020年以前项目规模接近500亿俄罗斯卢布。对项目产能规模限制为6～7吉瓦。俄罗斯规模最大的电网运营商俄罗斯电网股份公司公布其首个装机容量为5兆瓦的光伏发电站已于2014年末并网投产，另一座5兆瓦的光伏电站将于2015年投产。

为了扶持新法案，促进可再生能源开发，俄罗斯总理梅德韦杰夫放宽贷款，要求各级当局机构与国有银行结合制定可再生能源项目政策。据了解，提案包括扩大贷款发放及设定最低利率。梅德韦杰夫还示意经济开发部制定生物质能发电的产业运用办法。①

（六）俄罗斯电力能效与电价政策

从能源利用效率看，俄罗斯的能耗水平较高，按单位GDP能耗数据看，俄罗斯能源效率比美国要低5倍，比日本低12倍。俄罗斯目前仅有50%的居民区实现了天然气化供应，超过3/4的地区没有实现集中式能源供应。为了提高能效，2013年，俄罗斯通过了《2013～2020年俄罗斯能源效率与能源发展》战略。

俄罗斯电力政策的制定和实施与其管制机构功能定位密不可分。俄罗斯电力管制的主要部门是俄联邦能源部，由2008年5月中旬，从原工业和能源部分出。目的是提高联邦政府执行机构工作效率。2008年5月28日，时任俄罗斯总理的普京签署了关于俄联邦能源部的第400号政府令，确定俄联邦能源部是在燃料能源部门范围内，制定与实施国家政策和法律规范并发挥协调作用的联邦执行权力机构。其职能涉及电力、石油开采、石油加工、天然气、煤炭、可燃页岩，等等。国家对燃料能源生产及使用范围内的资产管理也被列入能源部职权范围内。能源部须依据俄罗斯法律、总统与政府命令、国际契约及章程开展活动。②

2013年4月，俄罗斯经济发展部曾宣布，2014～2015年电费的增长可能限制在6%，而非计划的10%。2013年6月21日，俄罗斯总统在圣彼得堡国际经济论坛发表讲话时指出，电费不能再快速增长，垄断组织调控费率的增长将受到

---

① 中国电力建设集团公司网，http：//www.zhongguodianjian.com/a/xinwenxinxi/xingyexinxi/20140227/5520.html。

② 中国社会科学院网站，http：//euroasia.cass.cn/news/126429.htm。

限制，不应高于实际通胀率。

2013 年上半年，俄罗斯居民电费的最高限价，保持在自 2012 年 7 月 1 日起实行的税费水平上，自 2013 年 7 月 1 日设定为 15%。俄罗斯居民及与居民同等看待的电费的最小涨幅，自 2013 年 7 月 1 日起设定为 12%。国家对 2014 年的电费增长实行限制，2014 年电力终端成本占消费者物价指数的 40% 左右。

俄罗斯西伯利亚地区电力市场引进了竞争机制，使其原来为全俄电价最高的地区成为低电价地区，2014 年西伯利亚地区的电价比 2013 年的降低 37.5%，每月每兆瓦 9.75 万卢布。低于俄欧洲部分。①

2014 年，俄罗斯政府在官网发布的一份政府令指出："保持 2014 年现有的制定电费价格的方法，同时重新审议 2014 年下半年价格。"审议工作在 2014 年 3 月 1 日前进行。对于社会规范以内和超出部分的用电量，下半年的电费价格将由俄罗斯联邦物价局与各地区政府审定。②

根据俄罗斯能源部提议，2014 年 4 月 1 日起，准许西伯利亚水电站按照市场价格出售 50% 的电力，未来将进一步扩大这一比例。西伯利亚地区水电站的发电量约占全俄的 49%，水电站属于国有俄罗斯水电公司和欧洲西伯利亚动力公司。按照这一提议，俄罗斯联邦政府可能将在 2017 年全面放开西伯利亚水电站电力市场。俄政府副总理德沃尔科维奇支持这样的实施方案，但暂时尚未签署议定书。③

2014 年，俄罗斯经济措施中提及要扶持出口与创新，成立战略管理体系，营建良好经营环境，提高公共服务质量与国有资产管理水平。④ 这些措施在电力领域将继续体现。但是，俄罗斯发电领域需求巨大，如果吸引更多投资进入其发电和输配电系统，落实发电和传输权政策，将为俄罗斯在石油天然气能源领域之外，创造新的经济增长源泉。⑤

由于 2015 年国际油价低迷、煤炭价格走低、天然气向欧洲出口受挫，俄罗斯的经济形势预期并不乐观。据俄罗斯经济发展部预测（预测前提为欧美仍对俄制裁，油价维持 50 美元/桶，天然气价格为 222 美元/千立方米）2015 年，俄罗斯的国内生产总值（GDP）将下跌 0.8%，2015 年底年通胀率为 12.2% ~

---

① 中国电力网，http：//www.chinapower.com.cn/newsarticle/1194/new1194725.asp。

② 中国东北网，http：//commerce.dbw.cn/system/2013/07/02/000688042.shtml。

③ 中国东北网，http：//commerce.dbw.cn/system/2014/03/31/000830436.shtml。

④ 商务部网，http：//ru.mofcom.gov.cn/article/ztdy/201406/20140600644594.shtml。

⑤ 电缆网，http：//www.chinasmartgrid.com.cn/news/20140620/520569.shtml。

15.8%，预算赤字占GDP的3.8%。2015年联邦财政收入将减少355亿美元，其中主要是油气收入的下降。由于汇率变动导致融资成本增加、高利率以及市场的不确定性等因素，预计2015年，俄投资积极性将明显下降，降幅达到13.7%。未来两到三年，俄罗斯经济将陷入衰退。①

因此，2015年，俄罗斯将制定更为开放经济的电力政策，将电力领域作为能源领域的重头戏，包括吸引更广范围的电力投资、设备进口和技术引进，并扩大其电力出口，利用更灵活的金融政策为其进口替代战略服务，诸如优惠的关税减免、投资优惠税收等。在国内电力市场改革中，在市场化趋势不改的前提下，进一步改善投资环境，降低准入门槛，保障电价稳定，更加注重电力能源的安全稳定供给、经济实效与可持续发展。

① 商务部网，http：//ru.mofcom.gov.cn/article/jmxw/201502/20150200896257.shtml。

市 场 篇

BLUE BOOK

Markets Review

B.17

世界石油市场：2014年回顾与展望

陈卫东　高 松*

摘　要：2014 年国际石油市场风云突变，石油价格从下半年开始下跌，需求的放缓、美元的走强和地缘政治的复杂局势都加剧了石油价格的下行，造成了近 10 年来油价的第二大跌幅。预计 2015 年在石油供给整体宽松和美元强势的背景下，石油价格的回稳依然步履维艰。中国的石油市场整体供需平稳，价格随国际市场出现一定的跌幅，预计在 2015 年会呈现成品油需求放缓、出口增加的趋势。

关键词：国际石油市场　石油价格　中国石油市场

* 陈卫东，中国海洋石油总公司首席能源研究员，教授级工程师；研究方向：能源经济、油气行业发展战略、石油公司改革；高松，中国海洋石油总公司经济技术研究院油气市场研究员，管理学博士，研究方向：能源经济、计量经济、油气市场。

一　2014年的国际石油市场

（一）2014年国际石油市场回顾

1. 国际油价大幅下跌

2014 年国际油价先升后降，呈现出以 6 月中旬为分割点的倒 V 字形走势。

2014 年初，在中东、非洲地缘风险和基本面疲软的多空角力影响下，国际油价出现少有的平稳走势，Brent 原油价格在 100～105 美元/桶的区间窄幅波动（见图 1）。进入夏季后，驾车高峰季节带动成品油需求增长，俄乌之间的紧张局势、利比亚抗议活动以及伊拉克教派冲突等地缘政治事件给原油价格增添了风险溢价，至 6 月中旬 Brent 原油和美国 WTI 原油期货结算价创下九个月最高点，分别突破 115 美元/桶和 107 美元/桶。

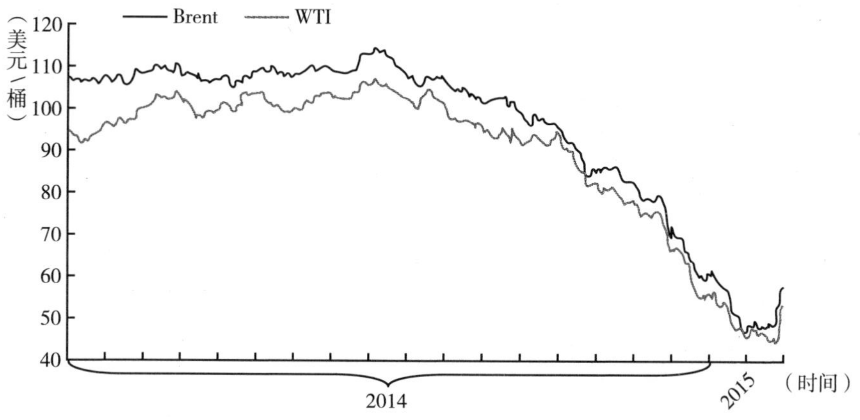

图 1　2014 年国际油价走势

资料来源：Wind 咨询。

进入下半年，主导油价走势的关键因素由上半年的地缘政治局势转向供需过剩的基准面和货币因素。下半年，中国和欧洲经济放缓导致石油需求疲软，而美国页岩油产量迅速攀升，原本向美国墨西哥湾和加拿大出口的尼日利亚原油转向亚洲市场，再加上利比亚和伊朗等国的石油出口量上升，形成了供应增加与需求下滑并存的局面，导致油价处于下行趋势。一向以减产手段来提振油价的石油输出国组织（OPEC）为争夺市场份额决定维持产量上限不变，使早已承受供应过剩压力的油价在下半年急剧下跌。除此之外，美元走强也给油价施加了下行压力：美联储2014年已终止了债券购买计划，并计划2015年加息。日本和欧洲的央行则推出了以刺激经济增长和抵制通缩为目标的宽松货币政策。美国与欧元区、日本在货币政策方面的背道而驰提振了美元，驱使油价进一步下跌。年底Brent原油价格跌至57.3美元/桶，较年内高点大幅下跌50.2%；WTI原油价格跌至53.3美元/桶，较年内高点下跌50.2%。

整体来看，2014年Brent原油波动区间为57.3～115.1美元/桶，均价99.4美元/桶，较2013年均价下跌9.26美元/桶，同比下跌8.5%；WTI原油波动区间为53.3～107.3美元/桶，均价92.9美元/桶，较2013年均价下跌5.1美元/桶，同比下跌5.2%。2014年其他国际主要原油标杆价也有一定的下跌（见图2），这些标杆价和Brent的联动性相对紧密，跌幅基本在10美元/桶左右。2014年国际油价下跌幅度仅次于2009年，为近10年来的第二大跌幅。

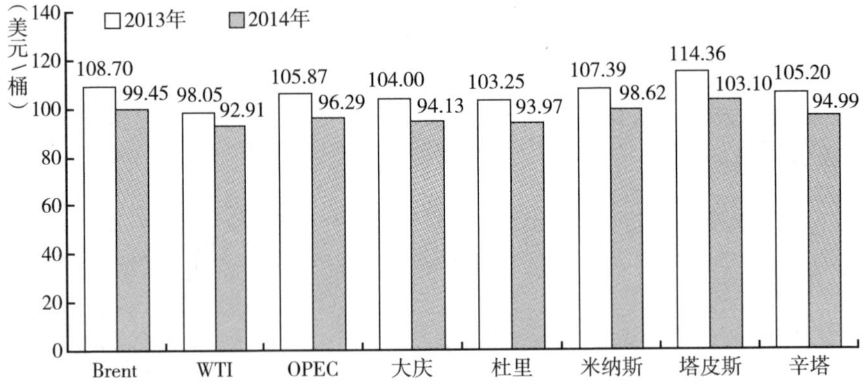

图2　2013～2014年主要原油标杆价

资料来源：Wind咨询。

2. 石油需求减弱拖累国际油价进入下行通道

2014年，全球各经济体经济成长态势分化加剧，发达经济体走势不一，新兴与发展中经济体经济增长也存在明显差别。在全球金融危机爆发六年之后，全球经济仍未完全摆脱危机阴云。由于全球经济增长前景依然疲弱，特别是中、欧经济整体表现疲软，2014年石油需求增量较前几年大幅下降。

2014年初，各主要机构预计2014年全球石油需求增长均为100万桶/天以上，但自7月份开始国际能源署（IEA）、石油输出国组织（OPEC）和能源情报署（EIA）连续同步下调2014年全球石油需求增长预期。12月，IEA在其《石油市场报告》中估计，2014 年全球石油需求平均为 9244 万桶/天，较 2013 年增长 67 万桶/天，增幅 0.73%，仅为 2013 年 1.40% 增幅的一半左右（见图 3）；EIA 在其《短期能源展望报告》中估计，2014 年全球石油需求平均为 9144 万桶/天，较 2013 年平均 9048 万桶/天的需求量增长 96 万桶/天，增幅为 1.06%；OPEC 在其《石油市场报告》中估计，2014 年全球石油需求平均为 9113 万桶/天，较 2013 年平均 9020 万桶/天的需求量增长 93 万桶/天，增幅为 1.03%。

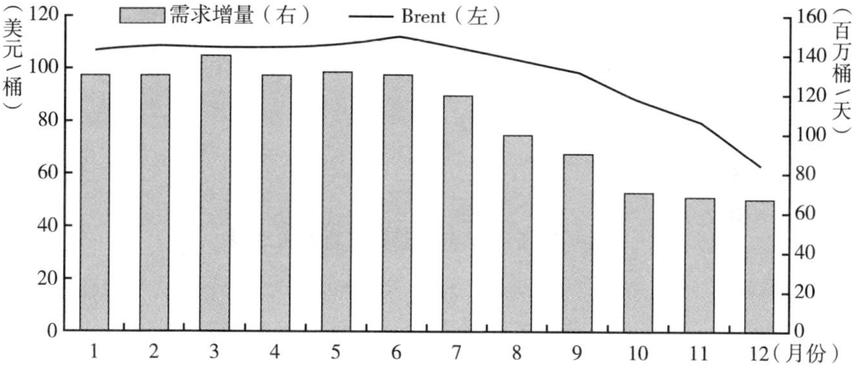

图 3　2014 年月度国际油价与 IEA 需求增量估计

资料来源：IEA，Wind 咨询。

上半年和下半年 IEA、EIA 和 OPEC 全球三大能源机构对全球石油需求前景截然不同的预期在一定程度上左右了国际油价走势：上半年，这三大机构的乐观预期提振了同期国际油价一路振荡上涨；然而下半年 IEA、EIA 和 OPEC 对全球石油需求的悲观预期导致国际油价急转直下。

具体来看，2014 年全球石油需求增幅全部来自非 OECD 国家，OECD 石油需求在 2013 年小幅上涨后在 2014 年重拾下降趋势。IEA 最新估计 OECD 国家 2014 年石油需求平均为 4563 万桶/天，较 2013 年下降 43 万桶/天。美洲、欧洲和亚洲、大洋洲地区石油需求均有所下降；其中美洲地区石油需求在 2013 年上升后转而下降 5 万～2403 万桶/天，欧洲地区石油需求继续下降 18 万～1347 万桶/天，亚洲、大洋洲地区石油需求也进一步下降 20 万～813 万桶/天。与此同时，新兴和发展中经济体经济增长放慢使得 2014 年非 OECD 国家整体石油需求增长继续放缓。IEA 最新预测 2014 年非 OECD 国家石油需求平均为 4682 万桶/天，较 2013 年增长 111 万桶/天，增幅 2.43%，低于 2013 年接近 3% 的增幅。其中：中国石油需求增长 25 万～1035 万桶/天，低于 2013 年近 40 万桶/天增幅。根据

IEA 的估计，2014 年非 OECD 国家石油需求已经超过 OECD 成员国石油需求，超过幅度高达 119 万桶/天，因其经济增速远高于 OECD 成员国（见图 4）。

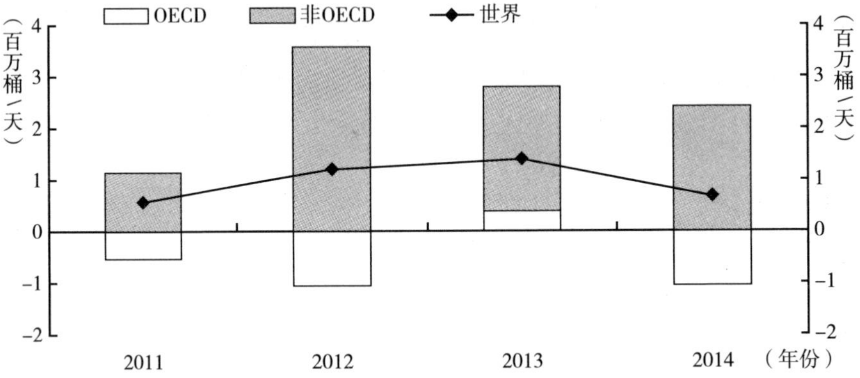

图 4　2011～2014 年世界石油需求增量

资料来源：IEA。

3. 石油产量大幅增长，石油市场供过于求

2014 年，全球石油产量约为 9325 万桶/天，较 2013 年增加 174 万桶/天，远高于 2013 年 55 万桶/天的石油增量（见图 5）。2014 年大石油产量增长来自非 OPEC 国家，非 OPEC 国家 2014 年石油产量为 5656 万桶/天，较 2013 年增长 184 万桶/天。非 OPEC 产量的增长主要来自美国、加拿大和巴西：美国原油产量达

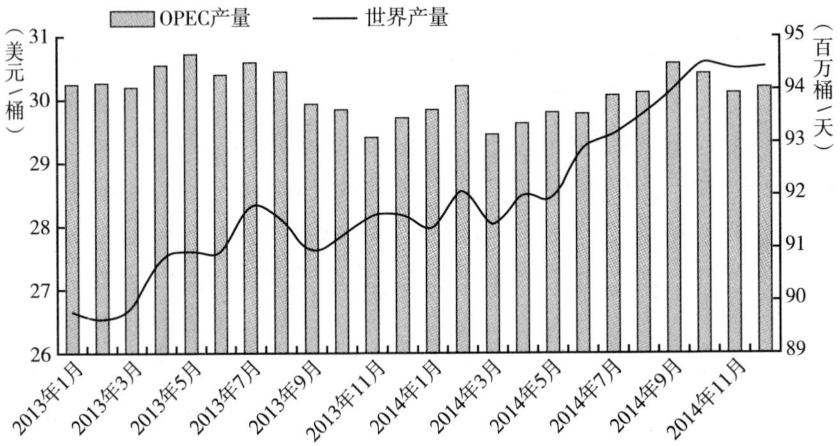

图 5　2013～2014 年全球及 OPEC 原油产量（月度）

资料来源：EIA。

1175 万桶/天，较 2013 年大幅增长 144 万桶/天，已接近 20 世纪 80 年代以来的最高产量；巴西原油产量为 233 万桶/天，增长 21 万桶/天；加拿大原油产量为 416 万桶/天，增长 17 万桶/天（见图 6）。俄罗斯原油产量 1093 万桶/天，增长 5 万桶/天。

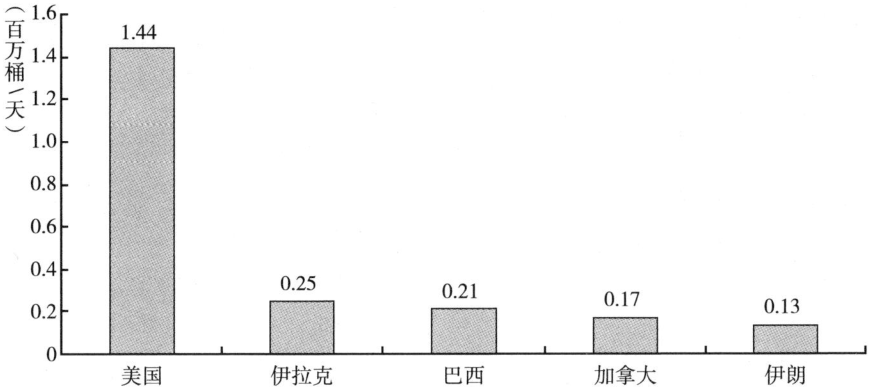

图 6　2014 年产量增长前五的国家

资料来源：IEA。

在非 OPEC 增产、国际油价持续下滑的同时，OPEC 并未立即做出减产保价的动作。相反，在下半年 OPEC 石油供应量也呈现增长态势，剩余产能整体出现下滑。由于年初 OPEC 产量较低，2014 年 OPEC 原油产量为 3669 万桶/天，较 2013 年原油产量小幅下降 10 万桶/天。伊拉克、伊朗原油产量增长较快，尼日利亚、安哥拉、利比亚产量有所下降（见表 1）。

表 1　2012～2013 年 OPEC 原油产量

单位：百万桶/天

	2012 年	2013 年	2014 年	2014 年增量
沙　　特	9.51	9.40	9.53	0.13
伊　　朗	3.00	2.68	2.81	0.13
伊 拉 克	2.95	3.08	3.33	0.25
阿 联 酋	2.65	2.76	2.75	-0.01
科 威 特	2.46	2.55	2.61	0.06
卡 塔 尔	0.74	0.73	0.71	-0.02
安 哥 拉	1.78	1.72	1.66	-0.06
尼日利亚	2.10	1.95	1.91	-0.04

续表

	2012 年	2013 年	2014 年	2014 年增量
利　比　亚	1.39	0.90	0.46	-0.44
阿尔及利亚	1.17	1.15	1.12	-0.03
厄瓜多尔	0.50	0.52	0.55	0.03
委内瑞拉	2.50	2.50	2.46	-0.04
OPEC	37.58	36.79	36.69	-0.10

资料来源：IEA。

4. 国际石油库存不断走高

2014 年，全球石油库存不断走高。OECD 国家和美国石油库存均较 2013 年有所增长。OECD 工业石油库存从 2013 年底的 25.66 亿桶增至 2014 年底的 26.78 亿桶，增幅 4.36%。OECD 工业石油库存在 6 月份库存大幅下降后，7 月份后开始大幅增长，至 10 月份 OECD 工业石油已高于五年平均水平 1830 万桶，这也是自 2013 年 3 月以来首次高于五年平均水平。随后受季节性影响，OECD 工业石油库存小幅回落。

2014 年，美国原油库存较 2013 年增加了 2489 万桶，因美国页岩油产量创下 910 万桶/天的纪录。美国原油库存自 2014 年初开始逐渐增长，4 月末达到 1982 年开始记录库存数据以来的最高位（3.99 亿桶）。随着炼油厂检修的结束，炼厂开工率的上升使原油库存到 8 月份降至八个月的最低点（3.56 亿桶）。原油库存的下降趋势伴随秋季检修的开始而暂停，自 9 月份起逐渐回升至 3.85 亿桶，比 2013 年同期高 6.9%（见图 7）。

5. 美元指数飙升打压国际油价

2014 年美元指数上涨超过 12%，为近 10 年来最大年度涨幅。美国与欧元区和日本在经济和央行政策方面的背道而驰提振了美元，同时打压了欧元和日元。

2014 年上半年，在美国经济正逐步回归到正常复苏的轨道中，美联储逐渐缩减宽松货币政策。但乌克兰危机提升了避险需求，促使日元兑主要货币上涨。因此，美元难以与多数主要货币形成竞争，美元指数一直徘徊在 80 附近，难以向上突破相对狭窄的区间。自 2014 年 7 月以来，美元指数持续上扬，因下半年以来美国与其他主要发达国家在经济表现和货币政策前景上的落差不断加大，使得美元在套利交易的助推之下扶摇直上，创下自 1997 年以来最为强势的年度表现（见图 8）。相对于日、欧两大经济体仍在继续甚至加大力度实行宽松货币政策，美国货币政策已进入退出周期，美元指数的中长期涨势很难逆转。按照美联

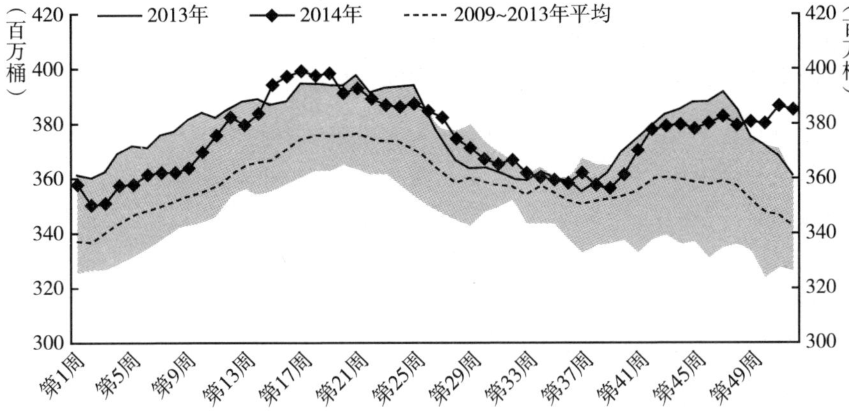

图 7　美国商业原油库存

资料来源：OPEC。

图 8　油价和美元指数走势

资料来源：Wind 咨询。

储既定的政策路线安排，美联储于 2014 年 10 月末停止其长期实施的债券购买计划，并重申“将在相当长的时间内”把隔夜拆款利率目标维持在零附近。这预示着美联储的政策倾向将从大幅宽松转向以数据为依据的政策收紧，致使美国股市下跌，并推动债券收益率和美元走高，导致油价回吐上半年的部分涨幅。

6. 投机活动加剧油价下跌

自 2014 年 6 月至年底以来，国际原油价格几近腰斩。除了全球基准面供需过剩的因素外，投机行为也是导致原油价格暴跌的原因之一。油价暴跌促使对冲基金调整仓位，反过来又加剧了油价跌势。

油价走势与投资商的净多头头寸有着紧密的关联性。6 月中旬时俄乌之间的紧张局势、利比亚抗议活动以及伊拉克教派冲突等地缘政治因素威胁着石油供应，促使 WTI 原油价格一度攀升至 107 美元/桶，Brent 原油价格创下 115 美元/桶的高点，对冲基金所持 WTI 原油期货和期权净多仓相当于近 4.13 亿桶。但随着地缘政治风险的减弱，押注油价的交易员们转为抛售多头头寸，油价开始下跌，OPEC 不减产的决定助推油价跌破 60 美元/桶，大多数对冲基金试图摆脱亏损的期货和期权仓位，开始轧平多仓或转为做空，加剧了油价跌势。基金经理增减仓位与原油期货价格的涨跌之间有着非常密切的关联。美国商品期货交易委员会（CFTC）的数据显示，自 2014 年 7 月起，投机商持有的原油多头头寸明显下降；尤其是 11 月底之后，空头头寸大幅增加。到 2014 年底，投机商持有的美国原油期货的净多头头寸较 2013 年下降 20.7%。2014 年净多头变化和油价走势，如图 10 所示。

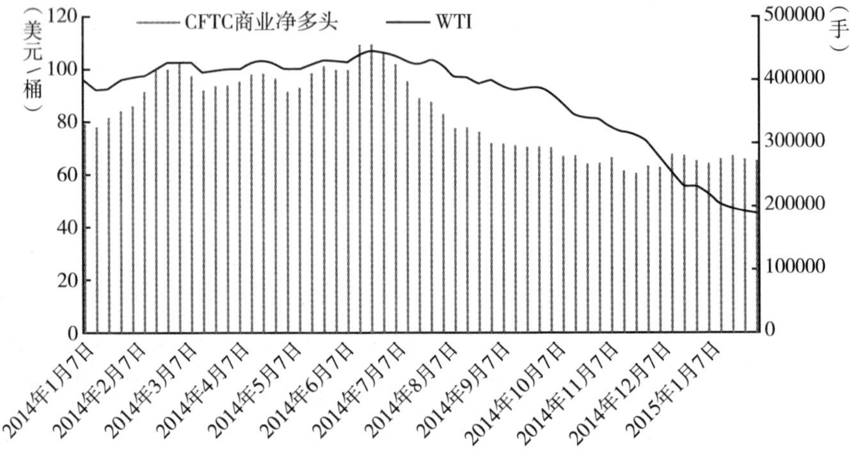

图 9　WTI 走势和 CFTC 商业净多头关系

资料来源：EIA，Wind 咨询。

7. 地缘政治局势复杂多变，市场下行压力加大

2014 年，虽然原油市场地缘政治危机频发，但市场供应并未受到明显影响。乌克兰局势动荡、俄乌冲突没有对俄罗斯油气生产造成困扰；尽管 ISIS 阴魂不散，但伊拉克南部出口则稳步攀升；苏格兰独立公投并未波及北海油田产量；即

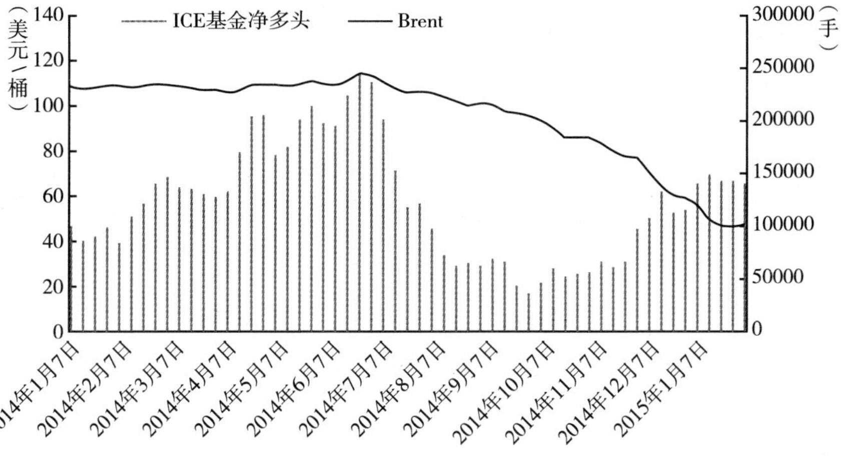

图 10　Brent 走势和 ICE 基金持仓净多头关系

资料来源：EIA，Wind 咨询。

便利比亚动乱不止，但该国原油产出持续增长的事实不容质疑。

进入下半年后，西方加大对俄罗斯的制裁力度成为影响石油市场的最主要因素。欧美制裁俄罗斯最有效的武器莫过于借力和放任油价下跌来打压其经济。对俄罗斯实施新的制裁措施将严重影响俄罗斯经济的长期增长潜力，虽然制裁不会危及俄罗斯目前的原油产量，但可能会限制俄罗斯将来的产能。因为对俄罗斯的制裁将阻碍美国和欧洲在俄罗斯北极地区、深海和页岩方面的合作。

8. OPEC 内部分化，争夺市场加剧

尽管原油价格已跌至四年来的低点，而 OPEC 内部意见却不统一。世界最大原油出口国沙特阿拉伯有意开打价格战，捍卫市场份额。沙特阿拉伯国家石油公司（Saudi Aramaco）在油价持续下降了 3 个月后，于 10 月 1 日做出了对所有出口产品降价的决定，其中对亚洲出口价格降至 2008 年以来最低水平。沙特开打价格战争夺市场份额，而不是通过减产以减少市场供应提振油价。一方面，沙特想通过价格战占有市场份额。油价下跌迫使美国石油生产商难以维系而减少产量，同时也使美国非常规资源投资气氛出现了低落。另一方面，针对 OPEC 内部，抢占亚洲市场也是沙特本轮降价的主要目标对象。伊朗、伊拉克等竞争对手正积极开拓亚洲市场，这对沙特构成巨大压力。委内瑞拉、哥伦比亚、厄瓜多尔等南美国家近期对亚洲原油出口也大幅增加。在沙特开打价格战的同时，2014 年 10 月后伊拉克的石油公司也宣布以 2009 年 1 月以来最大的折扣出售巴斯拉轻

质原油给亚洲买家。伊朗也表示，为了应对沙特的降价，2014 年 11 月将以近六年来的最大折扣向亚洲出售原油。

面对美国页岩油产量剧增、国际市场供过于求的形势，供应全球四成石油的 OPEC 在 2015 年 2 月的会议中仍决定保持现有生产目标，让此前预计 OPEC 以减产推升油价的市场人士大跌眼镜。此决议使国际油价再度大幅走低。在这次会议上，OPEC 最大产油国沙特抵制了经济困难的 OPEC 成员的减产提议，牺牲了部分 OPEC 成员的利益，任油价较长时间停留低位，以此压缩美国页岩油生产商的盈利，希望借市场之手赶走生产成本较高的此类企业。

（二）2015年国际石油市场展望

1. 2015年全球石油市场将维持供应宽松态势

因全球经济依然处于复苏通道中，IEA、EIA 和 OPEC 均预计 2015 年全球石油需求将继续增长，增幅仍将全部来自非 OECD 国家。受 2015 年全球经济复苏强于 2014 年的预期支撑，加之国际油价已经跌至五年来低位，IEA 和 OPEC 认为 2015 年全球石油需求将加速增长，但 EIA 对此却持不同看法。EIA 2014 年在其《短期能源展望报告》中预计，2015 年全球石油需求平均为 9232 万桶/天，较 2013 年增长 88 万桶/天或 0.96%，不及其对 2014 年全球石油需求增长 1.06% 的预期。因其对未来一年内的全球经济增长前景依然悲观，尽管油价下跌将促进需求增长，但其带来的积极影响将被经济增长疲弱带来的负面影响所抵消。

OPEC 预计 2015 年全球石油需求平均为 9226 万桶/天，较 2014 年增长 113 万桶/天或 1.24%，高于其对 2014 年全球石油需求增长 1.03% 的预期；出于同样的原因，IEA 也在其《石油市场报告》中预计 2015 年世界石油需求平均为 9335 万桶/天，较 2014 年增长 91 万桶/天或 0.98%，高于其对 2014 年全球石油需求增长 0.73% 的预期。IEA 表示，2015 年全球石油需求增长仍将全部来自中国、中东、中南美洲和其他非 OECD 国家；而 OECD 国石油需求将继续下降，但下降幅度将显著收窄。IEA 最新预测，2015 年非 OECD 国家石油需求平均为 4779 万桶/天，较 2014 年 4682 万桶/天需求量增长 97 万桶/天，增幅 2.07%；其中中国石油需求将增长 26 万桶/天，达到 1061 万桶/天。2015 年经合组织成员国石油需求将下降 7 万桶/天，达到平均 4556 万桶/天。尽管美洲地区石油需求有望增长，但欧洲和亚洲、大洋洲地区石油需求继续下降（见表 2）。

虽然通常情况下国际油价下跌应会促进石油消费需求增长，有机构预计油价每下跌 25% 就将推动石油需求增长 40 万桶/天，但石油出口经济体经济已经受到油价大跌的冲击。如果这种冲击对全球经济构成拖累，则将抵消油价低迷给需求面带来的任何积极影响。

表2　2015年全球石油需求预测

单位：百万桶/天

	2014	2015Q1	2015Q2	2015Q3	2015Q4	2015
OECD						
北美	24.1	24.1	23.9	24.4	24.5	24.2
欧洲	13.4	13.0	13.3	13.7	13.4	13.3
亚太	8.1	8.6	7.5	7.7	8.2	8.0
OECD总计	45.6	45.6	44.7	45.8	46.1	45.6
非OECD						
前苏联地区	4.8	4.5	4.6	4.8	4.7	4.6
欧洲	0.7	0.7	0.7	0.7	0.7	0.7
中国	10.4	10.4	10.6	10.7	10.8	10.6
亚洲其他国家	12.1	12.6	12.5	12.3	12.7	12.5
美洲	6.8	6.7	6.9	7.0	7.0	6.9
中东	8.1	8.0	8.4	8.8	8.2	8.3
非洲	3.9	4.1	4.1	4.0	4.2	4.1
非OECD总计	46.8	46.9	47.8	48.2	48.3	47.8
世界	92.4	92.5	92.5	94.0	94.4	93.3

资料来源：IEA。

2. 2015年全球石油产量仍保持增长

根据IHS的预测，预计2015年全球液体油产量约为9440万桶/天，较2014年增长188万桶/天，增量基本与2014年持平。其中大部分增量来自非OPEC国家，非OPEC国家2015年原油产量将增长104万桶/天，其中90%的增长来自北美地区，美国和加拿大2015年石油产量将分别增加64万桶/天和27万桶/天。2015年，OPEC石油产量将增加10万桶/天～3020万桶/天。其中，利比亚、伊拉克和伊朗将成为2015年OPEC供应增长的主力军。

虽然到2015年上半年之前，低油价不会对石油供应造成很大影响，但较低的资本支出可能会使中期石油产量造成影响。与此同时，因油价较低，更多的石油企业宣布缩减2015年和以后的资本支出计划。康菲石油公司宣布，计划削减其上游资本支出至135亿美元，降幅达20%，这是四年来的最低水平。该公司计划在2015年减少对已几近完成重大项目的资本支出，同时也将延后北美页岩油钻探项目的支出。削减资本支出的其他公司还有卢克石油公司、俄罗斯国家石油公司、大陆资源公司、丹伯里（Denbury）和阿帕奇公司（Apache）。

3. 低油价将打压美国致密油生产

美国需要油价适度下跌，为美国经济复苏提供助力，也可以修理一下不听话的产油国。但油价跌起来也是势不可挡，已经威胁到美国的页岩油企业的生存。

美国页岩油生产是高度投资密集型方式，需要持续地投资新井才能维持产量。但新井的盈亏成本多种各样，按照目前主流的咨询公司的分析，新井成本从30美元/桶到超过100美元/桶不等。但新井在投产后，产量会迅速减少，所以新井的初始产量是确定新增投资的最重要因素。

2015年初，美国页岩油企业WBH Energy宣布破产，这只是页岩油气企业破产重组的开始。北美的页岩革命不仅遭到低油价的冲击，还面临投资者的撤离、流动性的枯竭等困境。经过低油价的洗礼后，中小页岩油企业将面临破产或者兼并。页岩油气行业仍将延续，但前提是必须降低生产成本，与OPEC的低成本石油生产商进行竞争。

虽然，成本压力对页岩油产量的压力不会立即出现。但进入2015年后这种苗头越来越明显，一方面一些成本高的页岩油生产商破产重组，另一方面一些区块的在产井数也有所下降。一些机构认为，目前美国致密油的产量对油价的调节作用，已经替代了OPEC剩余产能。如果油价一直处于50美元/桶左右的水平，预计到2015年下半年页岩油的生产将受到冲击。

4. 伊朗核谈顺利将使市场更加宽松

原定于2014年11月24日结束的伊朗核问题谈判未能达成协议，伊朗与六方关于核问题的谈判期限将延至2015年6月底。不过，伊朗核问题的最新一轮谈判已经在伊朗可以生产多少浓缩铀的关键问题上取得了实质性进展。英国外交大臣乐观地认为，谈判双方已经有了“清晰的目标”，“在未来差不多三个月时间内”将就协议的主要条款达成一致，并最终在2015年6月底前完成全部细节而签署一个全面的协议。

伊朗核谈判顺利对油价长期前景不利。伊朗已表示，一旦制裁结束，可以在三个月内将其石油出口量扩大逾一倍，这将使已经过剩的市场供应增加逾100万桶/天。即便这种估计可能过分乐观，伊朗需要更长时间来提高产量，但市场上逐渐增多的石油供给仍会给油价走势带来巨大拖累。

5. 地缘局势仍将对中短期油价有所支撑

2014年上半年，地缘局势紧张导致油价持续走高，预计2015年全球地缘局势依然紧张。伊拉克局势将持续动荡，俄罗斯和乌克兰的关系无法缓和，利比亚、尼日利亚、委内瑞拉等产油国仍将矛盾不断。中东、东欧以及北非的局势还将维持动乱状态，俄乌关系将陷入拉锯状态，ISIS 仍将威胁什叶派国家的安全，而利比亚部落谋求独立的诉求会长期存在。因此，地缘因素仍将是原油市场的潜在利好之一。特别是伊拉克作为 OPEC 中的第二大产油国，其不能达成石油增长目标的风险与日俱增，但该国仍是 OPEC 预期产能增长的主要来源。据 IEA 预计，OPEC 到 2019 年时产能将提升至 3706 万桶/天，较目前水平高出 208 万桶，其中逾 60% 预计将来自伊拉克。一旦伊拉克局势升级将直接威胁到全球石油市场。

6. 美元进入上升期，将持续打压油价

当前美国经济复苏迹象明显，经济状况正逐步走向美联储所拟定的就业和通胀目标。美联储暗示将于 2015 年开始升息，但称将保持耐心。据摩根大通的经济学家在 2015 年展望报告中的预期，美国稳健的经济增长将促使美联储在 2015 年 6 月的政策会议中决定开始升息。近期美元走强将抑制经济增长，但油价下滑则会提振增长，两者影响应会互相抵消。该行重申美国经济增长将于 2015 年上半年达到 3% 的预期。

目前欧元区经济仍趋于走弱，但金融层面的稳定性较 2012 年大为提升，在一定程度上减缓了欧元的下跌空间。在欧洲央行的宽松货币政策下，信用风险溢价已经普遍处于历史低位。因此，目前欧元的下跌更多源于利差交易，无序贬值的风险很小。由此可以预计，2015 年强势美元仍将持续，但升值空间将会受限，同时市场波动将会被放大。美元的不断走高，将持续对国际油价形成打压。

7. 总体宽松的市场环境下，2015年国际油价将大幅走低

总体来看，虽然地缘政治风险可能会推高油价，但 2015 年石油市场供需基本面仍然较为宽松、OPEC 剩余产能也相对充足，主要消费国家的战略石油储备随时可被动用，油价的上涨都主要以短期为主。已遭禁运两年之久的伊朗也将逐步重返市场并会回复到出口原油 100 万桶/天的水平，这将有助于缓解伊拉克内乱对油价的冲击。在伊朗等国产量增加的情况下，若 2016 年 OPEC 内部对于生产配额问题仍不能达成协议，则过量的供应可能进一步冲击市场。美联储结束量化宽松和提高利率的政策，有助于美元指数的走高，也会对国际油价形成一定的压力。

一些主要国际机构也不看好未来几年的油价。高盛在 2014 年 10 月的报告中预计，2015 年 WTI 原油价格最低可能跌至 70 美元/桶，而 Brent 原油最低可能下探至 80 美元/桶；在 2015 年初的报告中，则将 2015 年 WTI 原油价格下调至

47.15 美元/桶，Brent 原油价格下调至 50.40 美元/桶。在近 2～3 个月内，其他的主要机构，如路透（见表 3）、IHS 剑桥能源等机构也将其对 2015 年国际油价的预测下调 40～20 美元/桶。总体来看，各主要机构均对 2015 年国际油价的走势表示悲观；同时这些机构也认为，由于油价的下跌可能导致产量降低，2016 年之后国际油价可能将重新逐渐走高。

表 3　路透油价跟踪预测

投资银行或顾问公司	2015 年（Brent）	2016 年（Brent）	2017 年（Brent）	2015 年（WTI）	2016 年（WTI）	2017 年（WTI）
荷兰银行	60.00	75.00	85.00	55.00	70.00	80.00
澳新银行集团(ANZ)	49.50	63.63	67.88	47.39	60.63	64.88
巴克莱资本国际	44.00	60.00	—	42.00	57.00	—
葡萄牙投资银行	51.00	60.00	65.00	47.00	56.00	61.00
伯恩斯坦研究	80.00	90.00	95.00	75.00	85.00	90
法国巴黎银行	60.00	75.00	—	55.00	70.00	—
美洲银行/美林	52.00	58.00	—	50.00	57.00	—
资本经济	55.00	60.00	62.00	55.00	60.00	62.00
花旗集团	63.00	70.00	—	55.00	62.00	—
德国商业银行	60.00	78.00	—	57.00	75.00	—
瑞士信贷	58.00	76.00	80.00	56.00	72.00	75.00
克里塞尔研究(CRISIL)	60.00	70.00	75.00	57.00	68.00	75.00
德意志银行	59.40	70.00	75.00	55.40	65.00	70.00
挪威 DnB 银行	65.00	80.00	84.00	—	—	—
第一能源资本	59.00	72.25	79.50	54.50	67.25	74.50
环球风险管理	62.00	62.00	—	—	—	—
高盛	50.40	70.00	—	47.15	65.00	—
意大利联合圣保罗银行	57.00	69.00	75.00	54.50	66.50	72.00
JBC 能源	56.08	66.89	84.53	53.70	62.38	79.67
杰富瑞	50.25	67.50	77.25	47.25	62.25	72.25
摩根大通	49.00	56.80	—	46.00	51.80	—
巴登－符滕堡州银行(LBBW)	57.50	62.50	65.00	52.50	58.50	63.00
摩根士丹利	70.00	88.00	100.00	59.00	—	—
法国 Natixis 银行	60.00	74.30	76.00	55.00	69.30	72
Nomisma 能源	48.71	44.03	41.76	45.71	42.03	39.76
华侨银行(OCBC)	66.25	—	—	61.25	—	—
莱富埃森银行(RBI)	58.00	77.00	85.00	55.00	73.00	82.00

续表

投资银行或顾问公司	2015 年（Brent）	2016 年（Brent）	2017 年（Brent）	2015 年（WTI）	2016 年（WTI）	2017 年（WTI）
西班牙 Santander 银行	52.50	65.00	70.00	50.00	57.00	63.00
法国兴业银行	55.00	65.00	70.00	51.30	60.00	65.00
渣打银行	85.00	100.00	—	81.00	96.00	
汤森路透	58.00	69.00	—	—	—	—
瑞银集团（UBS）	52.50	67.50	80.00	49.00	62.50	75
联合信贷	60.00	70.00	—	56.00	66.00	—
平均预测结果	58.31	69.76	75.85	54.19	64.90	70.32

资料来源：路透社，2015 年 1 月。

综合国际机构预测和模型测算结果，笔者认为，2015 年在供需总体宽松的背景下，油价仍有可能继续走低。预计 Brent 原油波动范围在 50 ~ 80 美元/桶，均值在 70 美元/桶左右；WTI 均值波动范围在 40 ~ 70 美元；均值在 65 美元/桶左右。

二 2014年的中国石油市场

（一）2014年中国石油市场回顾

1. 原油产量保持平稳增长，进口量增长较快

2014 年，中国国内原油产量 2.1 亿吨，同比增长 0.6%（见图 11）。2014 年全年原油进口量为 3.08 亿吨，同比增长 9.5%，增速比 2013 年提高 5.1 个百分点。特别是下半年进口增长迅速，国内各类储备机构借国际油价下跌之际开始储油。12 月份，原油进口创造了历史纪录，达 3037 万吨，环比增长 19.5%，同比增长 13.4%（见图 12）。

2. 石油消费增速放缓，对外依存度提高

2014 年受全球经济复苏缓慢、中国宏观经济增速放缓及内需动力不足的影响，制造业、建筑施工、交通运输等行业相对低迷。受宏观经济和石油行业发展态势影响，2014 年石油消费总体延续 2012 年以来的低速增长态势。全年石油表观消费量为 5.18 亿吨，同比增长 3.7%。受原油进口增加的影响，2014 年中国

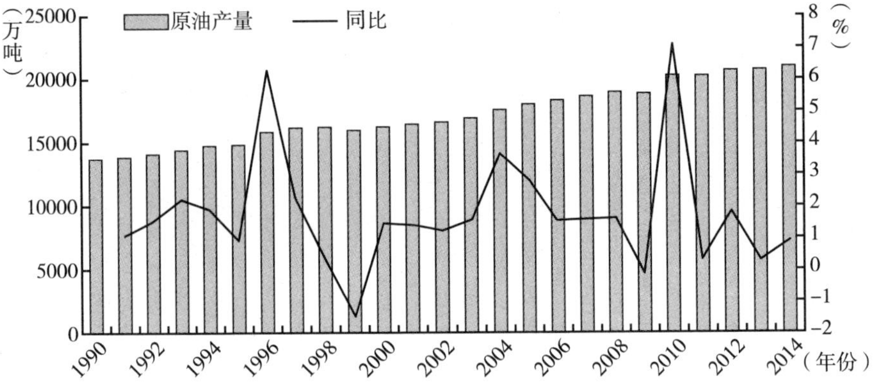

图 11　中国原油产量

资料来源：Wind 咨询。

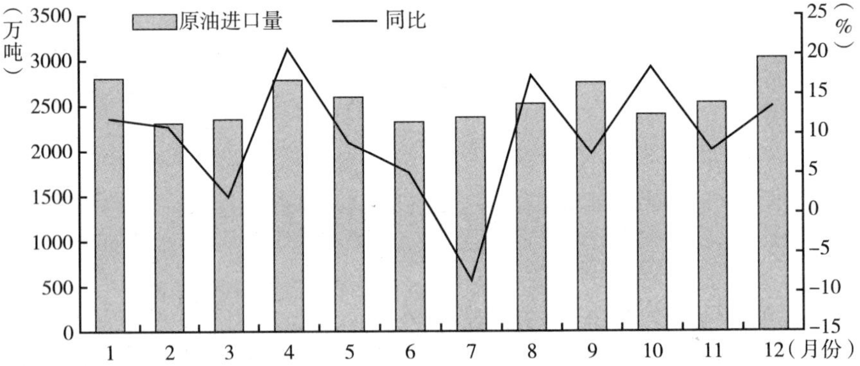

图 12　2014 年中国国内各月原油进口量及同比

资料来源：Wind 咨询。

石油对外依存度达 59.5%，较 2013 年提高 1.1%（见图 13）。

3. 成品油产量平稳增长，消费延续低速增长

2014 年，中国国内炼油能力继续较快增长，原油加工量 45642 万吨，增长 2.8%。全年成品油产量 31666 万吨，同比增长 6.9%，较 2013 年同期增长 1.5 个百分点。其中汽油生产 11030 万吨，同比增长 12.17%；柴油生产 17635 万吨，同比增长 2.10%；煤油生产 3001 万吨，同比增长 19.58%（见图 14）。

2014 年，成品油消费延续中低速增长趋势，全年成品油消费量为 30171 万吨，同比增长 5.48%，较 2013 年增速增加 2 个百分点，但仍低于 2000 ~ 2013 年 7.2%

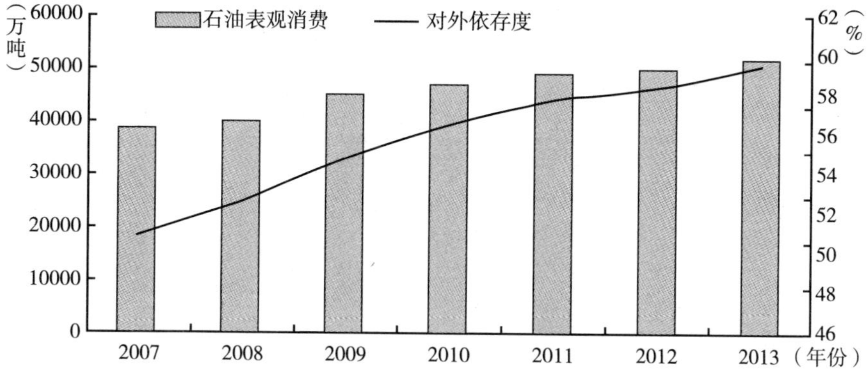

图 13　中国石油表观消费量及对外依存度

资料来源：Wind 咨询。

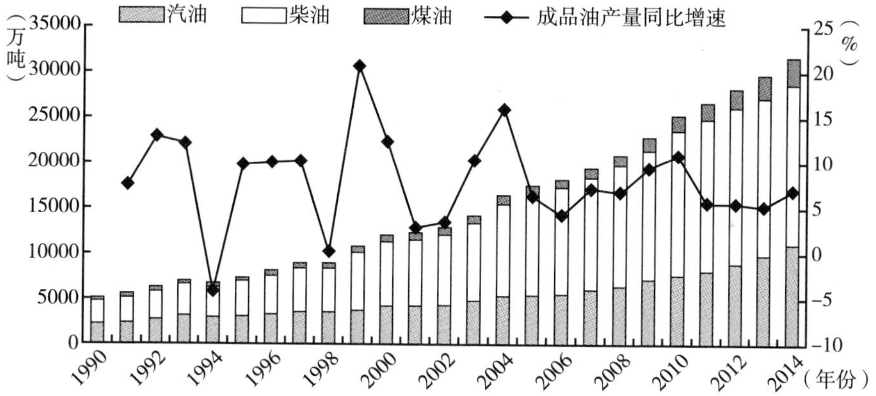

图 14　中国国内成品油产量及同比增速

资料来源：Wind 咨询。

的平均增速。其中，汽油消费 10535 万吨，同比大幅增长 12.50%；柴油消费 17272 万吨，同比增长 1.47%；煤油消费 2364 万吨，同比增长 4.55%（见图 15）。

4. 成品油价格连续下调

2014 年，成品油共调价 18 次：上调 4 次，下调 14 次。自 6 月中旬以来，由于供应充裕以及全球经济增速放缓带来的需求乏力，欧美原油价格双双大幅下滑，也给国内成品油市场带来了持续的抑制作用。自 2014 年 7 月 21 日起，国内成品油出现了新定价机制以来的首次“十连跌”（见图 16）。

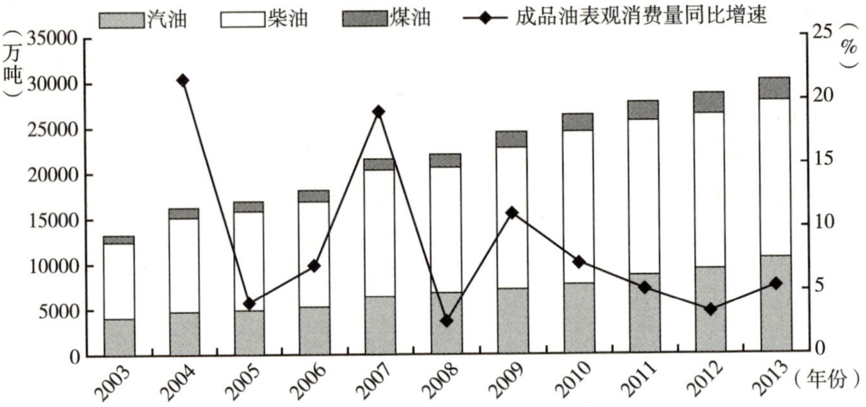

图 15　中国国内成品油表观消费量及同比增速

资料来源：Wind 咨询。

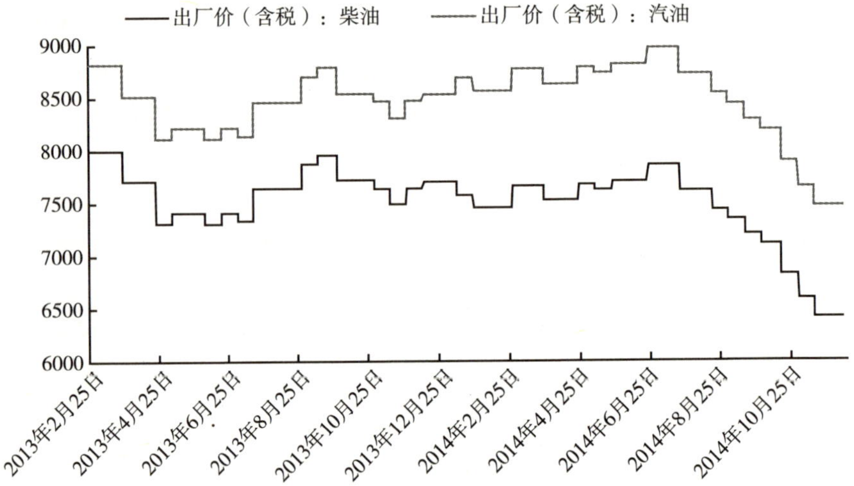

图 16　中国国内成品油价格走势

资料来源：Wind 咨询。

（二）2015年中国国内石油市场展望

1. 国内能源产量将保持稳定增长

2015 年预计中国国内原油和天然气产量将保持稳定增长。预计 2015 年中国原油产量将达 2.17 亿吨左右，保持 0.4% 的增速；国内天然气产量仍将保持较快增长，预计产量将达1344亿立方米，增速在10%左右。

2. 国内成品油产能将进一步增加

2015年，中石化旗下九江炼厂将扩能（300万吨/年），中科石化可能建成投产（1500万吨/年），加上地方炼厂新增产能（1100万吨/年），国能将增加产能2900万吨/年。预计2015年国内成品油产量将达2.94亿吨，同比增长3.1%。

3. 成品油需求增速将继续放缓

2015年国内成品油需求增速将继续放缓。预计2015年成品油表观消费量为2.77亿吨，增速估计在2.1%左右，低于产量增速一个百分点。其中，汽油需求有望维持中速增长，2015年预计汽油需求量1.02亿吨，同比增长7.7%，较2014年增速低0.2个百分点；柴油需求下滑趋势将进一步增强，同比减少2.4%。

4. 成品油净出口量将进一步增加

2015年，受成品油供需宽松的影响，预计中国成品油净出口将进一步增加。预计2015年成品油净出口将达到2080万吨，同比增长41.9%。其中，汽油净出口453万吨，同比下降7.8%；柴油净出口863万吨，同比增长137.2%；煤油净出口760万吨，同比增长24.4%。由于中国炼油厂生产柴汽比与消费柴汽比不匹配问题不断凸显，预计未来中国成品油出口将呈现出柴油出口常态化的趋势。

B.18
世界天然气市场：需求与价格

钟飞腾*

摘　要：2013~2014年，天然气市场的各项指标增长趋势继续放缓：天然气储量基础微弱扩大，2013年产量、消费量、贸易量的增速分别是1.1%、1.4%和1.5%。受制于全球经济艰难复苏，天然气市场放缓趋势十分明显。天然气供给大于需求但差距呈缩小态势，而区域市场差价仍在。但天然气市场也有若干亮点：在产量方面，中东和中国继续维持高增速，美国的动力减弱。在消费方面，除南亚外的亚太地区国家保持高增速。从贸易看，俄罗斯与欧洲的贸易大幅度增加。未来，值得关注的是欧俄天然气贸易、美国天然气生产的增长动力和出口问题，以及新兴经济体的天然气发展，这三大态势将进一步改变全球天然气市场格局。

关键词：天然气储量　天然气生产　天然气需求　天然气价格

在全球经济增速趋缓的形势下，2013年资源能源行业的发展千差万别，2014年的趋势大体上与2013年保持一致。石油行业像过山车一样在走下坡路，自2014年6月份油价从110美元下跌以来，目前仍然徘徊在40美元。相比于原油价格的暴跌，天然气行业受到一定影响，特别是乌克兰危机对俄罗斯的天然气出口造成重大影响，但天然气的消费得益于亚洲市场的扩容仍有可观发展。从各项指标看，增长趋势继续放缓：天然气储量基础微弱扩大，2013年产量、消费量、贸易量的增速分别是1.1%、1.4%和1.5%，放缓趋势明显。天然气供给大于需求但差距有所缩小，区域市场差价仍在。但也有若干亮点：在产量方面，中东和中国继续维持高增速，美国的动力减弱。在消费方面，除南亚外的亚太地区国家保持高增速。从贸易看，俄罗斯与欧洲的贸易大幅度增加。未来，值得关注

* 钟飞腾，博士，中国社会科学院亚太与全球战略研究院副研究员。

的是欧俄天然气贸易、美国天然气生产的增长动力和出口问题，以及新兴经济体的天然气发展，这三大态势将进一步改变全球天然气市场格局。

一　世界天然气市场的特性

与发达国家相比，中国消费天然气的历史较晚。中国自 2007 年起成为天然气净进口国，但早在 1993 年就成为原油净进口国。这一历史发展进程差异影响到我们对天然气市场的认识。但更重要的是，天然气进入能源消费市场很大程度上是 20 世纪 50 年代以后的事情。石油作为一种战略性资源得到广泛重视，则源于 20 世纪 70 年代的两次石油危机，欧佩克（OPEC）组织起生产国限产、停产，给包括美国、日本在内的、进口量大的发达国家带来巨大的冲击。发达国家认识到，尽管这些发展中产油国家的军事力量不值一提，但是可以利用手中的战略性资源改变发达国家的经济政策。石油市场的垄断性和它对国家间政治经济关系的影响力得到人们的重视。相比之下，天然气市场还没有发生过这么大的事件。因此，人们对石油市场的研究和认识要远比天然气市场来得深入。

与石油市场相比，天然气最明显的特征是不存在一个类似欧佩克的跨国生产组织。2001 年，由伊朗提议成立了世界天然气出口国论坛（Gas Exporting Countries Forum，GECF）。2008 年，GECF 才设立章程、执行委员会和秘书处，标志政府间组织的正式成立，有阿尔及利亚、玻利维亚、埃及、赤道几内亚、伊朗、利比亚、尼日利亚、卡塔尔、俄罗斯、特立尼达和多巴哥、委内瑞拉等 11 个成员国和哈萨克斯坦、挪威等 2 个观察员国，2009 年增加荷兰为观察员国。2011 年 11 月在卡塔尔举办第一届峰会，2012 年阿曼从观察员国加入成为第 12 个成员国。2013 年 7 月，在俄罗斯举办第二届峰会，阿联酋成为第 13 个成员国，伊拉克成为第 4 个观察员国。GECF 成员国的天然气储量占世界的 70%，管道贸易的 38% 以及 LNG 生产的 85%。GECF 的主要目的是缩小天然气和石油的价格差，在生产商和消费国之间建立一个对话机制，希望成为天然气领域的欧佩克。但 GECF 并不能像欧佩克那样规定成员国限产，在制度建设上进展有限，难以成为一个制定和协调政策的机构。用现任 GECF 秘书长阿德里（Adeli）的话说，没有任何一个国家希望 GECF 往欧佩克方向发展。① 而且，管道天然气和液化天

① Robert Tuttle, "Gas Exporters Group Discussed Forming a Bank, New Head Says," Bloomberg News, January 20, 2014, http: BH//www. businessweek. com/news/2014 - 01 - 20/gas - exports - group - discussed - forming - a - bank - new - head - says.

然气对合同与现货市场的看法并不一致，由于管道建设的沉没成本远高于 LNG，前者更倾向于“照付不议”的长期合同；而后者更灵活，适应运输成本的变化。

更重要的是，天然气还算不上是真正意义上的一种全球性商品。作为一种全球性商品，其特性是标准化、同质性，无论在哪里卖出，差价不大。天然气的价格呈现出地区性差异，即欧盟、北美和亚洲各有各的价格，特别是金融危机以来美国页岩油气产出加速后，三地价格分化更为明显。但三个地区的价格动态变化基本走势一致，主要原因是天然气的定价跟随石油，而石油则是一种全球性商品。美国经济学家威廉·诺德豪斯（William Nordhaus）曾计算过 31 种原油的价格，发现在其相关性在 0.997，意味着全球各地的原油价格基本一致。[①] 但随着美国加速开发页岩气，特别是允许向亚洲市场出口，天然气市场在未来有可能走向统一。目前，美国一部分国会议员已经要求美国政府向新兴市场和欧洲出口，以提升美国的就业水平，增强美国的经济实力。从这个意义上说，随着天然气在国民经济生活中的地位日渐上升，它作为全球性商品的特性也更加名副其实。10 年以后，也许思考天然气市场的方式将与石油市场一样。按照 GECF 秘书长阿德里的预测，未来 10 年，天然气占世界能源的比例将从目前的 23.5% 提升到 26%，而石油则从 33% 下降至 29%。他认为，21 世纪是天然气的世纪。[②] 此外，有研究认为，液化天然气（LNG）市场比压缩天然气（CNG）市场更具全球性，且在逐步推动若干地区性市场向全球天然气市场转变，距离并不会阻碍 LNG 贸易。未来，LNG 占天然气贸易的比重将逐步提高到 30%，对市场一体化的影响也会随之增强。[③]

另外一点对于理解天然气市场也很重要，即它的功能是可以被其他能源（一次和二次）替代的，因此难以出现天然气的井喷。就居民用户而言，天然气容易被电和石油产品替代。在产业中，天然气的主要竞争者是石油产品。尽管未来天然气发展最具潜力的领域是发电，但在这一领域也存在着与可再生能源以及传统的煤炭发电之间的竞争。

---

① Simon Taylor, “Natural Gas Is Not (yet) a Global Commodity,” 12 October 2014, http://www.simontaylorsblog.com/2014/10/12/natural-gas-is-not-yet-a-global-commodity/.

② Santhoash V. Perumal, “Prospects ‘Stay Bright’ for Conventional Gas,” Gulf Times, January 21, 2014, http://www.gulf-times.com/qatar/178/details/378497/prospects-%E2%80%98stay-bright%E2%80%99-for-conventional-gas.

③ Ryan Barnes and Ryan Bosworth, “LNG is Linking Regional Natural Gas Markets: Evidence from the Gravity Model,” *Energy Economics*, Vol. 47, 2015, pp. 11-17.

二 2014年天然气储量略有增加

自2011年以来，世界天然气已探明储量的增长十分有限。不同的机构在天然气探明储量的统计上存在差别，但在总的趋势判断上大多数机构的意见比较一致（见表1）。[①] 相对于其他能源种类，天然气储量的上升不明显。据BP《世界能源统计报告2014》的数据，全球已探明天然气的储量从1980年的71.6万亿立方米增加到2010年的176.2万亿立方米，大体上从1980～2010年的30年间每10年增长30万亿立方米。不过，从2010年到2011年急速增长达到185.6万亿立方米之后，储量增速放缓，2012年下降为185.3万亿立方米，2013年为185.7万亿立方米。[②] 国际能源署（IEA）在2014年版的《天然气信息》中，给出了美国《油气》杂志和国际天然气协会（CEDIGAZ）两种测算结果。前者认为2013年比2012年增加了约3.9万亿立方米，后者则认为减少了6.6万亿立方米；但两者对2013年的统计都高于BP，分别为198.8万亿立方米和193.3万亿立方米。[③] 按照美国能源情报署（EIA）数据，天然气储量从2011年的6708万亿立方英尺，增长到2013年的6845万亿立方英尺，2014年为6972万亿立方英尺。[④] 按照1立方米等于35.31立方英尺进行简单换算的话，美国EIA统计的天然气储量2013年193.9万亿立方米，2014年197.5万亿立方米。对比几种统计数据，BP的统计量是最保守的，其次是美国能源情报署。

表1 不同机构对天然气储量的计算

单位：万亿立方米

	BP	CEDIGAZ	Oil and Gas Journal	EIA
2012年	185.3	199.9	194.9	192.8
2013年	185.7	193.3	198.8	193.8

资料来源：BP、IEA、EIA。

---

① BP公司在其世界能源统计2014中公布的天然气生产和消费数据都来自国际天然气协会（CEDIGAZ），美国能源情报署的生产和消费数据也取自国际天然气协会。

② BP，“BP Statistical Review of World Energy,” June 2014, http://www.bp.com/statisticalreview.

③ IEA International Eenrgy Agency, *Natural Gas Information: Beyond 2020 Documentation* (2014 edition), p. ll. 67.

④ EIA网站数据库，参考http://www.eia.gov/cfapps/ipdbproject/IEDIndex3.cfm?tid=3&pid=3&aid=6。

从天然气储量的全球分布来看，产量高发地基本都在产油区，油气不分家仍然成立。依据 BP 数据，中东地区自 20 世纪 90 年代以来一直保持在第一位，2013 年中东天然气储量占全球的 43.2%。但就增长态势放缓的 21 世纪的第二个十年，情况有所不同，北美洲因美国页岩气革命，增量十分显著。从表 2 可以看出，就天然气储量而言，2014 年中东和欧亚（包括俄罗斯在内的前苏联东欧国家）分别占全世界的 40.34% 和 31.23%，世界天然气资源高度集中于这两个区域，但这两个区域 2014 年对全球储存增量无贡献，甚至出现了负增长。2014 年储量增长主要来自非洲，2014 年比 2013 年增长了 17.7%，达到 17.16 万亿立方米。其次是北美洲，2014 年比 2013 年增长了 7.27%。亚洲太平洋地区排在第三位，年度增长率达到 3.59%，但储量占全球比重仅为 7.75%，低于非洲，排第四位。

表 2　2013～2014 年世界天然气探明储量

	2013 年（百亿立方米）	2014 年（百亿立方米）	2014 年占世界比重（%）	2013～2014 年增长率（%）
北美	1114	1195	6.05	7.27
拉美	761	786	3.98	3.28
欧洲	412	385	1.95	-0.66
欧亚	6167	6167	31.23	0.0
中东	7994	7965	40.34	-0.04
非洲	1458	1716	8.69	17.70
亚洲及大洋洲	1477	1530	7.75	3.59
世界	19383	19744	100	1.86

资料来源：EIA。

按照美国能源情报署的数据，2014 年储量方面增长最快的几个国家分别是莫桑比克（2.7 万亿立方米）、美国（8560 亿立方米）、中国（4000 亿立方米）、印度（1137 亿立方米）、孟加拉国（808 亿立方米）和巴基斯坦（750 亿立方米）。天然气储量跌幅最大的几个国家分别是阿曼（-3449 亿立方米）、荷兰（-2744 亿立方米）、卡塔尔（-1335 亿立方米）、印度尼西亚（-1045 亿立方米）、安哥拉（-910亿立方米）、沙特阿拉伯（-840 亿立方米）和秘鲁（-758 亿立方米）。

三　天然气产量增速放缓，中东和中国维持高增长

进入 21 世纪的第二个十年以来，天然气产量增速如同储量增长一样势头放缓。从宏观经济因素看，2008 年金融危机以来世界经济并未全面复苏，全球还

没有找到使经济持续保持高速增长的新增长点，经济发展整体减速对天然气生产和消费都产生了负面影响。回顾世界天然气产量的历史，1971 年首次突破 1 万亿立方米，1984 年突破 1.5 万亿立方米，1991 年突破 2 万亿立方米。也就是说，世界天然气生产花了 20 年时间产量翻了一番；从 2 万亿到 2.5 万亿，花费了 11 年；而进一步发展到 3 万亿立方米，只花费了 6 年。2009 年受危机影响，跌回到 3 万亿立方米以内，2010 年反弹到 3.2 万亿立方米，但此后的增速大幅度放缓，2013 年较前一年的增速仅有 1.1%，远低于 21 世纪以来的平均增速 2.5%，达到 33699 亿立方米，但其增速仍然高于 20 世纪 90 年代初期的水平（见图 1）。

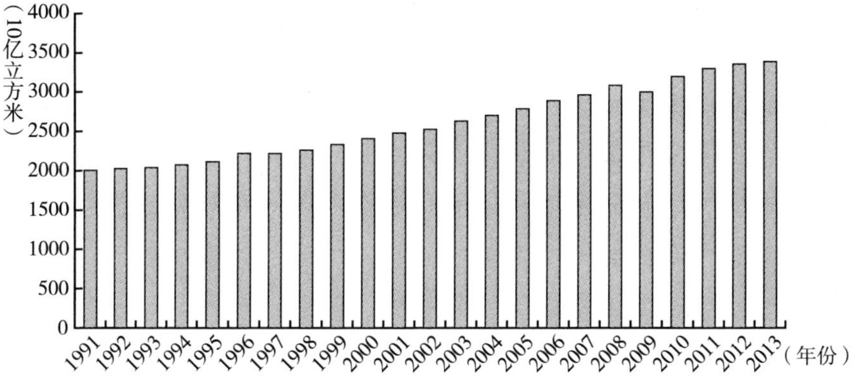

图 1　1991～2013 年世界天然气产量

资料来源：BP。

从各个地区的情况来看，天然气产量各有其特点。依据 BP 公司的分类，如图 2 所示，2013 年全球天然气产量占比份额最高的是欧洲及欧亚，占比达 30.6%；其次是北美地区，占比 26.9%；再次是中东地区，占比 16.8%；第四是亚太地区，占比 14.5%；第五是非洲，占比 6%；最后是拉丁美洲，占比 5.2%。从 2013 年的增长幅度来看，排第一位的是中东地区 4.5%，其次是拉美 1.5%，再次是亚太 1.1%，第四是北美 0.9%，第五是欧洲及欧亚 0.7%，最后是非洲 -5.3%。

首先看欧洲及欧亚。这个板块进一步分为三块，即俄罗斯、前苏联的东欧加盟共和国、欧洲若干国家等。① 俄罗斯、中亚等国基本增长，而欧洲普遍减产。

① BP 公司和美国能源情报署的数据取自国际天然气协会（CEDIGAZ），而国际天然气协会（CEDIGAZ）的原始数据统计分类中分为欧洲和欧亚，欧亚包括了俄罗斯。

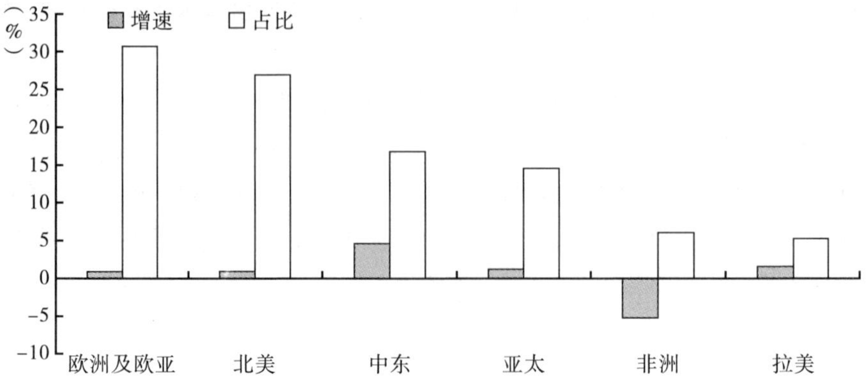

图2　2013年各区域天然气的产量占比和增速

资料来源：BP。

2013年俄罗斯的天然气产量达到6048亿立方米，较2012年增长2.4%，占世界的17.9%。前苏联国家基本也呈微弱增长，2013年，哈萨克斯坦增长0.8%，土库曼斯坦增长0.4%，而乌兹别克斯坦负增长2.8%。欧洲国家的几个生产国中，2013年荷兰意外地获得了7.9%的高增长率，但仍低于2010年705亿立方米这一历史高峰。挪威、英国、德国、意大利和丹麦都呈负增长，且丹麦高达15.6%，不过丹麦产量不大。欧洲国家的减产可能是由于绿色环保运动的影响，德国从2001年以来一直持续减产，意大利也基本类似。挪威、荷兰和英国是欧洲三大天然气生产国，2013年三国合计占世界6.3%，占上述欧洲六国的91.4%。挪威一国产量就占上述六国总和的46.5%，挪威对欧洲天然气市场的影响力比较大。

从北美地区看，美国保持增长，但动力减弱，加拿大和墨西哥继续减产。2013年，加拿大和墨西哥都经历了微弱减产，分别为-0.5%和-0.2%。加拿大从2006年的1884亿立方米持续减到2013年的1548亿立方米。墨西哥的生产高峰在2009年，当年达到594亿立方米，此后连续四年一直负增长，但减产幅度并不太大，2013年产量为566亿立方米。自2009年超过俄罗斯之后，2013年美国连续第五年保持第一生产大国地位。美国天然气生产的突然加速起于2011年，从2010年的3.4%迅速上涨到7.4%，2012年增速为5%，但2013年只有1.3%，全年产量为6876亿立方米。鉴于2013年美国天然气生产达到6876亿立方米，占全球的20.6%，美国的政策变动势必影响全球市场。

从中东地区来看，总体上仍处于快速发展阶段。比如，巴林2013年的增长率高达 15.2%，第二大生产国卡塔尔继续保持中东地区的较高增速（5.4%），第三大国沙特也获得了 4% 的增速，阿曼和阿联酋也都有 3.3% 的增速。但也需要注意，地区内的其他国家在 2013 年发展乏力，中东地区第一大天然气生产国伊朗呈弱增长，只有 0.8%。伊朗减产与美国等国的制裁有密切关系。同样，陷入地区武装冲突和内部动乱的国家，天然气也呈减产趋势。2013 年，叙利亚天然气生产负增长 15.2%，伊拉克负增长 4.4%，这是中东地区两个负增长的国家。尽管叙利亚和伊拉克的天然气产量很小，但难免波及相邻地区，特别是 2014 年出现的“伊斯兰国”运动，也将给中东地区后续的天然气开发带来不利影响。

亚太地区的天然气产量增速比较平稳，但国家间差异极大，形成鲜明对比。2013 年，亚太地区的天然气生产增速只有 1.1%，排在第三位。中国 2013 年天然气产量为 1171 亿立方米，增速高达 9.5%，在全球主要产气国（产量占全球比的 1% 算）中排在第一。形成对比的是印度，2013 年负增长 16.3%，在全球主要产气国中排倒数第二，仅好于尼日利亚（2013 年增长率为 -16.4%）。越南增速达到 4.2%，排在第二位，这可能源于越南开发海上油气资源所得。印度尼西亚、马来西亚、澳大利亚、泰国、巴基斯坦是亚太地区产气量排第二位至第六位的国家，2013 年巴基斯坦、印度尼西亚、澳大利亚负增长，马来西亚和泰国的增速分别为 4.2% 和 1.2%。可以说，亚太地区市场生产的增长主要依赖于中国的生产。但也要注意，与俄罗斯、美国等天然气生产大国相比，中国的天然气生产与经济大国地位是不匹配的。中国作为生产国，大体上与伊朗、卡塔尔处于同一等级，产量超过 1000 亿立方米，但远未达到 2000 亿立方米。

非洲地区的天然气生产发展呈波状起伏。从生产量来看，整个非洲地区相当于中东地区的伊朗加上亚太地区的巴基斯坦。2013 年，非洲有三个国家的生产量占全球比在 1% 以上，分别是阿尔及利亚（2.3%）、埃及（1.7%）和尼日利亚（1.1%）。但这些国家都经历负增长，尼日利亚全球倒数第一，埃及负增长 7.7%，阿尔及利亚负增长 3.3%。不过，最近几年来，非洲主要产气国的这种减产并非第一次出现。2008 年，非洲天然气产量曾达 2126 亿立方米，2009 年减产到 2004 亿立方米。2010 年恢复增长，增产到 2143 亿立方米，2011 年又减产。2012 年增产，2013 年又减产。至少就金融危机以来这一段时间，非洲天然气生产出现“一年增产、一年减产”的现象。但每次减产的原因略有不同，2009 年减产是由于阿尔及利亚和尼日利亚，2011 年减产主要是利比亚（埃及尽管发生了骚乱，但仍然增产 1 亿立方米），2013 年则是所有产气国都减产。因此，从非洲的经历来看，大规模武装冲突会影响该国的天然气产量，尼日利亚和利比亚便是典型例子。而2013年的减产更加受到结构性因素、或者说区域外更为深层次因素的影响。

拉美地区天然气生产处于较快发展阶段，但生产地区越来越分散。2013年该地区天然气生产增速排全球第二位，达到1.5%。拉美的天然气生产过去几年呈两极化分布，未来将变为多极，生产地区的分布更加分散。一方面，2013年增速较低原因在于两个较大的产气国阿根廷与特立尼达和多巴哥增速较低，特别是阿根廷，负增长达5.6%。自2007年以来该国天然气生产持续减产，2009年失去拉美地区第一大生产国位置，2013年的生产只占全球比重的1.1%，距2004年占比1.7%的顶峰下降了0.6%。照此趋势，阿根廷的产量未来还将减少。近几年来，特立尼达和多巴哥的产量总体上比较稳定。但是，阿根廷与特立尼达和多巴哥天然气产量合计占区域比重，从2003年的57%降低至2013年的44.4%。未来一段时间，其占比还会继续下滑。另一方面，经济总量排名靠前的巴西近年来天然气生产处于高速增长中，2013年高达11%，尽管其天然气生产占全球的0.6%（另一个产量占比为0.6%的是玻利维亚，2013年增速比巴西还高）。拉美地区的第三个产气大国是委内瑞拉，2013年占全球的0.8%，但增速是负的。从委内瑞拉的产量来看，可以说过去20年几乎是停止增长。因此，总体来看，拉美地区的天然气生产最具分散性。

四　天然气消费增长放缓，亚太地区继续维持高增长

2013年全世界消费天然气33476亿立方米，增速达到1.4%，略快于天然气的生产。与2009年以来的几年相比，消费增速放缓。其中，OECD国家消费增速达到1.8%，非OECD国家只有1.1%。需要注意的是，欧盟和前苏联国家的天然气消费延续多年来的负增长。就欧盟而言，自2005年达到消费顶峰4971亿立方米后持续减少，而前苏联国家的天然气消费顶峰是2007年的6017亿立方米。

从区域来看，拉美和中东是两个增速最快的地区，2013年分别达到4.2%和4.0%。但从绝对消费数量看，北美2013年的增量达到206亿立方米，其次是中东154亿立方米，第三是亚太地区121亿立方米。2013年唯一负增长的地区是欧洲及欧亚区域，消费量减少167亿立方米。非洲大陆的消费量比较稳定（见表3）。

表3　2013年各区域的天然气消费量

	2012年（亿立方米）	2013年（亿立方米）	2012~2013年增量（亿立方米）	2012~2013年增速（%）	2013年占全球比（%）
北美	9029	9235	206	2.7	27.8
中东	4129	4283	154	4.0	12.8
亚太	6271	6392	121	2.2	19.0
拉美	1623	1686	63	4.2	5.0
非洲	1230	1233	3	0.6	3.7
欧洲及欧亚	10993	10826	-167	-1.4	31.7

资料来源：BP。

北美地区天然气消费活跃。其中，消费增速最快的是墨西哥，2013年达到4.2%；其次是加拿大3.5%。加拿大和墨西哥的消费量占全球比重分别为3.1%和2.5%，属于天然气消费大国。美国尽管只有2.4%的增速，但美国是全球天然气消费量最大的国家，占全球消费总额的22.2%，2013年消费了7372亿立方米的天然气。按此消费量计算，美国1%的增速就意味着每年多消费近74亿立方米天然气，这相当于两个瑞士的天然气消费量。

中东地区的消费特点是：占世界比重高的国家增速减缓，占比低的国家消费量快速提高。

伊朗的天然气消费量占全球4.8%，位列全球前十位，但其2013年的增速只有0.7%，相比之前的快速增长，近两年的消费增速放缓速度明显。占全球消费量0.2%的以色列在2013年历史罕见地实现增速168.7%，这一非正常的增速源于2012年消费量暴跌，从2011年的49.8亿立方米下滑到2012年的25.6亿立方米。从数据来看，以色列规模化消费天然气始于2004年，消费12亿立方米，此后一直处于快速扩张态势。2012年的暴跌是其第一次如此规模的波动。中东地区唯一负增长的国家是科威特。沙特（占比3.1%）和阿联酋（占比2.0%）在天然气领域占有重要地位，2013年的消费增长率分别为4%和4.5%。相比之下，尽管卡塔尔的消费量只占全球的0.8%，但2013年的增速却很高，达到10.3%，消费量从2012年的23亿立方米增加至2013年的259亿立方米。从绝对量看，卡塔尔与阿联酋的消费增量所差无几。

亚太地区的天然气消费格局主要表现为中日两国遥遥领先，特别是中国在此领域的高速增长。2013 年，中国消费 1616 亿立方米，占全球的 4.8%；日本消费 1169 亿立方米，占全球的 3.5%。中日两国合计占亚太地区消费量的 43.6%。第二量级的国家包括韩国、泰国和印度，这三个国家的消费量大体在 520 亿立方米，占全球消费量的 1.5% 左右。消费领域负增长的国家，与生产领域基本一致，印度负增长 12.2%，巴基斯坦负增长 6.2%，澳大利亚负增长 3.5%。日本在 2011 年“东日本大地震”之后天然气消费量猛增，2012 年消费量增加了 114 亿立方米，但 2013 年只有微弱增长。从整个地区来看，天然气消费增长趋势几乎完全由中国决定，2013 年中国的增速达到 10.8%；属于第二量级的韩国，其增速为 4.9%；泰国增速只有 2.2%。从这个意义上说，正如美国带动整个北美天然气的消费量增长，未来亚洲的天然气消费增速也将很大程度上取决于中国。

拉美地区的消费特点主要在于：巴西的超高速增长带动整个地区成为全球的增长明星。2013 年，拉美地区的增长率达到 4.2%，居全球首位，这主要归功于巴西。2013 年巴西消费 3760 亿立方米天然气，比 2012 年增长 19.2%，巴西的消费量占到全球的 1.1%，对地区的带动效应很明显。拉美地区消费第一大国是阿根廷，占全球的 1.4%，但其增长率只有 1.7%。结合生产情况来看，阿根廷的天然气行业处于衰退状况中。如果巴西维持 2011 年以来的消费增速的话，五年内巴西将超过阿根廷成为拉美最大消费国。其他消费大国，比如特立尼达和多巴哥（占全球 0.7%），保持 1.1% 的增长率。委内瑞拉却再次进入了负增长，由于其消费量占全球 0.9%，委内瑞拉对地区消费格局还是有影响的。

非洲地区的天然气消费比较平稳。2013 年，埃及的消费量达到 514 亿立方米，占全球 1.5%，但年增速却是 -2.0%，不过 2013 年的消费量仍然是历史第二高峰。另外一个消费大国阿尔及利亚，2013 年消费 323 亿立方米，占全球 1%，获得非洲地区最高增速 4.3%。金砖五国之一的南非，2013 年的消费量只有 39 亿立方米，只占全球的 0.1%，还不如尼日利亚，且 2013 年陷入负增长。

欧洲及欧亚地区的情况可以分为欧洲、欧亚及俄罗斯三大块，总体上持续下跌，但内部情况有所差别。欧洲的消费量自 2011 年来连续缩减，俄罗斯自 2012 年来开始缩减，而前苏联国家总体上连续几年增长。俄罗斯是全球第二大天然气消费国，2013 年消费 4135 亿立方米，占全球的 12.3%，2013 年增长率

为 -0.4%。前苏联国家中，消费量最大的是乌兹别克斯坦，2013 年消费天然气 452 亿立方米，自 2012 年以来持续第二年负增长。其次是乌克兰，2013 年消费 450 亿立方米，占全球的 1.3%，这是乌克兰自 2012 年以来连续第二年负增长。因乌克兰危机影响，2014 年境内天然气消费量和产量持续下跌。

欧洲的情况比较复杂。德国是欧洲最大的天然气消费国，2013 年消费 836 亿立方米，占全球的 2.5%。从 2011 年开始消费增长率进入下跌阶段，但 2013 年 7% 的增长率已经使德国的消费量超过下跌前的 2010 年，不过距 2006 年 872 亿立方米的历史高位还有些差距。英国消费量名列欧洲第二，2013 年达到 731 亿立方米，占全球的 2.2%，但这是英国连续第四年下跌，而且降幅很大，2013 年比 2010 年的消费量缩减 211 亿立方米。意大利是欧洲的第三大消费国，2013 年为 642 亿立方米，占全球的 1.9%，意大利也进入第四个下跌年，2013 年增长率为 -6.2%，2013 年的消费量比 2010 年缩减 120 亿立方米。土耳其连续第五年实现消费增长，2013 年消费 456 亿立方米，占全球的 1.4%，是欧洲第五大消费国。法国是第六大消费国，2013 年消费 438 亿立方米，占全球的 1.3%，连续第二年实现增长，尽管如此，与 2010 年的 469 亿立方米的历史高位仍有差距。

综合来看，2013 年实现高速增长和负增长的国家，似乎并无严格的规律可循（见表 4）。增速高的国家不一定是天然气消费量大国和生产大国，前 15 大消费高增速国中，只有中国、德国属于前十大消费国，中国、卡塔尔、印尼属于前十大生产国。不过，超低速增长的国家一般也不会是生产大国和消费大国，相反大多数属于低消费国，比如厄瓜多尔是全球天然气消费量最低的国家，立陶宛、芬兰、菲律宾、希腊分属全球消费最低十国行列，葡萄牙、智利的消费量排全球倒数第十二位、第三位。另外有一点比较确定，即天然气高增长国家基本是经济增长率较高的国家，亚太地区尤其突出。在前 15 个天然气消费量高增长国家中，亚太有 9 个（以色列、新加坡、中国、卡塔尔、印尼、新西兰、韩国、越南、阿联酋）；欧洲有 3 个（瑞士、斯洛伐克、德国）；拉美 2 个（巴西、哥伦比亚）；前苏联国家 1 个（哈萨克斯坦）；非洲没有。前 15 个高速负增长国家中，欧洲 8 个（匈牙利、希腊、葡萄牙、乌克兰、罗马尼亚、西班牙、芬兰、意大利）；亚太 3 个（印度、菲律宾、巴基斯坦）；拉美 2 个（智利、厄瓜多尔）；前苏联国家 2 个（立陶宛、土库曼斯坦）；非洲没有。

表 4　2013 年高速增长和负增长的前 15 国

序列	国　　家	高速增长率（%）	消费量（亿立方米）	国　　家	高速负增长率（%）	消费量（亿立方米）
1	以色列	168.7	69	智利	-19.4	43
2	巴西	19.2	376	立陶宛	-18.3	27
3	瑞士	12.4	36	匈牙利	-16.2	86
4	新加坡	12.3	105	土库曼斯坦	-15.5	223
5	斯洛伐克	11.5	54	印度	-12.2	514
6	中国	10.8	1616	希腊	-11.5	36
7	卡塔尔	10.3	259	葡萄牙	-9.6	41
8	哈萨克斯坦	9.6	114	乌克兰	-8.9	450
9	哥伦比亚	9.1	107	厄瓜多尔	-8.7	6
10	印度尼西亚	7.6	384	菲律宾	-8.2	34
11	德国	7.0	836	罗马尼亚	-7.5	125
12	新西兰	5.6	44	西班牙	-7.2	290
13	韩国	4.9	525	芬兰	-6.7	28
14	越南	4.5	98	巴基斯坦	-6.2	386
15	阿联酋	4.5	683	意大利	-6.2	642

资料来源：BP。

五　天然气贸易实现微弱增长，俄罗斯欧洲贸易高增长

能源贸易在世界货物和服务贸易中占据重要地位，2013 年占比达 15%。[①] 尽管天然气贸易的额度远小于原油，但依然比较可观。2013 年全球天然气贸易量达到 20718 亿立方米。其中管道天然气达到 14212 亿立方米；LNG 占总贸易的 31.4%，达 6506 亿立方米。从近两年的数据来看，管道天然气的增速快于 LNG（见表 5）。尽管美国能源情报署（EIA）同样基于国际天然气协会提供天然气贸易数据[②]，但因不完全是所有国家的数据，加之 BP 公司还收集了其他数据供应

① 〔德国〕克里斯托夫·鲁尔：《2013 年能源市场：消费增长，库存支撑》，第 19 页，2014 年 6 月，BP 世界能源统计年鉴中文版发布。http：BH//www. bp. com/zh_ cn/china/reports - and - publications/bp_ 2014. html。

② 管道天然气贸易数据覆盖 1990 ~ 2012 年，LNG 贸易数据覆盖 1993 ~ 2009 年（主要是北美、欧洲和亚太，拉美自 2000 年始）。

商的数据，按理说EIA的世界总额应低于BP公司提供的世界总额数据，但实际情况是EIA数据反而高一些。但两者同样反映出天然气贸易增长呈下降态势，2009年首度出现负增长之后，2012年再度出现负增长，2013年恢复到约1.5%。另外，值得指出的是，2013年天然气贸易额占总消费额的61.9%。

表5　2011~2013年天然气贸易

	2011年	2012年	2013年
管道(亿立方米)	14000	13932	14212
LNG(亿立方米)	6596	6490	6506
总额(亿立方米)	20596	20422	20718
增速(%)		-0.85	1.45
LNG占比%	32.03	31.78	31.40

资料来源：BP。

2013年天然气贸易的增速主要得益于管道天然气贸易的280亿立方米增量。从进口来看，除北美、中东和前苏联地区下降以外，其他地区基本都增加了进口额，但主要是欧洲的新增进口（199亿立方米）。从出口来看，除拉美、前苏联和中东地区，其余地区的出口都在下滑，特别是非洲地区出口下滑最为厉害，前苏联地区的出口新增250亿立方米（见表6）。其中俄罗斯向欧洲出口新增524亿立方米。因此，2013年管道天然气贸易增量主要来自俄罗斯向欧洲的出口。

表6　2012~2013年管道天然气贸易

单位：亿立方米

	进口		出口	
	2012年	2013年	2012年	2013年
北　　美	1289	1233	1289	1233
拉　　美	169	186	169	186
欧　　洲	3772	3971	1975	1944
前苏联地区	919	842	2549	2799
中　　东	292	254	276	293
非　　洲	60	64	459	366
亚　　太	555	559	341	285

从管道天然气的国别情况来看，2013 年新增进口量在 10 亿立方米以上的国家共有 10 个。其中，德国最高达到 90 亿立方米，荷兰位居第二（70 亿立方米），英国位居第三（65 亿立方米），此后依次是中国（59 亿立方米）、比利时（34 亿立方米）、土耳其（33 亿立方米）、西班牙（21 亿立方米）、斯洛伐克（12 亿立方米）、墨西哥（11 亿立方米）和捷克共和国（11 亿立方米）。2013 年，德国的增量全部来自俄罗斯（当年进口 398 亿立方米），相反从荷兰和挪威的进口有所下降。荷兰的情况有所不同，与俄罗斯的管道天然气贸易维持在 21 亿立方米，但减少了从挪威和英国的进口，来自其他欧洲国家的进口增加很快。英国与俄罗斯并无管道天然气贸易交易，2013 年的增量主要来自荷兰和挪威。从上述三国的进口情况来看，德国与俄罗斯在天然气方面存在密切的利益关系，而荷兰与英国并无这种关系。由此可以看到，在乌克兰事件上德俄关系背后的能源因素。2013 年中国的新增量几乎全部来自土库曼斯坦。

相比之下，2013 年天然气出口呈正增长的国家只有六个，第一是俄罗斯（253 亿立方米），第二是玻利维亚（128 亿立方米），第三是伊朗（101 亿立方米），第四是卡塔尔（66 亿立方米），第五、第六分别是哈萨克斯坦（43 亿立方米）和缅甸（3 亿立方米）。出口锐减的国家包括阿尔及利亚（－68 亿立方米）、加拿大（－50 亿立方米）、挪威（－42 亿立方米）、英国（－30 亿立方米）、印度尼西亚（－14 亿立方米）、荷兰（－13 亿立方米）、利比亚（－12 亿立方米）和土库曼斯坦（－10 亿立方米），美国的减少量有限，只有 6 亿立方米多一点。从俄罗斯角度看，除了传统上没有管道交易的英国、西班牙、爱尔兰外，2013 年向欧洲所有国家的出口都获得了增长，尤其是对德国、意大利和比利时。2013 年俄罗斯向前苏联地区的出口减少了 71 亿立方米，相当于 2012 年出口量的 12.7%。某种程度上，从天然气贸易发展情况可以看到俄罗斯对外关系的演变方向。阿尔及利亚的锐减主要源于向意大利的出口因恐怖袭击减少，2013 年比 2012 年减少 62 亿立方米，相当于 2012 年向意大利出口的 30.1%。

在液化天然气进口方面，2013 年只比 2012 年减少了 26 亿立方米。进口增量主要来自中国（45 亿立方米）、韩国（45 亿立方米）、墨西哥（30 亿立方米）、巴西（19 亿立方米）和阿根廷（17 亿立方米）。减量主要来源于欧洲国家，共减少 178 亿立方米进口，其中西班牙 65 亿立方米、英国 44 亿立方米、土耳其 16 亿立方米、法国 16 亿立方米、比利时 13 亿立方米，其余两个进口减少的主要国家是印度（27 亿立方米）和美国（22 亿立方米）。从这个意义上说，大西洋地区已经下降的地位更为降低。LNG 贸易的方向主要是西太平洋地区，2013 年亚太地区 LNG 进口量占全球 LNG 总进口量的 73.3%。需要注意的是，日本的 LNG 进口占全球的 36.6%，是韩国的 2.2 倍，欧洲的 2.3 倍多，中国的 4.9 倍多。日本的三大进口来源地分别是澳大利亚、卡塔尔和马来西亚，三国占日本总进口量的 56%。2013 年中国 LNG 进口的增量主要来自卡塔尔（24 亿立方米）、马来西亚（11 亿立方米）、也门（7 亿立方米）和厄瓜多尔（5 亿立方米），但从亚太地区另外三个国家的进口维持不变。

从 LNG 的出口方看，第一出口大国卡塔尔增加了 2 亿立方米，2013 年占全球 LNG 出口量的 32.5%。2013 年四个下降幅度最大的出口国中，尼日利亚减少 48 亿立方米，其次是埃及减少 30 亿立方米，印度尼西亚减少 26 亿立方米，挪威减少 9 亿立方米。而亚太地区的其余三个出口国中，澳大利亚是 21 亿立方米，再次是马来西亚的 20 亿立方米，文莱增加了 4 亿立方米。尼日利亚的出口减速主要是因为欧洲国家，该国天然气出口两个目的地国——西班牙和法国，进口分别减少 23 亿立方米和 15 亿立方米。印度尼西亚的出口减速则因为韩国。澳大利亚出口增速主要源自日本，马来西亚的增量则来自中国。

六　天然气价格持续下跌，地区价差仍存在

2013 年、2014 年，欧盟、日本的天然气价格总体上持续下跌，美国先上涨后下跌。不过，因生产和运输成本不同，管道天然气较 LNG 天然气价格低，因此欧盟天然气价格整体上低于日本进口的 LNG。从目前的价格来看，美国的天然气价格最低，其次是欧洲，最贵的是日本。这种差异长期存在，最近几年越发明显，形成了三种典型的地区价格。

各个机构在追踪世界各地的天然气价格时，所给出的数值不同，这一点和各个机构判断天然气储量时有相似之处。根据金融终端网络服务商 Ycharts 公司提供的天然气价格数据①，如图 3 所示，欧盟进口价格、日本 LNG 进口价格从 2012 年上半年开始下跌（欧盟是 3 月份、日本是 7 月份），美国 Hub 价格从 2011 年初以来一直下跌，跌到 2012 年 3 月份只剩下不到 2 美元/百万英热单位，此后开始上涨到 2014 年 2 月将近 6 美元，之后又继续下跌至 2015 年 1 月的将近 3 美元。从三地价格差看，日本的价格最高，其次是欧盟。日本与美国的价格差，自

① 2009 年在芝加哥和纽约建立，公司网址如下：https：//ycharts.com/。该公司的天然气价格也有多种原始来源，本文用的是它采自世界银行的数据。

2010 年 12 月以来从大约 2.5 倍扩大至 2012 年 3 月的 8.7 倍，此后一路下跌至 2014 年 6 月的 3.8 倍，之后又进入一轮上涨。欧盟与美国的价格差，其上涨和下滑趋势和日本一致（见图 4）。2014 年与 2013 年的价差基本差不多，但两年的过程不同，2013 年的价差缩小，而 2014 年价差扩大。

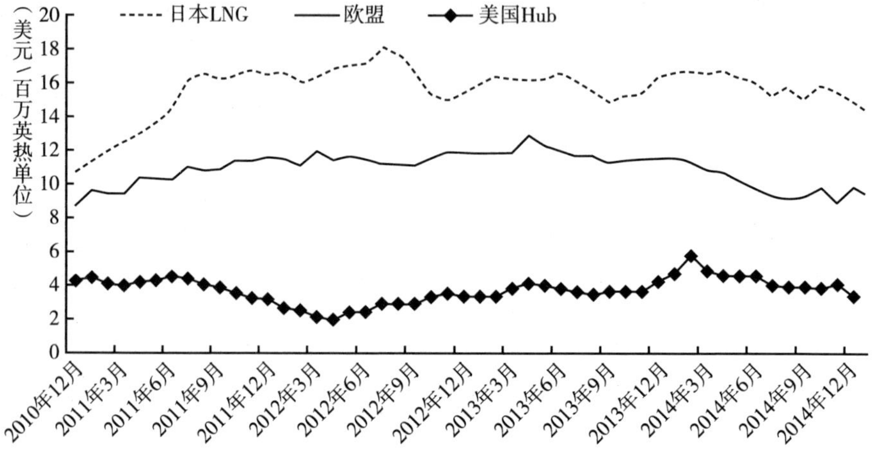

图 3　2010 年 12 月 ~2015 年 1 月欧美日天然气价格走势

资料来源：Ychats. com。

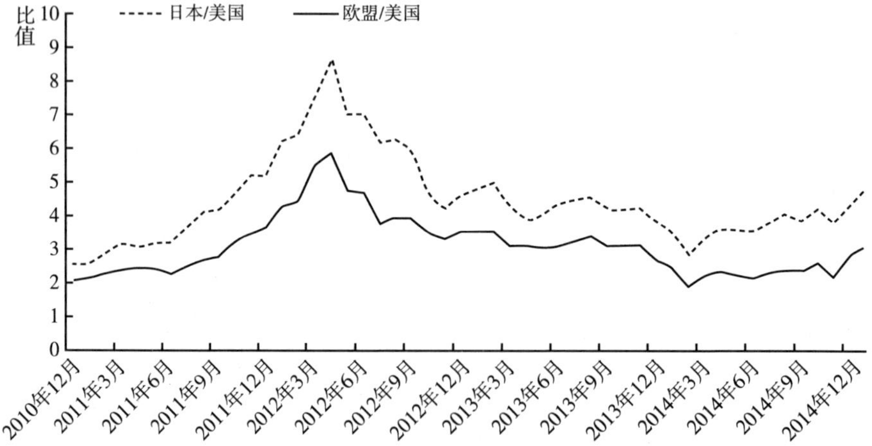

图 4　美国、欧盟与日本的天然气价格差

资料来源：Ychats. com。

日本和欧盟在整体上都存在与美国天然气价格的关联性，某种意义上被美国的价格所影响。这似乎与美国并非一个重要的天然气贸易国形成了矛盾。2013 年，美国出口天然气1亿立方米，进口也只不过是27亿立方米，美国显然不是天然气国际贸易中的重要参与者。事实上，从图3可以看出，美国的价格走势十分不同于欧盟和日本，但2014年的走势有类似性。一个可能的解释是：2014年油价暴跌引起的共振。欧盟大幅度下跌始自2013年5月，4月份欧盟的天然气进口价格高达12.88美元/百万英热单位，5月份跌到12.29美元/百万英热单位。此后一年缓慢下跌，到2014年5月降至10.2美元/百万英热单位，一年的跌幅为2.09美元/百万英热单位。此后继续下跌，到2015年1月已经变成9.25美元/百万英热单位，跌幅接近2.09美元/百万英热单位。从这个意义上说，2014年的下跌幅度快于2013年。由于俄罗斯是欧洲的主要天然气输入方，欧洲的这轮下跌主要推动因素是俄罗斯，而重大的地缘政治事件无疑是乌克兰危机。

日本LNG价格的下降与地缘政治危机关系不大，可能归因于日本进口的多元化战略。2013年，美国8亿立方米的出口一半给了日本。日本新增加了从秘鲁的进口（11亿立方米）以及巴西的进口（1亿立方米），另外从多巴哥的进口增加了3亿立方米。来自中东的进口量增加10亿立方米，从尼日利亚新增13亿立方米。

尽管三地价格差异大，但从长期来看，决定世界天然气价格总体走势的还是市场因素，即天然气生产和消费之间的关系。如果供大于求，价格的基本走势是下跌的。如图5和图6所示，自1984年以来的整体价格走势显示（无论是日本、欧洲还是美国），1984～1998年基本是微弱的下跌趋势，从20世纪90年代后期则呈快速上涨趋势，2006年以后又呈下跌态势，尽管2008年受到金融危机影响有一个突然提高，欧洲价格走势基本一致，但与日本、美国的价格走势急剧分化。

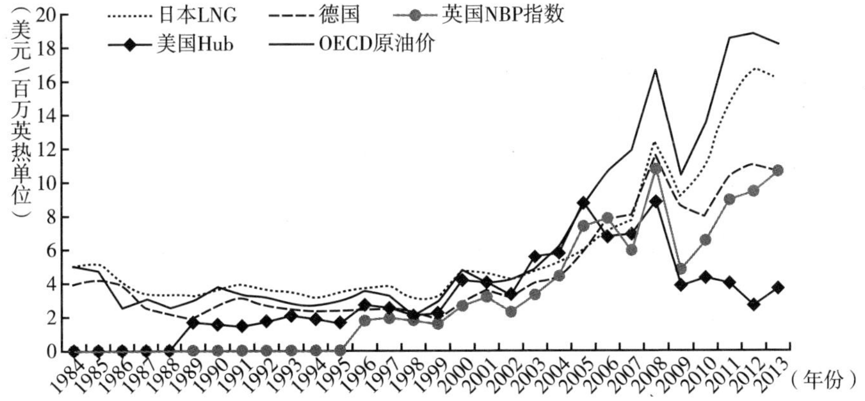

图5　1984～2013年天然气价格

资料来源：BP。

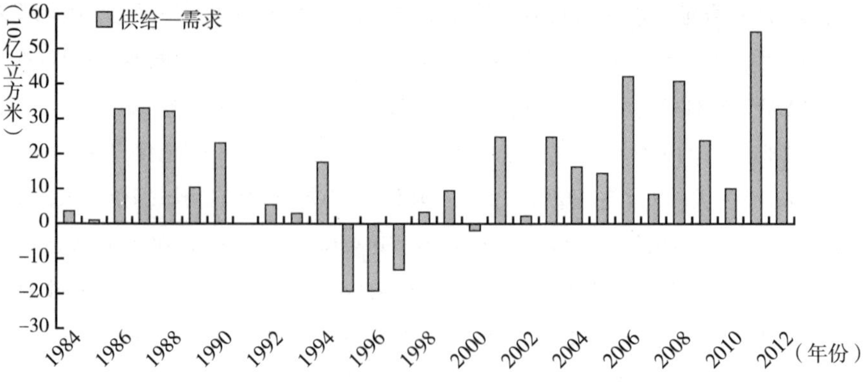

图6　1984 年以来天然气生产和消费的差额

资料来源：BP。

影响天然气价格的因素有很多，比如天气的冷热，如果遇上寒冬，可以预料天然气消费将大幅增加，从而提高价格。另外，人口的变化是一个更为缓慢的因素，经济增长也会极大地影响消费，亚太地区成为消费高增长区已经充分说明这一点。同时，地缘政治因素也很重要。但就天然气价格的长期走势而言，供需关系仍然是主要的。或者更准确地说，是对供给 - 需求关系的一种预期决定着价格，因为实际的价格存在着一定的滞后关系（月份计算）。图 6 是 1984 年以来的天然气生产和消费差额图：当供给大于需求时，价格总体是下跌的。1995 ~ 1996 年是需求大于供给的年份，从图 5 可以观察到 1995 ~ 1996 年价格略有提升。2003 ~ 2005 年供给尽管大于需求，但其走势逐步缩小，天然气的价格开始上升。2010 ~ 2013 年也如同 2003 ~ 2005 年的情形。

美国是一个例外。美国的价格自 2005 年达到顶点，开始下跌，特别是 2008 年后下跌势头非常明显，这可能归因于页岩油气的大规模开发。预计美国的天然气价格还将进一步下跌。

七　结论

从天然气储量来看，世界的天然气资源高度集中在中东、俄罗斯、前苏联地区以及美国。但相关各项指标的增长趋势继续放缓：天然气储量基础微弱扩大，2013 年产量、消费量、贸易量的增速分别是 1.1%、1.4% 和 1.5%，放缓趋势明显。

挪威、荷兰和英国是欧洲三大天然气生产国，影响着欧洲的天然气价格。中东地区总体上仍处于天然气生产的快速发展阶段，一些生产大国如卡塔尔、沙特等继续保持较高增速。亚太地区的天然气产量增速比较平稳，但国家间差异极大。中国增速高达9.5%，在主要产气国（产量占全球比的1%算）中，排在全球第一，和印度形成鲜明对比。非洲天然气生产的特点是：金融危机以来出现“一年增产、一年减产”的现象，但每次减产的原因略有不同。从非洲的经历来看，大规模的武装冲突影响天然气产量，尼日利亚和利比亚是典型例子。

通过跨地区的历史性比较，更能注意到发达国家和发展中国家在能源生产上表现出的阶段性差别，新兴市场的天然气消费正处于快速扩张时期，而发达国家基本上处于停滞或者衰减期。亚太地区与中东地区的联系正日益加深，很可能是亚洲经济增长牵引了中东地区的天然气开采。

在消费方面，北美地区天然气消费活跃，特别是墨西哥和加拿大。美国仍然最为重要，其1%的增速就意味着每年多消费近74亿立方米天然气，相当于两个瑞士的天然气消费量。中东地区的消费特点是：占世界比重高的国家增速减缓，占比低的国家快速提高消费量。亚太地区的天然气消费格局主要表现为中日两国遥遥领先，特别是中国。未来亚洲的天然气消费增速也将很大程度上来源于中国。拉美地区的消费特点主要在于，巴西的超高速增长带动整个地区成为全球的增长明星。欧洲的消费量自2011年来连续缩减，俄罗斯自2012年来连续缩减，前苏联国家总体上连续几年增长。欧洲的情况比较复杂，德国与众不同。

消费增速高的国家不一定是天然气消费量大国和生产大国，超低速增长的国家一般也不会是生产大国和消费大国，相反大多数属于低消费国。另外，即天然气消费高增长国家基本是经济增长率较高的国家，亚太地区尤其突出。2013年天然气贸易的增速主要得益于管道天然气贸易的280亿立方米增量。LNG贸易尽管略有下降，但其占总的天然气贸易比例维持在31%。

从价格方面来看，近三年的动态变化基本走势还是持续下跌，特别是2014年价格，主要原因是天然气的定价跟随石油，而石油作为一种全球性商品，进入了新一轮的价格大跌时期。从影响因素来看，基本因素还是市场的供需关系，同时地缘政治因素以及本国的多元化战略也发挥了重要作用。另外，天然气毕竟还不是一种真正意义上的全球性商品，存在着美、欧、日三地的天然气价格差异，且有所扩大。

从未来发展趋势应看到，生产大国和消费大国的天然气政策将发生变化，比如美、欧、俄、中、日等国，而新兴市场的发展也同样迅速。同时，各国已经重视天然气对于应对气候变化和环境恶化问题的价值。

B.19

世界煤炭市场：需求、供给与贸易、并购

宋 梅*

摘 要： 本文从市场需求、供给、投资、贸易、并购等方面对当前世界煤炭市场的基本特点和发展趋势进行了分析。分析认为，2014年全球煤炭消费增速继续放缓，煤炭下游行业需求低迷；世界煤炭总产量趋于平稳，增速减缓，国际煤价持续走低；煤炭投资总体增速呈下行趋势；主要产煤国出口贸易呈上升趋势，主要煤炭消费国扩大煤炭进口规模；全球煤炭企业海外并购步伐放缓。2015年，世界煤炭需求将逐步回落；投资增速减慢；煤炭贸易保持稳定，澳大利亚将成为煤炭出口增长最快的国家；煤炭资源海外争夺将趋于谨慎。

关键词： 煤炭需求 煤炭供给 煤炭投资 煤炭贸易 煤炭并购

一 煤炭需求

（一）世界煤炭需求的整体格局

1. 世界煤炭的消费增速减慢

煤炭在全球能源消费中所占比重依旧较大，并将持续较长时间。煤炭是能源消费增长最快的化石燃料，2014年，增长了2.1%，但低于过去十年平均4%的增长水平。2014年，煤炭在全球一次性能源消费中的比重约为30.1%，中国和印度占了全球煤炭消费量增长的88%，中国占比为67%，已成为主要的增长动

* 宋梅，中国矿业大学（北京）教授，博士生导师。主要研究领域：能源经济、能源政策、资源型地区协调发展等。特别感谢中国矿业大学（北京）研究生李玲、张国龙、张碧凝在查阅资料、分析数据中所做的工作。

力，却是自2008年以来最少的净增长。预计到2035年，全球煤炭消费将以年均1.1%的速度保持小幅增长。[①]

2. 世界煤炭消费相对集中

BP 2014年报告显示，从消费地区来看，2014年煤炭消费的分布是：亚太地区（70.7%）、欧洲和欧亚地区（12.2%）、北美地区（13.1%）、非洲地区（2.8%）、中南美地区（1.0%）、中东地区（0.2%）；从国家消费数量来看，主要是：中国（50.1%）、美国（12.1%）、印度（8.5%）、日本（3.6%）、俄罗斯（2.4%）、南非（2.3%）、德国（1.9%）、韩国（2.1%）、其他国家的地区（17%）；从消费市场看，煤炭主要用于电力行业（约占43%）、钢铁水泥等重工业行业（约占30%），其余部分用于交通运输、日常使用等。

（二）2014年世界煤炭消费特点分析

1. 世界煤炭消费增速较缓

与2013年相比，2014年全球煤炭消费量的增速呈现下降趋势。2013年1～8月美国煤炭消费量同比增长5.4%，而2014年1～8月其煤炭消费量同比增长仅为2.1%。[②] 中国一直是煤炭消费大国，但在2014年前三个季度，中国煤炭消费量同比下降1.2%，该下降幅度与21世纪初以来每年5%～10%的增幅形成了鲜明对比。[③]

2. 煤炭下游行业需求低迷

煤炭行业与其他行业息息相关。电力行业是煤炭消费的第一大用户。2013年1～8月美国电力行业用煤同比增长5.8%，而2014年同比增长为2.4%。工业也是消耗煤炭的重要行业，2013年1～9月美国工业用煤同比增长2.3%，而2014年同比下降2.1%。中国近几年火电投资逐年减少，未来火电对煤炭的需求将呈缩小态势。2014年1～10月，中国粗钢的产量68535万吨，增速同比减少6.2%。10月份，国内钢材市场价格综合指数平均为86.35，同比下降13.41%，环比下降1.62%。[④]

---

① 英国石油公司（BP）：《世界能源展望2035》。

② 美国能源信息署："January 2015 Monthly Energy Review," http：//www.eia.gov/totalenergy/data/monthly。

③ 《2014年中国煤炭消费量迎来21世纪首次下降》，聚煤网，2014年11月1日，http：//www.jcoal.com/news/html/1411/20141101_308531.html。

④ 《今年十月份钢铁行业运行情况》，内蒙古煤炭交易中心，2014年11月27日，http：//www.imcec.cn/readnews18984。

（三）2015年世界煤炭需求预测

1. 世界经济回暖，煤炭需求回落

《2015 年世界经济形势与展望》指出，2014 年全球经济增长幅度为 2.6%，并预测了 2015 年和 2016 年的经济增长趋势，增长幅度分别为 3.1% 和 3.3%。[①]

根据 BP 的数据，到 2035 年，全球煤炭消费年均增长 1.1%，其增长的 87% 将来自中国和印度。到 2035 年，中国在全球煤炭消费中仍占 51%，依然是最大的消费国。[②]

预计 2015 年中国经济继续平稳增长，环境保护和节能减排压力增大，煤炭需求难有较大回升。而印度的情况则完全不同，据印度政府估计，2016 ~ 2017 财年其国内煤炭短缺将达 1.85 亿 ~2.65 亿吨，煤炭需求较大。

2. 下游行业需求减少

BP 指出，煤炭在所有行业中的消耗都将有所下降。电力行业的煤炭消费比重将从 2012 年的 43% 降至 2035 年的 37%。日本经济产业省预测，日本 2015 年第一季度成品钢材需求将同比小幅下降 1.3%。美国能源信息署预测，美国 2015 年电力行业耗煤将小幅下降 0.4%。[③] 与此同时，预计 2015 年，中国各种非化石能源对煤炭的替代将进一步加大，从而制约煤炭的消费需求增长。

在全球工业领域，煤炭的比重也将下降，将从 2012 年的 28% 降至 2035 年的 23%；煤炭在其他行业的比重将从 7% 下降至 4%。煤炭需求将进入低速增长时期。

二　煤炭供给

（一）世界煤炭供给的总体格局

1. 世界煤炭储量集中在少数地区，国别差异显著

根据英国石油公司的数据，目前世界煤炭探明储量为 8915 亿吨，足以满足全球 113 年的生产需求。BP 的《世界能源统计报告 2014》显示，世界不同国家

---

① 联合国经济和社会事务部：《2015 年世界经济形势与展望》，2014 年 12 月 11 日。

② 英国石油公司（BP）：《世界能源展望 2035》。

③ 《2015 年美国动力煤消耗量可能会下降》，新华能，2014 年 12 月 12 日，http：//www.ineng.org/news/79080.html。

和地区煤炭储量分布不均衡，主要集中在欧洲和欧亚地区（34.8%）、亚洲和太平洋地区（32.3%）、北美地区（27.5%），这三个地区储量之和占世界总量的比例约为94.6%，储产比也较高。其中煤炭储量占世界储量比重超过2%的共有9个国家，分别是美国（26.6%）、俄罗斯（17.6%）、中国（12.8%）、澳大利亚（8.6%）、印度（6.8%）、德国（4.5%）、哈萨克斯坦（3.8%）、乌克兰（3.8%）和南非（3.4%），这些国家的煤炭储量占世界煤炭总储量的比重累计达到87.9%（见表1）。

表1　世界不同国家和地区煤炭储量情况（2013年12月）

国家和地区	储量(亿吨)	占总量比例(%)	储产比
北美地区	2450.88	27.5	250
美国	2372.95	26.6	266
加拿大	65.82	0.7	95
墨西哥	12.11	0.1	73
中南美地区	146.41	1.6	149
巴西	66.30	0.7	*
哥伦比亚	67.46	0.8	79
委内瑞拉	4.79	0.1	206
欧洲和欧亚地区	3105.38	34.8	254
保加利亚	23.66	0.3	83
捷克	10.52	0.1	21
德国	405.48	4.5	213
希腊	30.20	0.3	56
匈牙利	16.60	0.2	174
哈萨克斯坦	336.00	3.8	293
波兰	54.65	0.6	38
罗马尼亚	2.91	**	12
俄罗斯	1570.10	17.6	452
西班牙	5.30	0.1	120
土耳其	87.02	1.0	141
乌克兰	338.73	3.8	384
英国	2.28	**	18
中东国家及非洲总计	329.36	3.7	126
南非	301.56	3.4	117
津巴布韦	5.02	0.1	315
亚洲和太平洋地区	2883.28	32.3	113

续表

国家和地区	储量(亿吨)	占总量比例(%)	储产比
澳大利亚	764.00	8.6	160
中国	1145.00	12.8	31
印度	606.00	6.8	100
印度尼西亚	280.17	3.1	67
日本	3.47	**	288
新西兰	5.71	0.1	126
朝鲜	6.00	0.1	15
巴基斯坦	20.70	0.2	*
韩国	1.26	**	69
泰国	12.39	0.1	69
越南	1.50	**	4
世界	8915.31	100	113

注：* 超过 500；** 小于 0.05

资料来源：BP:《世界能源统计报告 2014》。

2. 世界煤炭生产集中于少数国家和地区

与煤炭储量相对应，世界煤炭生产大国也主要集中在少数国家和地区。按地区产量大小排名，依次是亚洲和太平洋地区（68.9%）、北美地区（14.1%）、欧洲和欧亚地区（11.6%）、非洲地区（3.8%）、中南美地区（1.6%）。

地区产量的差异主要是由少数煤炭生产大国决定的。2014 年，煤炭产量占世界产量的比重超过 2% 的共有 7 个国家，分别是：中国（47.2%）、美国（13.1%）、澳大利亚（6.8%）、印度尼西亚（6.7%）、印度（6.0%）、俄罗斯（4.3%）、南非（3.7%），占世界生产总量的比重累计达 87.8%。

（二）2014年世界煤炭供给特点分析

1. 世界煤炭总产量增速减缓

2014 年世界煤炭产量增速放缓，市场供过于求的局面依然存在。作为世界煤炭生产大国的中国，2014 年煤炭产量同比下降 2.5% 左右，是 21 世纪以来煤炭产量的首次下滑，是我国能源结构调整的一个标志性进展。世界其他国家和地区的煤炭产量增速放缓或产量基本稳定，上下小幅波动。

2. 煤炭生产大国或产量小幅上涨或增速放缓

根据各国 2014 年煤炭数据统计，中国、美国、印尼、俄罗斯等煤炭生产大国产量有的较上一年有所上升，有的增速减缓。

根据美国能源信息署发布的数据，2014 年美国煤炭产量为 9.0174 亿吨，同比增长 1%。2014 年俄罗斯煤炭开采量为 3.573 亿吨，同比增长 1.5%。① 2014 年印尼煤炭产量为 4.35 亿吨，超出政府设定的 4.2 亿吨的煤炭产量上限。②

2014 年，中国煤炭市场需求疲软，供过于求的矛盾加剧，煤炭库存持续增加。中国煤炭工业协会发布的《中国煤炭工业改革发展情况通报（2014 年度报告)》显示，2014 年前 11 个月，中国煤炭产量为 35.2 亿吨，同比下降 2.1%。2014 年末煤炭企业存煤量约 8700 万吨，比年初增长 2.6%；重点发电企业存煤 9455 万吨，比年初增加 1409 万吨，增长 17.5%。③

3. 印度煤炭供应短缺

印度 2014 财年前 7 个月（4～10 月）煤炭产量达到 3.1569 亿吨，2014～2015 财年印度煤炭产量目标为 6.303 亿吨。2014 年，印度煤炭进口量达到 2.1 亿吨，同比增长了 19%。2013 财年，印度煤炭产量为 5.656 亿吨，低于 6.046 亿吨的目标产量。2012～2013 财年，印度煤炭产量为 5.564 亿吨，没有达到 5.74 亿吨的目标产量。

（三）2015年世界煤炭供给形势预测

1. 世界煤炭供过于求的形势仍将持续

近年来，为缓解环境污染，世界各国陆续出台了一系列相关的环保法规。同时受全球市场经济疲软的影响，再加上较低的天然气价格，煤炭市场的发展一直不太景气。煤炭需求受世界经济形势的影响，在短期内不会出现较大的变化，2015 年煤炭供大于求的局面将依然存在。

2014 年 6 月 7 日，国务院办公厅发布的《能源发展战略行动计划（2014～2020 年)》提出，要坚持“节约、清洁、安全”的战略方针，加快构建清洁、高效、安全、可持续的现代能源体系，重点实施节约优先、立足国内、绿色低碳、创新驱动四大战略。优化能源结构，控制煤炭消费总量。制定国家煤炭消费总量中长期控制目标，实施煤炭消费减量替代，降低煤炭消费比重。

---

① 俄罗斯公布 2014 年能源统计数据，中国石油新闻中心，2015 年 1 月 5 日，http：//news.cnpc.com.cn/system/2015/01/05/001523302.shtml。

② 《煤价逼近八年低点 印尼政府需调降煤炭产量目标》，聚煤网，2015 年 1 月 23 日，http：//global. jcoal.com/news/html/1501/20150123_ 312001.html。

③ 中国煤炭工业协会：《中国煤炭工业改革发展情况通报（2014 年度报告)》。

2. 印度煤炭产量将继续增加

印度是发展中大国，国民经济的发展对能源的需求较大。虽然其煤炭资源储量丰富，但由于天气因素、环境和林业许可证审批延迟、铁路运输瓶颈等因素，印度煤炭产量的增加一直受到制约。同时，印度国有企业印度煤炭有限公司的产量约占印度煤炭总产量的80%，由于缺乏竞争，造成煤炭生产效率十分低下。煤炭领域一直是印度改革的重要对象，虽然在改革过程中困难重重，但消除垄断是印度实现煤炭改革的必经之路。同时，印度政府表示不会将鼓励煤炭进口作为国家政策；相反，会把注意力集中在如何提高国内煤炭产量上。① 到2019年，印度将会实现煤炭和能源产量翻一番的目标。

三　煤炭投资

（一）世界煤炭投资的总体格局

1. 世界煤炭消费投资呈降低趋势

由于世界经济疲软，加之各类新能源的利用，煤炭尽管仍是消费量最多的化石燃料，但全球范围内煤炭消费和投资的增速将持续呈现降低的趋势。

2. 世界煤炭消费大国投资增速放缓

中国的煤炭消费和投资增速相对放缓。美国在连续两年的煤炭消费量锐减之后，由于2014年天然气价格逆转出现上涨，提振了煤炭消费，煤炭的消费和投资略有上升。

（二）2014年世界煤炭投资特点分析

1. 世界煤炭投资总体增速呈下行趋势

2014年，煤炭价格继续下跌。由于煤炭开采、燃料运输的成本及中国煤炭需求的下降，欧洲煤炭价格跌至7年低点。② 中国是世界上最大的煤炭消费国，2014年国内供过于求的局面仍在延续，煤炭产能严重过剩，煤炭洗选业的投资大幅度下滑，对世界煤炭的整体投资规模有着很大的影响。

---

① 《印度政府将不会鼓励煤炭进口成为一项政策》，聚煤网，2015年1月17日，http：//global.jcoal.com/news/html/1501/20150117_311779.html。

② 《市场需求下降　欧洲煤价跌至7年低点》，聚煤网，2014年12月23日，http：//global.jcoal.com/news/html/1412/20141223_310872.html。

2. 中国煤炭投资出现负增长

由于产能过剩，煤炭市场供过于求，国内煤炭采选业固定资产投资出现负增长。国家统计局数据显示，2014 年，中国煤炭开采和洗选业固定投资为 4682 亿元，同比下降了 9.5% 。与 2013 年 2% 的降幅相比，投资出现快速回落。

（三）2015年世界煤炭投资形势预测

1. 世界煤炭投资增速总体放缓

根据国际能源署发布的《中期煤炭市场报告》，2015～2019 年全球煤炭需求将以每年 2.1% 的速度增长，低于 2013 年预测的 2014～2018 年 2.3% 的增速，也低于 2010～2013 年 3.3% 的年均实际增速。与煤炭需求相对应，世界煤炭投资速度也将总体放缓。

2. 印度煤炭投资增速提高

随着印度电力供应能力的加强，其对煤炭的需求量也在逐年增加。到 2019 年，印度将实现煤炭产量翻一番的目标。为了实现这一目标，印度煤炭投资规模必将加大。

四　煤炭贸易

（一）世界煤炭贸易的总体格局

1. 世界煤炭贸易发展低速前进

在能源结构中，煤炭是仅次于石油的消费体。自 2013 年开始，煤炭消费以低于过去十年平均水平的速度低速增长，但仍是消费增速最快的化石燃料。在去库存化和低需求的作用下，各区域煤炭价格均出现下跌。煤炭市场发展放缓，全球煤炭市场低迷现象依旧蔓延，世界煤炭贸易呈低速发展。

2. 世界煤炭出口主要集中在少数煤炭资源富国

世界煤炭的出口相对集中，主要集中在少数煤炭资源丰富的国家和地区。分地区来看，世界上煤炭出口规模最大的地区为亚洲太平洋地区，其次为北美地区和欧亚地区。分国别来看，在世界煤炭出口量中占比较大的国家有印度尼西亚、澳大利亚、俄罗斯、美国、哥伦比亚、南非等。

3. 世界煤炭进口分布相对分散

与煤炭出口的相对集中不同，世界煤炭进口在国家和地区分布上相对分散。

一些国家和地区的资源禀赋，决定了该国为促进自身经济发展不得不大量进口煤炭资源。另外，国际煤价持续走低也成为煤炭进口增加不容忽视的动因。目前，世界主要煤炭进口国为中国、印度、日本、韩国等。随着煤炭产量的萎缩，西欧各国也成为世界上重要的煤炭进口区。

（二）2014年世界煤炭贸易特点分析

1. 世界煤炭贸易总体增速减缓

2014 年，全球煤炭市场需求疲软，国际煤价持续低位运行的现状仍未好转，世界煤炭贸易在困境中增速明显减缓。世界煤炭贸易出口增量主要来自澳大利亚、印度尼西亚等主要煤炭出口大国，以美国为代表的传统煤炭出口国的出口量有所下降。

2. 主要煤炭生产国出口贸易总体趋势保持上升

2014 年世界主要煤炭出口国贸易总体呈现出上升趋势。2014 年 1 ~7 月，澳大利亚煤炭出口达 2. 18 亿吨，同比增长 9. 8% 。[①] 2014 年的前三季度，印尼煤炭出口达 2. 3476 亿吨。[②] 虽然自 10 月份开始实施的煤炭出口许可证制度，但并未对其煤炭出口造成明显影响，10 月份印尼煤炭出口达 3140 万吨，环比增长 22. 2% 。[③] 同年 1 ~10 月，哥伦比亚煤炭出口量累计达 7558. 3 万吨，同比增长 24. 0% 。[④] 美国能源信息署表示，2013 年美国煤炭出口量为 1. 18 亿吨，2014 年这一数据或将下滑至 9600 万吨。[⑤]

3. 主要煤炭消费国扩大煤炭进口规模

2014 年，主要煤炭进口国日本和印度对煤炭的需求呈现出增长态势，进口规模保持增速发展。福岛核灾难后，日本呈现“零核电”状态。目前为止，日本政府尚未对核电重启做出任何实质性措施，因此，日本多家电力企业开始燃料囤积，造成该国煤炭消费量保持在历史高点。近年来，印度国内电力供应能力增

---

① 《7 月份澳大利亚完成煤炭出口同比增长 7. 8%》，煤炭网，2014 年 8 月 27 日，http：//www. coal. com. cn/CoalNews/ArticleDisplay_ 375235. html。

② 《印尼今年前 3 季度煤炭出口超 2 亿吨》，中国经济网，2014 年 10 月 14 日，http：//intl. ce. cn/specials/zxgjzh/201410/14/t20141014_ 3697968. shtml。

③ 《2014 年 10 月份印尼煤炭出口依然增加》，国际煤炭网，2014 年 12 月 9 日，http：//coal. in-en. com/html/coal – 1522152212222 3578. html。

④ 《10 月份哥伦比亚煤炭出口同比增长 29%》，煤炭网，2014 年 12 月 22 日，http：//www. coal. com. cn/CoalNews/ArticleDisplay_ 378290. html。

⑤ 《2015 年美国煤炭行业前景分析》，国际煤炭网，2014 年 12 月 25 日，http：//coal. in-en. com/html/coal – 12491249652225273. html。

加，对煤炭需求增加。另外，印度煤炭质量较低，实际产煤量低于预期目标，煤炭供求出现缺口。2014 年印度煤炭进口量达 2.106 亿吨，增长率达 19%。①

4. 中国煤炭进口相对减少

据中国海关总署统计，2014 年我国进口煤炭累计 2.91 亿吨，同比减少 3580 万吨，降幅达 10.9%。② 在巨大的环保压力下，中国将更加注重能源的清洁利用，因此国家政策在减少煤炭消费及进口方面有所侧重。受煤炭价格大幅下滑及恢复煤炭进口关税等因素的影响，中国煤炭进口量在经历连续五年较快增长之后首次出现同比下降，煤炭进口量相对减少。

（三）2015年世界煤炭贸易形势预测

1. 世界煤炭贸易总体增长减慢

2015 年，国际煤炭市场的状况不会得到明显改善，世界煤炭贸易总体增速将会放缓。主要煤炭消费国家和地区的煤炭需求缓慢增长，各国政府相继出台系列政策逐渐向更清洁的燃料和能源转变。全球煤炭市场供过于求，主要煤炭出口国货币疲软，使得印度煤炭进口量在未来两年将增长 30% 以上，在 2015 ~ 2016 年达到 2.14 亿吨。③ 印尼政府采取限制煤炭产量及出口政策，但对煤炭出口并未造成明显影响，煤炭出口量将保持稳定增长。2015 年煤炭产量目标为 4.6 亿吨，其中 3.5 亿吨用于出口。④

2. 中国煤炭进口总量将呈现小幅回落

2014 年中国调整煤炭进出口政策，限制高硫分、高灰分劣质煤的进口，恢复征收进口煤炭关税。国际煤价持续低位运行，进口煤仍具有一定的价格优势，在质量达标的情况下，煤炭进口仍将持续，中短期煤炭进口总量虽将有所回落，但降幅不大。预计 2015 年中国的煤炭进口量仍将保持在 2.5 亿 ~ 2.8 亿吨的较高水平。

---

① 《2014 年印度煤炭进口量达 2.1 亿吨增长 19%》，聚煤网，2015 年 1 月 8 日，http://global.jcoal.com/news/html/1501/20150108_311437.html。

② 《2014 年煤炭进口 2.91 亿吨“五连增”后首度下滑》，《每日经济新闻》，2015 年 1 月 14 日，http://www.mrjjxw.com/shtml/mrjjxw/20150114/64374.shtml。

③ 《未来两年印度煤炭进口量或将增长 30%》，煤炭网，2015 年 1 月 4 日，http://www.coal.com.cn/CoalNews/ArticleDisplay_378586.html。

④ 《2015 年印尼煤炭出口目标 3.5 亿吨》，驻印度尼西亚经商参处，2014 年 12 月 18 日，http://id.mofcom.gov.cn/article/ztdy/waimao/201412/20141200839085.shtml。

3. 澳大利亚将成为煤炭出口增长最快的国家

受国际油价疲软和澳元贬值的影响，澳大利亚国内的投资项目和出口产品都更具吸引力。国际能源署发布的《煤炭市场中期报告》指出：未来五年澳大利亚货币汇率将处于较低水平，预计中国对澳大利亚的煤炭需求将会增加。印尼国内煤炭需求的增长以及政策的收紧，必将导致其煤炭出口放缓。综合各影响因素，澳大利亚将成为煤炭出口增长最快的国家。

五　煤炭并购

（一）世界煤炭海外并购的总体格局

1. 世界煤炭海外并购的目标国家相对集中

丰富的煤炭储量，使得澳大利亚、俄罗斯、南非、加拿大等成为全球煤企海外并购的主要目标国。继皮博迪能源公司收购澳大利亚 Excel Coal 公司之后，2011 年力拓集团全面收购澳大利亚焦煤生产商 Riversdale 矿业有限公司。英美资源集团、嘉能可国际斯特拉塔股份有限公司、必和必拓公司等企业在南非均有大量矿井生产煤炭用于出口。

2. 发展中国家煤炭企业在海外并购中逐渐成为主力军

发展中国家煤炭企业的海外并购起步较晚。近年来，随着经济发展水平的不断提升，对煤炭的需求也明显提高，成为煤炭并购市场新兴的活跃因素。2014 年 3 月 10 日，印度 Neybeli 褐煤有限公司批准 47 亿美元的资本支出，用于海外煤炭资产收购。2014 年 9 月 4 日，中国神华集团与俄罗斯技术集团签署谅解备忘录，联合开发俄远东阿穆尔州煤田，并将配套开发港口，预计总投资额高达 100 亿美元。

（二）2014年世界煤炭海外并购特点分析

1. 发达国家煤炭海外并购呈下降趋势，清洁能源投资大幅增长

2014 年前三季度全球矿业、金属资产交易 414 起、交易总值 341 亿美元，与去年同期的 566 起、交易总值 654 亿美元相比明显下降。其中，澳大利亚完成并购交易 114 起，同比下降 22%，煤炭资产交易占交易总数的 14%。①

---

① 《澳矿业金属资产并购势头增强　金矿煤炭为主》，澳华财经在线，2014 年 12 月 8 日，http：//www. acbnewsonline. com. au/html/2014/hyjujiaoz_ 1208/11943. html。

发达国家将目光放在了清洁能源的投资上。2014 年，全球清洁能源投资 3100 亿美元，同比增长 16%，实现 2011 年以来首次增长。其中，美国投资 518 亿美元，同比增长 8%，创 2012 年以来新高；日本投资 413 亿美元，同比增长 12%。①

2. 发展中国家煤炭海外并购步伐放缓

2014 年世界矿业形势持续低迷，需求不振，大宗矿产品价格大幅下跌。目前，中资海外控参股矿业上市公司共 106 家，其中 97% 的公司市值大幅缩水。②

印度煤炭兼电力部长高雅尔（Goyal）表示，印度国有煤炭公司考虑在南非注册全资附属公司，用以收购和开发南非煤炭资源。2014 年 1～11 月，中资企业海外资源投资案例共 20 宗，涉及资金总额约 97.72 亿美元，与去年同期相比均大幅减少。③ 其中包括：北京国立资源出资 1300 万澳元收购澳大利亚科斯塔煤业 18% 股权；庆华能源集团耗资 1.3 亿澳元，收购澳大利亚卡拉贝拉资源 20.2% 的股权。

（三）2015年世界煤炭海外并购形势预测

1. 世界煤炭的海外并购步伐减慢

气候变化推动了可再生能源的发展，发达国家相继缩减煤炭海外并购规模的同时，开始积极探索新能源，以此摆脱能源危机对经济发展的束缚。发展中国家也已加入新能源探索的行列。印度正大规模发展太阳能产业，拟建设世界最大、产能预计高达 750 兆瓦的太阳能电站。中国国家能源局表示，2015 年中国计划新增光伏并网量 15 吉瓦，同比增幅或将达 50%。但受技术及产业结构等因素的制约，短时间内印度和中国等煤炭消费大国对煤炭的依赖依然难有改变，仍是未来煤炭海外并购的主要力量。

2. 中国煤炭企业海外并购日趋谨慎

自 2013 年起，中国煤炭企业海外并购交易数量和交易金额开始下降。前期调研不足以及企业无法适应投标国的法律环境、社会习俗、文化氛围等因素，使

① 《2014 年全球清洁能源投资增 16% 至 3100 亿美元》，电缆网，2015 年 1 月 10 日，http://news.cableabc.com/gc/20150110058130.html。

② 《印度 Neyveli 褐煤公司寻求收购海外煤炭资产》，聚煤网，2014 年 3 月 10 日，http://global.jcoal.com/news/html/1403/20140310_199622.html。

③ 《2014 年中资海外资源投资统计》，中国矿业网，2014 年 11 月 13 日，http://www.chinamining.org.cn/index.php?m=content&c=index&a=show&catid=6&id=10788。

得中国企业的海外投资面临着进入难、发展难、退出更难的困局。

兖州煤业早在2004就开始海外扩张布局，是中国煤企"走出去"的第一家。其在澳大利亚累计投资40.1亿美元，获得煤炭资源总量已达53亿吨。[①] 兖煤澳大利亚公司公布的全年业绩显示，2012年公司盈利3.75亿澳元，但2013年公司税后亏损高达8.32亿澳元，2014年公司亏损仍在持续。[②] 企业过度扩张、步伐过快，全球煤炭市场环境的持续低迷以及汇兑损失是兖州煤业海外公司亏损的主要原因。开滦集团在加拿大的盖森煤田开发和布尔默斯煤田勘探项目，虽然已投入较多资金，但由于烦琐的审批手续，仍未正式投入运营。目前，盖森煤田已经具备了建矿的资质条件，有90余名开滦集团职工已拿到加拿大工作签证。

在全球煤炭市场低迷的背景下，中国煤炭企业开始反思"走出去"的风险，在海外并购方面开始谨慎选择。

---

① 《兖州煤业海外并购：一盘没有下完的棋》，中国矿业网，2015年4月2日，http://www.chinamining.org.cn/index.php?m=content&c=index&a=show&catid=34&id=7852。

② 《兖州煤业海外扩张再折戟　境外子公司亏损近46亿》，《证券日报》，2014年3月3日（C1），http://zqrb.ccstock.cn/html/2014-03/03/content_404029.htm。

B.20

世界可再生能源市场：发展及展望

姜鑫民*

摘　要：本文主要介绍了世界可再生能源产业与市场发展状况，并对世界可再生能源发展做出了展望。世界可再生能源产业与市场发展状况包括三部分：风电继续规模化发展，开始在部分地区发挥替代性作用；太阳能发电创纪录，步入规模化发展的阶段；生物质能发电稳步增长，发展中国家呈现出新活力。

关键词：世界可再生能源市场　发展状况　展望

随着风电、太阳能发电等新兴可再生能源技术推广的范围扩大和普遍进入规模化发展阶段，可再生能源的发展已经从过去以发达国家为主，进入到发达国家与新兴国家、发展中国家齐头并进的阶段。可再生能源开始在全球更大的范围内发展，中东、北非、南美、东南亚、中东欧和中亚地区均在加速发展可再生能源。无论是发达国家还是发展中国家，无论化石能源资源丰富的国家还是能源资源依赖进口的国家，都把发展可再生能源作为能源发展战略的重要组成部分。

以风电、光伏为代表的可再生能源，2014 年继续展现了良好的发展势头，风电和光伏发电等新兴可再生能源发电已是全球增长最快的电源。随着规模的不断扩大，可再生能源在欧洲已经开始发挥重要替代能源的作用。可再生能源已成为全球倡导绿色发展、加强技术创新、保障能源安全和应对全球气候变化等战略行动的共同焦点。

一　风电继续规模化发展，替代性作用显现

自 2009 年以来，全球风电每年新增装机容量一直维持在 4000 万千瓦左右。

* 姜鑫民，博士、副研究员，能源经济与发展战略研究中心副主任。

2012年受生产税减免（PTC）是否延期的不确定性影响，美国新增风力发电1312万千瓦，新增规模不仅第一次超过了1000万千瓦的量级，也超过了中国成为全球第一，并使2012年的全球风电新增量达到4480万千瓦，创下历史新高。虽然后来美国延长了PTC的政策，但2012年透支了较多的建设需求，导致2013年美国仅新增108万千瓦，增幅下降90%，使全球风电市场同比首次出现下降，也使光伏发电新增装机首次超过风力发电。

尽管出现了主要风电市场大幅波动的情况，但2013年全球风电仍新增3547万千瓦，同比下降21.5%；累计装机容量达到3.18亿千瓦，同比增长12.4%，主要分布在亚洲、欧洲和美洲地区。其中：亚洲市场新增装机容量1619万千瓦，在全球市场中处于领先地位，主要是中国与印度；其次是欧洲市场，新增了1203万千瓦，主要分布在德国、英国；北美地区新增330万千瓦，加拿大首次超过美国。

风电在一些地区的电力体系中发挥的作用愈显突出。特别是在发展较早的欧洲地区，风电在2013年欧盟新建电源中装机比例最大，达32%；欧盟全年风力发电量占欧洲电力消费总量的8%，比2012年的7%上升1个百分点。其中，风电在丹麦国内发电量中占比达到33.2%，在葡萄牙、西班牙全部发电量中占比达到22.4%和18.3%，在德国发电总量中占比达到8.9%，风电在这些国家已经开始发挥重要的替代电源作用。

中国在2013年风电新增装机1406万千瓦①，累计装机容量达7548万千瓦，在新增和累计装机容量上继续位居世界第一。值得注意的是，2013年，困扰中国风电发展的弃风限电问题得到了明显缓解，在新增装机同比增加的情况下，年弃风限电量约160亿千瓦时，比2012年的200亿千瓦时下降了20%。虽然与当年来风条件较好、电力负荷需求增长较大有关，但电力公司优化了电力调度运行、加强了电网建设等技术手段对促进风电并网及消纳起到了关键性作用。2013年，全国风电发电量1400亿千瓦时，在全社会用电量中占比达2.6%，风电继续成为火电、水电后的第三大电源。

欧洲是全球风电发展最稳定的区域。其中，德国2013年新增了324万千瓦风电，位居世界第二，累计装机容量达到3425万千瓦，仅次于中国和美国；英国新增装机180万千瓦，位居欧洲第二，累计装机容量1050万千瓦；虽然受欧债危机影响，西班牙在2012年就停止了对新建风电项目的补贴，但西班牙累计

① 中电联：《全国电力工业统计快报数据（2013）》，2014。

装机容量仍高达2300万千瓦，风电已成为西班牙重要的发电电源。

美国2013年底风电装机6100万千瓦，仍位居世界第二。在联邦层面的PTC［PTC即美国加利福尼亚州（PVUSA）最高效率组件PTC测试排行榜。该测试已快速成为大众普遍接受的测量实际环境中太阳能组件功率和能效的标准］、加速折旧及州层面的可再生能源配额制（RPS）等综合激励政策的鼓励下，风能资源丰富的得克萨斯州等中部地区2013年的风电长期购电合同价格已低于每千瓦时4美分，大大低于燃气发电价格，风电在这些地区已开始显现出竞争性。由于联邦PTC政策在2013年1月初宣布继续实施，2014年美国新增装机会大幅回升。

此外，2013年全球新增海上风电装机容量168万千瓦，比2012年增长了28.5%。截至2013年底，全球海上风电累计装机704万千瓦，其中93%以上分布在欧洲。

二　光伏发电走向规模化快速发展

自2008年全球金融危机发生以来，光伏发电成为全球各国提振经济、倡导创新、走绿色增长道路的代表性技术之一。与风电发展受到资源条件限制不同，光伏发电在全球几乎所有地区都有应用。经过几年来的发展，光伏发电应用规模从“兆瓦级”快速跨越至“吉瓦级”，组件价格在10年内下降近90%。2013年，光伏发电实现历史性突破，新增规模首次超过风电，达到3690万千瓦，同比增长27%。光伏累计安装量达到1.34亿千瓦，同比增长34%。2013年新增安装量最大的前五个国家是中国、日本、美国、德国和意大利，全球累计安装量最大的前五个国家分别是德国、中国、意大利、日本和美国。

当前，光伏发电在局部区域电力供应中的替代作用越来越明显，尤其是在欧盟国家。2013年，欧盟光伏年发电量占欧盟电力消费总量的3%，比上年提高0.5个百分点。其中，意大利光伏发电量占国家电力消费总量的7.8%，比2012年提高2.2个百分点；德国达5.0%。太阳能光伏已成为这些国家电力供应的重要组成部分。

2013年亚洲光伏市场实现突破，当年新增量首次超过欧洲，成为全球最大的光伏市场，占全球新增市场容量的59%。其中，中国2013年新增市场容量1130万千瓦①，位居世界第一位，与2012年相比增长170%；其次是日本，新增

① 中国国家能源局发布数据为12.92吉瓦。

市场容量690万千瓦，较2012年增长306%。这是亚洲国家首次占据全球新增光伏市场容量的前两位。印度2013年新增市场容量112万千瓦，居亚洲地区第三位；泰国2013年新增市场容量31.7万千瓦。总体而言，亚洲已成为全球最大的光伏市场。

欧洲受各国降低光伏上网电价的影响，2013年新增光伏安装量进一步下降，与2012年相比降低65%，仅为1030万千瓦，使欧洲首次失去了从2003年以来全球最大光伏市场的地位。虽然欧盟地区市场增速放缓，但仍然是全球最重要的光伏市场。其中，德国虽然在2013年新增量只有330万千瓦，下降57%，但光伏装机总量达到3590万千瓦，仍居世界第一。目前，德国光伏超过了风电装机，成为国内最大的可再生能源发电电源；意大利2013年光伏发电新增装机150万千瓦①，同比下降58%，但意大利累计装机容量达1760万千瓦，位居世界第四。

太阳能热发电仍保持增长，2013年已建成并投入运行的太阳能热发电装机容量达367万千瓦，同比增长44%。当年新增112万千瓦，同比增长15%。但随着光伏成本的下降、国际金融危机以及对太阳能热发电激励政策的变化，太阳能热发电产业的未来发展仍面临诸多不确定性。西班牙和美国仍是全球最主要的太阳能热发电市场，两者累计安装量合计占全球的93.4%。

2013年全球太阳能热利用市场的增长仍然主要来自亚洲的中国、印度和拉丁美洲的巴西、智利等地区。其中，中国新增6600万平方米，占全球增量的80%以上，继续位居市场第一；其次为欧洲国家。中国和欧洲合计占2013年全球太阳能热利用新增量的85%。

三　发展中国家成主力，生物质能稳步发展

自2009年以来，全球生物质能稳步增长，商品化生物质能（通过生物质技术转化获取高品位能源产品）利用规模逐步扩大，开始逐步取代传统的生物质能利用方式（简单燃烧获取低品位能源炊事、供暖等），生物质原料和转化技术的多样性决定了生物质能可以应用在发电、供热和交通燃料等各个领域。根据REN21（21世纪可再生能源政策网）《全球可再生能源现状报告2014》显示，2013年，全球生物质利用总量约56.6 EJ（相当于2亿吨标准煤，1 EJ = 10^{18}焦

① IEA - PVPS, *Report Snapshot of Global PV 1992 - 2013*, 2014.

耳），较上年增长了3%，约占全球一次能源供给量的10%。

全球生物质发电仍保持较快增速。截至2013年底，全球生物质发电装机容量达到8800万千瓦①，较2012年增长了6%。增长量主要来自发展中国家，发电量约4050亿千瓦时，约占全球发电量的1.4%。欧美地区以热电联产形式为主，生物质混燃发电正呈兴起之势；以中国为代表的发展中国家的生物质发电逐步形成规模，正在努力改进技术、提高生物质发电效率，由直燃发电向热电联产的方向转变，预计此类方式将是未来生物质发电的发展趋势。

为应对气候变化，减少温室气体排放，欧美国家大力推进低碳产业发展，在此背景下，近年来全球生物质成型燃料产业发展较快。2013年，全球生物质成型燃料产量超过2360万吨，全球最大的成型燃料市场仍是欧盟，约占世界成型燃料产量的70%。最为活跃的成型燃料市场当数亚洲。东南亚地区凭借丰富的棕榈等热带植物优势，形成了以棕榈壳等林业果实废弃物为主的原料生产供应基地。中国已发展为亚洲最重要的成型燃料市场。近年来，随着中国城镇化发展步伐加快，空气环境质量日益恶化，为改善环境，生物质成型燃料作为替代燃煤等化石燃料的理想燃料，在居民和工业供热领域发展潜力巨大。2013年中国的成型燃料产量已达600万吨，预计“十二五”末有望突破千万吨大关。

2013年，全球燃料乙醇产业开始复苏，2012年燃料乙醇主要生产地区发生的干旱灾害基本消除，燃料乙醇产业逐步走出困境。传统生物液体燃料技术，包括以甘蔗、玉米、薯类等糖或淀粉类作物为原料的燃料乙醇和以动植物油脂为原料的生物柴油，仍继续占据着该类技术的主导地位，利用农林废弃物、有机废弃物等非粮食类原料的生物燃料技术工艺得到进一步优化。在全球经济逐步回暖的环境下，生物液体燃料商业化示范项目再次形成建设高潮。随着生物燃料技术的不断突破，未来的生物燃料乙醇生产将不再受限于种植作物，全球生物燃料乙醇产业仍有很大发展空间。根据美国USDA－FAS统计，到2013年底，全球燃料乙醇产量约7000万吨，其中美国以玉米为原料的燃料乙醇产量约3970万吨，占全球燃料乙醇产量的57%，位居世界第一；巴西以蔗糖为原料的生物燃料乙醇产量约1870万吨，约占全球燃料乙醇产量的27%。另据REN 21数据显示，2013年全球生物柴油产量为2200万吨。但是全球生物液体燃料产业依然受各国政策调整变化而发生起伏波动，欧盟对生物液体燃料的生产原料的可持续性和减排效果进行了多次论证和投票决议，美国一再延迟生物液体燃料的补贴政策并调整可

① *Renewables 2014 Global Status Report*, REN 21.

再生燃料目标。中国的燃料乙醇2013年产量约为210万吨，产业正处于升级转型中，主要是通过技术改造，将以陈化粮原料生产燃料乙醇的工艺逐步改为非粮原料生产工艺。

四 世界可再生能源发展展望

面对全球日益严峻的能源和环境问题，开发利用可再生能源已成为世界各国保障能源安全、应对气候变化、实现可持续发展的共同选择。尽管在过去几年，一些国家的可再生能源发展出现了波折，但从全球趋势分析，发展可再生能源仍是全球主要国家和地区能源和电力发展的重点。

自奥巴马政府上台以来，美国一直加大对可再生能源的投入力度，《复兴与再投资法案》提出了支持可再生能源市场投资和产业创新的一揽子政策措施，奥巴马还提出到2020年可再生发电量翻倍的目标，并要求美国联邦政府机构的可再生能源电力消耗在总电力消耗中占比从2013年的7%逐步增加到2015年的10%，2020年要达到20%以上。2014年5月，美国总统办公室发布多元化能源战略，再次明确了上述目标。虽然美国至今还没有全国层面的发展目标，但在联邦税收优惠政策及州层面的可再生能源配额制的引导下，美国的可再生能源发展一直处于世界前列，未来也将继续引领全球发展。特别是2013年初，针对风电的PTC政策明确指出，2014年在建的项目也能够继续享受这一税收抵免优惠。因此，包括2013年积压的和2014年的在内，几乎两年的风电项目全部在2014年建成，从而形成一个新的风电建设高潮。

在福岛核事故后，日本加大了发展可再生能源的力度。即使在重启核电问题上存在着不同的意见，但遵循能源多元化及分散化供应的原则，可再生能源作为本地化资源获得了社会各界的一致认可，在日本未来保障能源安全的措施中开始占有一席之地。特别是光伏发电，日本2012年出台了固定电价政策后，2013年光伏发电出现爆发式增长，已跃居世界第二大市场。同时，日本逐步下调光伏发电的上网电价，预计在近期仍将保持光伏发电的增长势头。

欧盟是可再生能源发展最早的地区，但受金融危机的影响，许多欧洲国家下调了支持可再生能源的力度，特别是发展最快的西班牙、意大利、葡萄牙、希腊等国，德国也下调了各类固定电价标准。欧盟在2013年提出修改《国家援助指南》，要求减少对可再生能源的补贴，将可再生能源推向市场，特别是取消对“成熟”的可再生能源技术的融资支持。2014年，欧盟在“2030年气候和能源框架”中提出到2030年可再生能源达到27%的整体目标，比之前提出的到2020年达到20%的目标提高了7个百分点。虽然这个目标最终没有法律约束力作为保障，各个国家可以自己根据实际情况进行调整，但在欧盟层面仍然形成了一个量化的可再生能源发展远期目标。从欧盟近年来风能、太阳能、生物质能的发展进程看，除了德国、英国、法国等大国外，波兰、瑞典、土耳其的风电，罗马尼亚、希腊、比利时的光伏发电，丹麦、奥地利、瑞典、爱沙尼亚的生物质能都已经投入规模化应用，可再生能源在28个成员国都有所发展，分布趋于均衡。而且近三年来，在可再生能源新增电源中占比保持在70%以上。可再生能源在欧盟已经发挥重要的替代能源作用，虽然2014年欧盟明确要求各国改变固定电价补贴机制，而逐步转向固定补贴的方式，但是未来欧盟的可再生能源发展也能够维持一个比较稳定的发展节奏。

中国作为可再生能源利用量最大的国家，可再生能源的发展一直受到世界各国的关注。2013年，中国提出了应对大气污染防治行动计划，2014年初进一步明确了能源生产和消费革命的总体内涵和要求。在上述国家层面的能源战略中，可再生能源的发展都是其中一个重要领域。2013年，中国的风电弃风问题得到了明显缓解，分布式光伏发电利用政策体系不断完善，2014年初明确提出12条输电通道的建设方案，其中有多条线路将有助于解决当地清洁电力的外送问题。尽管中国的可再生能源的发展还面临着一些体制机制、补贴资金等障碍，但从国家总体发展战略思路分析，有理由相信，中国将继续引领全球可再生能源的发展。

除中国之外，印度、巴西、南非等发展中国家也有类似情况。在发展经济和能源的同时，也在大力发展可再生能源。这些国家在风电、光伏发电以及生物质能利用方面均处于世界领先地位。阿联酋、沙特等传统的中东产油国，也开始加快能源转型。虽然这些化石能源丰富的国家能源转型不会立即实现，但也表明，推动可再生能源事业的发展已成为不可逆转的世界趋势。

B.21

世界电力市场：投资与并购

刘喜梅*

摘 要：电力是现代社会重要的基础产业，是能源产业的重要构成，与国民经济增长密切相关。2014 年，世界经济增长率为 2.6%。其中，欧盟部分国家和日本等发达国家还处于经济低迷期，经济复苏尚待时日，美国经济增长复苏，中国的经济增长保持相对稳定，包括巴西、印度和俄罗斯在内的新兴经济体经济表现呈现分化态势。受宏观经济环境影响，全球电力供需总体形势呈现出生产与消费总量较稳定、增速明显放缓的趋势。其中，发达国家电力生产与消费总量小幅下降，中国电力供需总量有所回升，新兴经济体国家电力供需格局出现分化。此外，清洁能源电力投资规模加大，核电行业发展平稳，智能电网投资增加，欧盟电力市场一体化进程加快，中国海外电力投资兼并业务扩大。

关键词：电力需求 电力供给 电力投资 电力贸易 电力并购

一 电力需求

2012 年，世界电力消费量为 20.915 万亿千瓦时，其中，经济合作与发展组织（OECD）国家电力消费总量为 10.145 万亿千瓦时，占世界电力消费量的 48.5%；2013 年，经济合作与发展组织国家电力消费总量为 10.291 万亿千瓦时，

* 刘喜梅，经济学博士，华北电力大学副教授，硕士生导师，中国社会科学院研究生院国际能源安全中心特聘研究员，研究方向为能源与电力经济、能源安全。

同比增长 1.44%。[①] 2014 年，世界电力消费增长速度平稳，全年用电总量约为 21.40 万亿千瓦时。

（一）发达国家电力消费整体呈现下降趋势，地区结构略有差异

2014 年 1 月至 11 月，33 个 OECD 国家电力消费总量为 9.2994 万亿千瓦时，同比下降 0.8%。[②] 分地区看，美洲地区 OECD 国家消费总量为 4.6658 万亿千瓦时[③]，同比上升 0.8%；亚太地区 OECD 国家消费总量为 1.5993 万亿千瓦时，同比下降 1.5%[④]；欧洲地区 OECD 国家消费总量为 3.0343 万亿千瓦时，同比下降 2.8%[⑤]（见表 1）。

表 1　2014 年 1～11 月 OECD 国家用电量与增长速度

国　家	2014 年 1～11 月用电量(亿千瓦时)	同比增长速度(%)	2014 年用电量(亿千瓦时)
澳大利亚	2087.34	0.0	2274.30
奥地利	662.03	-1.7	740.76
比利时	796.53	-3.4	903.77
加拿大	5269.22	-0.5	5892.13
智利	675.52	3.1	716.50
捷克	572.13	-1.5	638.65
丹麦	302.66	-2.4	341.04
爱沙尼亚	75.06	-0.7	83.40
芬兰	752.10	-1.0	837.23
法国	4217.29	-6.5	5023.33
德国	4943.16	-4.5	5661.12
希腊	502.29	1.0	548.34
匈牙利	371.05	1.2	401.34
冰岛	161.55	-0.2	177.52
爱尔兰	247.35	0.2	271.59
意大利	2861.20	-2.5	3199.14
日本	8841.14	-2.3	9942.94

① IEA, *2013 Key World Energy Statistics*, p. 48.

② IEA, "Monthly Electricity Statistics November 2014," table 1.

③ IEA, "Monthly Electricity Statistics November 2014," table 2.

④ IEA, "Monthly Electricity Statistics November 2014," table 3.

⑤ IEA, "Monthly Electricity Statistics November 2014," table 4.

续表

国　家	2014年1~11月用电量(亿千瓦时)	同比增长速度(%)	2014年用电量(亿千瓦时)
韩国	4669.51	-1.2	5187.95
卢森堡	70.99	-0.3	77.81
墨西哥	2520.06	-2.4	2784.80
荷兰	1018.20	-1.2	1136.37
新西兰	394.62	4.3	411.12
挪威	1128.09	-2.9	1286.82
波兰	1339.28	1.1	1453.70
葡萄牙	469.89	-1.6	532.30
斯洛伐克	231.67	-2.3	260.79
斯洛文尼亚	124.59	-2.1	139.37
西班牙	2392.45	-2.3	2687.87
瑞典	1213.72	-3.5	1390.01
瑞士	582.38	-2.5	659.08
土耳其	2237.31	4.3	2361.30
英国	3070.33	-5.0	3550.67
美国	38193.61	1.2	41340.80

资料来源：IEA，"Monthly Electricity Statistics November 2014。"

由表1可见，33个OECD国家中，8个国家的用电量为正增长，1个国家持平，24个国家用电量为负增长。其中，用电量下降幅度最大的国家是法国，下降幅度为6.5%。土耳其和新西兰是发电量增幅最大的国家，增幅达4.3%。用电正增长的国家是希腊、斯洛文尼亚与智利等电力消费小国。电力消费大国，除美国外，英国、加拿大、法国、韩国、日本、德国、意大利电力用电量均较2013年同期下降（见表2）。

表2　2014年1~11月OECD电力消费大国用电量增长速度

单位：%

国　家	增长速度	国　家	增长速度
美　国	1.2	韩　国	-1.2
英　国	-5.0	加拿大	-0.5
意大利	-2.5	法　国	-6.5
日　本	-2.3	德　国	-4.5

资料来源：IEA，"Monthly Electricity Statistics November 2014。"

（二）新兴经济体是发展中国家电力消费主体

2012 年，世界非 OECD 国家和地区用电量约为 10.770 万亿千瓦时，如表 3 所示。其中，中东地区国家电力消费总量为 0.790 万亿千瓦时，亚洲国家电力消费总量为 2.07 万亿千瓦时①，非洲国家电力消费总量为 0.641 万亿千瓦时。② 中国、俄罗斯、印度、巴西、南非五个新兴经济体的用电总量达到 7.3099 万亿千瓦时，占非 OECD 国家用电量的比重约为 67.87%，是发展中国家用电量的主要构成。

表 3　2012 年世界主要非 OECD 国家（地区）的用电量

单位：10 亿千瓦时

国家(地区)	用电量	国家(地区)	用电量	国家(地区)	用电量
阿尔巴尼亚	6.14	加纳	8.84	尼日利亚	26.22
阿尔及利亚	46.28	直布罗陀	0.17	阿曼	21.61
安哥拉	4.98	危地马拉	8.13	巴基斯坦	80.13
阿根廷	124.38	海地	0.51	巴拿马	7.39
亚美尼亚	5.46	洪都拉斯	5.40	巴拉圭	8.73
阿塞拜疆	19.08	中国香港特区	43.12	秘鲁	36.53
巴林	23.20	印度	939.78	菲律宾	64.56
孟加拉	43.25	印度尼西亚	181.04	卡塔尔	32.62
白俄罗斯	34.99	伊朗	210.35	罗马尼亚	52.24
贝宁	0.92	伊拉克	48.31	俄罗斯	947.59
玻利维亚	6.78	以色列	56.87	沙特阿拉伯	247.90
波黑	12.54	牙买加	3.24	塞内加尔	2.89
博茨瓦纳	3.23	约旦	14.89	新加坡	46.16
巴西	498.36	哈萨克斯坦	85.38	中国台湾	240.98
文莱达鲁萨兰	3.69	肯尼亚	6.79	南非	230.54
保加利亚	34.79	朝鲜	16.20	斯里兰卡	10.71
柬埔寨	3.06	科威特	53.76	苏丹	7.64
喀麦隆	5.68	吉尔吉斯斯坦	10.14	叙利亚	26.18
中国	4693.68	拉脱维亚	7.30	塔吉克斯坦	13.87
厄立特里亚	0.31	黎巴嫩	13.78	坦桑尼亚	4.81
哥伦比亚	53.91	利比亚	29.58	泰国	165.54
刚果	7.37	立陶宛	10.78	汤加	0.98
哥斯达黎加	9.11	马其顿	7.80	特立尼达和多巴哥	8.89

① 这是不包括中国在内的亚洲非 OECO 国家的电力消费数据。

② IEA, *2014 Key World Energy Statistics*, p. 49.

续表

国家(地区)	用电量	国家(地区)	用电量	国家(地区)	用电量
象牙海岸	5.06	马来西亚	126.11	突尼斯	15.21
克罗地亚	16.30	马耳他	2.00	土库曼斯坦	12.81
古巴	15.51	摩尔多瓦	5.39	乌克兰	165.99
塞浦路斯	4.58	蒙古	4.49	阿联酋	93.67
多米尼加联邦	14.95	摩洛哥	28.87	乌拉圭	9.96
厄瓜多尔	19.76	莫桑比克	11.44	委内瑞拉	101.88
埃及	145.66	缅甸	8.02	越南	112.97
萨尔瓦多	5.35	纳米比亚	3.65	也门	4.23
埃塞俄比亚	5.30	尼泊尔	3.28	赞比亚	8.45
加蓬	1.77	荷属安德列斯	1.12	津巴布韦	8.18
格鲁吉亚	8.69	尼加拉瓜	3.41		

资料来源：IEA，*2014 Key World Energy Statistics*。

发达经济体由于电力能源利用效率提高，电力需求变化将不大；但新兴经济体能源需求将会大幅增长，电力需求份额也将进一步增长。

（三）中国电力消费持续平稳增长，增速下降

近年来，随着经济的发展，中国全社会用电量持续增长。2012 年，全社会用电量4.96 万亿千瓦时，增长5.6%，增速比2011 年回落6.4 个百分点。[①] 2013 年，全社会用电量达到5.3223 万亿千瓦时，同比增长7.5%，增速比2012 年提升1.9 个百分点。2014 年，中国全社会用电量5.5233 万亿千瓦时，同比增长3.8%。总体来看，中国电力消费呈现增速波动，2014 年较2013 年的增速低3.7 个百分点，电力消费需求增速为1998 年以来新低。

分季度看，与2013 年相比，中国全社会用电量增速依次为5.4%、5.2%、1.4%和3.5%，其中，三季度增速为2009 年三季度以来的最低水平。分月度看，上半年各月增速总体处于5%左右的增长水平，下半年除8 月因气温因素负增长外，其余各月平均水平位于3%左右，增速出现较大下滑。

分产业看，2014 年，第一产业用电小幅下降，第二产业和第三产业用电量增长，增速较2013 年均出现回落。其中，第一产业用电量为994 亿千瓦时，下

① 中国电力网，http://www.chinapower.com.cn/newsarticle/1199/new1199541.asp。由于IEA 统计中，终端电力消费量往往不包含厂用电量和输配电线损，而我国统计的全社会用电量则包含了厂用电量和线损电量。厂用电量和线损电量一般约占全社会用电量的10%，所以IEA 给出的各国人均用电量往往比我国口径计算出的结果低10%左右。

降了0.2%；第二产业用电量为40650亿千瓦时，同比增长3.7%，较2013年增幅降低了3.3个百分点；第三产业用电量为6660亿千瓦时，增长6.4%，增速同比降低了3.9个百分点；城乡居民生活用电量为6928亿千瓦时，增长2.2%，增速同比降低了7个百分点。[①] 如表4所示。但是，第三产业用电量增速明显高于其他产业，信息业用电持续保持旺盛势头，设备制造业用电保持较快增长。2013年、2014年中国电力消费结构如图1。

表4　2014年中国工业电力统计数据

名称	2014年（亿千瓦时）	同比增长(%)	占比(%)	2013年（亿千瓦时）	同比增长(%)	占比(%)
全社会用电量	55233	3.8	100	53223	7.5	100
第一产业用电量	994	-0.2	1.80	1014	0.7	1.91
第二产业用电量	40650	3.7	73.60	39143	7.0	73.55
第三产业用电量	6660	6.4	12.06	6273	10.3	11.79
城乡居民用电量	6928	2.2	12.54	6793	9.2	12.76

资料来源：中国国家能源局网站。

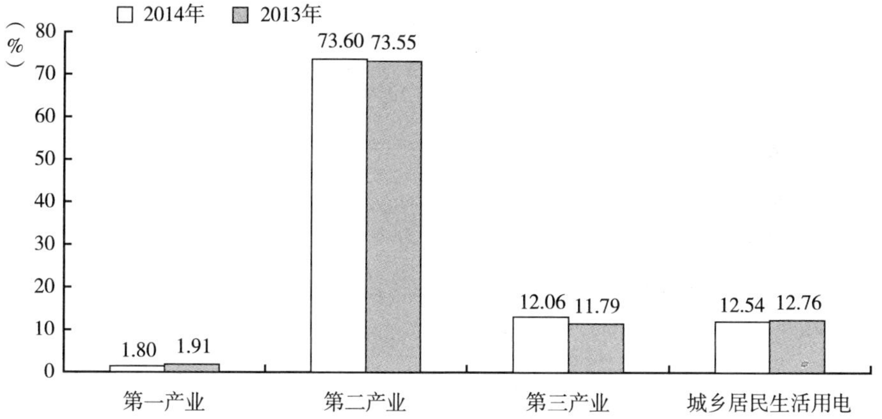

图1　2013年与2014年电力消费结构

分地区看，2014年，东部和中部地区用电增速同比和环比回落幅度较大。其中，东部地区全社会用电同比增长3.5%，增速同比回落3.1个百分点；中部地区全社会用电量同比增长1.7%，增速同比回落5.2个百分点，是增速回落幅度最大的地区；西部地区全社会用电量同比增长6.4%，同比回落4.5个百分

① 国家能源局，http：//www.nea.gov.cn/2014－01/14/c_ 133043689.htm。

点，用电增速领先于其他地区；东北地区全社会用电量同比增长1.7%，同比回落2.6个百分点。东北和西北区域电力供应能力富余较多，华东、华中和南方区域电力供需平衡，华北区域电力供需平衡偏紧。①

二　电力供给

（一）发达国家发电量呈微幅下降趋势

2014年1～11月，OECD国家的发电量达到9.308万亿千瓦时，相较2013年1～11月发电量9.359万亿千瓦时下降0.5%。

分国家看，33个OECD国家中，11个国家的发电量为正增长，1个国家持平，21个国家发电量为负增长。其中，发电量下降幅度最大的国家是希腊，为-11.5%；斯洛文尼亚是发电量增幅最大的国家，高达9.7%；美国的发电量同比增长1.3%，达到3.7756万亿千瓦时，占同期OECD发电量的40.56%；日本发电量同比下降2.3%；法国发电量同比下降2.4%。如表4所示。②

从电源结构看，2014年1～11月，OECD国家可燃燃料发电为5.689万亿千瓦时，核电1.711万亿千瓦时，水电1.313万亿千瓦时，风电和光伏等其他可再生能源发电达到0.597万亿千瓦时。③ 其中，法国依然是最大的核电国，核电量达到3738.18亿千瓦时，占其发电总量的比例高达77.13%，而日本尚未从福岛核电危机中恢复，核能未能提供发电量。

表5　2014年1～11月OECD国家的发电量、增速及发电结构

国　家	2014年1～11月发电量（亿千瓦时）	增长速度（%）	2013年发电量（亿千瓦时）	可燃燃料发电（亿千瓦时）	核电（亿千瓦时）	水电（亿千瓦时）	其他（亿千瓦时）
澳大利亚	2087.34	0.0	2274.30	1815.52	0.00	135.61	136.24
奥地利	582.09	-5.5	668.03	133.43	0.00	404.21	44.44
比利时	641.49	-3.4	807.36	260.84	298.85	12.94	68.86
加拿大	5687.38	-1.6	6411.97	1283.09	917.53	3381.05	105.74

① 中国电力企业联合会，http：//www.cec.org.cn/yaowenkuaidi/2015-03-10/134972.html。

② IEA，“Monthly Electricity Statistics November 2014，” table 1-38.

③ IEA，“Monthly Electricity Statistics November 2014，” table 1.

续表

国家	2014年1~11月发电量（亿千瓦时）	增长速度（%）	2013年发电量（亿千瓦时）	可燃燃料发电（亿千瓦时）	核电（亿千瓦时）	水电（亿千瓦时）	其他（亿千瓦时）
智利	675.52	3.1	716.50	447.87	0.00	215.19	12.44
捷克	730.55	-0.8	807.50	416.30	262.85	26.75	24.64
丹麦	272.35	-7.6	330.22	151.06	0.00	0.13	121.15
爱沙尼亚	100.26	-9.4	119.29	95.14	0.00	0.25	4.90
芬兰	589.67	-4.5	680.13	251.82	205.69	120.64	11.56
法国	4846.91	-2.4	5507.95	281.50	3738.18	624.80	202.41
德国	5230.20	-4.1	5983.81	3315.49	831.13	218.03	865.54
希腊	424.53	-11.5	527.31	317.76	0.00	41.50	65.28
匈牙利	246.21	-4.8	282.56	105.00	132.55	2.75	5.86
冰岛	161.55	-0.2	177.52	0.01	0.00	115.78	45.74
爱尔兰	226.27	-0.4	250.39	175.53	0.00	8.29	42.44
意大利	2462.74	-3.4	2777.60	1504.45	0.00	541.94	416.36
日本	8841.14	-2.3	9942.94	7914.53	0.00	787.44	139.14
韩国	4669.51	-1.2	5187.95	3202.07	1362.88	70.64	33.88
卢森堡	24.92	-1.3	28.36	13.24	0.00	10.65	1.01
墨西哥	2638.18	0.3	2841.84	2086.57	83.06	364.05	104.49
荷兰	875.14	2.3	954.03	781.58	35.17	1.06	57.36
新西兰	394.62	4.3	411.12	94.14	0.00	219.80	80.71
挪威	1273.84	5.6	1336.85	30.82	0.00	1222.90	20.11
波兰	1317.89	-3.6	1498.91	1226.97	0.00	24.91	65.98
葡萄牙	461.90	1.9	504.56	196.80	0.00	148.32	116.79
斯洛伐克	221.71	-6.6	260.32	47.96	129.42	38.20	6.16
斯洛文尼亚	150.58	9.7	150.99	35.60	55.43	57.39	2.18
西班牙	2422.56	-3.6	2755.21	978.87	489.27	383.81	570.60
瑞典	1360.39	1.0	1490.05	117.86	559.56	583.95	99.01
瑞士	637.80	1.9	683.03	30.16	238.96	361.81	6.82
土耳其	2191.45	4.8	2299.37	1725.74	0.00	372.51	93.16
英国	2882.95	-6.9	3406.35	1976.41	524.07	75.16	307.27
美国	37755.68	1.3	40817.53	25874.29	7240.40	2552.62	2088.34

注：核发电量数据为0.00，原因是有些国家没有核电机组，有些国家停发，不是数据缺失。表格中的发电量结构数据是2014年1~11月的数据。

资料来源：IEA，“Monthly Electricity Statistics November 2014”。

2013年与2012年相比，发达国家的化石燃料发电比重微降，生物质发电、风电、太阳能发电及其他发电比重略微上升。如图2所示。

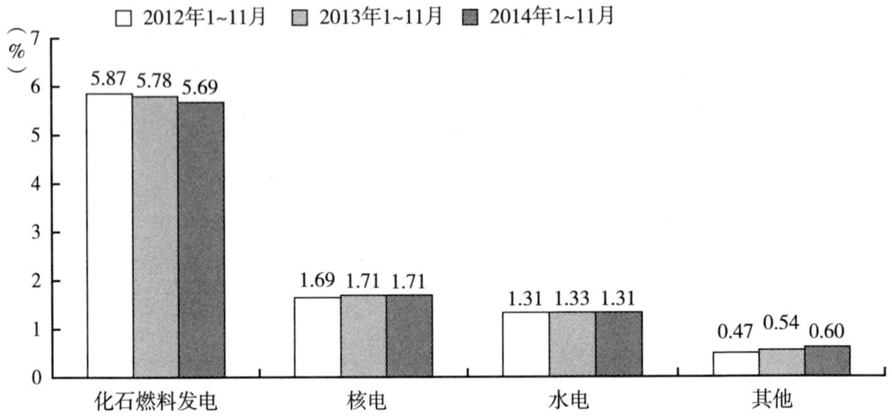

图2　2012年、2013年、2014年1~11月OECD国家发电量结构

具体来看，2014年1~11月，OECD国家化石燃料发电占总发电量的61.11%，核电达到18.38%，水电为14.10%，生物质发电、风电、太阳能发电及其他发电占到6.41%。如图3所示。与2013年1~11月比较，化石燃料发电比重下降了0.62%，生物质发电、风电、太阳能发电及其他发电比重上升了0.59%，水电下降0.10%，核电的发电比重上升0.15%。

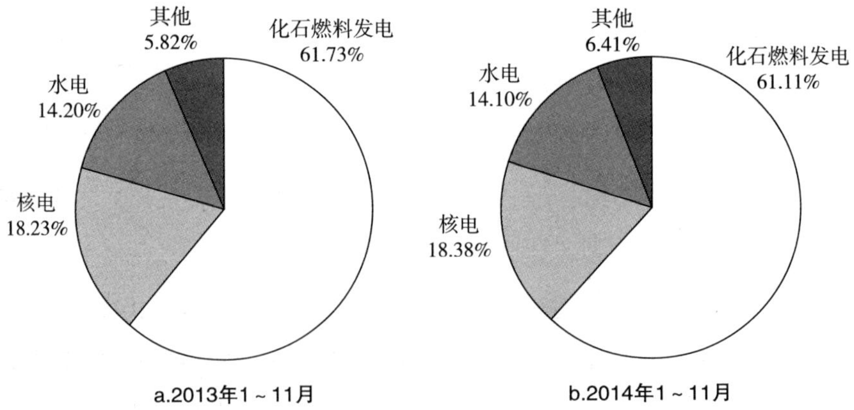

图3　OECD国家2013年和2014年发电结构比较

（二）发展中国家发电量增长势头强劲，带动全球发电量增长

2013 年，非 OECD 成员国发电量合计为 12.3098 万亿千瓦时，同比增长 4.8%；占全球发电总量的 53.2%。其中，中国占比最大，为 23.2%，增幅为 7.8%，高于平均增幅。虽然东南亚国家的增幅较 2012 年略有下降，增幅仍处于发展中国家发电量增幅的前列。其中，越南的发电量增幅高达 8.5%，印尼次之，为 8.2%。主要发展中国家的发电量如表 6 所示。

表 6　2012 ~ 2013 年世界主要非 OECD 国家的发电量

国家和地区	2013 年(亿千瓦时)	2012 年(亿千瓦时)	2013 年增减(%)	2013 年占比(%)
阿根廷	1387.99	1345.75	3.4	0.6
巴西	5574.19	5524.98	1.2	2.4
委内瑞拉	1317.13	1278.54	3.3	0.6
俄罗斯	10607.33	10692.88	-0.5	4.6
伊朗	2633.79	2477.00	6.6	1.1
沙特阿拉伯	2922.30	2735.60	7.1	1.3
埃及	1484.93	1472.38	1.1	0.6
南非	2560.74	2579.19	-0.4	1.1
中国	53616.19	49875.52	7.8	23.2
印度	11028.79	10538.66	4.9	4.8
印度尼西亚	2161.89	2003.18	8.2	0.9
马来西亚	1316.44	1249.18	5.7	0.6
泰国	1648.27	1664.46	-0.7	0.7
越南	1300.67	1202.10	8.5	0.6

资料来源：IEA，*2014 Key World Energy Statistics*。

（三）中国电力供应能力充足，电源结构不断优化，节能减排能力提高

2014 年，中国电力供应能力充足，装机总量及发电量进一步增长，总体供需形势宽松。其中，东北和西北区域供应能力富余多，华北区域供需总体平衡，部分地区偏紧，华中、华东和南方区域供需总体平衡。截至 2014 年底，全国全口径发电装机容量为 13.6 亿千瓦，同比增长 8.7%；全口径发电量 5.55 万亿千瓦时，同比增长 3.6%。其中，全口径火电发电量为 4.17 万亿千瓦时，同比下降

0.7%，为1974年以来首次负增长；全国并网风电发电量1563亿千瓦时，同比增长12.2%；核电发电量1262亿千瓦时，同比增长13.2%。

电源结构不断优化。2014年，中国非化石能源发电装机容量4.5亿千瓦，占总装机容量比重为33.3%；非化石能源发电量1.42万亿千瓦时，同比增长19.6%，占比首次超25%。2014年，风电投资完成993亿元，同比大幅增长52.8%；水电投资完成额为960亿元，同比下降21.5%；核电投资完成569亿元，同比下降13.8%；火电投资完成952亿元，同比下降6.3%。截至2014年底，中国并网风电装机容量为9581万千瓦，同比增长25.6%；全国全口径水电装机容量3.0亿千瓦（其中抽水蓄能2183万千瓦），同比增长7.9%；全国核电装机容量1988万千瓦，同比增长36.1%，核电在建规模2590万千瓦，新增核电机组5台，机组容量为547万千瓦，是中国投产核电机组最多的一年；火电结构进一步优化，全国全口径火电装机容量9.2亿千瓦，同比增长5.9%，其中煤电8.3亿千瓦，同比增长5.0%；气电5567万千瓦，同比增长29.2%。

2014年，电力行业单位发电量二氧化碳排放量比2005年减少约19%。2006～2014年，电力行业累计减排二氧化碳约60亿吨。2013年，全国6000千瓦及以上火电机组供电标准煤耗318克/千瓦时，同比下降3克/千瓦时，煤电机组供电煤耗保持世界先进水平。

2014年，中国发电设备利用4286小时（发电设备利用小时均为6000千瓦及以上电厂口径），为1978年以来的年度最低水平，同比降低235小时；风电设备利用1905小时，同比降低120小时；核电设备利用7489小时，同比降低385小时。①

三　电力投资

（一）中国电力投资增加，向电网倾斜趋势明显，特高压成为2015年投资重点

2013年，中国的电源投资达到3717亿元，电网投资为3894亿元，电网建设投资首次超过了电源建设投资水平。2014年，投资向电网倾斜的趋势更加明显。2014年的电源建设投入为3646亿元，同比减少5.8%；电网建设投入为4118亿

① 中国电力联合会网，http://www.cec.org.cn/yaowenkuaidi/2015-03-10/134972.html。

元，同比增加6.8%。中国国家电网公司计划于2015年再投资4202亿元用于电网建设，同比增幅将达9%。南方电网公司计划固定资产投资也达到了700亿元。[①] 根据国家电网公司规划，2015年，中国国家电网公司将开工建设14条特高压工程。

虽然目前中国电力需求增速减缓，但是未来中国电力市场发展潜力巨大，投资前景可观。“十二五”期间，中国电力工业投资规模将达到5.3万亿元。其中，电网投资2.55万亿元，占全部投资比重的48%，电源投资为2.75万亿元，占全部投资比重的52%；电源投资将向西部地区有所侧重；电网投资则侧重于主网架和配电网投资。[②]

（二）智能电网投资扩大，更加重视对外电力投资合作

2014年，全世界在智能电网以及蓄电技术等智能能源技术领域投资总额约为371亿美元，比上年增长10%。美国与欧盟国家的智能电网投资不断扩大；同时，对外电力投资合作扩展。

根据美国能源部（United States Department of Energy，DOE）的统计数据，美国约有70%的输电线路和电力变压器运行年限超过25年，60%的断路器等电力设备的运行年限超过30年。[③] 2014年1月，严寒天气下美国中西部数万居民遭遇停电，美国电网应对灾害性天气的电力供应安全性下降。美国电网安全可靠性急需加强。此外，由于美国的陆上风能资源主要集中在中部地区，太阳能资源主要分布在地广人稀的西南沙漠区域，远离东部负荷中心，美国电网规划与建设还面临着可再生能源大规模并网与消纳等问题。而且，随着美国分布式能源的发展，屋顶光伏、电动汽车与储能设施等导致电能双向流动，大大提高了电网系统技术与信息的复杂性，要有一个更加灵活柔性的智能电网，提高其可靠性。因此，美国政府非常重视智能电网投资建设，并将其列入能源战略框架。

2014年，美国能源部为了支持奥巴马总统的“气候行动计划”，并提高国家电网智能化水平，宣布将在微电网项目投资超过800万美元（约合4916万元人民币），使美国城镇能够在极端气候和潜在的电力中断事故中提高电力系统的安全可靠性。投资区域广泛，覆盖了包括阿拉斯加州、加利福尼亚州、伊利诺伊

① 北极星电力新闻网，http：//news. bjx. com. cn/html/20150228/592896. shtml。

② 智研咨询网，http：//www. ibaogao. com/tuozi/11261535402014. html。

③ 中国电力企业联合会，http：//www. cec. org. cn/guojidianli/2014 -01 -25/116114. html。

州、明尼苏达州、纽约州、田纳西州和华盛顿特区等区域。①

2014年11月，美国输电公司（American Transmission）发布了其十年发展规划，未来公司将在威斯康星州和密歇根上半岛地区投资33亿~39亿美元用于升级改造当地输电基础设施，较上一个十年规划投入增长了近9%。②

2014年6月2日，美国环境保护署发布报告，提出了电厂排放目标与若干监管建议，包括：到2030年，争取将美国发电厂的二氧化碳排放规模在2005年基础上下降30%；③ 并提议将促进对发电厂的低碳技术与可再生能源投资。如美国的伯克希尔哈撒韦公司就计划将其在太阳能及风能发电业务上的投资金额由目前的150亿美元增至300亿美元。

欧盟的主要国家包括德国、英国、法国、意大利和爱尔兰等国政府均表示支持智能电网建设，近几年均增加了对智能电网各个领域的投资。根据欧盟联合研究中心于2014年7月发布的《智能电网项目展望2014》报告数据：在2002~2014年第一季度中，欧盟各国共投资31.5亿欧元，参与实施了459个智能电网项目。其中，德国参与实施了135个项目，是项目最多的国家。而英国与法国各自投资了5亿欧元，为投资数额最多的两个国家。英国、法国、德国及西班牙四国的投资总额占欧盟总的智能电网投资总额的一半以上。研发方向包括电动汽车项目、分布式发电能源、需求侧响应和虚拟电厂等领域。在项目投资来源上，私人投资占49%，欧盟委员会大约投资22%，各成员国投资18%，监管资金占到9%。这些项目的参与主体主要是大学、输配电系统运营商与信息通信行业公司。在智能电表安装方面，欧洲有望在2020年安装2亿块智能电表，总投资额350亿欧元。④

此外，中美洲11国也将加强智能电网建设，2015~2025年投资超206亿元。根据中美洲国外知名研究机构（Research and Markets）发布的中美洲和加勒比地区11国智能电网市场研究报告，2015~2025年，中美洲和加勒比地区11个国家将在智能电网基础设施领域投入33亿美元（约合人民币206.5亿元），旨在降低目前20%的输配电损耗率以及每千瓦时19.8美分（约合人民币1.24元）的高电价。⑤

① 北极星电力新闻网，http：//news. bjx. com. cn/html/20140909/544808. shtml。

② 北极星智能电网在线，http：//www. chinasmartgrid. com. cn/news/20141110/562441. shtml。

③ 北极星电力新闻网，http：//news. bjx. com. cn/html/20140611/517591. shtml。

④ 中国行业研究网，http：//www. chinairn. com/news/20140717/142606904. shtml。

⑤ 北极星智能电网在线，http：//www. chinasmartgrid. com. cn/news/20150228/593098. shtml。

在电力投资合作领域方面，不同国家根据其能源战略取向有所调整，合作态度积极。如美国不仅重视与周边南美国家合作，还积极援助非洲电力建设。根据智利《信使报》2014 年 9 月 29 日报道，美国企业与智利投资 13 亿美元兴建天然气发电项目。美国 Australis Power 和 Cheniere 能源公司与智利 ANDES 矿业能源公司及 Innergy 天然气管道公司将共同投资，在智利南部比奥地区（第八大区）开发液化天然气发电项目，总投资将达 13 亿美元，发电能力为 700 兆瓦。该项目几周后将开始进行环境评估程序，预计 2017 年投入运营。①

2014 年 6 月 6 日，美国举行首届美非峰会，积极推进奥巴马的“电力非洲”（Power Africa）计划。该计划于 2013 年发起，主旨是增加非洲大陆的电力供应，由美国政府予以部分资金支持，并带动民间配套投资。② 美国总统奥巴马宣称，美国企业将对非洲多个能源领域进行投资，投资额约为 140 亿美元。其中，美国通用电气投资 20 亿美元力图推行美国“电力非洲”计划；美国黑石集团（Blackstone）已与非洲工业集团签订了撒哈拉以南非洲地区的能源基建项目协议，投资额约为 50 亿美元。

乌克兰危机下，俄罗斯能源战略有所调整，东北亚区域能源电力合作将有所增强。从 2012 年起，中俄两国政府在电力领域合作上力度就在不断扩大。2012 年 1 月 9 日，中国首个国际直流输电项目（500 千伏中俄直流联网输电项目）建成投运；2012 年 4 月，中国国家电网公司同俄罗斯东方能源公司签署了长达 25 年的购电协议，协议规定：俄罗斯将于 2037 年前向中国供应 1000 亿千瓦时的电量；2013 年 3 月 22 日，国家电网公司与俄罗斯统一电力国际公司签署了《关于开展扩大中俄电力合作项目可行性研究的协议》，协议规定：中国将于 2014 年从俄罗斯进口 36 亿千瓦时电量。③ 截至 2014 年底，国网黑龙江省电力有限公司通过 110 千伏布黑线（布拉戈维申斯克变 - 110 千伏黑河变）、220 千伏布爱甲乙线（布拉戈维申斯克变 - 220 千伏爱辉变）和 500 千伏阿黑线（500 千伏阿穆尔变 - 500 千伏黑河换流站）累计进口结算俄罗斯电量 33.75 亿千瓦时。④

2015 年，俄罗斯与中国在水电领域的国际合作将进一步扩展。中国计划在 2015 年前将水力发电能力提高至 250 吉瓦；而俄罗斯为世界第五大水力发电国，

---

① 北极星电力新闻网，http：//news. bjx. com. cn/html/20121008/392673. shtml。

② 北极星智能电网在线，http：//www. chinasmartgrid. com. cn/news/20140806/534618. shtml。

③ 北极星智能电网在线，http：//www. chinasmartgrid. com. cn/news/20140813/536645. shtml。

④ 国务院国有资产监督管理委员会，http：//www. sasac. gov. cn/n1180/n1226/n2410/n314244/16194681. html。

目前仅实现20%的发电潜力，邻近中俄边境的河流利用率更低。中俄合作前景远大。如果中俄能够顺利达成水电长期供应协议，将推动俄东部水电产业发展，并将带动两国电力经济贸易和增长。未来将会加快中俄跨境电网建设和相应电力设备投资，投资前景远大。

（三）全球核能投资战略有所调整

2015年初，全球共有436座在役反应堆，核能总发电量约为37770万千瓦。2014年全球并网发电的新反应堆总装机容量达476.3万千瓦。其中，中国新增三个机组，阿根廷一个机组以及俄罗斯一个机组。2014年，全球共有三台核电机组开始动工建设，包括白俄罗斯、阿联酋与阿根廷各一个核电机组。上述机组开工使全球在建反应堆数量达到70台，总装机容量约为7400万千瓦。

2014年，日本政府暂停核电投资，并加速发展可再生能源。自2011年3月日本大地震和福岛核电站核事故后，日本政府和社会开始降低对核能的依赖。2014年，日本48座反应堆仍处于全线停堆状态，目前正在接受监管机构审查。福岛第一核电站的5号与6号机组已正式退役。虽然日本原子能规制委员会已批准四台机组重启，但这些机组尚未恢复运行。另外，17座反应堆的安全评估申请仍在评审阶段。同时，日本政府决定加大对可再生能源投资，如在太阳能发电设施方面增加高达12.1万亿日元的投资，在风力发电设备上增加10万亿日元的投资。

中东欧国家发展核电意愿增强，捷克、匈牙利与罗马尼亚等国政府均支持核电发展，计划增加核电投资建设。如捷克新政府支持捷克加速推进核电站建设，2015年计划建设2500兆瓦装机容量的核电机组，并使得核电发电量在未来满足全国50%的发电需求；匈牙利唯一的核电站——保克什核电站计划扩建的投资总额高达125亿欧元，俄罗斯将为该计划提供100亿欧元的贷款；罗马尼亚政府也表示了坚持发展核电的战略，计划对其唯一的核电站切尔纳沃德核电站，扩建两个核反应堆，并使得核电比重提高到40%。

（四）全球可再生能源发电投资加大

2015年1月14日，根据美国调查公司彭博新能源财经（BNEF）的公开数据，2014年全球的可再生能源相关投资额比上年增长16%，达到3100亿美元，接近2011年水平，相比2004年的602亿美元扩大了4倍以上。原因是光伏发电成本降低促进其投资加速。其中，光伏发电居首，投资额为1496亿美元，较上年增长25%；其次为风力发电，较上年增长11%，达995亿美元，为历史最高纪录。

2014 年，不仅美国、日本与欧洲等发达国家在光伏发电和陆上风力发电项目实施了大规模投资，中国、南美与非洲等国家亦是。美国可再生能源投资 518 亿美元（包含电力公司的资产融资 155 亿美元），较上年同期增长 8%。但美国风力发电投资出现急剧减少，原因是其生产税减免政策出现前景不确定性导致企业观望；日本可再生能源投资额比上年增长 12%，为 413 亿美元。欧洲国家中，可再生能源投资增速不一，英国为 152 亿美元，比上年增长 3%；德国为 153 亿美元，比上年增长 3%；法国投资额为 70 亿美元，比上年大幅增长 26%，原因是法国投资建设了一个 300 兆瓦级光伏电站，现为欧洲最大规模的光伏电站。

中国的可再生能源投资总额最大，高达 895 亿美元（包含 730 亿美元的资产融资），为历史最高水平，增速也高达 32%。发展中国家中，巴西的可再生能源投资增速惊人，较上年增长 88%，投资额为 79 亿美元；印度比上年增长 14%，为 79 亿美元；南非比上年增长 5%，为 55 亿美元。

部分国家的可再生能源投资额出现下降，原因与政府战略目标调整以及政策支持力度下降有关，如澳大利亚与意大利。前者投资额仅为 37 亿美元，比上年减少 35%，位于 2009 年以来的最低水平；后者投资额更低，仅为 20 亿美元，比上年大幅减少了 60%。原因是澳大利亚政府对可再生能源目标进行了调整，影响了开发运营商投资决策；意大利则是由于光伏发电收购价格补贴削减所致。

在可再生能源投资项目上，欧洲对海上风力发电的投资比较活跃，投资额为 660 亿美元，而且还有 7 个 10 亿美元规模的海上风力发电项目，已进入最终决策阶段。如荷兰的 600 兆瓦海上风电项目（投资额为 38 亿美元）、英国的 402 兆瓦项目（投资额为 26 亿美元）、德国的 350 兆瓦项目（17 亿美元）等。

光伏发电依然是日本和南非主要的投资项目。如日本濑户内市的 250 兆瓦的光伏发电项目，预计投资额为 11 亿美元；南非 100 兆瓦的太阳热发电项目，预计投资额为 10 亿美元，风电项目上有投资额为 8.59 亿美元的肯尼亚图尔卡纳湖 310.5 兆瓦项目；加拿大安大略省的 270 兆瓦风力复合发电项目，投资额约为 7.28 亿美元。

2014 年，风险投资和私募股权的相关投资额为 48 亿美元，比上年增长 16%，但远不及 2008 年的 123 亿美元。其中，主要的风投资金为：美国锂离子蓄电池厂商 Boston-Power 公司增资 2.5 亿美元，美国光伏发电系统设置商

Sunnova Energy 公司增资 2.5 亿美元，美国住宅用光伏发电融资运营商 Sunrun 公司增资 1.5 亿美元。①

四 电力贸易

（一）中国电力内部贸易增加，新能源跨区跨省外送规模扩大

随着特高压交、直流工程的顺利投运，中国国家电网跨区送电能力大幅增强。2014 年，特高压输电交易电量 1366.57 亿度，同比增长 88.30%，占电力市场交易电量的 20.13%。其中，通过特高压交流工程，由华北向华中地区输送电量为 102.51 亿度，华中向华北地区输送电量 21.23 亿度；通过特高压直流工程，华中向华东地区输送电量 915.3 亿度，西北向华中地区输送电量 132.06 亿度。

2014 年，国家电网通过跨区交易向“三华”地区输送电量 3912 亿度，减少“三华”地区标准煤燃烧 1.33 亿吨、二氧化碳排放 3.46 亿吨。通过跨区交易向北京、上海等一线城市输送电量 379 亿度、380 亿度，减少当地标准煤燃烧 1289 万吨、1294 万吨，减少当地二氧化碳排放 3352 万吨、3364 万吨。新能源发电，包括风力、光伏等，跨区跨省外送规模继续保持大幅增长势头，全年外送电量 190 亿度，同比增长 90.0%。

（二）亚洲电力贸易不断推进

2014 年 9 月 24 日，由总理莫迪领导的印度联合内阁正式批准印度至尼泊尔跨境电力贸易协议，旨在进一步促进印尼两国之间的电力贸易、传输与电网互联。目前，尼泊尔每年需从印度进口约 200 兆瓦电力，该输电线建设将为尼泊尔进口印度电力提供支持，并扩大印度对尼泊尔与其他周边国家的电力出口。该跨境输电项目目前正在建设中，预计于未来两年内完工。届时，印度至尼泊尔的电力出口量将增至目前的 2 倍。②

中国云南电网与缅甸、老挝、越南等国家的电网互联，建立了区域电力交换平台，电力贸易逐渐成为中国与东盟贸易的新增长点。2014 年，中国云南电网累计对越南出口电量为 19.76 亿千瓦时，对老挝出口电量为 2.21 亿千瓦时，从

---

① 彭博社，2015 年 1 月 21 日，转引自 http://guangfu.bjx.com.cn/news/20150121/583707.shtml。

② 北极星电力新闻网，http://news.bjx.com.cn/html/20140925/550200.shtml。

缅甸进口电量 14.96 亿千瓦时。在实现清洁能源利用的同时，为越南、老挝地方经济社会发展提供了充足、稳定的能源支持。

老挝不仅是电力进口国，还是电力出口国。未来还将投资水电，进一步加大水电出口。根据《南洋商报》报道，老挝与中日合资建设水电站，向周边电力短缺国家（如泰国、柬埔寨）供电，未来将成为东南亚主要的电力出口国。2014 年，老挝电力出口稳步增长，出口额高达 5 亿美元，占老挝出口总额的 20% 以上，主要向泰国出口，部分出口至柬埔寨。①

（三）欧盟电力贸易

欧洲互联电网（ENTSO－E，以下简称欧洲电网）包括欧洲大陆、北欧、波罗的海、英国、爱尔兰五个同步电网区域，此外还有冰岛和塞浦路斯两个独立系统。② 截至 2013 年底，欧洲电网 220 千伏及以上输电线路总长度约 30.75 万公里，电网总装机容量约 10.07 亿千瓦，发电量 3.35 万亿千瓦时，用电量约为 3.31 万亿千瓦时，服务人口约 5.04 亿。各成员国间交换电量约为 3873 亿千瓦时，达到用电量的 12%。

为了促进跨境贸易，部分国家正在加强电网升级建设。如 2014 年 10 月，塞尔维亚电网运营商 EMS 计划在未来六年投资 4 亿欧元对电网进行升级，并投资新建互联输电设施，以促进跨境电力贸易。塞尔维亚是西巴尔干半岛地区最大的电力市场，周边有 8 个邻国，跨境电力贸易市场庞大，但受到输电能力约束。③

五　电力并购

（一）中国国外电力并购速度提升

“一带一路”规划带动中国国外电力并购业务提速和业务扩展。2014 年 11

---

① 《电力贸易成为云南东盟贸易新增长点》，《云南日报》2015 年 1 月 13 日。

② ENTSO－E 的成员包括来自欧洲 34 个国家的 41 个输电网运营商。34 个成员国分别是：奥地利、比利时、波黑、保加利亚、捷克、克罗地亚、丹麦、法国、马其顿、德国、希腊、匈牙利、意大利、卢森堡、黑山、荷兰、波兰、葡萄牙、罗马尼亚、塞尔维亚、斯洛伐克、斯洛文尼亚、西班牙、瑞士、芬兰、挪威、瑞典、冰岛、爱沙尼亚、拉脱维亚、立陶宛、塞浦路斯、英国与爱尔兰。

③ 北极星智能电网在线，http：//www.chinasmartgrid.com.cn/news/20141014/554494.shtm。

月4日，中央财经领导小组召开第八次会议，主旨是研究制定丝绸之路经济带与21世纪海上丝绸之路的规划。同年11月举办的中国北京APEC峰会也将“加强全方位基础设施和互联互通建设”列为主要议题。借助“一带一路”规划，将推动中国与亚太周边国家电力的互联互通，实现电力投资与贸易合作，对加强电力基础设施建设与维护能源市场安全有重要意义。目前，中国与亚欧、非洲、美洲等国家加强了国际电力合作。①

2014年，中国收购海外电力资产速度加快，境外投资总额超过110亿美元。② 2014年1月3日，中国国家电网公司正式与新加坡能源公司交割SPIAA的60%的股权以及SP AusNet 19.9%的股权；2014年1月29日，成功收购了新加坡能源澳大利亚资产股权，包括新加坡能源国际澳大利亚资产公司（SPIAA）60%的股权和新加坡能源澳网公司（AusNet）19.9%的股权，并成功收购了港灯电力投资有限公司③；2014年2月7日，成功中标巴西美丽山水电特高压直流送出项目；2014年7月31日，与意大利存贷款公司签署协议，收购意大利存贷款公司的能源网公司35%的股权，收购金额约21亿欧元。目前，中国国家电网公司境外资产涵盖了菲律宾、巴西、葡萄牙、澳大利亚与中国香港等地区，规模超过230亿美元。④

（二）国际电力并购

2014年6月21日，法国阿尔斯通公司董事会宣布，接受美国通用电气公司对其能源业务的收购要约，金额约123.5亿欧元。法国政府也公开宣告，支持通用电气对阿尔斯通能源资产的收购。通用电气将在2015年完成收购手续。⑤

2014年，在电力设备与电缆市场上，也出现了重大并购事件。如2014年1月中旬，美国大型电线电缆制造商Southwire宣布收购科尔曼电缆，收购金额高达7.86亿美元。科尔曼收购案完成后，Southwire电缆企业成为北美地区最大的电线电缆制造商。2014年6月下旬，中国最大的电线电缆制造商远东电缆（现已更名为“智慧能源”）宣布收购上海艾能电力工程有限公司51%的股权，股权

---

① 北极星电力新闻网，http：//news. bjx. com. cn/html/20141114/564037. shtml。

② 北极星智能电网在线，http：//www. chinasmartgrid. com. cn/news/20140912/546053. shtml。

③ 该公司在香港证券交易所上市，是公司目前最大的上市公司股权投资项目。

④ 北极星电力新闻网，http：//news. bjx. com. cn/html/20140814/536737. shtml。

⑤ 北极星电力新闻网，http：//news. bjx. com. cn/html/20141010/553083. shtml。

转让款总计人民币17985万元。艾能电力主营业务为电力勘察设计及电力工程总承包，有资质承接发电工程、变电工程、送电工程、新能源发电等项目，电力设计及工程总承包业务已粗具规模。2014年10月下旬，马来西亚大型电线电缆制造商沙捞越电缆公司宣布收购Universal和Leader电缆公司交易完成，收购金额约4亿元人民币。①

① 电缆网，2014年12月10日，http：//www.cableabc.com。

热 点 篇

BLUE BOOK

Hot Spots Review

B.22

后乌克兰危机下俄罗斯的亚洲战略

余家豪*

摘　要： 乌克兰危机以来，美国及欧盟等西方国家和国际组织针对俄罗斯能源产业实施了定向制裁，使俄罗斯能源业发展在技术、设备、融资等多方面遇到阻碍。这些制裁手段加速了俄罗斯将油气市场从传统的欧洲市场转向新兴的亚洲市场，中国已成为俄罗斯天然气的重要买家。未来，俄罗斯将继续增加面向亚洲的石油天然气出口，这必将对地区和全球能源安全产生重要影响。因此，各国必须谨慎应对。

关键词： 乌克兰危机　俄罗斯　西方制裁　中俄能源合作　石油和天然气

2014 年爆发的乌克兰危机还远未结束，围绕着俄罗斯与美国、欧洲各国之间的僵局而展开的政策争论，已经让人们意识到政策制定者和能源市场的现实之

* 余家豪，博士，中国人民大学重阳金融研究院副研究员、中国社会院研究生院国际能源与安全研究中心特聘研究员。

间存在着深深的鸿沟。简要概括一下：在亚努科维奇总统被抗议者驱逐出基辅之后，俄罗斯控制了克里米亚地区；东乌克兰发生了暴力骚乱事件，俄罗斯随后在俄罗斯与乌克兰两国的边境地带集结了军队；与此同时，莫斯科违背了2014年4月签订的、旨在缓解该地紧张局势的《日内瓦协定》。这种情况一方面使俄罗斯与美国和欧盟之间的关系变得紧张，另一方面也加剧了俄罗斯边境地区的紧张局势，最终导致了自“铁幕”降落以来的东方与西方最严重对抗局面的出现，并很有可能造成各国长期外交政策的回弹。在此次危机中，有关能源问题的政策辩论冲突尤为显著。

在后乌克兰危机时期，中俄能源合作将决定亚欧未来的油气局势。俄罗斯是能源大国，其能源市场的重心在西方，但受欧美对俄制裁、乌克兰危机、油价下跌等地缘政治因素的影响，俄罗斯能源市场的重心逐渐转向东方。2014年，俄罗斯发表了一篇题为《2035年前的能源战略》的文章，强调了石油和天然气出口在其国家经济中占有重要地位。[①] 但不幸的是，美欧联合制裁很可能使俄罗斯美好的愿景落空。面对与西方诸国之间的对抗，俄罗斯坚持以油气为战略支点，并逐步把发展重心转到亚洲能源市场。从需求方来看，为维系自身经济发展，中国、印度、日本、韩国以及其他的亚洲国家一直在寻找充足、可靠的能源供应者，这使得俄罗斯发展与亚洲诸国的油气合作成为可能。中俄于2014年5月签署了天然气合同，成为一个具有战略性意义的开端。俄罗斯的亚洲能源战略将对中国乃至整个亚欧的能源安全和地缘政治产生深远的影响。

一　乌克兰危机引发俄欧能源对弈

（一）乌克兰危机后俄罗斯受到西方能源制裁影响

随着乌克兰危机的进一步加深，美国和欧盟制定了针对俄罗斯能源产业的定向制裁，以此减少俄罗斯的财政收入并迫使克里姆林宫合作以解决在乌克兰问题上的冲突。欧美对俄的制裁使俄罗斯财政状况雪上加霜。欧美首先掐断了俄罗斯能源公司获取资本的源头，并限制俄罗斯能源巨头在资本市场进行融资。接着，欧美对俄进行技术制裁，阻止西方技术进入俄罗斯石油和天然气工业，尤其是用于勘探深海、北极圈以及页岩层的钻探、试井和测井等技术。

---

① “Energy Strategy of Russia until 2035,” http：//minenergo. gov. ru/documents/razrabotka/17481. html.

为制裁俄罗斯，欧盟已经禁止与俄罗斯进行开采北极深海石油所需设备的贸易。这已经影响到俄罗斯石油公司与埃克森美孚石油公司在北极合作的旗舰项目。幸运的是，两公司每年在北极只有一次钻井窗口期，2014 年夏天两公司已经完成了勘探钻井，当时制裁还没有启动。但勘探钻井工作完成后，两公司不得不暂时搁置该项目，至少当前是这样。希望 2015 年钻井窗口到来时，政治局势会发生改变，制裁会被撤销。

同时，据《勘探与生产杂志》（*Razvedka and Dobycha*）报道，在 2014 年 10 月初，俄罗斯石油公司就透露了喀拉海勘探钻井的结果：该海域富含超轻油。俄罗斯石油公司需要设备和专家，在挪威北大西洋钻井公司（NADL）（NADL 公司为挪威海洋钻井有限公司的子公司，是世界最大的离岸石油钻井公司）的帮助下，勘探钻井得以完成。然而钻井工作刚刚结束，NADL 便将其钻探设备运回了挪威。俄罗斯石油公司失去了耐心，不再继续这一项目。

由于制裁因素的作用，使该事件变得更为复杂。俄罗斯石油公司与 NADL 公司签订的合同也已经推迟。

近两年来，俄罗斯石油公司与 NADL 一直在进行一项金额为 45 亿美元的合并谈判，在这一过程中将签署大量合同。① 按照原来的计划，俄罗斯石油公司本应在 2014 年 11 月的第一个星期签署一系列合同。然而，挪威加入了欧洲的对俄制裁队伍，并且将签署合同的时间推迟至 2015 年。事实上，如果这些合同得以按照原计划签署，双方都会在 2015 年 5 月前获得可观收益。

制裁也正在以其他方式破坏俄罗斯的能源工业。例如，到 2015 年底，俄罗斯石油公司需要再次为其公司债务融资。自从其被驱逐出西方信贷市场之后，俄罗斯石油公司便希望能从中国获得贷款。然而，据俄罗斯能源咨询机构研究员克鲁季欣分析，中国并不愿意借钱给俄罗斯，而且一直以来中国的贷款条件都不如欧洲有吸引力。② 当前，俄罗斯石油公司正在申请政府援助。

疲软的国内货币对于俄罗斯石油公司来说也是把双刃剑。一方面，卢布贬值降低了其作为出口公司的运营成本；另一方面，俄罗斯石油公司需要兑换美元来偿还债务。《莫斯科时报》报道指出："虽然汇兑造成 950 亿卢布的损失，但俄

① "Rosneft Signs Collaboration Deal with Seadrill," NADL. Rigzone, August 22, 2014, http: BH//www. rigzone. com/news/oil_ gas/a/134663/.

② Mikhail Krutikhin, "How China Overplays Rosneft and Gazprom," Vedomosti, August 18, 2014, (in Russian) http: BH//www. vedomosti. ru/.

罗斯石油公司在第三季度仍旧取得了10亿卢布的净利润。”① 相比之下，没有外债的苏古特石油天然气公司则完全从卢布贬值中获益。同一报道称，苏古特石油天然气公司已经获得了1.3万亿卢布的现金储备。

俄罗斯的另一个旗舰天然气项目——开发北极天然气的亚马尔液化天然气项目，同样遭受了能源与金融组合制裁以及针对个别人员的制裁等因素的影响。俄罗斯液化天然气期货出口主要有三大股东：泰克公司（60%）、Total（20%）和中国石油天然气集团公司（20%）。亚马尔液化天然气项目是泰克公司最大的成果之一，大部分天然气将会被输送到亚洲，一部分也会输送到欧洲。

该项目需要液化天然气技术以及进一步的融资，然而由于泰克公司遭到制裁（泰克公司是俄罗斯第二大天然气公司，是亚马尔液化天然气项目的主要股东），现在很难继续获得技术和融资。泰克公司是市场公认的、俄罗斯最具创新意识的公司，但现在不幸也成为乌克兰危机的受害者。因为泰克公司23%的股份由伏尔加集团、Gennady Timchenko控股的卢森堡基金，以及贡沃尔公司的前合作伙伴（正面临制裁）所有。② 西方银行已经拒绝亚马尔液化天然气项目的新的贷款要求，现在泰克公司唯一的希望就是俄罗斯政府能够伸出援手。

同时，寻找替代技术也非常困难，现在最后也是唯一的可能，便是从中国寻求帮助。但中国实际上没有生产这类加热器的经验，因此，如果与中国签约，亚马尔液化天然气项目将会成为中国企业第一次尝试生产此类技术产品的试验基地。

俄罗斯能够独自发展需要的技术吗？存在这种可能，但是满足上述项目需要——时间上可能无法补充生产所需——即便生产正在减速。制裁令俄罗斯LNG开发商面临困境。银行和投资者对俄罗斯的能源项目缺乏信心，油价下跌使未来预期价格走低，因而向LNG开发商提供资金的意愿受到影响；技术上的限制也会降低俄罗斯的油气生产效率。长期来看，资金与技术的空缺会拉低俄罗斯的原油产量，使俄罗斯陷入“无油可卖”的窘境。③ 因此，寻求同亚洲新兴经济体之间的能源合作，可能是俄罗斯应对制裁的一条出路。

---

① “The Winners and Losers of a Weak Russian Ruble,” The Moscow Times, November 10, 2014, http: BH//www. themoscowtimes. com/business/article/the – winners – and – losers – from – russia – s – weakened – ruble/510862. html.

② Christopher M. Matthews and Andrew Grossman, “U. S. Money – Laundering Probe Touches Putin's Inner Circle,” *The Wall Street Journal*, November 5, 2014. http: BH//online. wsj. com/articles/u – s – money – laundering – probe – touches – putins – inner – circle – 1415234261.

③ “Western Sanctions to Hit Russia's Vast Oil Industry,” Agence France-Presse, 12 Sep. 2014, http: BH//www. afp. com/en/node/2828200/.

（二）欧洲缘何不再畏惧俄罗斯天然气商

对俄罗斯天然气的强烈依赖使西方国家一直心存恐惧。西方国家一直希望推动其他 LNG 进口接收站和相关管道的建设，加紧寻找可用来替代的能源供应国。不过，尽管俄欧关系紧张，但是双方的相互依赖将在近期或中期之内维持不变。自 2006 年和 2009 年俄乌天然气争端以及运输停止事件发生以来，尤其是在 2014 年初，俄乌爆发克里米亚和顿涅茨盆地地区冲突之后，在天然气供应的多样化主题下，欧盟政界爆发激烈讨论。TAPTANAP 管线的开发将阿塞拜疆的天然气输送到欧盟，还有一些 LNG 进口输入站等小型的、单一国家之间的项目陆续完成，都证明了上述动向。

然而，欧盟仍然苦于没有找到很好的替代供应源。尽管挪威可以算作一个有力的供应伙伴国，但是俄罗斯以外的其他供应源都各自存在问题：北非的产量受到地区冲突的影响；欧洲本土受限于环境和地质上的难题，几乎尚未勘测到可以通过压裂技术能够开采的资源。另外，LNG 输出国则可能愿意把产品输出到价格更高的亚洲。对俄罗斯而言，由于其欧洲客户公开声明要停止或者大量减少购买俄气，因此也已经意识到不能将欧洲作为长期可靠的买家。尽管如此，短期来看，俄罗斯也找不到购买量像欧盟那么大的替代客户。

俄罗斯与中国之间签署的谅解备忘录并不包括价格等重要细节方面的协定。如果这些细节可以达成一致，并且这两个合同都得以实施，那么每年 680 亿立方米的天然气输送量将使中国成为俄罗斯最大的客户国家。但这个贸易量依然少于俄罗斯在 2013 年向欧盟输送的 1610 亿立方米。显然，俄罗斯仍然需要尽可能地找到一个像欧盟那么大的市场，并且俄罗斯必须面对多样化的困难局面而努力尝试继续逆流而上，以维持其市场份额。

（三）俄罗斯在欧洲天然气市场上的角色和面对的困难

2013 年，欧盟一共进口了 5410 亿立方米的天然气，其中包括 Gazprom 公司提供的 1610 亿立方米，占比约 30%。而且，东欧的立陶宛、爱沙尼亚等国一直完全依赖俄罗斯的能源供应。这是一种双向依赖，在更广阔的地缘政治环境中，双方也在利用价格、供应和法律等因素作为政治工具，一方面试图促进本国的能源来源多元化、减少对俄的依赖；另一方面努力维持市场份额。两者之间的一来一往的较量已经在欧盟法律的层面上以法律战争的形式打响。其中一个最简单的例子就是 Nord Stream 管线和欧洲天然气市场的立法豁免。

尽管面临上述经济和政府法律上的挑战，俄罗斯和 Gazprom 公司依然在努力保卫它们的市场地位，并试图适应新的市场环境。莫斯科有大量手段去维持良好商贸关系，也包括政治上的联系以及通过提供折扣、调整定位来消除政治担忧的能力。

重要的是，目前，俄罗斯和 Gazprom 公司与少数几个欧盟国家依然维持着较好的关系，比如匈牙利。俄罗斯通过这些关系来对乌克兰施压，并近乎垄断性地维持它们对 Naftogaz 公司的天然气供应。2014 年夏，俄罗斯中断对乌克兰供气，乌克兰和欧洲却通过“燃气回流”计划，利用空余的管道运能把俄罗斯输往匈牙利、斯洛伐克和波兰的天然气运回乌克兰。然而，Gazprom 的 CEO 阿列克谢·米勒（Alexey Miller）在同年秋天跟匈牙利首相维克多·奥本（Viktor Orbán）达成共识，终止了“燃气回流”计划，并提出把多余的燃气用于补充匈牙利的地下储藏点。

简单来说，与沙特阿拉伯的石油策略一样，俄罗斯采取人为地将油价保持在低位这种最简单的手段来维持市场份额。很多欧洲公司已经和 Gazprom 公司开始了谈判或者仲裁，争取获得更低的价格，Gazprom 公司也已经屡次做出让步。随着欧洲天然气市场枢纽的发展完善，现货价格已经越来越与石油价格脱钩，并且会日趋便宜。因此，这种动向虽然会削减 Gazprom 公司的利润，但同时也会使供求双方的贸易更加现代化、更加紧密。

（四）欧俄能源对弈趋势

总的来说，从经济、法律和政治层面上 2014 年的动向来看，出现两种不同的趋势：

第一种：众多欧盟立法者和舆论引导者对俄罗斯的能源供应有所不满。造成这种现象的原因包括：2006 年和 2009 年发生的断气事件，令他们对俄罗斯的能源供应稳定性缺乏信心；他们还对俄罗斯在非能源领域的谈判中利用“能源武器”而抱有政治上的担忧；同时他们自己也企图通过立法和法律同样使用“能源武器”向俄罗斯施加经济压力。鉴于最近乌克兰东部暴力活动的不断升级，以及俄罗斯坦克、炮兵部队和其他持重型武器武装者的不断进军，政治争端和其引发的能源供求关系破裂的局面将可能持续。

第二种：商业利益将会向制裁施加压力。这可以通过很多证据尤其是关于德国和英国的商界人士如何游说各自政府宽待俄罗斯的文章看出来。在 2014 年 3 月 22 日到 24 日在圣彼得堡举行的国际经济论坛上，便有西方的公司参与其中，而且，事实上越来越多的西方企业正参与到同类活动中。西方很多商界和政界的领袖直到同年6月17日发生的马航MH17被击落事件之后，态度才日趋强硬。

即使在那个时候，西方很多其他的公司依然在一些项目中维持着与俄罗斯的能源合作，比如之前提到的喀拉海勘测项目。那些合作项目一直持续到制裁迫使其终止为止。同类事例还有很多，比如德国的OPEL和NEL的联营项目以及核电站建设计划等。这些现象都在暗示，俄罗斯的能源项目对于欧盟而言仍然具有相当大的吸引力。

或许短期内可以见到，一旦政治形势发生缓和，制裁放松，俄欧之间的能源项目便会很快恢复。另外，鉴于中东和北非国家的安全形势以及LNG的价格现状，欧盟仍然缺少可以取代俄罗斯而成为新的能源供应来源的备用选项。不确定性存在于细节之中。关系何时才能正常化？同时，俄罗斯的经济将受到多大的伤害？

对于俄罗斯而言，和中国的交易将最终使Gazprom公司的客户名单更加多样化，从而获得更大灵活性。但是这些管线要到2018年才能建成。即使到那时，连接俄罗斯东西部油气田的基础设施也可能尚未建好。鉴于俄罗斯经济面临的地缘政治和经济现状，尽管俄欧关系将继续呈现紧张态势，但是显然，俄罗斯和欧盟在未来相当长一段时间内，都无法摆脱相互的依赖关系。牛津大学能源中心估计，2030年，欧洲对俄罗斯的能源需求将下降到约每年1000亿立方米。从另一个角度来讲，俄罗斯也急需打开亚洲市场以缓解对欧洲市场的过度依赖。①

二　俄罗斯调整亚洲能源战略格局

（一）中俄能源合作是俄罗斯亚洲能源战略的支点

在亚洲，中国、韩国、日本和其他的新兴经济体对石油和天然气的需求呈持续上升的势头。增加天然气使用量以减少对煤的依赖，是中国的能源战略；日本对进口能源的需求在福岛核电站事故后显著增加；韩国对于进口能源的依赖程度也相当高。面对亚洲地区如此强劲的能源需求，俄罗斯对亚洲诸国的油气出口量却很低。《2035年前的能源战略》提出，俄罗斯需要把对亚太地区的能源出口比重提升至28%。其中，石油和石化产品增加到23%，原油增加到32%，天然气

① “Reducing European Dependence on Russian Gas-Distinguishing Natural Gas Security from Geopolitics,” http：//www.oxfordenergy.org/wpcms/wp－content/uploads/2014/10/NG－92.pdf.

增加到31%。亚洲国家，尤其是中国、韩国和日本，亦希望抓住俄罗斯市场东移的机遇加强自身的能源战略建设。

2014年的乌克兰危机迫使俄罗斯在亚洲市场寻找突破口，因此也加快了中俄签订天然气东线合同的节奏。中俄天然气合作是一个突破，更是俄罗斯深化与中、日、韩市场合作的开端，为俄罗斯的亚洲能源战略打下了重要基础。牛津大学能源中心资深研究员白根旭指出，中国是俄罗斯亚洲能源战略版图中一个重要的部分，中国对俄罗斯的立场也能反映出俄罗斯进入亚洲市场的难度。

中国的能源战略目前需要摆脱对煤炭的依赖，而使用相对清洁的天然气是一个不错的选择。由于要兼顾环境保护，中国对进口能源的需求正不断增加，进口俄罗斯天然气有助于改善中国的能源消费结构，并且使能源供应趋向多样化。①不过，中俄能源合作并非一帆风顺。中国在2009年与俄罗斯在石油管道项目中展开合作，当时，双方的合作可以缓解Gazprom公司在金融海啸中所遭遇的资本困境。但是在2011年，该项目因原油管道问题而运输中断。另外，从2006年以来俄罗斯对欧洲天然气出口贸易中的不良记录来看，俄罗斯也并不是一个非常可靠的能源供应国。

尽管如此，中俄天然气合作的空间和前景仍然十分广阔。一来俄罗斯通过东线管道每年输往中国380亿立方米天然气，远无法满足中国的战略需求；二来双方在油气领域数十年来的谈判、合作项目以及双方的互动，都为将来的合作打下了基础。

（二）俄罗斯东移进入亚洲的其他市场

俄罗斯需要把握住亚洲的机遇，并且应该努力在亚洲市场占据更多份额。石油和天然气尤其是天然气，将是俄罗斯能源亚洲战略的关键。能源需求旺盛的亚洲已经为俄罗斯的石油出口创造了绝佳的机会。中俄天然气合同是一个突破口，但问题在于，俄罗斯应该如何进入亚洲的其他市场。

目前而言，俄罗斯正在通过管道和油轮向亚太地区输送石油和天然气。日本是俄罗斯LNG和石油的主要消费国，韩国8%的进口LNG来自俄罗斯。另外，俄罗斯正在推动巴基斯坦和印度的管道项目，如土库曼斯坦－阿富汗－巴基斯坦－印度天然气管线（以下简称TAPI）。这些项目将使俄罗斯得以向东亚和南亚

① “Energy Development Strategy Action Plan (2014－2020),” http://www.gov.cn/zhengce/content/2014－11/19/content_9222.htm.

输送更多的天然气。此外，俄罗斯在太平洋沿岸还有更长远的LNG出口计划，该计划试图从西伯利亚向日本、韩国和其他亚洲国家输出LNG（见表1）。

表1　俄罗斯与亚洲诸国的主要油气项目

项目	类型	目的地	项目时间	出口能力
东西伯利亚－太平洋管道	石油	日本、中国、韩国	第一阶段：BH 2009；第二阶段：BH 2012	最大出口能力：BH 160万桶/日
库页岛－I	石油和天然气	日本、中国、韩国	2006年开工	De－Kastri港的出口能力为25万桶/日
库页岛－II	石油和天然气	日本、中国、韩国、印度、泰国	1999年（石油）2009年（LNG）	出售150亿立方米/年的天然气给亚洲市场
库页岛－III	石油和天然气	中国和其他亚太国家	—	—
符拉迪沃斯托克LNG站	天然气	中国	2020年预计3座	150亿立方米/年
库页岛－哈巴罗夫斯克－符拉迪沃斯托克管道	天然气	中国、日本、朝鲜	2011年	最大输气量365亿立方米/年
西伯利亚能源管道	天然气	中国	预计2019年	380亿立方米/年，最大输气量610立方米/年
阿尔泰管道	天然气	中国	—	300亿立方米/年

资料来源：Gazprom、Rosneft、美国能源信息署、中石油。

俄罗斯要考虑的问题是，尽管亚洲市场需求强劲，但从符拉迪沃斯托克输出的俄罗斯LNG能否竞争得过来自美国、加拿大和东非的LNG。再者，乌克兰危机之后，日本也追随美欧对俄实行了制裁，这令日俄双方的能源技术合作陷于停滞状态。为此，俄罗斯只好加快与中国进一步合作的脚步。

中俄在2014年11月签订第二条天然气管线合作备忘录，或者称为西线天然气项目。① Gazprom公司将从西西伯利亚通过阿尔泰地区向中石油每年输送300亿立方米的天然气。通过东西两线，俄罗斯每年将向中国输送680亿立方米天然气。这些工程为进一步扩大中俄管线，即从中国山东至韩国的海底天然气管道，

① Putin, "Xi Jinping Sign Mega Gas Deal on Second Gas Supply Route," *Russian Times*, 9 Nov. 2014. http://rt.com/business/203679－china-russia-gas-deal/.

奠定了基础。扩大后的管线将中、俄、韩三国连接起来。中俄韩跨国天然气管网一旦完工，日本也将加入其中。

俄罗斯进入亚洲市场将对地区和全球的能源安全产生重要影响。首先，西线工程竣工后，俄罗斯可以选择将天然气出口到欧洲或者亚洲，使自己成为可以在两者之间“摇摆”的能源供应国；其次，通过向韩国扩建管道，中国由一个天然气进口国转变为一个天然气中转国，这有利于中国加强天然气基础设施建设；最后，假设俄罗斯向中国出口天然气在价格上拥有足够的竞争力，通过东、西二线俄罗斯天然气将进入中国市场，这对于那些以中国为目标市场的、其他地区的LNG生产商而言是个坏消息，但同时也增加了中国在LNG长期合同谈判时的筹码。这种局面将改变亚洲的LNG定价体系，中、日、韩等亚洲消费国有望摆脱高额的LNG溢价。①

俄罗斯正在增加对亚洲的石油天然气出口。这不仅有利于亚洲，而且也有利于消除制裁对俄罗斯经济产生的抑制作用。同时，俄罗斯和其他亚洲国家也有望共同开发钻探技术，打破对西方石油公司的技术及资本依赖。②

俄罗斯一直试图从亚洲能源市场中分一杯羹。短期来说，中俄将会推进能源合作；而在长期，俄罗斯将放眼东北亚能源合作。随着这些项目的推进，亚太地区的LNG市场将发生根本性变化，从相对充足、偶尔紧张的供应状况，可能会逐渐转变为供应过剩、价格跌落的局面。然而，如果双方不尊重市场与协定，合作就会变得毫无意义，未来的合作细节也将随双方兴趣的变化而发生改变。只有双赢与公平才能维系起中俄长期的伙伴关系。中俄之间的天然气合同受地缘政治的影响，并且依赖于两国复杂的双边关系。亚洲天然气市场上将出现越来越多的地缘政治和经济竞争，处于水深火热中的俄罗斯必须谨慎处理。

三　后乌克兰危机时期能源研究的四个新思路

对俄制裁论、俄罗斯市场重点东移和欧俄能源博弈论等观点，似乎忽视或至少过于简单化了全球石油市场相互关联的本质，以及源于地区石油市场动态的相

① Keun-WookPaik, *With China Deal*, *Russia Stands at Centre of Energy Geopolitics*, Chatham House 2014；还可见 Keun-WookPaik, *Sino-Russian Oil and Gas Cooperation*: *The Reality and Implications*, Oxford University Press, 2014.

② “Western Sanctions on Russian Oil and Gas: The Turn of the Screw?” *Natural Gas Europe*, 28 Aug. 2014, http://www.naturalgaseurope.com/western-sanctions-impact-russian-oil-and-gas.

互依存。因此，依据此而得出过于极端的结论是不成熟的。这一事件引发四个突出问题。

第一，如何解释所讨论的政策提议与能源产业的市场基本原理不协调？例如，荷兰病的问题。如果实施了误导性的政策，便需要在研究上付出更多的努力，并且使这些交流成果可以被决策制定者尽可能地了解。

第二，俄罗斯与美国和欧洲之间的平衡挑战了全球治理的概念。主要产油国和石油消费国间日益深化的相互依存，能源领域新的参与者的崛起，比如中国和印度以及新能源议题的出现，都导致了控制着全球能源的政府出资机构与非政府机构间的日益复杂的结构。同时，全球能源治理结构日趋规则化和多边化，在重视传统安全和国家实际利益的情况下，需要在中国的能源来源、输送、使用等方面进行严肃讨论。

第三，有关相互依存的内容的讨论，持续了长达 20 年之久。能源格局是否回到由地缘政治能源范式主导的时代？地缘政治因素作为一项至关重要的能源范式，可能会对过去几十年中达成的多边协议的可行性提出疑问。

第四，因为未来十年全球能源需求的主力将是亚洲国家、中东国家和拉丁美洲国家，国际油气的制度化协议会很大程度上要求这些国家的同意和参与，来确保全球能源市场的稳定性并在全球能源体系中平稳地创造新的能源中心。

总而言之，乌克兰危机将开拓未来社会科学不同路径的研究，以鼓励开拓未来性的研究路径。笔者可以得出结论，即此次危机标志着一项根本性的变化，即从市场功能更加传统的年代转向一个资源更加多元的年代。安全和治理的新观念非常重要，这些新观念在应对 21 世纪全球能源挑战上也将发挥重要的指导作用。

B.23 大事记

贾　潇*

2014年中国能源大事记

时　间	事　件	国内及社会影响
1月13日	全国能源工作会议在京召开。国家发展和改革委员会主任徐绍史出席会议并讲话	吴新雄在会上提出了2014年能源工作思路:全面贯彻党的十八大和十八届二中、三中全会精神,认真落实党中央、国务院各项决策部署,围绕保障能源战略安全、转变能源消费方式、优化能源布局结构、创新能源体制机制等四项基本任务,着力转方式、调结构、促改革、强监管、保供给、惠民生,以改革红利激发市场动力活力,打造中国能源"升级版",为经济社会发展提供坚实的能源保障
1月20日	中海油发布公告披露了2014年的经营策略,2014年中海油的资本支出将达到1050亿~1200亿元人民币,目的是为了加大勘探开发力度	这上千亿元的资本支出,将被用于开发、勘探和生产资本化投资,占比分别为65%、19%、14%。中海油称,公司2014年的净产量目标为4.22亿~4.35亿桶油当量,其中收购尼克森公司带来的净产量约为6900万桶油当量,均低于预期
2月11日	中国几大上市煤炭生产商的股价已经跌至历史最低水平,燃料价格的下滑令煤炭巨头偿还债务变得更加艰难	作为全球最大的煤炭生产国和消费国,经济增速放缓和提高替代燃料使用的努力正在拉低煤炭价格。上个月,两名知情人士透露,中国银监会已经要求各地分支机构加强对煤炭开采行业信贷风险的审查,显示出政府对可能出现的违约问题的担忧
2月17日	国家电网中标巴西美丽山水电特高压直流送出项目	这是国内争议不断的特高压首次赢得国际认可,最乐观的观察家甚至认为,特高压有望借此成为"高铁外交"之后,"中国制造"的又一张外交名片

* 贾潇，任职于中国社会科学院研究生院工作处。

续表

时间	事件	国内及社会影响
3月3日	动力煤期货首次出现全线跌停。其中,主力合约1405下跌26元/吨至515.6元/吨	煤炭的疲弱还与目前的社会经济环境有关。中国国际期货郑州营业部交易部经理鲁深对记者表示,在雾霾频发的背景下,公众对环境治理的期望更高,相关部门可能出台更多的节能减排政策,抑制煤炭消费。此外,上周末公布的2月PMI数据显示经济仍然处于下行通道,多重利空因素叠加致使短期资金大幅看空市场
3月21日	国家发展和改革委员会印发《关于建立健全居民生活用气阶梯价格制度的指导意见》,部署建立健全居民生活用气阶梯价格制度	建立健全居民生活用气阶梯价格制度,在保障居民基本生活用气需求的前提下,充分发挥阶梯价格制度的调节作用,引导居民合理用气
3月24日	国家发展和改革委员会、国家能源局和环境保护部三部委联合发布《能源行业加强大气污染防治工作方案》	能源的生产和使用是大气污染物的主要来源,能源行业必须承担起源头治理的责任。大气污染防治同时也是倒逼能源结构调整、转型发展的重要契机
3月31日	中石化此前确定的旗下销售板块正式单飞的日子	易捷便利店和加油站的实体网络,可以接入商品零售和餐饮、信息服务以及汽车服务等,而且"石化易捷网"电子商务平台以及加油卡网上服务平台,可以成为电商平台和互联网支付行业的对接窗口。据了解,研究所研究的项目将涵盖上述各项领域
4月1日	国家主席习近平对荷兰、法国、德国、比利时进行国事访问,出席在荷兰海牙举行的核安全峰会	本次访问取得多项能源合作成果,其中明确中广核将参股法国电力在英国拟建的核电项目,中海油与道达尔签署LNG合作协议
4月9日	山西省统计局近日发布的数据显示,2014年1~2月,山西省工业主营业务收入同比下降超过8个百分点,为2010年以来首次下降	1~2月煤炭行业经营持续困难,亏损达40亿元,首次让出行业利润第一的位置。同期电力工业实现利润25亿元,成为全省工业中利润最大的行业
4月18日	中共中央政治局常委、国务院总理李克强在北京主持召开新一届国家能源委员会首次会议	会议认为,能源是现代化的基础和动力。当今世界政治、经济格局深刻调整,能源供求关系深刻变化,能源仍是国际政治、金融、安全博弈的焦点。能源供应和安全事关我国现代化建设全局
5月9日	"海洋石油981"钻井平台在西沙中建南区块开始作业,中国首次进入南海进行油气勘探	中国国务院总理李克强在雅典参加"中希海洋论坛"期间首次提出了中国的海洋观,以三个关键词"和平、合作、和谐"向世界阐释了中国海洋开发的理念、方式和原则,也从侧面回应了东海和南海的争议

续表

时　间	事　件	国内及社会影响
5 月 21 日	中俄两国签署了一份让世界瞠目的“世纪大单”	中俄天然气合同签署的消息传出，俄天然气工业股份公司在莫斯科交易所的股票应声上涨 2%。“俄罗斯之声”题为“俄中终于喜结‘天然气良缘’”的文章称，该协议的签署意味着，俄罗斯保证了在拥有“欧洲前线”的同时又开辟了一个“天然气大后方”
5 月 24 日	我国自主建设的湖北日产 500 万立方米 LNG 国产化示范工程于 5 月 24 日引入天然气，历时 6 天系统调试，于 5 月 31 日 11 时流程全部打通，生产出 LNG 产品。截至 6 月 8 日，这套装置所有工艺参数完成系统优化和核定，运行安全平稳	专家表示，首座百万吨级 LNG 工厂一次性投产成功，标志着我国已拥有自主建设大型 LNG 工厂的技术、装备和能力
6 月	国家能源局研究制定了《大气污染防治成品油质量升级行动计划》	从 2014 年开始，全国供应符合国家第四阶段（国Ⅳ）标准的车用汽油（含乙醇汽油）；到 2014 年底前，全国供应符合国Ⅳ标准的车用柴油，停止生产销售符合国家第三阶段标准的车用柴油。2014 年预计可实现二氧化硫直接减排 8.3 万吨
6 月 7 日	国务院办公厅印发《能源发展战略行动计划（2014～2020 年）》，明确将南海列为重点建设的 9 个千万吨级大油田之一	这是中国首次提出在南海建设大油田，引发国内外舆论的关注和联想
6 月 13 日	中共中央总书记、中央财经领导小组组长习近平主持召开中央财经领导小组第六次会议，前所未有地提出推进四大能源革命——消费、供给、技术和体制	最高领导人弃用“革新”“改革”等常见字眼，罕见地以更为激烈的“革命”来描绘国家的能源战略，意味着现有能源发展模式将出现质变，背后是决策层“壮士断腕”的决心和魄力。 “中国栽树，世界乘凉”。在能源问题高度全球化的今天，作为全球最大的能源消费国和世界第二大经济体，中国推进能源革命的红利，必将惠及全球
6 月 19 日	国家发展和改革委员会下发《关于海上风电上网电价政策的通知》	海上风电政策在业界的期盼和政府部门的详细调研及决策下最终出台，对启动清洁能源开发新领域将起到直接推动作用
6 月 23 日	国家能源局在京组织召开全国“十三五”能源规划工作会议，部署动员“十三五”能源规划编制工作	党中央、国务院高度重视能源战略规划。做好“十三五”能源规划是实现“两个百年”奋斗目标和中华民族伟大复兴中国梦的需要，是能源行业贯彻落实转变职能、简政放权、推动行政审批制度改革、建设廉洁政府的需要，是推动能源生产和消费革命、促进能源持续健康发展的需要，也是更好地服务地方经济社会发展的需要

续表

时　间	事　件	国内及社会影响
7月	国家能源局发布《关于规范煤制油、煤制天然气产业科学有序发展的通知》	年产超过20亿立方米的煤制天然气项目和年产超过100万吨的煤制油项目报国务院投资主管部门核准。禁止建设年产20亿立方米及以下规模的煤制天然气项目和年产100万吨及以下规模的煤制油项目。煤制油(气)处于产业化示范阶段,要坚持统筹规划、科学布局、严格准入,在生态环境和水资源条件允许的前提下有序推进示范项目建设,适度发展产业规模
7月中旬	由国家发展和改革委员会牵头,建立了由多部委参加的煤炭行业脱困联席会议制度,连续组织召开了数十次会议,出台了30多项相关对策和措施助力煤企过冬。国务院领导对煤炭行业脱困工作做出重要批示	在此背景下,煤炭市场在临近年末时出现了一些积极变化,产量无序增长的势头得到遏制,煤炭价格小幅回升,但核心问题个个未破。要实现"煤价不下跌,库存不上升,货款拖欠不增加"的脱困目标,难度依然很大
7月31日	中国海洋石油有限公司("中海油")7月31日宣布,位于中国南海珠江口盆地的番禺10－2/5/8项目已投产,公司拥有该项目100%的权益	中海油称,番禺10－2/5/8项目位于中国南海珠江口盆地,海域平均水深约100米。该项目包括番禺10－2、番禺10－5和番禺10－8三个油田,依托番禺4－2油田相关设施进行开发,主要新建生产设施包括一座井口平台和9口生产井。该项目目前有4口井在产,日产原油约9000桶,预计2015年达到日产原油1.3万桶的高峰产量
9月2日	2014年亚太经合组织(APEC)第11届能源部长会议在北京圆满闭幕	会议围绕"携手通向未来的亚太可持续能源发展之路"主题,就加强能源安全和促进亚太地区能源投资和贸易、提高能源效率和发展可持续社区、促进清洁能源资源开发和化石能源的清洁化利用等四大议题广泛交换了意见,达成了一系列重要共识,并发表了《北京宣言》
8月21日	国家能源局、国家核安全局牵头,组织我国43位院士专家,对具有自主知识产权的三代核电"华龙一号"总体技术方案进行评审,专家组一致认为,"华龙一号"成熟性、安全性和经济性可满足三代核电技术要求,设计技术、设备制造和运行维护技术等领域的核心技术具有自主知识产权,是目前国内可以自主出口的核电机型	中核集团和中广核集团合作开发的自主三代核电"华龙一号"得到了国家权威的认可。这次评审会,将对进一步推进"华龙一号"国内落地和国外市场开发方面起到关键性作用,有了"华龙一号",中国核电走出去将从"借船出海"走向"造船出海"

续表

时　间	事　件	国内及社会影响
9月4日	《国家能源局关于进一步落实分布式光伏发电有关政策的通知》发布，针对制约当前分布式发电市场发展的诸多因素进行全面政策调整	国家发展和改革委员会出台《关于发挥价格杠杆作用 促进光伏产业健康发展的通知》，针对分布式光伏发电明确基本政策引导框架。但政策出台后并未带来分布式光伏发电项目的建设高潮。据国家能源局统计，上半年全国新增分布式光伏装机为1GW，仅完成国家能源局年初拟定的全年8GW目标的12.5%
9月初	国家发展和改革委员会、环保部和国家能源局三部委联合发布《煤电节能减排升级与改造行动计划（2014~2020年）》，煤电"对标"燃气机组成为不可逆的大势	近零排放绝非煤电行业自己的事，不能形而上地将煤电环保与其他行业割裂开来。近零排放机组所需煤质要求较高，大幅推广势必会将低质煤炭挤压到其他行业。自己身上拍打干净了，弄得别人满脸灰，而后者恰恰缺少煤电行业"污染集中治理"的优势条件，最终很可能极大抵消近零排放的环境效益
9月14日	中石化兑现了2月初抛出的"率先启动混改"的承诺，宣布25家境内外投资者将认购其全资子公司中国石化销售有限公司29.99%股权，突破千亿的引资规模也让这桩交易成为2014年全球最大的并购案	开了个好头的中石化并非孤例。中电投、国家电网、中石油等能源央企紧步中石化后尘，以领先政府制度设计的姿态纷纷宣布将启动混改
9月15日	"海洋石油981"钻井平台在南海发现深水高产大气田，这是中国海域自营深水勘探的第一个重大油气发现。中国深海油气开发由此翻开崭新一页	南海争议不囿于能源，但能源显然是争议存在的理由。纵观世界油气工业发展史，从陆地到海洋、从浅海到深海是必然趋势，而南海被誉为"第二个波斯湾"，战略价值不言而喻
9月22日	国家能源局在京召开能源监管工作会议	明确了未来五年能源监管的目标、重点任务和相关措施。2014年，国家能源局创新监管方式，以问题为导向，以闭环监管与协同监管为手段组织了20项重点专项监管
10月9日	全国煤电节能减排升级与改造动员电视电话会议召开	为了保证升级改造完成，国家能源局将会同相关部门制定考核办法，对各省、区、市和中央发电企业煤电节能减排工作进行年度考核，对目标任务完成较差的将进行通报并约谈相关负责人。 多位业内人士认为，此次国家对煤电机组节能减排升级与改造动了真格，更为严格的排污控制标准对除尘、脱硫、脱硝技术有了更高的要求，估算将带来超400亿元的再次改造市场

续表

时　间	事　件	国内及社会影响
10 月 11 日	财政部、国家税务总局联合出台的《关于实施煤炭资源税改革的通知》正式公布，自 2014 年 12 月 1 日起在全国范围内实施煤炭资源税从价计征改革，税率幅度为 2% ~ 10%，同时清理相关收费基金	具体适用税率由省级财税部门在税率幅度（2% ~ 10%）内，根据本地区清理收费基金、企业承受能力、煤炭资源条件等因素提出建议，报省级人民政府拟定。结合当前煤炭行业实际情况，现行税费负担较高的地区要适当降低负担水平
10 月 13 日	我国页岩气开采核心技术近日取得重大突破，用于地下水平井进行分段的"分割器"——桥塞商用成功，这使我国成为继美国和加拿大之后，第三个使用自主技术装备进行页岩气商业开采的国家	水平井加多级压裂是目前美国页岩气开发应用最广泛的方式。不过我国的地质条件与美国不同，无法照搬，只有自主开发一条路。2011 年开始，我国页岩气开发主力军中石化石油工程公司开始了自主创新，用 3 年时间，相继实现了页岩气钻井、测录井和国家科技重大专项 3000 型成套压裂装备的国产化道路。桥塞作为分段压裂、加大产气接触面积的"分割器"，成为实现我国页岩气开发工程技术自主化的"最后一块拼图"
10 月 23 日	国家发展和改革委员会、财政部、工信部共同发布《关键材料升级换代工程实施方案》	全国首个石墨烯高新技术产业化基地有望落户常州，将成为全国首个"国字头"石墨烯产业化基地。工信部等部门也正在加紧研究"十三五"新材料规划，出台时间有望在 2015 年下半年，石墨烯入选该规划已基本落定
10 月 28 日	国家能源局向各省及相关单位下发特急文件《关于规范光伏电站投资开发秩序的通知》	在光伏发电市场快速扩大的情况下，在项目投资开发环节也出现了资源配置不公正、管理不规范和不同程度的投机获利现象，给光伏电站建设造成了不良影响
11 月 19 日	《能源发展战略行动计划（2014 ~ 2020 年）》指出，"十三五"末期，一次能源消费中天然气比重要达到 10% 以上，年产常规天然气 1850 亿立方米。同时，页岩气和煤层气开发这两项非常规气体的加速发展被视作全产业链上的突破重点	未来将努力建设 8 个年产量百亿立方米级以上的大型天然气生产基地。到 2020 年，累计新增常规天然气探明地质储量 5.5 万亿立方米，年产常规天然气 1850 亿立方米。国家发展和改革委员会的数据显示，我国 2013 年常规天然气产量为 1178 亿立方米，1850 亿立方米的目标将在未来推动上游生产不断加速

续表

时　间	事　件	国内及社会影响
11月20日	川藏电力联网工程投运	坐拥海量待开发水电资源的西藏被定位为我国“西电东送”的能源接续基地。藏木电站的投产将大幅缓解当地缺电之苦,同时让丰水期富余电力的外送需求变得迫切起来。换言之,西藏的电力市场形势发生了扭转:由内需转向外送。届时,原本向西藏送电的“青藏联网”,也将发生角色置换,成为“藏电外送”的主要渠道。而随着藏东水电的开发提速,“川藏联网”也将迎来同样的角色转变
11月24日	中国政府网公布了国务院印发的《关于取消和调整一批行政审批项目等事项的决定》,公布取消和下放58项行政审批项目,其中涉及能源领域的有6项。包括部分水电站项目、跨区域电网输配电价、发电机组并网和煤层气商品量分配计划等项目	在《决定》中涉及的6项能源项目,国家重点建设水电站项目和国家核准(审批)水电站项目竣工验收下放至省级人民政府能源主管部门;取消跨区域电网输配电价审核;取消中央政府专项资金使用审批之能源领域技术研发资金、行业规划和行业标准经费;取消发电机组进入及退出商业运营审核;取消发电机组并网安全性评价;取消重要商品年度计划审批之煤层气商品量分配计划
12月1日	财政部、国家税务总局发布《关于实施煤炭资源税改革的通知》,煤炭资源税终于迎来改革详情,油气等资源税亦将同步调	调整煤炭企业资源税,必须以清理收费为前提。方案将煤炭矿产资源补偿费费率降为零,停止煤炭征收价格调节基金,取消山西煤炭可持续发展基金、原生矿产品生态补偿费、煤炭资源地方经济发展费等,取缔省以下地方政府违规设立的涉煤收费基金
12月12日	中国证监会发布消息称,正式批准能源中心开展原油期货交易。这意味着原油期货上市工作步入实质性推进阶段	目前,国际石油市场供需格局正在深刻调整,消费重心进一步向亚太转移,亚太地区能源消费比例不断提升,特别是中国2亿多吨的原油进口量和近5亿吨的消费量,有众多的买家和卖家,市场参与群体众多,因此中国原油期货的上市,势必形成具有很强影响力的石油期货市场,将会在亚太地区石油基准价市场中扮演重要角色
12月24日	国务院常务会议讨论通过了新电改方案,待2015年中央全面深化改革领导小组会议讨论后将正式公布	本轮电改将不再“大拆大建”已基本成定论,“调度独立”几经博弈也已变成“交易中心相对独立”。增量部分的“配售电侧的改革”或成为重点,然而,售电放开非“网售分离”,如何剥离电网的售电业务、民资如何进入售电市场、如何建立多元售电市场仍存悬念

2014年国际能源大事记

时 间	事 件	社会及国际影响
1月7日	德国能源协会统计数据显示,2013年德国煤炭发电量达到1620亿千瓦时,创下1990年以来的最高纪录,较上年提高0.8%	德国能源转型说明,能源结构的优化不仅仅是增加优质清洁能源的使用,而是一个系统工程,煤炭依然有其一定的地位与作用,并不是人们传统认知上的"脏煤"
1月29日	美国总统奥巴马在首都华盛顿的国会大厦发表了年度国情咨文演讲	未来奥巴马政府能源策略的重心还将围绕着页岩油气、太阳能和气候变化做文章
2月23日	德国总理默克尔强调,到2050年德国可再生能源发电比例达到80%的目标不会变	德国大力发展可再生能源,使其成为能源转型全球最成功的典范,为全球环境污染问题、气候变化问题、能源资源约束问题的有效解决提供了有益尝试和宝贵经验
3月5日	英国路透社报道,伊拉克正重新夺回全球增长最快的石油出口国的称号	尽管受叙利亚战争波及,伊拉克局势恶化,但伊拉克仍可能创下历史上年度石油产量增长的最高纪录。伊拉克已经成为OPEC第二大产油国
3月13日	美国宣布将释放战略石油储备	美国选择释放原油储备,意在向俄罗斯施压,表明美国有能力应对地缘危机所引发的能源市场问题
3月24日	美国能源部批准了第七个液化天然气(LNG)出口项目	意在帮助欧洲盟友摆脱对俄罗斯能源的依赖
3月	中石化在香港宣布涪陵页岩气进入商业开发时代	这标志着中国是除北美之外,第一个实现页岩气商业开发的国家
4月10日	第12届中国国际煤炭大会在上海嘉里中心酒店举行	作为中国最大的煤炭生产及流通领域的国际行业盛会,中国国际煤炭大会为煤炭生产企业、煤炭消费企业、煤炭市场服务企业搭建平台,以便于交流行业信息、探讨市场发展、宣传企业发展
4月23日	欧盟委员会于23日批准了葡萄牙海洋可再生能源项目援助计划,援助资金将用于海洋可再生能源相关技术的开发,包括:波浪能、潮汐能和海上风能等	欧委会在批准决定中指出,该项目有助于欧盟达成其能源和环境目标,不会过度扭曲单一市场竞争,符合欧盟国家援助规则。欧委会竞争专员玛格丽特·维斯塔格认为,可再生能源技术的开发是未来发展趋势,对帮助欧洲实现其环保承诺至关重要,批准该援助计划是将新技术推向市场的第一步

续表

时　间	事　件	社会及国际影响
5月13日	美国能源部长欧内斯特·莫尼兹暗示,美国正在考虑放松长期以来对石油出口的限制	通过放松限制,帮助其盟友摆脱对中东、俄罗斯等石油出口国的长期依赖,无疑将增加美国对国际石油市场的控制力和影响力,改变国际能源格局,对世界政治、经济格局将产生深远的影响
5月20日	上海亚信峰会期间中石油和俄罗斯天然气公司签署了《中俄东线供气购销合同》。双方商定,从2018年起,俄罗斯每年对华供气380亿立方米,累计30年,总价4000亿美元	这一协议一定程度上为因乌克兰问题被西方制裁的俄罗斯缓解了困局,而对急需资源的中国经济则提供了又一个天然气供应来源
5月20日	中国和俄罗斯联邦签署联合声明,提出建立全面能源合作伙伴关系	声明提出,建立全面的中俄能源合作伙伴关系,进一步深化石油领域一揽子合作,尽快启动俄对华供应天然气,以开发俄境内煤矿和发展交通基础设施等方式扩大煤炭领域合作,积极研究在俄建设新发电设施,扩大对华电力出口
5月21日	亚太经合组织(APEC)第47届能源工作组会议在昆明开幕,提出要持续推进APEC各成员在能源政策、能源市场改革、新能源与可再生能源发展等领域的交流与合作	亚太地区是今后世界经济发展最重要的增长极,也是未来能源消费增长最快的地区
6月	国际油价继续"跌跌不休"的态势,"一泻千里"的油价不断创下新的纪录	油价大幅度下滑,表明国际石油市场在进行深度调整,这对石油进口依存度将近60%的中国的能源安全,既有有利的一面,也有不利的一面。如何抓住时机,积极筹划,是当务之急
6月2日	奥巴马政府绕过国会,公布了具有颠覆性的清洁能源计划,历史上首次对现有发电厂进行碳排放限制,要求在2030年之前削减二氧化碳排放30%	要实现这一目标,发电企业每年需要减少二氧化碳排放约5亿吨。这对燃煤发电厂来说是致命的一击。美国"页岩革命"为其再工业化和经济复苏提供了优质、价廉的能源,更增加了美国对全球气候变化问题的灵活性和话语权,对全球气候政治问题将产生深远的影响
6月5日	"中国-阿拉伯国家合作论坛"第六届部长级会议在北京举行	习近平主席发表题为《弘扬丝路精神 深化中阿合作》的主旨演讲,再次提出中阿共建"一带一路"的构想,构建"1+2+3"合作格局
6月10日	2014年加拿大国际石油、天然气及石化技术展览会在加拿大卡尔加里举行	该展览汇集了世界上各国顶级陆上石油装备及技术企业,是全球供应商展示最新石油和天然气工业技术、设备的综合舞台,也是中国企业在陆上石油、天然气领域发展客户的重要平台

续表

时　间	事　件	社会及国际影响
6 月 16 日	英国石油和天然气巨头 BP 发布了最新《世界能源统计报告 2014》	该报告显示，全球能源市场正在经历大变革，作为全世界能源消费总量前两位的国家——中国和美国的能源市场都发生了很大变化，中美能源消费需求总和占全球的 70%
6 月 17 日	中国海洋石油总公司发布消息，该公司分别与英国石油公司（简称 BP 公司）和壳牌在英国伦敦签署合作协议，立足于引进液化天然气（简称 LNG）以及进一步发展全球合作	根据中国海油董事长王宜林与 BP 公司执行副总裁 DevSanyal 签署的框架协议，自 2019 年起，BP 公司将从其全球 LNG 资源组合中向中国海油每年供应多达 150 万吨的 LNG 资源，供应期限 20 年
6 月 18 日	中国海油与壳牌共同宣布，已签署一份全球战略合作协议	该协议再次确认双方致力于推进在中国和全球的战略合作关系。同时，该协议还确认双方将致力于共同探索上游、中游和下游的更广泛的合作
7 月初	国家能源局消息称，中美已签署一项初步协议，两国将在战略石油储备方面进行合作。美国能源部在一份声明中表示，双方将分享与石油储备有关的技术、管理和政策问题的信息	这将是中国能源行业国际化的步骤之一，能源政策透明化的步子在加大。对于此番和美国推进石油储备方面的合作，尽管短期内无法在国际市场上造成影响，但对于中国能源企业来说也是一个积极的信号——中国的能源贸易投资政策正在逐步放开限制
7 月	美国商务部表示凝析油等非精炼油属于“商品”，开始允许原油出口	随着近年来美国“页岩气革命”的爆发，页岩油产量增加，这不仅使美国的能源独立政策向前迈出了一大步，也加速了对石油出口管制放松的讨论，并取得了实质性进展
7 月 16 日	美国总统奥巴马宣布，美国决定对俄罗斯实施第四轮制裁，包括能源、金融、军工行业多家巨头共同实施	能源领域历来是世界主要经济体政治博弈最重要的场合之一，是影响世界政治格局的重要地缘政治领域
8 月 14 日	俄罗斯总统普京 8 月 14 日在视察克里米亚地区发出的媒体声明稿中表示，俄罗斯应该致力于在全球范围以卢布来出售自己的石油和天然气，他也指出，使用美元作为能源贸易中单一的定价货币正在伤害俄罗斯的经济	去美元化，搞掉美元霸权，这已不是“将来时”，而是全球协调一致的“进行时”。中国正在去美元化。普京明确提出要搞掉石油美元，抓住了搞掉美元霸权的要害。普京的提议具有可行性，中国应当积极支持
8 月 20 日	利比亚称，其国内最大的油港在经过长达一年的关闭后现恢复石油出口	尽管利比亚较大城市的战况仍激烈，但石油产业正在恢复运营。利比亚西部最大的油田 Sharara 油田恢复了生产，再加上石油出口港口的重新开放，已使利比亚的日原油产量提高至大约 56 万桶，大约是 5 月末日产量的 4 倍

续表

时　间	事　件	社会及国际影响
9月2日	第11届APEC能源部长会议在北京举行,会议以"携手通向未来的亚太可持续能源发展之路"为主题,旨在加强亚太地区能源合作,促进能源可持续发展,进一步维护能源安全	加强亚太地区能源领域交流以及能源生产国与消费国之间的合作,有助于缓解亚太地区能源供应紧张压力,保障亚太地区的可持续发展,为世界和平发展提供有力的支撑
9月11日	中国海洋石油总公司网站周四刊登公告称,中国2014年推出33个海上开放区块与外国石油公司合作,总面积126108平方公里	公告明确给出中国2014年海上开放区块位置图,以及开放区块拐点坐标表和开放区块概况,资料的关闭时间为2014年12月31日,而投标截止日为2015年4月30日
9月11日	装载40万桶美国凝析油的运输船抵达韩国全罗南道丽水港口,这是韩国41年来首次从美国进口原油	韩国专家分析称,如果能够打开从美国进口凝析油的渠道,韩国"过度依赖中东"所带来的风险就会有所缓解。"欧亚倡议"是朴槿惠政府提出的经济外交构想,旨在通过欧亚地区国家之间的经济合作,扩大韩国的对外贸易,带动朝鲜进行开放,消除朝鲜半岛的紧张局势
9月12日	欧盟委员会批准立法,准备禁止俄罗斯国营油气企业从欧盟资本市场筹资。同日,美国总统奥巴马也宣布将加大对俄罗斯金融、能源和国防等行业的制裁力度	俄罗斯以能源为武器与美国和欧盟抗衡,试图增加对前苏联国家的影响力和控制力,以减缓西方发达国家对其政治、军事等方面的压力。西方发达国家以牙还牙,从而导演了能源领域一场新的大国较量的好戏。俄罗斯受美欧联手制裁
9月12日	中国国际石油化工大会在天津举办	本次会议以未来十年世界石油和化学工业发展趋势和中国区域创新发展为主题,希望各国代表加强交流、相互启迪,以期推动石化产业的发展和人类文明的进步
10月10日	中德双方共同发表了《中德合作行动纲要:共塑创新》	其中,能源合作占的比重很大,中德合作纲要提出,双方将在可再生能源、新能源汽车、环保科技等重点领域开展合作
10月15日	中石油和俄罗斯天然气工业公司自10月14日已展开了中俄西线天然气管道的磋商	中石油认为,这是实施中俄东线天然气项目的重要文件,为中俄东线天然气管道跨境段和各自境内管道的建设奠定了重要的法律基础
10月16日	第三届中国国际页岩气大会在北京召开	第三届中国国际页岩气大会将继续为页岩气行业内的企业赢得中国市场提供独一无二的平台。本次峰会在"大储量,多挑战"的主题下,将对中国市场业绩目标的核心问题进行深入解读

续表

时　间	事　件	社会及国际影响
10月24日	由中国国际经济交流中心等机构主办的中韩经济合作论坛开幕	多位中韩的智库专家将两国高层所提出的“一带一路”和“欧亚倡议”构想对接起来，并以此探索两国在能源等方面的升级合作
10月30日	俄罗斯和乌克兰10月30日就2014年冬季天然气输气事宜达成协议，涉及金额达46亿美元	根据协议，乌方将于2014年底前偿还俄方31亿美元债务并支付天然气预付款15亿美元，俄方则保证整个供暖季向乌方输气
11月2日	根据俄罗斯石油部公布的数据显示，尽管面对西方国家的经济制裁以及国际石油价格走低两大不利因素，俄罗斯在2014年10月仍旧维持其石油月产量规模基本不变	此前西方国家针对俄罗斯国内个人、银行以及能源企业启动了一系列的制裁行动，使得俄罗斯在北极、深水以及页岩气地区的石油期货产量受到巨大冲击，有俄罗斯石油企业已经发布警告称它们将通过削减成本的办法来缓冲外界制裁对其所产生的负面影响
11月11日	亚太经合组织第22次领导人非正式会议在北京雁栖湖举行。会议期间，国家主席习近平与美国总统奥巴马发布《中美气候变化联合声明》	该协议是中美关系的一个里程碑。美国和中国是世界上两个最大的经济体和能源消费国，也是最大的温室气体排放国。能源发展日益受到环境和气候因素的限制，也许是中美两国达成共识的主要推动因素之一。中美两国在应对气候变化方面有着不同的诉求和立场，两国加强合作对于全球应对气候变化有着重要的作用
11月底	石油输出国组织（OPEC）会议决定维持每日3000万桶的配额上限，不减产，这直接造成了油价的又一轮加速下跌	石油输出国组织（OPEC）再度发声维护此前宣布的不减产决定，称目前原油市场表现疲弱并非供需基本面的反映，可能是受投机者驱使所致，其有信心经受住油价走低的考验，不会削减石油产量。受此消息影响，国际油价再度刷新5年来的最低纪录
12月	欧洲光伏制造商协会（EU ProSun）向OLAF投诉，中国竞争对手绕道其他不在关税征收范围内的地区向欧盟出口商品以逃避关税并以较低价格销售产品	历时数年的美对华光伏企业双反调查进入终结阶段，如今欧盟又对中国太阳能企业展开了新一轮的避税调查。这是2013年欧盟执委会达成协议，允许中国制造商以最低价格向欧盟出口产品以来，中国太阳能设备生产商面临的最严峻挑战

B.24
后　记

由中国社会科学院研究生院国际能源安全研究中心主任黄晓勇教授主编、国内及海外能源问题专家参与撰写的《世界能源发展报告（2015）》（以下简称《2015世界能源蓝皮书》），基于世界权威机构发布的数据以及专家在各自研究领域掌握的翔实资料和洞悉全局的能力，对2014年的全球能源政策动向和市场走势进行了系统的分析，并提出了富有建设性的政策建议。

其中，黄晓勇教授和数量与技术经济研究所资源研究室主任刘强副研究员及研究生院王炜副教授、任朝旺副教授撰写了题为“世界能源发展及形势分析”的总报告，对过去一年里全球能源领域发展变化的新趋势、新变化、新战略进行了深入的剖析和探讨。

政策篇是《2015世界能源蓝皮书》的重点，其中在石油政策部分，由中海油研究总院首席研究员陈卫东、朱凯博士撰写的“中国的石油政策：能源革命目标下的政府与国家石油企业”，围绕着中国能源改革所面临的政策面的课题，进行了深刻地分析，并尝试性地提出了解决方案；中国社会科学院拉丁美洲研究所副研究员孙洪波博士以投资环境与合作风险对拉美能源领域的政策动向进行了把握；世界政治与经济研究所青年学者张春宇也从政策角度，对非洲各国、各地区的能源国际合作与本土化趋势做出了分析；美国研究所副研究员何兴强博士则从石油出口与环境保护方面分析了美国能源政策的新特点；哈尔滨师范大学教授陈宪良博士以东亚能源合作为重点阐述了俄罗斯石油政策的最新动向。天然气政策部分主要由何兴强博士、中国社会科学院俄欧亚所副研究员徐洪峰博士、亚太与全球战略研究院副研究员钟飞腾博士负责撰写，重点以美国、俄罗斯、卡塔尔以及中亚地区为例，对这些地区在出口、政策延续性和新趋势以及外交与亚洲市场、多元化等方面进行了梳理和分析。

在政策篇中还专门设置了可再生能源政策（德、中、日）、煤炭政策（澳大利亚、南非、印尼）、核能政策（法、日、韩、中）、电力政策（美国、欧盟、日本、俄罗斯）等章节，分别由国家发展和改革委员会能源研究所经济中心副主任姜鑫民博士、中国信息通信研究院李贺博士、人民日报总编室刘先云、中国矿业大学教授宋梅博士、中国电力大学副教授刘喜梅博士负责撰写。

市场篇是《2015 世界能源蓝皮书》的另一亮点，由陈卫东研究员、高松博士以“世界石油市场：2014 年回顾与展望”为题撰写了世界石油市场报告；由钟飞腾博士撰写了世界天然气市场报告；由宋梅教授撰写了题为“世界煤炭市场：需求、供给与贸易、并购”的世界煤炭市场报告；由姜鑫民副主任以发展及展望为主题撰写了世界可再生能源市场报告；由刘喜梅博士以投资与并购为主题撰写了世界电力市场。

《2015 世界能源蓝皮书》以香港青年能源问题学者余家豪博士的“后乌克兰危机下俄罗斯的亚洲战略”一文作为的热点篇报告收官。

继 2013 年、2014 年的出版至 2015 年 6 月，《世界能源蓝皮书》已经是第三次与各位同仁、读者见面。经过几年来的团结合作，黄晓勇教授担任主任的中国社会科学院研究生院国际能源安全研究中心，已经有了一支由中国社会科学院各研究所、各大学、科研机构、行业企业研究机构从事能源相关领域研究的中青年专业研究人员组成的团队。

团队中的各位中青年专家以国际关系、国际经济和国际政治等视角，从各自专业研究方向出发，聚焦世界能源各板块区域的新动向、新趋势，分析现状、把握未来。一方面希望能为各有关部门推动实现中国能源安全提供有益的政策性基础研究；同时也希望为我国能源企业实施国际化经营及从事该领域研究的同仁提供宝贵的参考借鉴。

感谢党中央和国家有关部门对《世界能源蓝皮书》的关怀和重视！也感谢中国社会科学院领导及相关职能局的指导和支持！感谢人民日报、人民网、新华网等媒体的关注和鼓励！感谢中国社会科学院研究生院国际能源安全研究中心各位理事和各位特聘研究员们！感谢参与选题、组稿、校对、翻译的国际能源安全研究中心秘书处工作人员的辛勤付出！

感谢国际清洁能源论坛（澳门）的苏树辉先生、周杰先生！感谢所有以所学所长力求为中国发展、为中国能源安全有所贡献而不吝一己之微力的各位同仁！

中国社会科学院研究生院国际能源安全研究中心

秘书长　王炜

2015 年 6 月 3 日

Abstract

Since 2014, the international energy situation has undergone major changes as evidence that the oil market experienced a severe shock, and prices fell nearly 50%. Under the strong dollar, slow global economic recovery, as well as the stable oil supply, oil prices are still not optimistic. Low oil prices will not only result changes in the global energy structure, but also will affect the world economy and political structure.

Despite the geopolitical situation is complicated, the supply of major oil and gas producing countries are still relatively stable, especially the US. Its economic recovery contributed the largest share of energy supply, coupled with other countries, particularly developing countries, suffered from slow economic growth. All these will lead the energy market to continue to maintain the oversupply situation. The outbreak of the Ukraine crisis has led to instability in the Asia-European energy security situation. China therefore necessarily needs to continue to seek energy cooperation with Russia, and through "One Belt One Road" strategy to promote the formation of a new energy market in order to safeguard its own energy security.

This book is the third consecutive launch of the *Blue Book on World Energy Development*. In addition to the general report, the book was composed by three major components, which are the policy papers, market articles and pieces on hot issues. To be specific, the policy papers in accordance with the oil, gas, renewable energy, coal, nuclear and electricity markets are classified with the characteristics of energy policy and investigate each type of energy in the most well-developed countries or regions. Articles on market discussed the world oil market, natural gas, coal, renewable energy and electricity supply and demand in the market and trading conditions respectively. And articles on hot concerns quoted one of the most affected geopolitical events in 2014-Ukraine crisis as a starting point, studies Russian strategic choice and its impact on the global energy landscape at the post-crisis era.

Keywords: Energy Policy; Oil Price; Energy Cooperation; One Belt One Road; Energy Market; Geopolitics; Ukraine Crisis

Contents

Ⅰ General Report

Abstract: This report reviews the world energy development situation in oil, natural gas, coal, nuclear power, and renewable energy in 2014, and tries to foretell the tendency in 2015 and in the near future. It also suggests that China should promote the strategic plan of "one belt one road" and puts forward some detailed advices.

Keywords: World Energy Development Situation; Energy Market; One Belt One Road

Ⅱ Policies Review

Abstract: This paper firstly summarizes the four basic understandings on which China's oil strategy and policy making are based. Then it points out that under the new situation of the current domestic and international oil industry and Chinese new normal economy, many institutional advantages, that have been considered to be "Chinese characteristics", are facing tremendous challenges from concept to practice. It suggests that Chinese government must reflect on the four basic understandings and positively and timely adjusts its energy strategy, diplomatic policies and the view of national energy security. Subsequently, it reviews China's oil policies in 2014 focusing on the five domains-energy strategy, government regulation, oil finance, and reforms of taxes on oil and on central government-led oil companies-and makes further analysis according to the suggestion.

Keywords: Energy Revolution; Government Regulation; Oil Futures; Reform of Taxes on Oil; National Oil Company

Abstract: With the current sharp decline of the international crude oil prices, the energy reform process and big oil investment plans in Latin America were postponed. Although the oil policy in the majority of resources remains stable, the risk factors will increase in the oil investment environment, due to the economic slowdown, domestic political struggle and the serious public security. In the view of the oil industry development in Latin America, China-Latin American oil cooperation should focus on in the inter-industrial chain related infrastructure, technology and other fields, while Chinese companies should also be aware of the political risk factors in the cooperation

Keywords: Crude Oil Price; Oil Policy; Investment Environment; Energy Security; Political Risk

Abstract: Since the broke out of "Arab Spring" by the end of 2010, several African oil-producing countries experienced tumultuous changes. The oil and gas industry of Libya, Algerian, Sudanese and other North African countries have been severely damaged. The boom of oil and gas discovery in East Africa made Mozambique, Tanzania and Uganda new focus of the world. Southern African countries, including South Africa, Botswana, Namibia were discovered some large natural gas field, Besides, those Western African countries are still the most important oil and gas producing regions in the world. These African oil-producing countries adjust their oil and gas policies in order to suit their different situations. This paper introduces the different policies adjustment of the main African oil-producing courtiers, and then analyzes the obvious regional characteristics of these policy adjustments. Sino-African oil and gas cooperation is important for China's energy security, and the adjustment of the oil and gas policies of the main African oil-producing countries will bring challenges to Sino-African cooperation. Therefore, the Chinese government and enterprises should study these adjustments deeply, and propose corresponding measures.

Keywords: Africa Oil and Gas Policy; Localization

Abstract: The oil policy that Obama's Administration has been pursuing since 2014 is characterized by its great efforts to balance among increasing domestic oil supply, protecting environment and reducing carbon emission. On one hand, the Administration for the first time proposed opening to offshore oil drilling in the U. S. Atlantic outer continental shelf since the 1980s, as well as parts of the Arctic in Alaska. On the other hand, it barred energy development in most parts of the Arctic National Wildlife Refuge by declaring the land as "wilderness". The Administration also insists to "green" the U. S. fossil fuel industry through issuing new regulations on the oil and natural gas production. Domestic oil production surge has brought about an impact on the crude oil export ban in the U. S. The Department of Commerce already began approving the exports of certain types of ultra-light crude oil. The U. S. federal government still maintains a large amount of fossil fuel subsidy and it is not expected being cancelled soon.

Keywords: Obama Administration; Oil Policy; Ultra-Light Crude Oil Exports

Abstract: Oil, known as "black gold", is indispensable to modern industrial development of fossil energy and is the important pillar of economic development in Russia. In recent years, Russia not only uses petro dollars to enhance national economic strength, and to improve the people's living standards and the scarcity of oil, but also strengthen sits diplomacy with enhancing its international status. Russian leaders attach great importance to the role of energy in the economic development and international status. Therefore, continuously according to the change of the situation, Russia timely adjusts the national policy of oil. Oil policy changes in Russia not only affect the economy of the country, but also have certain influences to the world, especially on those high dependence on foreign oil countries such as China. China correspondingly should change or adjust its policies to prevent loss or damages resulted by Russia's energy policy adjustments and to ensure the national energy security.

Keywords: Russia Oil Policy; China Energy Cooperation

Abstract: President Obama defines the natural gas as a fuel to play central roles in the transition to a clean energy future and measures have been taken to support the development natural gas: carbon pollution standards for the existing fossil-fueled power plants were proposed for the first time. The greenhouse gas emission standards were also released to boost construction of natural gas fired power plants and to discourage building of coal-fired plant. Many tax incentives and fiscal policies were introduced to push more natural gas vehicles being produced and used in the transportation sector. The first-ever federal standards addressing methane emissions in the newly released oil and gas regulations constitutes the most important policy in the Obama Administration to prevent methane emission. The Administration continues to advance the exports of the U. S. liquefied natural gas (LNG) and also strengthened the environment assessment in the approval procedures. Exports of the U. S. LNG are in sight.

Keywords: The U. S. ; Natural Gas Policy; LNG Export

B. 8 Russia's Gas Policy: Continuity and New Trends of Natural Gas Policy

Xu Hongfeng / 087

Abstract: Russia is one of the most important countries of natural gas storage, production and export. Natural gas policy is a crucial part of Russia's overall energy policy, which maintains continuity in the last several decades and shows some new characteristics and new trends in the context of new domestic and international circumstances. It is anticipated that the economic sanctions imposed by the U. S. and the EU on Russia's energy industry in response to the crisis in Ukraine as well as the sharp drop of international oil and gas prices in 2014 will have serious negative impacts on the development of Russia's natural gas industry and the export of natural gas. Russia will adjust its natural gas policy in the following years in order to overcome the difficulties and to adapt to the new situation.

Keywords: Russia Natural Gas Policy; Energy Sanctions; Oil and Gas Prices

B. 9 Qatar's Gas Policy: Diplomacy and Emerging Markets in Asia

Zhong Feiteng / 100

Abstract: Qatar is one of the most important states in natural gas market in terms of reserve, product and export. The natural gas industry occupies a dragon contribution to Qatar's fast economy growth. Before the 1980s, there was no natural gas policy in Qatar due to oil boom since the 1970s. However, Qatar began to emphasize gas industry due to regional situation changes. The turning point was to develop the North Field and to implement export strategy. In general, there are two tracks in Qatar's natural gas development routes. Qatar tries to use gas as a strategic tool to help make its regional political objective. However, this way seems unrealistic due to complex regional situations. Qatar began to develop international market, and its gas policy became a globalized one due to the nature of LNG market. The policy was strongly influenced by business rules and market. Based on the World Gas Exporting Countries Forum, sustainable development ideas and the emerging Asian markets, Qatar became the most important state in LNG market. In the near future, Qatar should deal with the low price of oil. With the U. S. and Australia gas export, and emerging Asian's growth slowdown, to copy with these kinds of challenges, Qatar may review its policy framework.

Keywords: Natural Gas Policy; Foreign Policy; Gas Exporting Countries Forum; Emerging Asian Markets; The North Field

Abstract: In terms of reserve and production, the Central Asia region occupies an important position in natural gas market. However, the region's gas export still lags behind its parallel position. Internally, it is resulted from the bad infrastructure. And externally, heavy rely on Russia would put these countries into negative positions. As Russia companies were easily influenced by international market as well as political sanction, the Central Asian countries realize the importance of pluralistic export strategy. Turkmenistan is one of the stylized cases. China has become the largest natural gas export market for Turkmenistan. And Kazakhstan and Uzbekistan began to reduce the export to Russia as well as increase their export to China. In general, China will become the most important export destination for Central Asia countries in the near future. With the Russia-Europe relationship seriously deteriorated and the U. S. sanction towards Iran in 2014, Turkmenistan, Kazakhstan and Uzbekistan found that it was an important opportunity to strengthen the cooperation with EU in natural gas field. At the same time, Turkmenistan and Uzbekistan seek to speed up cooperation with South Asia countries. With the rise of Central Asia in natural gas market, the competition for the resource will also intensify.

Keywords: Central Asia Natural Gas Policy; Turkmenistan; Kazakhstan; Uzbekistan; Pluralistic Export Strategy

Abstract: German renewable energy policy mainly goes with German renewable energy strategic goals and Germany's renewable energy policy process. This paper also introduced German renewable energy authority and the latest renewable energy policies and measures. Besides, German renewable energy market and industry development were also mentioned in the paper as well as the German renewable energy development prospects and the enlightenment to China.

Keywords: Renewable Energy Strategic Goals; Policies and Measures; Development Prospects

Abstract: *The Renewable Energy Policy in China* mainly introduces renewable energy policy in wind power, solar, geothermal energy and ocean energy from the 1970s, 80s till 90s. China faces challenges in the development of renewable energy industry. Therefore, this paper offers policy suggestions to promote the development of renewable energy industry in China.

Keywords: Renewable Energy Policy; Challenges; Policy Suggestions

Abstract: This paper introduced the change of renewable energy policy after the first oil crisis in Japan, summarized the features of the Japan renewable energy policy and analyzed its future.

Keywords: Japan Renewable Energy Policy; Vicissitude; Feature; Trends

Abstract: This paper analyzed the basic coal policy, policy characteristics and the latest changes of three countries which are Australia, South Africa and Indonesia. Australia is the main producing country and exporter with relatively complete and effective coal supervision mechanism, relevant policies, laws and regulations. It can cope with the changes of international coal market neatly. Comparatively, South Africa's coal policy is looser because the coal enterprises are ran by private sectors. And government is mainly responsible for supervision. Even under such a situation, it still forms a certain system, and can have promoting effect on the development of coal industry. By contrast, Indonesia's coal policy mainly focuses on the export business. As the domestic demand for coal increases year by year, the policy also begins to restrict and regulate more on coal export.

Keywords: Coal Policy; Australia; South Africa; Indonesia

Abstract: The paper demonstrates the reason that France approved an act to reduce its ratio of nuclear power in power generation, and the difficulties it faced after the nuclear reduction. Then the paper touches upon nuclear power development, nuclear power plant distribution, and nuclear policies in Japan and South Korea. In the final part, the paper takes much emphasis on elaborating China's necessity of nuclear power development and the trend of China's nuclear strategies.

Keywords: Energy Transition; Nuclear Power Reduction; Nuclear Power Policy; Restart of Nuclear Power Plant Construction; Energy Structure Safety

Abstract: Electric power industry policy is an important component of the world energy policy system. Implementation is closely related with the development of electricity policy and the level of development of national economies, energy economy and climate strategy, as well as electricity regulatory organization system and electricity market reform process. 2014, world economic growth was 2. 6% . The US economic growth has accelerated, and the EU countries, especially Germany and France, the economic showed differentiation. The Japanese economy was in the doldrums, and China's economic growth experiences a period of adjustment. And the Russian economic suffered from a stagnation. By the macroeconomic environment and energy impact of the strategic orientation, countries pay more attention to green energy and power economic development and energy security. In 2014, national electricity policy and the transition turned to a low carbon green adjustment, and paid a great attention to the power of market mechanisms to enhance the incentive power policy. Besides, the American electricity policy was more emphasis on the development of smart grid policy. Fiscal subsidies of green low-carbon electricity development in European countries has been adjusted. The British Government promoted the capacity of the electricity market to enter a new stage of the auction market in accordance with the legal framework for nuclear safety. In Japan, electricity policy was more cautious with promoting the development of low-carbon technologies for power generation. The Electricity policy in Russia more emphasized on cooperation with Asian countries.

Keywords: Electricity Policy; Electric Power Market Reform; Smart Grid Policy; Renewable Energy Policy

B Ⅲ Markets Review

Abstract: In 2014, drastic changes happened in the international oil market, which specifically was oil prices began to fall from the second half, slowing demand and a stronger complex geopolitical situation of the dollar have exacerbated the oil price down, resulting in nearly 10 years, the second largest decline in oil prices. In 2015 overall oil supply will be under a loose and strong dollar background, and struggles to stabilize oil prices. China's oil market will be stable in overall supply and demand, and prices must decline with the international market as expected in 2015. It will show oil demand slowdown as well as exports increasing.

Keywords: International Oil Market; Oil Price; Chinese Oil Market

Abstract: Almost all indicators related to natural gas market experienced a slowdown in 2013 and 2014. In terms of reserves of natural gas, there was a very little growth in 2014. The growth rate of the production, consumption and trade were only 1. 1 percent, 1. 4 percent and 1. 5 percent. The main reason of this slowdown of natural gas market was resulted by the global economy. The supply of natural gas still overtook the demand although the gap tended to be reduced in the near future. On the price, the regional divergent still existed. There are some interesting points: in gas production, the Middle East and China continued to maintain high speed growth, while the United States entered into a weak growth; on consumption side, the Asia-Pacific countries maintained high speed growth except for those South Asia countries; on trade, the volume of Russia and EU bilateral trade grew fast in 2013.

There are three kind of trends will draw great attention in the near future. EU-Russia bilateral natural gas trade, the U. S. shale gas production and export, and the natural gas industry in emerging markets will determine the future natural gas market.

Keywords: Natural Gas Reserve; Natural Gas Production; Natural Gas Demand; Natural Gas Prices

Abstract: The paper analyzed those basic features and development tendencies about the current world coal market from its demand, supply, investment, trade mergers and acquisitions and some other aspects. This paper also argued that the rate of worldwide coal consumption growth continued to slow down in 2014, and demand of the lower reaches of coal industry was at rock bottom. The world's total coal production starts to level out, and international coal price is low. Coal investment presents a downward trend. However, the main coal-producing countries export trade is on the rise, and that the main coal consuming nations expand the scale of coal imports. In addition, developing countries slow down the pace of coal overseas M&A. In 2015, worldwide coal demand would gradually cut down. Besides, coal trade keeps steady. Australia will be the world's fastest coal export country. The coal resources would have more intense international competition.

Keywords: Coal Demand; Coal Supply; Coal Investment; Coal Trade; Coal Mergers and Acquisitions

B. 20 World Renewable Energy Market: Development and Prospects

Jiang Xinmin / 315

Abstract: This passage introduces the world's renewable energy industry and market development situation, and tries to foretell the future world renewable energy development. World renewable energy industry and market development include three parts: the wind power, continuing to enlarge the scale and playing an alternative role in some areas; solar power, creating records and entering into the rhythm of the scale development; biomass, growing steadily and presenting new vitality in developing countries.

Keywords: World Renewable Energy Market; Development Status; Prospect

B. 21 World Electric Power Market: Investment, and Mergers and Acquisitions

Liu Ximei / 322

Abstract: Electricity is an important foundation of modern society and the utility industry, is an important component of the energy industry, and is closely related to economic growth. In 2014, world economic growth rate was 2. 6% . Within this rate, the EU countries and Japan and other developed countries were still in the economic downturn. But the economic recovery happened in the US. As for China, economic growth remained a relatively stable performance and by contrast those emerging economies such as Brazil, India and Russia showed differentiation situation. Affected by the macroeconomic environment, the overall supply and demand situation in the global electricity production and total consumption showed a more stable trend. And the growth is slowing down. To be specific, the total consumption of electricity production declined slightly in developed countries. China's total electricity supply and demand however has gone up, and electricity supply and demand pattern in emerging economies diverged too. In addition, there were also other features in electricity industry which are increased investment in clean energy power, stable development of the nuclear power industry, increased investment in smart grid, fastened process of the EU electricity market integration and of course the accelerating expansion of China's overseas investment and mergers.

Keywords: Electric Power Demand; Electric Power Supply; Electric Power Investment; Electric Power Trade; Electric Power Mergers and Acquisitions

B IV Hot Spots Review

Abstract: In response to the recent crisis in Ukraine, the United States and the European Union, along with other countries and international organizations, implemented a series of sectorial sanctions against Russia's energy industry, whose development has been hindered with respect to technology, facility and financing. These sanctions have accelerated Russia's shift of focus from Europe, its traditional market for oil and gas, to Asia, the huge emerging market. For now, China is already an important buyer of Russian gas. In the future, Russia will keep increasing exports of oil and gas to Asia. This focus shift will exert significant influences on regional and global energy security and should be tackled carefully for sure.

Keywords: Ukraine Crisis; Russia; Western Sanctions; Sino-Russian Gas Cooperation; Oil and Gas

法律声明

S子库介绍
Sub-Database Introduction

中国经济发展数据库

涵盖宏观经济、农业经济、工业经济、产业经济、财政金融、交通旅游、商业贸易、劳动经济、企业经济、房地产经济、城市经济、区域经济等领域，为用户实时了解经济运行态势、把握经济发展规律、洞察经济形势、做出经济决策提供参考和依据。

中国社会发展数据库

全面整合国内外有关中国社会发展的统计数据、深度分析报告、专家解读和热点资讯构建而成的专业学术数据库。涉及宗教、社会、人口、政治、外交、法律、文化、教育、体育、文学艺术、医药卫生、资源环境等多个领域。

中国行业发展数据库

以中国国民经济行业分类为依据，跟踪分析国民经济各行业市场运行状况和政策导向，提供行业发展最前沿的资讯，为用户投资、从业及各种经济决策提供理论基础和实践指导。内容涵盖农业，能源与矿产业，交通运输业，制造业，金融业，房地产业，租赁和商务服务业，科学研究环境和公共设施管理，居民服务业，教育，卫生和社会保障，文化、体育和娱乐业等 100 余个行业。

中国区域发展数据库

以特定区域内的经济、社会、文化、法治、资源环境等领域的现状与发展情况进行分析和预测。涵盖中部、西部、东北、西北等地区，长三角、珠三角、黄三角、京津冀、环渤海、合肥经济圈、长株潭城市群、关中—天水经济区、海峡经济区等区域经济体和城市圈，北京、上海、浙江、河南、陕西等 34 个省份及中国台湾地区。

中国文化传媒数据库

包括文化事业、文化产业、宗教、群众文化、图书馆事业、博物馆事业、档案事业、语言文字、文学、历史地理、新闻传播、广播电视、出版事业、艺术、电影、娱乐等多个子库。

世界经济与国际政治数据库

以皮书系列中涉及世界经济与国际政治的研究成果为基础，全面整合国内外有关世界经济与国际政治的统计数据、深度分析报告、专家解读和热点资讯构建而成的专业学术数据库。包括世界经济、世界政治、世界文化、国际社会、国际关系、国际组织、区域发展、国别发展等多个子库。